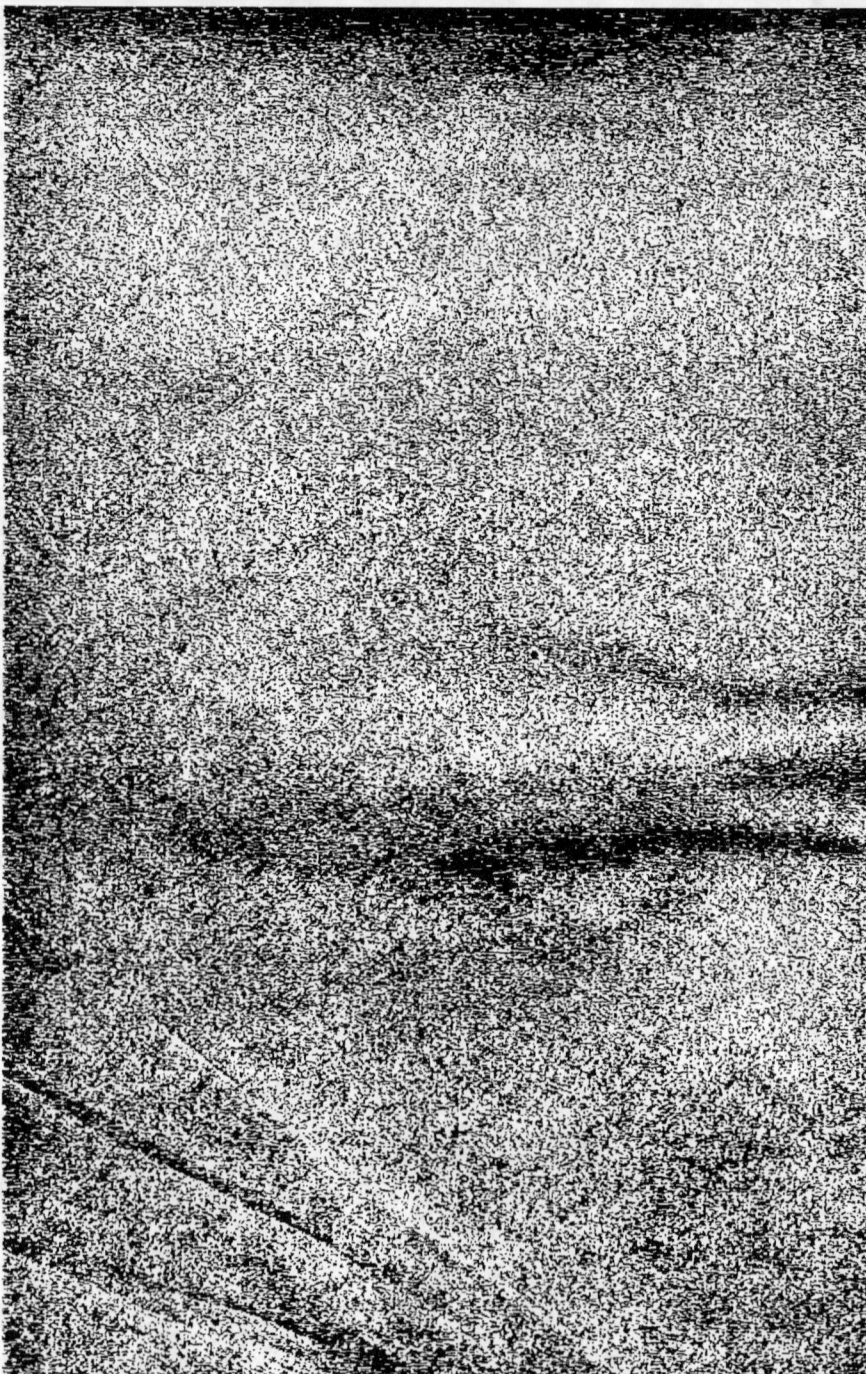

8° L K 7
31895

AVANT-PROPOS

Ce livre est bien plutôt un épanchement de mon cœur qu'un ouvrage et une méditation de mon esprit.

C'est dire qu'en l'écrivant je n'ai été guidé par aucune pensée mauvaise ; j'ai simplement ouvert mon cœur qui, trop plein, avait besoin d'exhaler ses plaintes.

Au lit de mort de mon fils, Georges, le 17 juin 1895, je fis un vœu : fonder à sa mémoire une chapelle qui serait placée sous le vocable de saint Georges. Et dans ma pensée je choisis l'établissement des Salésiens de Don Bosco pour le doter de ma fondation. Cet établissement — un orphelinat — situé sur la route du Pont-Juvénal et voisin de l'usine de Villodève, est construit sur un vaste terrain appelé le Clos Saint-Antoine, qui a été la propriété du fondateur de l'usine, M. Benjamin Faulquier, mon oncle.

Une société civile anonyme, dite société du Pont-Juvénal, et antérieurement société du Clos-Boutonnet, est censée s'occuper des intérêts de l'Orphelinat, dont la haute direction est confiée à M. l'abbé Babled, prêtre salésien.

Ce livre, ce mémoire, est l'exposé de tout ce qui s'est passé entre la société du Pont-Juvénal, ou mieux, entre M. l'abbé Babled et moi, à l'occasion de ma fondation, depuis les premiers accords jusqu'au procès qui a été soutenu devant le Tribunal de première instance, jusqu'au jugement qui m'a donné raison contre la Société.

Je me suis efforcé de faire cet exposé le plus simplement possible, mais j'ai eu le soin d'étayer les faits par des preuves puisées dans des lettres, dans des documents authentiques, car la plupart de ces faits sont si étranges, si peu croyables, que, sans ces preuves, on pourrait les taxer d'exagération ou d'inexactitude.

La publicité que je donne à cette déplorable affaire sera, je le sais bien, vivement critiquée, surtout par les esprits timorés, qui trouveront peut-être dans la publication de mon livre une atteinte contre la Religion.

Dieu m'est témoin que pour ne pas faire cette publication j'ai résisté, jusqu'à la dernière extrémité, à toutes les provocations.

J'ai résisté malgré les indiscrétions nombreuses qui ont été commises, malgré les commentaires sans fin qui ont été tenus, malgré que des appréciations plus ou moins fantaisistes aient été risquées ; j'ai résisté malgré que bon nombre de personnes aient pris à tâche de dénaturer la vérité et de colporter, sur mon compte, des bruits tout à fait défavorables ; oui, j'ai résisté malgré les calomnies qui m'ont atteint.

J'ai résisté quand, à la suite de graves difficultés, à la suite de la violation par la Société du contrat qui nous liait, M. Babled est allé jusqu'à me proposer le remboursement des sommes que j'avais déjà payées pour la construction de la chapelle, ce qui annulait ma fondation. J'ai encore résisté quand, poussé à bout, j'ai dû engager un procès contre la société du Pont-Juvénal pour faire respecter mes droits.

Et lorsque la Société, en vue de se défendre dans ce procès, a rédigé des conclusions toutes controuvées, dans lesquelles mon attitude envers elle est présentée sous le plus mauvais jour, dans lesquelles je suis traité de spéculateur et de faussaire, j'ai résisté encore, et j'avais d'autant plus de mérite alors, que M. Babled et sa Société répandaient partout ces conclusions qu'ils avaient fait imprimer.

Le jugement du Tribunal civil m'ayant donné raison, je m'en contentai, bien que beaucoup de points relatés dans les conclusions de mes adversaires fussent restés dans l'ombre. Mais je préférais laisser subsister peut-être certains doutes que de publier ma justification complète, laquelle ressortirait, je l'espérais, de l'expertise qui avait été ordonnée par le Tribunal pour achever d'éclairer les débats.

Mais quand M. Babled et la société du Pont-Juvénal ont arrêté cette expertise en faisant appel du jugement, il ne m'a plus été possible de garder le silence, de rester sur la réserve que je m'étais imposée, qui, à force d'être absolue, devenait ridicule.

Je devais me défendre, je me suis défendu. Toutefois, j'ai la satisfaction de pouvoir dire que je ne l'ai fait que contraint et forcé par l'appel qu'ont interjeté mes adversaires, ce qui, en quelque sorte, les rend dans une large mesure les auteurs de cette publication. Je puis affirmer aussi que dans ma défense je n'ai employé que des armes loyales : je n'ai dit que la vérité, ce qui, d'ailleurs, était le plus sûr moyen de vaincre les mensonges que j'avais à combattre.

Si mon livre, dans ma pensée, avait pu porter une atteinte, si faible fût-elle, à la Religion, j'aurais, sans hésiter, sacrifié ma défense, je me serais tu. Mais la Religion est bien au-dessus de ces misères de la vie humaine ; elle les soulage, elle les adoucit ; elle ne saurait en être ternie. La Religion est d'une essence divine ; elle donne au vice impénitent de justes alarmes ; elle donne les plus puissantes consolations au vrai repentir, les plus douces espérances à la vertu ; autour d'elle tout meurt, elle ne meurt jamais !... En quoi donc cette publication pourrait-elle lui nuire ? Parce qu'elle vise un prêtre ? Mais ce prêtre, s'il a été sujet à l'erreur — il est homme aussi — ne pourra, par ce livre, que mieux voir son erreur, mieux la regretter, mieux la réparer. Et s'il obtient, ce livre, comme je le désire du plus profond de mon âme, ce beau, ce bienfaisant résultat, n'aurai-je pas défendu la Religion au lieu de lui faire du tort ? — D'ailleurs la Religion, a dit un grand moraliste, ne doit pas nous être moins chère parce qu'elle a des membres qui la défigurent.

La Religion, je suis heureux de le proclamer ici, n'a pas de plus ardent défenseur que moi ; je la considère comme l'institution civilisatrice, moralisante, par excellence, et je suis de ceux qui sont convaincus que la morale est la science mère des devoirs et des vertus de l'homme.

Et ma fondation n'a été inspirée que par mon amour vrai de la Religion.

Certains de mes lecteurs trouveront peut-être aussi que j'ai eu tort de prendre tant de peine pour expliquer ma conduite, pour me justifier ; ils penseront que je pouvais sans crainte ne pas me préoccuper de l'opinion des uns et des autres ; que ma conscience étant tranquille, je devais l'être aussi ; que j'ai derrière moi tout un long passé irréprochable qui plaide en ma faveur ; que le nom que je porte jouit d'une assez grande notoriété pour ne pas avoir à souffrir des calomnies qui ont été répandues.

Ces appréciations ne peuvent que flatter mon amour-propre ; elles ne sauraient rassurer ma dignité et mon honneur mis en cause.

Or, j'estime que la sauvegarde de biens aussi précieux vaut la peine que j'ai prise pour les placer à l'abri du soupçon.

Mais j'ai une autre considération à présenter en faveur de mon travail ; c'est celle-ci : je me suis trouvé, bien malheureusement, hélas ! en présence d'un homme qui a mal agi, qui a fait des fautes ; devais-je me contenter de me retirer, de m'incliner devant cette fatalité ? Victime, devais-je garder le silence sous le coup dont j'étais frappé ? Eh bien ! non ; je devais crier, je devais signaler le mal, non seulement pour en écarter ceux qui, comme moi, pourraient en être aussi les victimes, mais aussi pour ne pas laisser enhardir le coupable dans la mauvaise voie où il s'est engagé.

Mon livre, qui me défend dans ce cas de légitime

défense, défend aussi les âmes charitables, comme il défend le coupable contre lui-même !

Et quant à l'œuvre sublime que dirige M. l'abbé Babled, elle se trouve, elle encore, protégée et défendue par ma publication, car je l'exalte, cette œuvre, comme elle mérite de l'être ; j'en fais ressortir le but hautement humanitaire, et par la fondation que je lui ai réservée, j'indique qu'elle est digne de toute sollicitude, qu'elle mérite toutes les générosités.

Mon livre doit donc produire un effet salutaire. Il constitue, je le dis fermement, quoique sans forfanterie, un acte de courage en même temps qu'une tentative de relèvement. — C'est dans cet esprit qu'il est écrit, c'est avec cette pensée qu'il faut le lire.

J'ai donc le ferme espoir que mes lecteurs, après avoir suivi mon récit, seront de mon avis : cette publication était nécessaire ; ne pas la faire, c'était montrer une indifférence de mauvais aloi. C'est l'indifférence, on ne l'oublie que trop dans le temps où nous sommes, qui mène inévitablement à la mollesse qui énerve, à la décadence qui dégrade.

J'espère aussi que ce livre donnera à mes lecteurs la conviction que j'ai rempli mon devoir jusqu'au bout, que j'ai tout mis en œuvre pour mener ma fondation à bonne fin, que j'ai su souffrir avec patience les mauvais procédés et les injures ; que, dans bien des cas, j'ai fait le sacrifice de mes idées et de mes préférences pour aplanir les difficultés, tantôt en secondant les combinaisons raisonnables, tantôt en satisfaisant les désirs légitimes ; mais que, malgré tout, je n'ai trouvé, en échange du bienfait que j'essayais de réaliser, que la plus noire ingratitude. — Si mon espoir n'est pas déçu, ma peine profonde, mes amères déceptions, en seront beaucoup adoucies.

On pourra me reprocher, peut-être, de n'avoir pas pris résolument à ma charge tous les frais d'édification complète de la chapelle, cette solution pouvant paraître préférable, malgré le gros supplément de dépense, au litige qui s'est produit — A première vue, ce reproche semble fondé, et je reconnais qu'à un moment je m'étais résolu à faire ainsi. Mais j'aurais eu tort ; c'eût été mal comprendre mon devoir, car j'aurais favorisé, par un acte de faiblesse, des spéculations qu'il valait mieux réprimer ; et mes lecteurs vont le sentir, comme je le sentis moi-même :

Ma fondation était décidée pour une somme que je savais pouvoir suffire à la construction d'un édifice d'aspect, de dimensions très convenables. En réalité, qu'avais-je à souhaiter, moi ? Rien de plus qu'une chapelle rappelant dignement la mémoire de mon cher mort et consacrée à saint Georges. — Fallait-il donc supporter les caprices d'un ambitieux et payer les frais de ses combinaisons secrètes ? Cela ne pouvait entrer dans mes vues. J'avais fait tous mes efforts pour empêcher le gaspillage de mes ressources, dont l'emploi était prescrit par un engagement formel ; il ne me convenait point d'excuser, de justifier ce gaspillage par de nouvelles libéralités. Il ne me convenait pas, non plus, de faire une trop grosse part, ici, au détriment d'autres parts si nécessaires ailleurs.

Le litige qui s'est produit est pénible, douloureux ? Ah !

certes, je le sais; mais devais-je le faire cesser par une condescendance coupable? Elle aurait été d'autant plus coupable, que j'étais convaincu — avec raison — que le mauvais vouloir seul était la cause de tout le mal.

Cela étant, je devais m'abstenir; on ne peut que m'approuver.

Dans mon récit, je suis pas à pas les évènements et je les présente dans l'ordre où ils se sont produits; puis, je prends dans les conclusions publiées par mes adversaires et dans leur plaidoirie, dont j'ai la reproduction sténographique in extenso, les « attendus » et les périodes qui se rattachent à chacun de ces évènements, afin de les discuter, afin de démontrer, aussi clairement que possible, que ces « attendus » et ces périodes n'ont, au fond, aucune valeur.

Cette manière de procéder, qui seule m'a permis d'éviter la confusion dans mon travail, m'a obligé, par contre, à me départir de la concision que j'aurais voulu observer. Mes lecteurs consentiront à m'excuser, surtout s'ils veulent bien envisager qu'il s'agit d'un débat peu ordinaire, fertile en incidents de toutes sortes et qui dure depuis juin 1895, c'est-à-dire depuis trois ans et demi.

Trois ans et demi de luttes et d'angoisses!... Tel est le supplice qui m'a été imposé en retour d'un peu de bien que je voulais faire!

Léon FAULQUIER.

Décembre 1898.

CHAPELLE SAINT-GEORGES

MONTPELLIER. — IMPRIMERIE GUSTAVE FIRMIN ET MONTANE.

CHAPELLE SAINT-GEORGES

FONDATION

A LA MÉMOIRE

DE GEORGES FAULQUIER

> Il n'y a que le bien qui soit assez
> fort pour détruire le mal.
> — LACORDAIRE.

MONTPELLIER

IMPRIMERIE Gustave FIRMIN et MONTANE

Ancien Hôtel de la Faculté des Sciences

1898

I

Premières démarches

> Les grandes pensées viennent du cœur.
> VAUVENARGUES.

L'ARRIVÉE et l'installation des prêtres Salésiens à Montpellier, où leur réputation d'inépuisable charité, de dévouement à toute épreuve, les avait précédés, causa une vive satisfaction à tous les cœurs chrétiens. Les sympathies les plus grandes et les plus sincères allèrent à eux pour les aider dans leur tâche difficile et leur aplanir, autant que possible, les obstacles matériels contre lesquels ils avaient à lutter.

Il ne m'appartient pas de dire ici ce qu'est l'œuvre sainte de ces disciples de Don Bosco; on la connaît, du reste, et leur devise : *Da mihi animas,* est assez éloquente pour faire comprendre le but qu'ils poursuivent ; but noble entre tous qui, tout en cherchant à soulager les misères corporelles des pauvres orphelins, les amène à s'occuper de leur âme pour la diriger dans la voie du devoir, la régénérer, la purifier.

Une telle œuvre est bien faite pour exciter l'émulation et la générosité, pour séduire ceux qui aiment et pratiquent la charité ; aussi partout où les prêtres Salésiens, imitant le grand exemple de leur fondateur, ont cherché à créer des établissements, ont-ils eu la douce consolation de se voir soutenus et encouragés, au point de réussir toujours au-delà de leurs espérances. C'est ce qui ne pouvait manquer de se produire à Montpellier.

L'établissement, dont les débuts furent assez pénibles, ne tarda pas à prendre de l'importance, c'est-à-dire à faire beaucoup de bien, grâce, certes, à l'initiative de ses directeurs, mais grâce aussi à l'aide énergique d'un grand nombre de bienfaiteurs.

La famille Faulquier, qu'on me permette de le dire, se fit un devoir de participer à cette aide ; mon fils Georges, avec le bel enthousiasme de la jeunesse, s'intéressa vivement à l'œuvre naissante, il s'en occupa, lui prêta son concours le plus généreux, souhaitant ardemment sa prospérité, à laquelle il se promettait de contribuer de toutes ses forces.

Hélas ! ses forces le trahirent. Jeune, encore plein d'illusions, confiant en l'avenir qui s'ouvrait large et brillant devant son activité, son amour du travail, son respect du devoir, il fut enlevé à mon affection au moment où, dans mon orgueil de père, je fondais sur lui les plus légitimes espérances.

On m'excuserait sans doute si, en évoquant ces souvenirs, je me laissais aller à exprimer ma douleur, à crier ma peine profonde, à montrer la blessure inguérissable de mon cœur. Je résiste cependant à ce besoin, car si j'écris ces lignes, c'est pour remplir une tâche que m'imposent les circonstances et non pour raconter mes souffrances.

Malgré l'accablement causé par mon malheur, j'étais sensible à toutes les marques de sympathie qui s'adressaient à mon bien-aimé Georges. M. l'abbé Babled, directeur des prêtres Salésiens, avec qui mon fils avait des rapports très cordiaux, fut parfait en cette douloureuse circonstance ; il me dit avec des larmes combien il déplorait la perte irréparable que je faisais, combien il comprenait l'amertume de l'épreuve que m'envoyait le Ciel ; et il m'exhortait pieusement à la résignation et à l'espérance, en me rappelant une vie meilleure. Et je savais gré à ce jeune prêtre, dont j'admirais la piété, de ces douces paroles qui me consolaient. Aussi ce fut avec la plus vive reconnaissance que j'assistai, entouré de ma famille, au service religieux que M. l'abbé Babled, de son initiative, avait organisé dans la chapelle provisoire de son établissement, en mémoire de mon fils.

C'était le 27 juin 1895, dix jours après la mort de

Georges. Ce service funèbre me fit éprouver des émotions profondes, plutôt consolantes.

J'écoutais avec recueillement les voix des orphelins de Don Bosco chantant des prières pour mon cher enfant ; il me semblait que ces chants avaient une mélodie angélique et que, naïfs et suppliants, ils arrivaient jusqu'à Dieu dans toute leur pureté et qu'il les exauçait.

On comprendra cet état de mon âme, et si je le dépeins, c'est pour bien faire ressortir l'inopportunité de la démarche qu'à ce moment même M. Babled fit auprès de moi.

Je sortais à peine de la chapelle, encore tout ému et en larmes, lorsqu'on me remit de la part de M. le directeur la lettre suivante :

MONSIEUR,

Excusez moi de vous faire par écrit une communication que je crois plus convenable de vous faire de cette manière.

Voilà plusieurs jours qu'une pensée m'obsède ; j'ai prié pour savoir si elle venait du Ciel, elle a persévéré.

L'immense perte que vous venez de faire, le vide si douloureux qui est maintenant dans votre cœur, me paraît pouvoir être soulagé dans une large mesure.

Un fils est encore là lorsque son souvenir est vivant non seulement dans la famille, mais dans l'esprit et dans la reconnaissance de toute une population.

Ce quartier déshérité, qu'il aimait tant, ces ouvriers de l'usine aux besoins desquels sa charité veillait avec un soin si jaloux, les orphelins ont besoin d'une chapelle un peu vaste, où ils aient toute facilité pour accomplir leurs devoirs religieux ; la présence et la vue de cette chapelle seraient, pour les plus endurcis, un éloquent langage. Du haut du Ciel, Georges Faulquier serait heureux, je crois, de voir s'élever un sanctuaire destiné à perpétuer son souvenir, construit en son nom, et dont il aurait ainsi le mérite auprès de Dieu. Ses chers ouvriers, rapprochés de Dieu, Dieu étant rapproché d'eux, auraient ainsi une sauvegarde, à l'avenir, pour l'accomplissement de tous leurs devoirs sociaux et chrétiens.

Et pour vous, Monsieur, pour sa famille, quelle immense consolation de voir s'élever ce monument ! Quelle joie même au jour de la première pierre, à celui de la consécration, d'entendre voler sur toutes les lèvres le nom de Georges Faulquier !! Ce nom de Faulquier est bien connu pour toutes ses œuvres. Palavas a la sienne ; le pont Juvénal ne pourrait-il pas avoir son sanctuaire au frontispice duquel, sous une statue de saint Georges, on lirait ces mots : « A la mémoire et pour perpétuer sur la terre, à jamais, le souvenir de Georges Faulquier, prématurément enlevé à son pays, à sa famille et à la religion, dont il était la force et la consolation, la famille Léon Faulquier a élevé ce sanctuaire ». Cette œuvre, toute vôtre, n'amènerait-elle pas sur les jours trop peu nombreux que Dieu vous réserve sur terre, un rayonnement du Ciel ? Et, plus tard, que de prières partiraient de là pour vous tous qui ne seriez plus !

Pardonnez-moi, Monsieur, cette liberté de langage ; ma réserve et ma timidité, qui viennent ainsi d'être mises de côté malgré moi, car il m'en a coûté beaucoup de vous écrire cette lettre, ne m'auraient pas laissé écrire ces pages. C'est pour moi un signe de plus que l'inspiration en vient d'en haut et de celui qui, ne pouvant user sur terre de la fortune que vous lui aviez donnée, serait bien fier au Ciel d'avoir, devant Dieu, le mérite d'en voir une petite partie consacrée à lui élever un temple.

Agréez, je vous prie, Monsieur, l'hommage de mon bien respectueux, j'allais mettre, vu votre âge et le mien, bien filial dévoûment en N.-S.

P. BABLED.

Montpellier, 27 juin 1895.

Malgré moi, je l'avoue, sans que je pusse sur le moment m'expliquer pourquoi, cette lettre me causa une fâcheuse impression. Je voulais ne voir dans son contenu qu'une intention pieuse et je ne le pouvais pas ; il me semblait que celui qui l'avait écrite m'usurpait une inspiration que je voulais pour moi seul ; car cette pensée de la fondation d'une chapelle dans cet établissement des Salésiens, que mon fils aimait tant, m'était venue en lui fermant les yeux, et je sentais qu'en y donnant suite je remplissais un devoir envers lui. Mais je tenais cette pensée jalousement enfermée en mon cœur ; elle était mienne à ce point qu'exprimée par autrui, même par un prêtre qui avait tout mon respect, elle se déflorait en quelque sorte.

Sous le coup de cette impression, et voulant la faire comprendre à M. l'abbé Babled, je lui répondis en ces termes :

MONSIEUR L'ABBÉ,

Je viens de recevoir votre lettre.

Elle m'a causé une vive émotion, car la pensée qui vous est venue et que vous me retracez si éloquemment, m'est venue aussi, et je m'y suis arrêté déjà avec complaisance.

Cette inspiration — car c'en est une — me vient de mon bien-aimé fils, je le sais, je le sens ; et, pourrais-je en douter, que l'inspiration que vous avez eue écarterait ce doute. Je suis donc heureux, Monsieur l'Abbé, de voir cette communion d'idées ; mais, je vous en prie, laissez-moi faire, c'est-à-dire, laissez-moi obéir, docile et empressé, aux inspirations de mon cher enfant. Il me semble que cela vaut mieux ainsi, que mon fils est plus satisfait de voir son père comprendre ses désirs par les seuls rapports mystérieux, intimes que nous pouvons avoir par nos âmes. Soyez tranquille, Monsieur l'Abbé, je ne résisterai pas aux volontés de celui qui m'est si cher et auquel j'avais consacré la plus large part de mon existence.

Je vous prie d'agréer, etc...

Léon FAULQUIER.

Montpellier, 27 juin 1895.

M. Babled comprit-il ce que je lui donnais à entendre : que sa démarche était quelque peu inopportune et indiscrète, et qu'il devait me laisser le mérite d'une inspiration que je considérais comme une consolation du Ciel et comme la manifestation d'un désir de mon fils ? Il en comprit au moins une partie, ainsi qu'on peut en juger par la deuxième lettre qu'il m'écrivit dans cette journée du 27 juin 1895, après avoir reçu la mienne qu'on vient de lire. Cette lettre est ainsi conçue :

BIEN CHER MONSIEUR,

Permettez-moi, en effet, cette expression, après une journée comme celle-ci, où du Ciel nous est venue une si pleine communion d'idées.

Je ne puis la laisser finir sans venir vous exprimer quelle profonde impression de reconnaissance et de gratitude s'est emparée de moi, à la lecture de votre lettre d'une si admirable élévation de sentiment.

Oui, vraiment, j'ai agi sous une impulsion qui n'était pas de moi. Il serait mal de ma part d'insister maintenant sur une idée dont un autre a pris l'initiative du haut du Ciel. Je me retire devant lui, car lui seul doit parler, puisqu'il a commencé à le faire. Je sens, toutefois, que désormais dans mon cœur il y a autre chose que des sentiments ordinaires à votre égard. J'ai l'âge de celui que, il y a huit jours, nous conduisions au milieu de la sympathie et des regrets universels... et je sens que maintenant il s'est créé entre vous et moi ces sentiments vraiment filiaux que je soupçonnais à la fin de ma lettre de ce matin et que j'éprouve réellement maintenant. Puisse la bonté de Dieu, qui ne se laisse jamais vaincre en générosité, vous remplir dès maintenant, malgré tout, ici-bas, des immenses consolations que d'autres comme Mlle G... et Mme B... ont goûtées à faire un bien durable.

Agréez, je vous prie, bien cher Monsieur, pour vous et pour Mme Léon Faulquier, l'hommage de ma bien filiale reconnaissance et de mon bien religieux dévouement en N.-S.

P. BABLED.

Montpellier, 27 juin 1895.

On le voit, M. l'abbé Babled insistait doucement sur l'idée émise, tout en ayant l'air de se retirer, de me laisser mûrir mon projet; et, en me faisant connaître ses sentiments filiaux à mon égard, il s'autorisait en quelque sorte à revenir, s'il le fallait, sur cette question de haut intérêt. Cependant cette façon d'exprimer ses sentiments, je dois en convenir, ne me déplut pas. Je considérais le directeur de l'œuvre de Don Bosco comme un prêtre du plus grand mérite, plein de foi et d'abnégation, n'ayant en vue que la gloire de Dieu et la prospérité de son établissement; et je me plaisais à l'entendre m'appeler son père; je me disais que ma fondation serait bien placée sous son égide, ce qui me la rendait encore plus chère.

Que j'étais loin à ce moment de prévoir que cette égide serait néfaste à ma fondation; qu'un jour, au lieu d'assister, ma peine adoucie, à la bénédiction de la chapelle élevée à la mémoire de mon fils, j'aurais, l'âme meurtrie, à défendre devant un Tribunal mes droits méconnus, mes intentions pieuses foulées aux pieds !

Au début des conclusions déposées contre moi dans le procès qui s'est déroulé devant le Tribunal de première instance, l'avocat de M. Babled dit ces mots :

« Attendu que M. Babled, *connaissant les intentions*
» de M. Léon Faulquier, se fit simplement l'écho de
» sa pensée en lui proposant la construction d'une
» chapelle...

» Que M. Babled trahissait sa vive émotion au sou-
» venir de l'ami disparu et son profond respect pour
» l'immense chagrin du père ; que l'éloquente expres-
» sion de ses sentiments ne saurait être incriminée ».

Ces lignes contiennent un aveu : « M. Babled
» connaissant les intentions de M. Faulquier », et expriment une crainte : « L'éloquente expression
» des sentiments de M. Babled ne saurait être
» incriminée »..

Mon avocat, en comparant cet aveu avec celui que fait M. l'abbé Babled dans sa lettre du 27 juin 1895, que je viens de reproduire, où il déclare qu'il a eu une pensée, qu'il a prié pour savoir si cette pensée venait du Ciel et qu'elle a persévéré ; en faisant le rapprochement de ces deux aveux, mon avocat n'a pas pu s'empêcher de s'écrier : « Comédie que
» cette pensée, comédie que cette inspiration, comé-

» die que tout cela, car votre pensée, votre inspira-
» tion n'ont rien de divin : vous avouez vous-même
» que vous connaissiez les intentions de M. Faul-
» quier ».

Cet aveu, en effet, est bien maladroit ; il l'est d'autant plus qu'il était inutile. On sent qu'il n'a été fait que pour expliquer les démarches de M. Babled, démarches que l'on craint de voir incriminer. Mais au lieu d'expliquer ces démarches, cet aveu les ravale ; au lieu de les justifier, il les rend odieuses. Cet aveu est donc maladroit et inutile.

Et comment M. Babled a-t-il pu connaître mes intentions et *se faire simplement l'écho* de mes idées ? Son avocat l'a expliqué dans sa plaidoirie ; je reviendrai sur ce fait en temps et lieu.

Mon esprit et mon cœur étaient donc occupés de cette idée de fondation, qui me reposait du souci des affaires, qui surtout adoucissait un peu ma tristesse ; mais il paraît qu'au gré de M. Babled ma décision tardait trop à prendre corps ; il avait hâte, sans doute, de voir le projet entrer en voie d'exécution, et n'ayant peut-être pas osé faire verbalement une démarche auprès de moi pour réchauffer mon zèle, il profita d'un voyage à Bagnères-de-Luchon, où il était allé faire une saison, pour m'écrire, à la date du 30 juillet 1895, la lettre que voici :

Cher Monsieur,

Excusez-moi, je vous prie, de venir interrompre le douloureux recueillement dans lequel je comprends si bien que vous m'ayez demandé de vous laisser quelque temps, pour mûrir, avec votre bien-aimé défunt, le projet que j'avais cru devoir vous soumettre.

C'était au sujet de l'érection de notre chapelle pour perpétuer à jamais la mémoire de Georges Faulquier dans ce quartier qu'il a tant aimé.

La nécessité de cette chapelle s'impose tellement, qu'alors même que j'aie fermé la bouche de ce projet à tout autre qu'à vous, elle a paru évidente à d'autres personnes.

C'est ainsi qu'envoyé par mes supérieurs, et sur la demande de ma mère, dans les Pyrénées pour refaire un peu ma santé, j'ai su que plusieurs dames organisaient en ce moment, à Montpellier, un Comité ayant pour but de recueillir un peu partout des aumônes pour l'érection de cette chapelle. Je suis, depuis mon arrivée à Luchon, tenu au courant de plusieurs réunions préliminaires qui se sont tenues chez Mme Brun. On n'attend que mon retour et quelques dernières adhésions, y compris celles de l'Evêque et de Rome, pour faire entrer ce projet dans le domaine de la publicité et de l'exécution. Mme de B..., qui paraît à la tête de cette entreprise, n'est pas, comme vous le savez, une personne à ne pas pousser activement les choses.

Au fur et à mesure que mon retour approche, car je serai à Montpellier le 10 août, je me sens dans une bien vive perplexité. Laisser recueillir des aumônes pour la chapelle, c'est retirer autant pour l'entretien de mes enfants, qui est si lourd ; c'est tarir une source d'autant plus nécessaire que leur nombre, qui augmente chaque jour, sera bientôt de 100.

Puis cette chapelle, ne l'avais-je pas rêvée sous un autre jour ? Ne devait-elle pas être un monument faisant vivre Georges Faulquier, malgré le temps, malgré l'oubli, malgré tout, dans le souvenir, dans la reconnaissance de tout un quartier, ou plutôt de toute une ville ?

Cette chapelle, son érection, sa consécration, son fonctionnement, je la voyais pour vous une œuvre bien consolante d'affection paternelle, se reposant doucement dans cette survivance de celui qui n'est plus, et qui vivrait ainsi dans la pierre, dans le monument. Mais, dans ce cas, il faut que tout le monde sache que c'est vous — et que c'est pour lui qu'une chose semblable est faite ; — il faut que personne autre, pas même Mme Brun, n'y mette la main, afin que tout le monde sache d'où vient et pourquoi est faite cette chapelle.

Plus la détermination sera rapprochée de la date douloureuse de son départ pour le Ciel, plus l'effet et l'édification seront grands.

Il est facile de le prévoir si, à mon retour, appelé par ces dames du Comité en formation, je puis leur dire que ce qu'elles avaient rêvé de réaliser sou par sou, et dans un nombre d'années indéfini, devient l'œuvre d'une personne, d'un défunt, qui, de cette manière, se met au premier rang de ceux qui, à Montpellier, ont fait le plus pour le bien, et dont le nom ne peut plus ensuite jamais cesser d'être béni.

Voilà, cher Monsieur, quelques réflexions que je prends la liberté de vous soumettre encore ; elles n'affaibliront rien de celles que j'avais déjà cru pouvoir exposer, mais elles empruntent à ce qui se passe en ce moment une opportunité qui me fera pardonner, je l'espère, leur retour. Ce que je souhaiterais, avant tout, ce serait que la mémoire de votre bien-aimé fils soit en bénédiction et en honneur toujours ; et c'est ce sentiment, émanant de la religieuse affection que je lui portais, qui, plus encore que le désir d'élever un temple à Dieu, me fait agir.

Ce désir, en effet, tôt ou tard serait réalisé ; mais il ne le serait pas avec le caractère que je lui crois désirable.

Si vous êtes à Montpellier, lors de mon retour, j'aimerais bien de vous saluer avant toute autre personne, afin de savoir la ligne de conduite que je dois tenir.

Excusez-moi encore une fois, cher Monsieur, en considérant la noblesse de mon but, et daignez agréer, je vous prie, l'hommage du religieux respect et de la quasi-filiale vénération que je me permets de vous porter.

Votre tout dévoué en N.-S.

P. BABLED.

Luchon, 30 juillet 1895.

Que devais-je penser d'une pareille lettre ? Elle devait me froisser ; elle fit plus : elle me désillusionna. Je vis, par cette façon de m'écrire, que M. Babled me connaissait mal, puisque, pour avoir raison de ce qu'il prenait pour de l'hésitation chez moi, alors que ce n'était qu'un délai nécessaire à certains arrangements, il essayait, d'une part, de flatter mon orgueil en me parlant de la « *reconnaissance de tout un quartier, de toute une ville* », d'une grande publicité à donner à mon œuvre ; d'autre part, il croyait me stimuler en m'annonçant la formation d'un comité pour l'érection d'une chapelle dans le clos Saint-Antoine. « M. Faul-
» quier, pensait-il, s'empressera de prendre les
» devants, car il aura peur de l'activité des membres
» du Comité et il ne voudra pas le laisser empiéter
» sur son projet ».

M. l'Abbé se méprit absolument ; je ne désapprouve rien tant que l'ostentation dans une bonne œuvre ; quant au Comité, j'étais très bien renseigné sur sa tentative ; je savais qu'elle n'avait pas été approuvée en haut lieu, à cause des souscriptions qu'il fallait solliciter, ce qui ne pouvait que détourner de destinations plus urgentes des ressources déjà trop restreintes ; je savais aussi qu'avant son départ pour les bains, M. Babled avait présidé plusieurs réunions du Comité dont la formation, d'après sa lettre, était récente et s'était faite à son insu. Je ne compris donc que trop l'intention de M. l'Abbé, qui ne craignait pas, pour obtenir de moi une prompte décision, d'employer des moyens peu dignes de lui.

Ma réponse, qu'on va lire, se ressent de cette fâcheuse impression ; mais elle démontre que, malgré ma désillusion, j'essayais de pallier des torts que je persistais à mettre sur le compte d'un excès de zèle.

Aussi bien, il m'était pénible de penser que M. Babled pouvait ne pas être sincère dans ses paroles; je tenais aussi à lui bien faire comprendre, avant de m'engager avec lui dans des rapports fréquents, quel était mon caractère, afin qu'à l'avenir il agît avec moi de toute autre manière. On verra, par la suite, comment il a profité de la leçon.

Je lui répondis donc en ces termes :

Monsieur l'Abbé,

Ce matin m'est parvenue votre lettre d'hier, de Bagnères-de-Luchon. Pensez-vous que j'avais besoin de ce stimulant pour entrer résolument dans l'affaire dont vous m'avez déjà entretenu à diverses reprises? Pour moi, Monsieur l'Abbé, je le crois inutile, et vous ne vous en seriez pas servi, j'en suis sûr, si vous me connaissiez mieux.

Toutes les raisons que vous invoquez; tous les avantages que vous faites valoir ne peuvent pas être d'un grand poids dans ma détermination: tout cela ne doit rien changer à la ligne de conduite que je me suis tracée, ou plutôt que mon fils me trace. Je sais mûrir un projet et l'exécuter quand il le faut ; mais je ne suis pas homme à me laisser influencer par des considérations du genre de celles que vous m'exposez.

Un Comité se forme, me dites-vous, et prend déjà l'initiative de l'exécution de la Chapelle tant désirée. Je ne puis pas vous autoriser, Monsieur l'Abbé, à arrêter ce mouvement généreux et spontané ; il me semble que ce ne serait pas bien : nous risquerions, vous et moi, de froisser des susceptibilités, de priver des âmes charitables d'une satisfaction bien douce. D'un autre côté, il ne saurait me convenir de faire juger mes actes par qui que ce soit en cette occurence ; ce qui arriverait inévitablement si j'émettais la prétention de faire ce que le Comité en question projette.

Je vous l'ai dit, Monsieur l'Abbé, dans des questions de cette nature, toujours très délicates, il faut — quand on sait à qui l'on a affaire — laisser agir le cœur. Il a des inspirations intimes qu'il convient de laisser librement se produire ; une suggestion, si autorisée soit-elle, ne peut qu'en atténuer les effets.

Votre œuvre, admirablement belle, intéressait beaucoup mon cher enfant ; elle m'intéresse vivement aussi ; mais il en est d'autres, non moins dignes d'intérêt, auxquelles mon fils et moi nous nous sommes voués et qui nous réclament. Je dois faire mon devoir, Monsieur l'Abbé, tout mon devoir, ce devoir doucement impérieux que me dicte du fond de la tombe celui qui n'est plus, mais dont la mémoire m'est si chère.

J'excuse, certes, et de tout cœur, votre nouvelle démarche : je sais trop quel est l'esprit de charité qui vous anime. Mais je vous en prie, Monsieur l'Abbé, apprenez à mieux me connaître et sachez que mon existence, déjà longue, s'est passée dans la stricte observation de mes devoirs.

Je n'en reste pas moins un sincère admirateur de votre zèle, de votre dévouement, et vous présente, etc.

L. Faulquier.

31 juillet 1896.

Cette réponse, je le suppose, ne fut pas du goût de M. l'abbé Babled. Il avait compté m'impressionner en m'annonçant la formation d'un Comité, qu'il me présentait comme une sorte de concurrent de ma fondation ; il vit qu'il s'était trompé ; et, soit confusion, soit dépit, il garda le silence pendant quelque temps.

Ici je dois relever encore un passage des conclusions de l'avocat de M. Babled. J'aurai à en relever pas mal d'autres dans le cours de ce Mémoire.

A la page 5, ces conclusions disent :
... « Attendu que la nécessité d'une chapelle n'était
» pas douteuse, qu'un Comité ayant à sa tête
» Mme F. de B., *depuis longtemps* en voie de forma-
» tion, se constitua définitivement...

» Que M. Babled crut devoir porter à la connais-
» sance de M. Faulquier ce fait, absolument véridi-
» que, qui pouvait contrarier ses intentions ;

» Que M. Faulquier ne tint aucun compte de cette
» démarche, qui avait été dictée à M. Babled par la
» plus *élémentaire loyauté*...»

Tout ceci est en complet désaccord avec la lettre que m'écrivit M. Babled, de Luchon, le 30 juillet 1895, que mes lecteurs connaissent.

Cette lettre, en effet, ne dit-elle pas : « *J'ai su* que
» plusieurs dames organisaient *en ce moment* à Mont-
» pellier un Comité ayant pour but de recueillir les
» aumônes pour l'érection de cette chapelle. Je suis,
» depuis mon arrivée à Luchon, *tenu au courant de*

» *plusieurs réunions préliminaires* qui se sont tenues » chez Mme Brun... » Et plus loin : « Il faut que » personne, *pas même* Mme Brun, n'y mette la main ».

Or, j'ai dit ci-avant que c'était M. Babled lui-même qui avait présidé ces *réunions préliminaires*, tenues depuis déjà longtemps ; je l'ai dit, mais M. Babled nous le dit également par les conclusions de son avocat : « *Un comité était depuis longtemps en voie de formation...* » ; et cependant ces mêmes conclusions disent que « *cette démarche était dictée par la plus élé-* » *mentaire loyauté...* » Que penser de cette loyauté... *élémentaire* qui se fonde sur un mensonge ? Qu'elle est par trop... élémentaire.

Les dames qui faisaient partie de ce Comité, dont les premiers efforts se heurtèrent à un refus de l'autorité ecclésiastique pour les raisons que j'ai indiquées, ont été indignées quand elles ont connu, à la suite du procès, la lettre de M. Babled, de Luchon.

Avouez qu'il y a de quoi. Et on ne s'est pas gêné pour dire que M. l'abbé était « un homme à deux faces ! » C'est à moi que le propos a été tenu...

Et, commentant cette lettre à l'audience, mon avocat traitait encore cette manière de faire d'odieuse comédie, voulant démontrer ainsi que j'avais été victime, dans cette affaire, de combinaisons très bien préparées.

II

Choix du plan. — Somme affectée a la fondation. Promesses de M. Babled.

> Lui-même il nous traça son temple et son autel.
> RACINE.
>
> Promesse de renard avec le vent s'envole.
> A. RIGAUD.

E n'est qu'au mois de novembre suivant que M. Babled se décida à reparler de notre projet.

— Dois-je dire *notre ?*

— Oui, si je m'en rapporte aux lettres de M. Babled, dans lesquelles il affirme avoir eu une inspiration du Ciel. Je ne puis, pour être juste, faire absolument mienne une pensée que M. Babled a eue comme moi.

— Non, si je me base sur la déclaration faite par M. Babled au Tribunal. On a vu qu'il a déclaré n'avoir fait que se servir de mes intentions, n'en être que l'écho. Dans ce cas, le projet est bien à moi, à moi seul.

Mes lecteurs apprécieront.

J'accueillis avec satisfaction la reprise de nos pourparlers. J'aurais pu, certes, ne pas attendre si longtemps en provoquant moi-même cette reprise ; mais il ne me convenait pas de prendre les devants, puisque j'avais déclaré, dans la lettre qu'on vient de lire, que je ne voulais point arrêter l'élan spontané, généreux du soi-disant Comité ; il était rationnel que j'en attendisse les résultats.

En revenant vers moi, M. Babled dut faire l'aveu implicite que ces résultats étaient nuls.

— C'est une malice de votre part, pourra-t-on dire. J'en conviens. Mais elle n'est point grave, et puis, n'avais-je pas un peu le droit de la faire ?

Quoi qu'il en soit, fermement décidé à édifier la chapelle tant désirée, sachant que cette édification serait une offrande très agréable à l'âme de mon fils, je souhaitais vivement de la réaliser. De son côté, M. l'abbé Babled s'en occupait aussi ; ce qui le prouve, c'est que, dès la reprise de nos rapports, il fut en mesure de me soumettre un plan complet de chapelle ; oh ! mais un plan grandiose, d'un dessin très fini, d'une conception hardie trahissant un rêve ambitieux ; car c'était bien moins une chapelle qu'une cathédrale que l'architecte de M. Babled avait conçue, avec de larges nefs, des voûtes imposantes, un autel monumental à deux faces, encadré de colonnes du plus bel effet. J'en fus émerveillé ; mais je vis tout de suite que l'exécution de ce plan dépasserait de beaucoup le chiffre fixé par ma famille pour la fondation projetée ; ce qui, pour moi, rendait ce beau plan inacceptable.

Je ne voulus pas, toutefois, *ex abrupto*, faire connaître mon impression à M. Babled, qui me paraissait, d'ailleurs, féru de son plan, dont il me vantait la beauté, les dispositions très bien comprises, disait-il, pour les besoins futurs de son orphelinat, dont il prévoyait l'extension rapide et considérable. Je n'osai souffler sur son enthousiasme ; je le priai simplement de me laisser son plan pour l'examiner à l'aise, lui promettant ma réponse pour le lendemain ; je lui demandai seulement quel était le montant du devis afférent à ce plan.

— Oh ! très bon marché, me dit-il ; vous serez étonné que le prix d'un si bel édifice, aux dimensions si vastes, soit si peu élevé.

— Mais enfin, Monsieur l'Abbé, quel est donc ce montant ?

— Cent mille francs, Monsieur Faulquier, pas davantage !

En effet, ce n'était pas cher. Avoir pour cent mille francs une basilique de 80 mètres de longueur sur 12 à 14 mètres de largeur, c'était un tour de force. Ce l'était tellement que je compris que cette estimation était bien au-dessous de la réalité.

Je m'en rendis mieux compte en examinant de plus près et en détail ce projet, que je trouvai bien conçu, bien étudié, mais qui, tout parfaitement vu, ne pouvait aucunement me convenir : la dépense aurait dépassé 200,000 francs.

De sorte que, le lendemain, quand je revis M. le Directeur des Salésiens, je lui dis franchement que je trouvais son plan superbe, admirable, mais qu'à mon très grand regret, il n'était pas du tout en rapport avec ce que j'avais l'intention de faire. — Je comprends, dis-je à M. Babled, qu'en prévision de la prospérité de votre établissement, une chapelle d'aussi grandes proportions vous paraisse nécessaire ; malheureusement ma fondation ne peut pas avoir ce développement, la dépense sera bien au-dessus de la somme que ma famille a fixée pour cette fondation. — J'ajoutai que je me voyais obligé, en cette occurence, de renoncer à mon projet pour le clos Saint-Antoine, et de le réserver à un autre établissement charitable.

En effet, pouvais-je dire à M. Babled que son plan était exagéré ? Je ne crus pas devoir risquer cette appréciation, qui aurait pu blesser mon interlocuteur et l'amener à me dire qu'il connaissait mieux que moi les besoins de son orphelinat. Je lui souhaitai, sans arrière-pensée, de trouver les moyens pour réaliser le plan qu'il avait préparé ; mais M. l'Abbé ne voulut pas rompre ainsi nos négociations : il se récria sur ce que j'avais pu penser un instant à doter un autre établissement de ma fondation.

— Elle est destinée aux orphelins de Don Bosco, me déclara M. Babled ; votre fils ne serait pas content qu'elle fût réalisée ailleurs. Laissons ce plan, puisqu'il ne peut pas aller ; aussi bien, il n'a pas été fait à votre intention, et voyons d'étudier le projet sur d'autres bases.

Et il insista pour connaître la somme qui était destinée à la chapelle ; je lui répondis que nous avions décidé, ma famille et moi, d'y consacrer 50,000 francs.

— Mais c'est parfait, s'écria M. Babled ; j'ai précisément votre affaire.

Et, sur-le-champ, il exhiba un autre plan, de proportions bien plus modestes que le premier, dont l'édification ne devait pas, assurait-il, dépasser 50,000 francs.

Ce plan de 50.000 francs était signé de M. Prat, architecte, comme le précédent, évalué par M. Babled à 100.000 francs. Seulement le second plan était accompagné d'un devis justifiant la dépense de 50.000 francs, ce que n'avait pas le premier plan.

Décidément M. l'Abbé n'avait pas perdu son temps ; il avait des plans à souhait ; je crois, Dieu me pardonne, que j'aurais énoncé une autre somme qu'un troisième plan lui serait tombé sous la main... J'étais très heureux, d'ailleurs, de cela ; le plan de 50,000 francs me plaisait et répondait bien à mes désirs : la construction me paraissait convenable dans sa simplicité ; la disposition intérieure de la chapelle me semblait très bien comprise pour laisser la plus grande place aux fidèles et permettre à tous la vue du maître-autel. De plus, je lui trouvais —

condition très essentielle, avait dit M. Babled — des dimensions assez grandes pour répondre à des besoins bien plus importants que les besoins actuels de l'établissement.

Tout était donc pour le mieux; je le dis à M. l'abbé Babled, qui se déclara enchanté et qui profita de l'occasion pour me renouveler tous ses remerciements et m'exprimer toute sa gratitude.

A mon tour j'étais très satisfait; ma fondation allait donc être édifiée; bientôt je verrais s'élever ses murs, son clocher; et mon esprit, escomptant l'avenir, me faisait par la pensée prier dans ce sanctuaire, dédié à Saint-Georges, voué à la mémoire de mon bien cher fils.

C'était là ma pensée, certes; et cette pensée répandait sur la blessure de mon cœur une sorte de baume; mais ce n'était pas celle de M. l'Abbé, qui — je crois pouvoir le dire — ne se préoccupait pas précisément de ce que ma fondation pouvait avoir de consolant pour moi.

Et n'allez pas croire que je parle acrimonieusement; que mon appréciation soit gratuite. Elle m'est suscitée par cette phrase des conclusions de M. Babled, page 5 :

« Attendu qu'*il ne s'agissait pas, à ce moment,* de
» donner à la chapelle le vocable de Saint-Georges.
» L'édifice devait *tout naturellement* être dédié à
» Saint-Antoine... »

Est-il possible de placer de pareilles énormités dans des conclusions !

Que m'écrit M. Babled à ce sujet, le 27 juin 1895 ?

« *Du haut du Ciel, Georges Faulquier serait heureux,*
» *je crois, de voir s'élever un sanctuaire destiné à per-*
» *pétuer son souvenir, construit en son nom et dont il*
» *aurait le mérite auprès de Dieu...*

»... *Et pour vous, Monsieur, pour sa famille, quelle*
» *immense consolation de voir s'élever ce monument !*
» *Quelle joie même, au jour de la première pierre, à celui*
» *de la consécration, d'entendre voler sur toutes les lèvres*
» *le nom de Georges Faulquier !...* »

Et encore le 30 juillet suivant :

«... *Puis cette chapelle, ne l'avais-je pas rêvée sous*
» *un tout autre jour ? Ne devait-elle pas être un monu-*
» *ment faisant vivre Georges Faulquier, malgré le*
» *temps, malgré l'oubli, malgré tout, dans le souvenir*
» *de tout un quartier ou plutôt de toute une ville ? Cette*
» *chapelle, son érection, sa consécration, son fonction-*
» *nement, je la voyais pour vous une œuvre bien conso-*
» *lante d'affection paternelle, se reposant doucement*
» *dans cette survivance de celui qui n'est plus et qui*
» *vivrait ainsi dans la pierre, dans le monument...* »

Tout cela n'indique-t-il pas clairement que la chapelle devait être dédiée à saint Georges, patron de mon fils, de celui dont M. Babled voulait si bien perpétuer la mémoire ? Et n'aurais-je pas ces lettres à invoquer, ne me suffirait-il pas de dire qu'il n'était point possible qu'une chapelle, qu'une fondation faite par moi au nom de mon fils décédé, eût un autre vocable que celui de saint Georges, puisque mon fils s'appelait Georges ? C'était trop naturel, trop évident, trop légitime, pour que je pusse alors me douter que M. Babled avait pensé, en me proposant la fondation, à un autre vocable, à celui de saint Antoine. Vous voyez pourtant qu'il ne craint pas de le déclarer dans les conclusions de son avocat ! S'il m'avait donné à comprendre sa pensée dans ces premiers pourparlers, avec quelle hâte je les aurais rompus !... Mais il se garda bien de le faire. M. Babled n'est pas capable de semblable... maladresse ; j'allais dire franchise !...

Cette question du vocable de la chapelle a un rôle important dans ce mémoire. Je ne tarderai donc pas à en reparler ; mais j'ai tenu dès à présent à démontrer qu'au début même de notre entente M. Babled, tout en faisant miroiter à mes yeux le vocable de saint Georges, avait la pensée bien arrêtée de lui substituer celui de saint Antoine. C'est son avocat qui me permet de faire cette démonstration ; j'en profite.

Je me mis donc, avec le plus vif intérêt, à examiner le deuxième plan qu'avait préparé la sage prévoyance de M. Babled. Modeste, il l'était ce plan ; mais il ne manquait pas d'élégance : le vaisseau de la chapelle, formé d'une seule nef, m'agréait absolument ; je le trouvais spacieux et pratique ; deux chapelles latérales, prévues à droite et à gauche du maître-autel, complétaient très bien, à mon sens, la décoration de l'édifice. Le clocher me semblait élégant avec sa flèche élancée, surmontée d'*une croix;* l'ensemble se présentait harmonieux et sobre à mes yeux : au point de vue esthétique, le dessin n'était peut-être pas exempt de critique ; le style de la construction restait bien un peu vague, sans caractère précis ; mais je passais sur ces détails, m'attachant bien plus à la commodité de l'édifice qu'à une recherche exagérée de l'art et du style dans son architecture.

Je sais bien que M. Fabrège a beaucoup critiqué ce plan, qu'il trouvait irrégulier dans les proportions, dont les lois, d'après lui, étaient violées ; disgracieux dans son aspect, incohérent dans son style. — Style nouveau, disait-il plaisamment, qu'on pourrait appeler style *cubique*, à cause de la forme de la nef, ou style Prat, du nom de son créateur. — Mais ces critiques, dont la portée, à cause des hautes compétences de M. Fabrège, était très grande, visaient surtout l'architecte, M. Prat, qui, froissé, ne voulut pas en tenir compte — naturellement.

Ce qui me frappa, par exemple, dans le plan qui m'était soumis, c'est le peu d'ampleur des piliers, que je trouvais trop étroits tant à l'extérieur qu'au dedans, et aussi l'absence de pierre froide aux soubassements. Ce fut à peu près la seule critique que je fis au plan de l'architecte de M. Babled.

— C'est une double faute, lui dis-je, car des murs en moellons de 13 à 14 mètres de hauteur ont besoin d'être consolidés par des contreforts sérieux, larges, bien assis ; il me semble que ceux que prévoit le plan sont trop minces. Quant au socle en pierres froides, il est indispensable, Monsieur l'Abbé ; la pierre blanche mise en contact avec le sol laissera, par sa capillarité, l'humidité envahir les murs ; la pierre froide supprimera ce grave inconvénient.

Mais, à ces remarques, à cette critique, M. Babled répondit que, limité à un devis de 50,000 francs, l'architecte n'avait pas pu mieux faire.

C'était fort judicieux, je le reconnus ; mais le soubassement en pierres froides me paraissait nécessaire, ainsi que l'élargissement des contreforts. Je demandai donc ces modifications au plan.

— On peut facilement les faire, me dit M. Babled ; mais la dépense sera augmentée.

— Qu'à cela ne tienne, répondis-je, je paierai la différence ; à combien faut-il l'évaluer ? Un supplément de 4 à 5.000 fr. fut jugé nécessaire. Spontanément, et afin de parer à toute éventualité, je déclarai que j'élevais à 60,000 francs le chiffre de ma fondation, ce qui me valut de la part de M. l'Abbé une nouvelle explosion de gratitude. Il ajouta, ce qui me combla d'aise, que je pouvais compter sur son concours le plus dévoué pour mener à bien et aussi rapidement que possible l'œuvre grandiose que son établissement devrait à ma générosité (*sic*).

A ce moment, je l'atteste, j'avais complètement oublié les quelques difficultés qui avaient marqué les préliminaires de notre entente avec le directeur des Salésiens. Je le retrouvais tel que j'aimais à le voir : un prêtre de Dieu rempli de foi ardente et de dévouement absolu, s'oubliant lui-même pour ne penser qu'à sa mission sublime de charité. Et je me sentais flatté qu'il voulût être mon second fils ; j'étais à me demander si je méritais réellement le titre de père qu'il daignait me donner !

Le plan choisi, le chiffre du devis arrêté, il fallait songer à l'aménagement de la chapelle, car le plan ne portait que sur la construction de l'édifice, le devis ne visait que les dépenses du gros-œuvre. Il restait à prévoir les détails d'ornementation, l'ameublement, le chemin de croix, l'orgue, la cloche, etc., toutes choses qui chiffraient assez haut. Où prendrions-nous les fonds pour les payer ?

Je devais me poser cette question, car dans ma pensée la fondation que je voulais faire devait être complète. Je proposai alors de diminuer un peu les proportions de la chapelle, afin de retrouver dans les économies réalisées sur le gros-œuvre de quoi couvrir les frais d'aménagement.

Mais M. Babled ne l'entendait pas ainsi ; il lui fallait une chapelle vaste ; c'était déjà bien assez qu'il eût renoncé à son premier plan de 80 mètres de longueur !...

Il me pria donc de ne pas m'occuper des dépenses supplémentaires.

— Grâce à vos 60,000 francs, me dit-il, mon établissement aura une chapelle vaste, solide, élégante ; c'est plus que nous n'osions espérer ; permettez-moi de concourir à l'œuvre en prenant à ma charge les frais d'aménagement. Soyez sans inquiétude, je suis en mesure d'y pourvoir, car j'ai des ressources dans mes relations à Paris, dans ma famille même ; je m'en servirai et ne saurais en faire un meilleur usage. En conséquence, *toutes les dépenses excédant les* 60,000 *francs que, généreusement, vous consacrez à votre fondation, seront payées par moi.*

C'était formel autant que délicat. M. Babled, absorbant mes 60,000 francs pour la construction du gros-œuvre d'une chapelle qu'il voulait appropriée aux besoins futurs de son orphelinat, sentait qu'il devait se charger de toutes les dépenses supplémentaires ; il eut le tact de s'y engager de son propre mouvement et je lui en sus un gré infini. Comment douter, après cela, de la sincérité de cet engagement pris dans de telles conditions ? Il ne me vint pas un instant à la pensée de faire signer la déclaration spontanée de M. Babled ; j'avais en lui une confiance absolue, et ses promesses, quoique verbales, avaient à mes yeux bien plus de valeur que l'acte le plus notarié du monde.

Quelle qu'en ait été la suite, je ne regrette pas cette confiance ; elle était toute naturelle, étant donné ma foi chrétienne. Comment aurais-je pu être méfiant ? Pour être méfiant il fallait pressentir les évènements qui ont suivi, ce qui n'était pas possible en présence de l'attitude et de la conduite de M. Babled dans ces premières questions d'argent. Je vais jusqu'à dire — et on me croira, j'en suis sûr — que si, à ce moment, j'avais été méfiant envers ce prêtre, je m'en voudrais encore aujourd'hui que ma méfiance serait grandement justifiée !

Ah ! oui, elle le serait justifiée cette méfiance, si je l'avais eue, car M. Babled *a osé* nier ses promesses ! Il ne les a pas niées devant moi ; mais il les a niées auprès de diverses personnes et par écrit ; il les a niées devant le Tribunal !

Et il a fait plus que de les nier : il est allé jusqu'à prétendre que des personnes de mon entourage ont *inventé* ces promesses pour le noircir à mes yeux et *brouiller la* situation !

A la page 26 des documents de M. Babled je lis ceci :

« Quand je pense qu'on est arrivé à faire croire à
» M. Faulquier que j'ai manqué à ma parole d'hon-
» neur et que je m'étais engagé à ce que les travaux ne
» discontinueraient pas, alors qu'interrogé par lui
» sur les compléments nécessaires à apporter à ses
» 60.000 francs, je lui avais dit que le gros-œuvre
» fini, la chapelle inaugurée, les dons viendraient
» peu à peu, c'est à être épouvanté de la méchanceté
» des hommes...

» En prétendant, *sans preuve aucune,* que j'ai pris
» d'autres engagements que ceux que je reconnais et
» que je ne les tiens pas, c'est mal agir, c'est une
» calomnie ».

Voilà le grand mot lâché : *sans preuve aucune !* Eh ! oui, sans preuve... Les promesses de M. l'abbé Babled de payer les sommes dépassant mes 60.000 francs avec des ressources qu'il avait dans sa famille, dans ses relations de Paris, étant verbales, je n'en puis fournir les preuves, et M. Babled se fait fort de cela pour les nier. Il s'abrite derrière son caractère de prêtre, derrière la valeur que sa robe peut donner à ses dires pour se soustraire à l'obligation formelle et sacrée qu'il a contractée envers moi. Cette obligation est sacrée, parce que M. Babled l'a contractée à la suite d'une inspiration divine, ainsi qu'il s'est plu à qualifier le mobile de ses premières démarches. Et cependant il n'hésite pas à s'y dérober à cette obligation parce que, quoique sacrée, elle est verbale !

Je ne me fais pas d'illusion sur ce fait : beaucoup de personnes croiront M. Babled. — C'est un prêtre, diront-elles, un saint prêtre animé d'un pur esprit de charité et de dévouement ; qui, tout jeune, s'est voué à une grande œuvre sociale à laquelle il a donné toute sa vie et tout son cœur. Un tel homme, un tel prêtre ne peut mentir, ne peut méconnaître ses engagements !

— Alors c'est moi qui mens, car ce dilemme que l'un de nous ment est inéluctable ! Et mes affirmations, à moi, que valent-elles ? rien ?

Si M. Babled est un prêtre, je suis un honnête homme ; s'il consacre son existence à une œuvre sociale, j'ai consacré la mienne au travail ; s'il est le défenseur de sa société, je suis le défenseur de ma fondation pieuse ! Si ce prêtre ne doit pas mentir, l'homme honnête qui vous parle ne le doit pas davantage ! Or, j'affirme que M. Babled m'a fait les promesses formelles qu'il ose renier maintenant, et j'appuie mes affirmations sur tout mon passé de droiture et d'honneur ! C'est un vieillard de 70 ans qui jure ici sur ce nom de Faulquier si respecté, si honoré partout, qu'il a dit vrai. Si je ne disais pas vrai, si j'affirmais si solennellement une imposture, ce serait infâme. Pensez-vous qu'à la fin de ma vie, au moment prochain où je dois aller rendre à Dieu compte de mes actions, je souillerais mes cheveux blancs d'une telle infamie ?

« C'est à être épouvanté de la méchanceté des hommes », a dit M. Babled. Mais, Monsieur l'Abbé, si la méchanceté des hommes vous épouvante, quel effet doit produire sur vous, je me le demande, la duplicité d'un prêtre ?

Ces lignes jetteront-elles la confusion dans l'âme de Monsieur Babled ? Qui pourra le dire ? En tout cas, si, après les avoir lues, il éprouve le besoin de venir me soutenir en face qu'il n'a pas pris envers moi l'engagement que je lui oppose, il me trouvera prêt à le recevoir !.. Osera-t-il en ma présence soutenir son affirmation détestable ? Il ne l'osera pas, je vous le garantis. Et je vais plus loin : je le défie de risquer cette démarche ; il aurait trop peur en la risquant de voir éclater sa confusion au grand jour !

Je soutiens donc, malgré tout et devant tous, que les promesses de M. Babled sont réelles et positives. De plus elles m'ont été faites, toujours sur le même ton formel, à diverses reprises et en maintes circonstances. Je suis même en mesure de citer un cas où ces promesses me furent répétées devant un témoin :

Mon frère, M. Emile Faulquier, visitait un jour le chantier ; c'était, je crois, au mois de juillet 1896 ; il rencontra M. Babled et se promena quelques instants avec lui. Dans la conversation M. l'Abbé lui dit négligemment que si, avec l'argent dont on disposait, il n'était pas possible d'édifier le clocher, on le laisserait et qu'il serait repris plus tard quand la charité des fidèles le permettrait. Mon frère, qui connaissait mon entente avec M. Babled, fut frappé de cela, au point qu'il s'empressa de m'en parler. Tout de suite je me rendis auprès de M. Babled, accompagné par M. de Surville, mon gendre, pour lui demander des explications ; mais il ne me laissa pas achever ; d'un ton assez haut il me dit : « Monsieur Faulquier, on a tort de trop parler ; les choses sont souvent mal interprétées, de là des difficultés. Je vous affirme *de nouveau* que la chapelle s'achèvera entièrement, clocher et tout le reste ; je vous le répète, j'ai de l'argent pour payer quand il le faudra, vous pouvez donc être sans crainte ; je n'ai qu'une parole, je sais tenir ce que je promets ! »

Pouvais-je après cette déclaration si formelle, si

conforme à nos accords précédents, concevoir le moindre doute et prévoir ce qui devait m'arriver ? Ce n'était point possible, et je repris ma quiétude à ce sujet, laquelle pourtant n'allait pas tarder à être troublée.

Mais après mes affirmations, après l'incident que je viens de rapporter, qui est concluant, ne puis-je pas démontrer, par les conséquences mêmes des promesses de M. l'abbé Babled, que ces promesses étaient indispensables pour conclure notre entente avec la Société du Clos-Boutonnet ?

Rien ne me sera plus facile.

Cette entente et l'acte qui est intervenu ensuite n'auraient pas pu se faire sans ces promesses, qui en sont la conséquence obligée, puisqu'il s'agissait d'une fondation à inaugurer à bref délai.

Je m'explique :

Il avait été décidé par ma famille que la somme à consacrer à la fondation serait de 50.000 francs, somme portée à 60.000 francs, comme on vient de le voir. Mais, en consacrant ces 60.000 francs à une chapelle, nous entendions évidemment l'avoir complète, ornée et meublée, prête, en un mot, à être livrée au culte. Or, en acceptant la combinaison de M. Babled, nous n'avions, avec 60.000 francs, que le gros-œuvre ou une partie du gros-œuvre d'une chapelle, ce qui ne pouvait nous satisfaire qu'avec les promesses dont je viens de parler. Si ces promesses n'avaient pas été faites, si M. Babled n'avait pas pris envers moi cette sorte d'engagement moral de payer tout ce qui dépasserait le chiffre de ma fondation, je me serais bien gardé d'entrer dans sa combinaison, car j'aurais compris que je m'exposais à n'avoir qu'une chapelle inachevée, et partant à voir la réalisation de mon vœu indéfiniment retardée, alors qu'elle me tenait tant au cœur.

J'espère maintenant avoir convaincu ceux qui me lisent de l'existence des promesses de M. Babled, c'est-à-dire de son engagement moral envers ma fondation ; et ils ne seront pas surpris que je leur dise, dès à présent, que c'est l'inexécution de cet engagement qui est la cause principale du conflit qui s'est produit.

On me reprochera peut-être d'avoir péché par excès de confiance. Ce reproche n'est pas pour me blesser ; je sais que j'ai eu en M. Babled une confiance sans bornes, et même je le déclare hautement ; car, ainsi que je l'ai déjà dit, cette confiance était la conséquence de ma foi religieuse. Et si on venait me dire après avoir lu ce livre : « C'est tant pis pour vous si M. l'abbé Babled a trompé votre confiance », je répondrais sans hésiter : « Non, c'est tant pis pour lui ! »

III

Difficultés en vue du contrat

> Il a réprimé les esprits rebelles, non parce qu'ils résistaient à ses volontés, mais parce qu'ils faisaient obstacle au bien qu'il voulait faire.
>
> Terrasson.

Nous étant entendus sur ces points principaux : le plan, le montant du devis, la somme affectée par moi à la fondation, l'excédent à la charge de M. Babled ou de sa Société, il ne restait qu'à consacrer cette entente par un engagement en bonne et due forme. M. Babled y tenait absolument, avec raison, certes : les affaires sont les affaires. Il me proposait de verser les fonds dans une maison de banque de la ville, où il pourrait les retirer au fur et à mesure des payements à faire ; mais cette précaution me parut excessive ; qu'avions-nous, en effet, besoin d'un banquier entre nous ? N'était-il pas plus simple que les paiements fussent faits à ma caisse, sur la présentation de bons signés par M. Babled ?

Cet arrangement fut adopté en principe ; mais il fallait arrêter les termes du contrat à intervenir, par lequel je m'engagerais à verser 60.000 francs, mais qui, par contre, engagerait la Société du Clos-Boutonnet à édifier complètement la chapelle sur son terrain du clos Saint-Antoine.

A première vue, et puisque nous étions d'accord sur les bases de ce contrat, rien n'était plus facile ; en réalité, rien n'a été plus difficile, ainsi qu'on va le voir.

J'avais le souci, bien naturel, d'assurer à ma fondation une longue durée ; pour cela, il fallait la mettre à l'abri des éventualités politiques. Comment faire ? Peu compétent en pareille matière, je dus m'entourer de conseils, de renseignements ; de son côté, M. l'abbé Babled en faisait autant ; il consulta ses supérieurs qui, eux aussi, prirent sans doute des informations, tant et si bien que, le 17 janvier 1896, M. l'Abbé m'écrivait la lettre suivante, pour me faire connaître leur décision :

MONSIEUR,

Je reçois seulement de Marseille une consultation écrite que je voulais joindre à l'exposé qui suit, afin d'en appuyer le bien-fondé.

Après mûr examen près des jurisconsultes de Marseille, puis de Paris et de Lille, au moment de nos diverses fondations, nos supérieurs ont adopté de préférence, pour toutes nos œuvres, le régime de la Société anonyme ou civile. Ils aimeraient à le conserver partout autant que possible.

Ils font des vœux pour que la chapelle élevée à la mémoire

de votre bien-aimé Georges puisse se mettre sous le même régime.

Ils veulent, eux aussi, la perpétuité de la chapelle, comme de l'œuvre ; si des temps mauvais arrivaient, le Conseil d'administration et la Société s'empresseraient de mettre un aumônier, comme les Pénitents le font dans leur chapelle, avec l'assentiment et la dépendance de l'évêque, jusqu'à ce que les Salésiens pussent revenir.

Si l'arbitraire allait jusqu'à renverser des Sociétés réellement et légalement existantes pour leur arracher des propriétés leur appartenant (sic), il pourrait s'étendre également à la propriété individuelle si elle fournissait la jouissance d'une chapelle à une communauté.

Ces motifs et plusieurs autres nous font désirer vivement que vous vouliez bien adopter ce qui a été créé ici : la Société anonyme ; nous serions au début de la fondation qu'il serait plus facile de prendre pour toute l'œuvre le régime de la propriété individuelle.

Agréez, je vous prie, Monsieur, l'hommage de ma bien religieuse gratitude, et de mon bien humble dévouement en N.-S.

P. BABLED.

Montpellier, 17 janvier 1896.

Devais-je accepter ces dispositions ? Elles n'étaient pas en rapport avec les conseils qui m'avaient été donnés, et dont j'avais touché un mot à M. Babled. Des personnes très autorisées, très versées dans ces questions délicates, Mgr l'Evêque de Montpellier, notamment, avaient déclaré qu'il n'y avait qu'un seul moyen de garantir l'œuvre contre tout évènement, c'était qu'elle restât ma propriété. Ce moyen ne m'allait guère, je le déclare ; et j'essayai de le discuter, d'en chercher un autre, car il n'entrait pas du tout dans mes idées d'être le propriétaire d'une chapelle que je destinais à l'établissement des Salésiens. Mais Mgr l'Evêque m'affirma de nouveau que le moyen indiqué était le seul sérieux ; toute autre disposition comportait forcément des aléas.

Il fallait m'incliner ; je m'attendais à ce que M. l'abbé Babled acceptât sans difficulté cet arrangement, car peu lui importerait, sans doute, que la chapelle m'appartînt ; il savait très bien que ce titre de propriétaire, que les circonstances m'imposaient, n'aurait rien de bien réel. Je fus donc très surpris lorsque M. Babled me dit que la Société ne pouvait pas agréer une semblable disposition. J'eus alors comme un pressentiment des difficultés qui allaient surgir ; mais je m'efforçai de le chasser, le trouvant importun et injustifié. Et, tout en priant Me Bonfils, notaire, d'élaborer un projet de contrat conforme aux conseils qui m'avaient été donnés, je demandai à M. Babled de me soumettre, lui aussi, un projet établi suivant les idées de ses supérieurs.

Ce projet de M. Babled, tout en m'engageant pour une somme de 60,000 francs, m'obligeait aussi à faire don de la chapelle à la Société civile du Clos-Boutonnet, qui, en retour, donnait l'autorisation d'édifier cette chapelle sur son terrain. De plus, la chapelle serait placée sous le vocable de saint Antoine, patron de l'établissement de Don Bosco à Montpellier.

Le projet de Me Bonfils m'obligeait également à

verser une somme de 60,000 francs, mais me laissait propriétaire de la chapelle, tout en stipulant que je prenais l'engagement formel de céder cette chapelle aux Pères Salésiens dès que ce serait possible. Quant au vocable, le projet indiquait naturellement celui de saint Georges ; comme je l'ai déjà dit, pouvais-je en accepter un autre, ma fondation étant élevée à la mémoire de mon fils ? Voici, du reste, ce projet de contrat rédigé par mon notaire :

« Entre les soussignés, etc., etc...
» Ont été arrêtées les conventions suivantes :

I

» La Société du Clos-Boutonnet autorise M. Léon
» Faulquier à édifier sur son terrain du clos Saint-
» Antoine, à Montpellier, une chapelle. Cet édifice
» sera sous le vocable de saint Georges, et servira à
» l'exercice du culte catholique pour le quartier et
» les Pères Salésiens, sous la haute approbation de
» l'autorité diocésaine.

II

» M. Faulquier, lorsque les temps le permettront,
» rétrocèdera gratuitement cette chapelle aux Pères
» Salésiens. Elle sera élevée sous la direction de ces
» derniers, M. Faulquier n'ayant qu'à fournir, au fur
» et à mesure des travaux, la somme de 60,000 francs
» qu'il destine à cette fondation.

III

» Comme les embellissements, le mobilier de la » chapelle, ne seront pas fournis par M. Faulquier, « qui ne paiera que le gros-œuvre ; il n'aura jamais » à prétendre à la propriété de ces accessoires. »

M. Babled, par suite de ce projet de contrat, avait donc été obligé de se découvrir quant à ses intentions pour le vocable de la chapelle. Ce fut pour moi un coup inattendu et d'autant plus violent que M. Babled, après avoir lu mon projet, me fit une visite et me déclara sans ambages qu'il tenait à ce que le vocable fût saint Antoine, et qu'il avait été obligé de mettre cette condition dans le contrat qu'il proposait.

Je protestai de toutes mes forces, faisant valoir que ce vocable n'était pas possible ; que la fondation faite par moi pour perpétuer la mémoire de mon fils devait être dédiée à saint Georges ; que, dans ma pensée, il en avait été ainsi depuis que ce projet était émis ; que, dans ses premières lettres, M. Babled faisait valoir ce vocable de saint Georges ; en un mot, j'invoquai toutes les raisons que j'avais pour ramener M. Babled dans la bonne voie, pour combattre sa prétention de donner à ma chapelle le vocable de saint Antoine.

Mais il tint bon ! A cause, prétendait-il, de son établissement, placé sous la protection de saint

Antoine de Padoue, il fallait que la chapelle portât le même vocable ; la mémoire de mon fils serait rappelée par une statue et une plaque commémorative, etc.

J'étais abasourdi : je m'attendais si peu à une contestation de ce genre !... Comment ! M. l'abbé Babled vient solliciter de moi une fondation à la mémoire de mon fils Georges, dans les termes que l'on sait, et au moment de consacrer notre entente par un contrat, il discute le vocable de la chapelle, il veut celui de saint Antoine et non celui de saint Georges ! C'était stupéfiant !...

Mais je ne cédai pas ; le pouvais-je, d'ailleurs ? C'était pour mon fils que j'allais édifier une chapelle, je devais la placer sous le vocable de son saint patron ; sans cela il me semblait que ma fondation aurait été incomplète. Aussi bien rien ne m'obligeait à la construire dans l'orphelinat des Salésiens ; d'autres œuvres, très méritoires, s'offraient à moi pour satisfaire mon vœu ; plutôt que de laisser mettre la chapelle que je fondais sous le vocable de saint Antoine, j'aurais choisi un autre établissement religieux, où la dédicace de saint Georges n'aurait pas été discutée.

Je n'eus pas raison, cependant, de la résistance inexplicable de M. l'Abbé. Je dis *inexplicable*, car les arguments qu'il me donnait n'avaient pas, en présence des miens, une valeur sérieuse et ne pouvaient, par conséquent, pas expliquer cette résistance. M. Babled me quitta, du reste, assez brusquement, et je crus comprendre qu'il disait en sortant qu'il avait engagé sa parole, qu'il n'y pouvait manquer...

Qu'est-ce que cela voulait dire ? Je ne le compris pas. En tout cas, avais-je à tenir compte d'un engagement quelconque pris par M. Babled ? S'il s'agissait d'un engagement antérieur à nos premiers pourparlers, c'est-à-dire pris avant que M. Babled m'écrivît ses lettres des 27 juin et 30 juillet 1895, où le vocable de saint Georges est formellement promis, il n'aurait pas dû m'écrire ces lettres, qui l'engageaient envers moi ; et s'il s'agissait d'un engagement, d'une parole donnée après, il n'avait plus le droit de s'engager...

J'avais réfléchi à tout cela sans pouvoir en dégager le véritable motif qui faisait agir M. Babled ; ce point était donc resté obscur pour moi, et j'en étais venu à supposer que M. l'Abbé avait parlé d'une parole donnée, afin d'excuser sa persistance à vouloir le vocable de saint Antoine pour ma fondation.

Mais cette supposition ne m'éclairait pas sur le véritable motif qui l'avait poussé à demander cette chose impossible.

Et comme le vocable de saint Georges avait été définitivement arrêté, je finis par ne plus m'occuper de ce fait.

Il est naturel, pourtant, que je le relate dans ce mémoire, d'autant plus que je suis, aujourd'hui, en mesure d'expliquer ce que j'ai ignoré pendant longtemps.

Au moment du procès, M. Babled a fait une publication de divers documents qu'il présentait pour sa défense. Dans cette publication, j'ai trouvé l'explication que j'avais tant cherchée.

A la page 25 de la brochure de M. Babled, on peut lire ce qui suit, qu'il écrivait à M. l'abbé Harmel, économe de l'orphelinat, le 16 décembre 1896, étant absent :

« ... Nous avons risqué de mécontenter Mme B..., » en prenant le nom de Saint-Georges... »

Ces quelques mots, qui n'ont l'air de rien, présentent cependant une grande signification.

Ils veulent dire, à n'en pas douter, que M. Babled s'était engagé envers cette dame B... à vouer à saint Antoine la chapelle qu'il édifierait, un jour ou l'autre, dans son orphelinat, et que, contraint par moi, fondateur de la chapelle, à accepter le vocable de saint Georges, il avait dû s'incliner ; mais qu'il s'était exposé à fâcher cette personne.

Voilà ce qu'ils disent, ces quelques mots que j'ai trouvés dans les documents de M. Babled.

Ne disent-ils vraiment que cela ?

Si nous les approfondissons bien, nous y trouverons autre chose.

Nous y trouverons que M. Babled n'a pas reculé devant la nécessité de violer l'engagement qu'il dit avoir pris envers Mme B..., et cela, parce qu'il a compris que s'il s'en tenait à cet engagement, c'est-à-dire au vocable de saint Antoine, je ne fonderais pas ma chapelle dans son couvent.

Nous y trouverons l'aveu fait par M. Babled, qu'il n'a pas eu le courage, la franchise de me mettre au courant de la situation dans laquelle il était placé. Et pourtant, c'était son devoir de me parler franchement. Il est vrai que cette franchise ne m'aurait pas fait accepter le vocable de saint Antoine ; mais elle m'aurait au moins empêché d'insister auprès de M. Babled ; elle m'aurait mis dans l'obligation de l'engager à tenir la parole donnée. Je n'aurais pas été ainsi le complice — bien à mon insu, sans doute — d'une déloyauté...

En résumé, nous trouvons dans cette phrase que M. l'abbé Babled avait promis à une personne le vocable de saint Antoine pour une chapelle ; qu'il n'a pas tenu cette promesse en présence de mon droit d'avoir le vocable de saint Georges, et que, pour conserver ma fondation à l'œuvre des Salésiens, il n'a pas eu la franchise de me faire connaître son engagement. Mis par les circonstances en présence de cette alternative : ne pas tenir la parole donnée ou ne pas avoir la chapelle, il a préféré la chapelle ! Peut-être avait-il l'arrière-pensée de tourner plus tard la difficulté, de manière à ne pas manquer à sa parole tout en possédant la chapelle. C'est ce que nous verrons dans la suite de ce récit.

En attendant, c'est la dame désignée par M. Babled sous l'initiale B... qui n'a pas dû être édifiée de cette conduite. Qui sait si, comme les dames du fameux comité, cette personne n'a pas dit ou pensé que M. l'Abbé était un homme à plusieurs faces ?...

Mais M. Babled ne s'en tenait pas au vocable de la chapelle ; il soulevait une autre objection contre le projet de mon notaire : la cession du terrain sur lequel la chapelle devait se construire. Il craignait, disait-il, que la donatrice du terrain, Mme Brun, s'opposât à la cession. Cette objection était sans valeur et n'a pas eu de suites ; je n'en parle que pour montrer combien M. Babled se plaisait à soulever des obstacles autour de notre entente, alors qu'il aurait dû, au contraire, s'efforcer de les aplanir.

Que devais-je faire en présence de la discordance de nos projets de contrat ? Imposer le mien ou accepter celui de M. l'abbé Babled ? Par délicatesse, je ne voulus pas user de mon droit de donateur, à cause des conditions de mon projet, qui me laissaient propriétaire de la chapelle ; j'aurais eu l'air de donner d'une main pour prendre de l'autre ; mais je ne pouvais pas non plus accepter les conditions du projet de M. Babled, qui n'assuraient pas assez ma fondation contre des éventualités fâcheuses, qui surtout plaçaient la chapelle sous un autre vocable que celui de saint Georges. J'eus alors l'idée de soumettre les deux projets à l'arbitrage de Mgr l'Evêque, devant la décision de qui M. Babled et moi devions nous incliner sans appel. M. Babled y consentit, et, l'éminent arbitre choisi ayant bien voulu remplir cette mission, je lui écrivis, à la date du 19 janvier 1896, la lettre suivante :

MONSEIGNEUR,

Sur les conseils que Votre Grandeur a bien voulu me donner, j'ai, avec le bienveillant concours de mon notaire, Me Bonfils, élaboré un projet relatif à l'érection d'une chapelle dans le clos Saint-Antoine, chez les Pères Salésiens, projet que j'ai l'honneur de vous communiquer sous ce pli.

M. l'abbé Babled n'a pas trouvé mes conditions à sa convenance ; il est venu me voir, vendredi soir, pour me faire part des siennes, dont l'énoncé est également ci-joint.

En présence de cette divergence d'idées, je n'ai pas voulu discuter avec M. l'abbé Babled ; je me suis contenté de lui proposer de soumettre les deux projets à votre arbitrage ; ce qu'il a accepté. Votre décision, Monseigneur, quelle qu'elle soit, sera, pour nous, sans appel.

A cet effet hier, samedi, j'ai demandé à Votre Grandeur, en compagnie de Me Bonfils, une entrevue que vous vous êtes empressé de m'accorder. Je vous ai fait part de ce qui avait été convenu entre M. l'abbé Babled et moi, et je vous ai prévenu que M. l'Abbé viendrait prendre votre réponse mardi prochain, 21 courant.

Avec votre inépuisable bonté, Monseigneur, vous avez daigné consentir à l'arbitrage proposé ; je vous en sais un gré infini.

Mais la situation se complique un peu, ce me semble : M. Babled soulève deux objections majeures, à mon point de vue : il s'agit d'abord du terrain nécessaire pour la construction de la chapelle ; ensuite du vocable sous lequel elle doit être placée.

M. l'abbé objecte, à propos du terrain, que Mme Brun, la donatrice du sol du clos Saint-Antoine, pourrait refuser la cession de ce terrain, ce qui, à ses yeux, est un très grand obstacle. Or, cette objection n'est pas fondée, attendu que Mme Brun ayant donné le terrain aux Salésiens avec la condition que s'ils étaient expulsés dans les 25 premières années, le terrain lui reviendrait à elle ou à sa succession, pourvu que toutes les dépenses faites sur ce sol soient remboursées à la communauté, la donatrice n'a plus à s'opposer à rien, c'est-à-dire à aucune construction. Quant au vocable, il est naturel, n'est-ce pas ? que la chapelle prenne celui de Saint-Georges. Elle est édifiée par moi à la mémoire de mon cher fils ; comment pourrais-je consentir à ce qu'elle ne fût pas placée sous la protection du grand saint qui était le patron de celui que je pleure ? Du reste, M. l'abbé Babled m'a tout spontanément offert cette condition au début de nos pourparlers pour l'érection du monument ; les quelques lettres que je vous demande la permission de placer sous vos yeux vous édifieront là-dessus. Donc, le vocable de Saint-Georges est tout indiqué, et il me serait très pénible de passer outre à cette condition ; il me semble que je manquerais à mon devoir vis-à-vis de mon fils.

En résumé, les deux objections de M. l'abbé Babled ne peuvent pas être prises en considération ; la première n'est pas fondée, Mme Brun n'ayant plus de droits sur le terrain qu'elle a donné, et moi acceptant les conditions qui accompagnent la donation, acceptation que je ferai par écrit, s'il le faut ; la deuxième est trop en contradiction avec les promesses écrites de M. l'Abbé pour qu'il puisse loyalement la maintenir.

Vous voilà édifié, Monseigneur, sur tous les points de cette affaire, que je voyais si simple et qui devient si compliquée. Mais si d'autres renseignements vous sont nécessaires, je suis tout à votre disposition pour vous les fournir.

Laissez-moi renouveler à Votre Grandeur la bien sincère expression de toute ma gratitude, en vous priant, Monseigneur, de croire à mon profond respect.

L. Faulquier.

Montpellier, 19 janvier 1896.

Rien de plus limpide, n'est-ce pas ? que cet arrangement. L'éminent arbitre choisi par moi et agréé par M. l'abbé Babled, n'avait qu'à se prononcer — il le pouvait en parfaite connaissance de cause — et nous n'avions qu'à attendre sa décision. J'étais, quant à moi, parfaitement tranquille, car peu m'importait, en somme, que la chapelle restât ma propriété ; je ne tenais fermement qu'à deux choses, et tout le monde y aurait tenu comme moi : la durée de ma fondation et le vocable de Saint-Georges, patron de mon fils. Or, je savais que notre arbitre voulait, lui aussi, autant que moi, plus que moi peut-être, la perpétuité de l'œuvre et j'avais toute confiance en ses lumières pour prendre, à cet effet, les dispositions les plus sûres.

Il était convenu, ainsi qu'on l'a vu par la lettre qui vient d'être reproduite, que M. Babled irait chez Sa Grandeur, le 21 janvier, chercher sa réponse. Il n'y alla pas ; le 25 janvier, il vint me trouver et m'expliqua à la hâte, car il se disait pressé, qu'il était allé chez Mgr l'Evêque le 20, au lieu du 21, qu'il ne l'avait pas trouvé, qu'il lui avait fait dire de lui envoyer au clos Saint-Antoine sa décision écrite et qu'il n'avait encore rien reçu.

Je l'ai dit, quand il me fit cette visite, M. l'abbé Babled paraissait pressé ; aussi ne me laissa-t-il pas le temps de lui parler comme je l'aurais voulu. Cependant je tenais à lui faire connaître mon appréciation sur sa façon de faire et je me décidai, pour cela, à lui écrire la lettre qu'on va lire :

Monsieur l'Abbé,

A la suite de la très courte visite que vous venez de me faire, où rien n'a été décidé relativement à la question pendante entre nous, je crois devoir vous faire remarquer que cette question traîne beaucoup trop en longueur.

En résumé, que s'est-il passé jusqu'à présent pour le projet de construction d'une chapelle qui nous occupe ? Le voici en quelques mots : j'ai élaboré un projet contenant les conditions qui m'ont paru les plus propices à la durée de ma fondation ; ce projet ne vous a pas convenu, vous m'en avez présenté un que je n'ai pas pu accepter ; mais, désireux de tout concilier, je vous ai proposé de soumettre votre projet et le mien à Mgr l'Evêque, qui choisirait celui qui lui conviendrait le mieux, et cet arbitrage serait accepté par vous et par moi sans appel. Vous avez consenti à cet arrangement et il a été convenu que vous iriez vous-même voir Monseigneur le mardi, 21 janvier courant, pour connaître sa haute décision.

Quant à moi, Monsieur l'Abbé, j'ai exécuté de point en point nos conventions : le dimanche 19 janvier, j'ai écrit à Mgr l'Evêque pour lui soumettre les deux projets, lui demander son arbitrage et le prévenir de votre visite pour le mardi suivant.

Aujourd'hui, à mon très grand étonnement, vous m'apprenez que vous êtes allé chez Monseigneur lundi dernier et non mardi ; que, ne l'ayant pas vu (il était absent), vous avez fait prier Sa Grandeur de vous envoyer par écrit sa décision arbitrale et que vous n'avez encore rien reçu.

Je crois devoir vous dire, Monsieur l'Abbé, qu'en agissant comme vous l'avez fait, vous ne vous êtes pas bien conformé à notre entente ; ce n'est pas par écrit que Mgr l'Evêque doit vous faire connaître sa décision, c'est à vous-même, de vive voix, qu'il doit la communiquer ; je suis donc certain qu'il n'a tenu aucun compte de ce que vous lui avez fait dire ; il doit vous attendre, et, certainement, cette attente — prolongée — ne doit pas lui faire plaisir.

Prenez donc vos dispositions pour aller voir Sa Grandeur sans plus tarder, et ne perdez pas de vue, Monsieur l'Abbé, que vous vous êtes formellement engagé, comme moi, du reste, à accepter d'une façon irrévocable cet arbitrage, quel qu'il soit. Vous devez donc remplir cet engagement tout comme je suis prêt à le remplir moi-même ; il n'est pas possible qu'aucune autre solution intervienne entre nous ; aussi bien la pensée ne saurait vous en venir à vous ni à moi.

Et estimant qu'il vous tarde, autant qu'à moi-même, de savoir à quoi vous en tenir et de faire entrer notre projet dans la voie de l'exécution, j'espère que votre visite à Monseigneur sera toute prochaine, et que notre entente sera enfin définitive, dans les premiers jours de la semaine prochaine au plus tard.

C'est en caressant cet espoir que je vous présente, Monsieur l'Abbé, mes meilleures salutations.

L. FAULQUIER.

Montpellier, 25 janvier 1896.

Cette lettre resta sans réponse. Ce ne fut que cinq jours après, le 30 janvier 1896, que le directeur des Salésiens, qui avait été malade, paraît-il, reprit les pourparlers là où nous les avions laissés.

Mais, va-t-on dire, il n'y avait pas, au point où en était l'affaire, à reprendre des pourparlers : la décision de l'arbitre devait fixer d'une manière irrévocable les conditions de l'entente, il n'était plus possible de tergiverser.

Et pourtant c'est ce que fit M. Babled ; et ces tergiversations étaient telles que tout fut remis en question ; que dis-je ? j'étais tellement indigné, que sans la moindre hésitation je rompis carrément avec lui.

Mais la lecture de la correspondance échangée à ce propos sera plus suggestive que les raisonnements. Voici d'abord la lettre de M. Babled, du 30 janvier 1896, qui reprenait les pourparlers, ainsi que je viens de l'indiquer :

Monsieur,

Ma santé m'ayant forcé de garder le lit plusieurs fois depuis notre dernière entrevue et m'interdisant actuellement de sortir, j'ai l'honneur de porter à votre connaissance que j'ai reçu du Supérieur général de notre Société des instructions en dehors desquelles, à mon regret, je ne puis agir.

Le chapitre de notre petite Société s'est réuni, en effet, au sujet de la fondation que vous avez eu la charitable pensée de faire. Je lui avais communiqué votre projet écrit intégral, vos craintes, vos désirs.

Il a été rendu hommage à votre foi et à votre prudence ; mais la réponse telle qu'elle m'est parvenue et qu'elle a été notifiée à l'évêché, est que notre Supérieur, tout en étant profondément touché de votre bienveillance et du don magnifique que vous proposez, ne croyait pas pouvoir l'accepter tel qu'il était offert.

Ma douleur en a été profonde ; un religieux doit s'incliner et obéir ; je cherchais à me résigner à la volonté de Dieu, lorsque j'ai reçu communication d'un nouveau projet écrit *émanant de vous*.

Ce projet se rapproche un peu plus des instructions formelles que j'ai reçues. Il n'y est malheureusement pas suffisamment conforme.

Je vous le renvoie ci-joint un peu corrigé, mais cadrant parfaitement, cette fois, avec les intentions arrêtées de Don Rua.

Dieu veuille qu'il puisse être ratifié de vous ; je me surprends à invoquer dans ce but la sainte âme de votre fils si regretté, qui, je l'espère, est près de Dieu !

Ce serait la solution définitive à laquelle je désespérais d'arriver. Je ne sais si je peux y croire encore.

Agréez, etc...

P. Babled.

30 janvier 1896.

Le projet de contrat joint à la lettre de M. Babled était rédigé en ces termes :

« Entre les soussignés :
» 1° M. Léon Faulquier, etc.;
» 2° M. F. Fabrège, président de la Société, etc.,
» ont été arrêtées les conventions suivantes :

I

« La Société anonyme du clos Boutonnet autorise
» M. Faulquier à construire sur son terrain du clos
» Saint-Antoine, à Montpellier, une chapelle.

» Cette chapelle joindra à son vocable de saint
» Antoine celui de saint Georges, ainsi que l'Eglise
» a l'usage de le faire pour un certain nombre de ses
» temples.

» Cette chapelle servirait :
» 1° Aux prêtres Salésiens ;
» 2° A l'exercice public du culte catholique par
» lesdits prêtres Salésiens, sous la haute approba-
» tion de l'autorité diocésaine.

II

» M. Faulquier s'engage à verser une somme de
» 60.000 francs sur bons délivrés par l'architecte,

» au fur et à mesure que les constructions s'élèveront
» sous la surveillance des prêtres Salésiens et suivant
» les plans approuvés par M. Léon Faulquier et par
» l'architecte.

III

» M. Faulquier devant recevoir toutes les garan-
» ties pour que le fonctionnement de cette chapelle
» soit assuré malgré toutes les éventualités possibles,
» les prêtres Salésiens s'engagent, une fois le gros
» œuvre fini, à lui laisser prendre une hypothèque
» sur cette chapelle.

» Cette hypothèque sera toujours renouvelée en
» temps opportun, à moins que M. Faulquier ou ses
» héritiers ne préfèrent la laisser périmer ou la faire
» radier, les temps étant redevenus meilleurs.

» Le montant de cette hypothèque sera tel que le
» gouvernement ne puisse pas dépouiller de cette
» chapelle M. Faulquier ou ses héritiers. En même
» temps que cette hypothèque sera prise, il sera fait
» par M. Léon Faulquier un reçu libérant la Société,
» afin que cette hypothèque, si elle venait à passer
» en d'autres mains, ne puisse jamais être revendi-
» quée contre l'œuvre.

IV

» Au moment où les travaux commenceraient,
» M. Faulquier prendrait les mesures capables d'as-
» surer le paiement des 60.000 francs, quelque évène-
» ment malheureux qui puisse se produire ».

Etait-il possible de s'attendre à pareille chose après tout ce qui avait été convenu entre M. Babled et moi ? et croirait-on, après avoir lu cette lettre, que le directeur des Salésiens avait en mains la décision écrite de Mgr l'Evêque, notre arbitre ? Il n'en parle pas de cette décision arbitrale, dont il semble ne pas même soupçonner l'existence ; il se contente de faire allusion à un « nouveau projet *émanant de moi* qui se rapproche *un peu plus* des instructions formelles qu'il a reçues ». Quelle audace et quelle astuce ! Ce *projet émanant de moi*, c'était tout bonnement le projet de contrat élaboré par Mgr l'Evêque, qui avait pris la peine de l'envoyer à M. Babled, après m'avoir prévenu. Et M. Babled l'avait reçu ; et malgré son engagement de l'accepter, il se permettait, non seulement de le discuter, mais encore, ce qui dépasse l'imagination, de lui opposer le nouveau projet qu'on vient de lire et dont on a certainement apprécié l'étrangeté pour ne pas dire l'incohérence.

Ah ! certes, oui, il est étrange ce projet, avec sa combinaison d'hypothèque compliquée d'un reçu détruisant tous mes droits ; mais il est déloyal aussi en ce qui concerne le vocable de la chapelle : ce n'est plus Saint-Antoine seul, c'est Saint-Antoine-Saint-Georges. M. Babled me faisait bien la concession de faire entrer le patron de mon fils dans la dédicace de la chapelle, mais pour la moitié seulement, et encore en le plaçant au second rang, derrière

Saint-Antoine, qui le cachait, l'absorbait en quelque sorte...

Et d'ailleurs le vocable aurait-il indiqué Saint-Georges-Saint-Antoine, je ne l'aurais pas accepté davantage ; il fallait Saint-Georges, Saint-Georges seul, le but de ma fondation l'exigeait ainsi.

Que le grand saint Antoine de Padoue me pardonne mon ostracisme à son égard, en faveur de la sincérité de mes intentions ! — Je le supplie de croire que ma vénération pour lui n'en est pas diminuée.

M. l'abbé Babled avait-il pu espérer un moment que j'accepterais ce projet insensé ? Pour qui me prenait-il donc ? Pouvait-il croire que j'étais un homme capable d'oublier mes engagements et un père assez indifférent pour négliger la mémoire de son fils ?

Mes lecteurs, j'en suis convaincu, partageront l'indignation que j'éprouvais, et ils approuveront entièrement la réponse que je fis à cette lettre déplorable, réponse ainsi conçue :

<small>Monsieur l'Abbé,</small>

<small>J'ai pris connaissance de votre lettre du 30 janvier, que vous m'avez fait tenir par votre sous-directeur.</small>

<small>Un peu souffrant ces jours-ci, je ne puis y répondre qu'aujourd'hui.</small>

<small>Je remarque, tout d'abord, que, dans cette lettre, vous oubliez d'accuser réception de la mienne du 25 janvier, qui vous a été remise en mains propres pendant que vous étiez au confessionnal dans votre chapelle. Je regrette d'autant plus votre oubli, que cette lettre n'avait d'autre but que de vous rappeler nos conventions.</small>

Puis je suis tout surpris de voir que vous me parlez d'un nouveau projet pour l'érection de la chapelle, projet émanant de moi, dites-vous. C'est une erreur, Monsieur l'Abbé; ce n'est pas moi qui vous ai envoyé ce projet, c'est Mgr l'Evêque, donnant ainsi satisfaction à la prière que nous lui avons adressée, vous et moi, d'arbitrer notre différend.

Enfin, j'éprouve une très grande déception en voyant que vous me soumettez un autre projet relatif à ma fondation, et surtout en lisant ce projet.

C'est donc que vous n'acceptez plus l'arbitrage de Monseigneur? C'est donc que le projet élaboré par notre arbitre ne vous convient pas? Tout d'abord, je me suis refusé à m'arrêter sur cette pensée; mais il faut bien que je me rende à l'évidence, et votre lettre est trop claire, trop précise, pour que le moindre doute me soit permis.

Eh bien! Monsieur l'Abbé, vous me permettrez de ne pas vous suivre dans la voie où vous vous engagez; avant tout, je suis un homme de parole; j'ai toujours respecté, coûte que coûte, mes engagements, et ce n'est pas aujourd'hui que je commencerai à faire autrement.

J'aurais dû, en quelque sorte, m'attendre à ce qui m'arrive; car il se dégage de tous nos pourparlers que vous oubliez facilement et vos paroles et vos écrits. J'avoue, cependant, que votre conduite me confond! Mais à quoi sert, maintenant, de récriminer davantage? A quoi servirait de vous dire que ma déception est très douloureuse pour mon âme? A rien, certainement. Donc, restons-en là, Monsieur l'Abbé, reprenons chacun notre liberté; aussi bien il ne saurait me convenir d'aller plus avant dans des négociations de ce genre : mon caractère, ma dignité s'y opposent.

Je ne dois pas vous taire, toutefois, que le souvenir de cette affaire me sera toujours pénible; puisse-t-il être adouci par la pensée que j'ai fait tout ce que j'ai pu pour arriver à une meilleure solution!

Recevez, Monsieur l'Abbé, mes salutations empressés.

L. Faulquier.

Montpellier, 1er février 1896.

Cette lettre envoyée, je respirai plus à l'aise. Il me semblait que j'étais délivré d'un lourd fardeau ; je ne pensais pas à ma fondation manquée, à mes désillusions ; je ne voyais que la rupture de ces pourparlers agaçants, de ces tergiversations odieuses, de ce marchandage écœurant. J'étais débarrassé de tout cela ; quel soulagement !

Puis, la réaction se fit. Je songeai amèrement à l'œuvre sainte qu'au nom de mon cher fils je tenais à fonder ; toute la joie que me faisait éprouver la pensée de cette pieuse création était gâtée ; je n'avais plus en perspective les consolations que je comptais trouver dans mes prières parties de ce temple élevé à saint Georges, et ma souffrance devint aiguë, accrue qu'elle était par les blessures que je venais de recevoir dans mes sentiments les plus purs.

J'avais beau me dire que ma fondation s'élèverait ailleurs ; je n'en éprouvais pas moins une déception cruelle, causée surtout par les obstacles qu'on avait accumulés devant ma fondation. Et je maudissais ces obstacles que je ne comprenais pas, que je voyais mal, que j'avais voulu éviter, sans même les soupçonner, en débarrassant mon projet de tout ce qui pouvait en gêner l'essor, en faisant, dans beaucoup de cas, abstraction de mes idées ou de mes préférences. Ah ! c'est qu'il me tardait de voir mon rêve prendre corps, devenir une réalité !

Et puis, quel but poursuivais-je, en somme ? Je ne voulais que faire du bien, élever un temple à la gloire de Dieu, être utile à un établissement charitable, tout en satisfaisant mon inspiration. Etait-ce donc si difficile de faire du bien, un bien durable ? Mon inspiration, conséquence d'un grand deuil, n'était-elle pas respectable à tous égards ? Pourquoi donc ces empêchements, ces tiraillements ? Il n'y avait point là de vulgaire question d'intérêt pour les justifier ; il s'agissait de suivre une pensée pieuse, de la réaliser, sachant que cette réalisation serait un soulagement pour mon cœur blessé et une offrande agréable à Dieu, favorable à l'âme de mon fils !

Et je me disais qu'ils étaient bien coupables ou bien aveugles ceux qui, de parti pris, semblait-il, empêchaient l'accomplissement de cette pensée.

C'est dans cette disposition d'esprit que me trouva la lettre de M. l'abbé Babled, du 4 février 1896, répondant à la mienne du 1ᵉʳ février, qu'on vient de lire. — Voici la teneur de cette lettre :

Monsieur,

J'ai vivement regretté que votre état de santé ne vous ait pas permis de me recevoir hier matin, où j'ai eu connaissance de votre lettre du 1ᵉʳ février.

Il ne m'est pas venu à l'idée de repousser l'arbitrage de Monseigneur, et je tiens à vous le dire.

J'ai soumis à don Rua le projet que j'ai reçu mardi dernier. J'espère avoir la réponse demain ou après-demain au plus tard.

Je vous avais envoyé le projet d'hypothèque comme répondant parfaitement aux instructions reçues de don Rua et comme devant vous donner plus de garanties.

De ce que vous ne croyez pas devoir l'accepter, il ne s'ensuit pas que nous ne puissions nous entendre sur le projet émané de Sa Grandeur. Je ne puis cependant répondre sans l'avis de Turin; je suis religieux, lié par mes vœux.

J'ose croire que demain ou après-demain, les instructions que je recevrai me permettront de vous donner la réponse trop attendue.

Je redoutais ces lenteurs au début et j'en souffre plus que vous ne pouvez le croire.

Veuillez agréer, etc.

P. BABLED.

Montpellier, 4 février 1896.

Et le lendemain, 5 février, M. Babled me télégraphiait de Marseille :

« *Supérieurs acceptent, reconnaissants, projet Evêché.* »

IV

LE CONTRAT

> . . . Les contrats sont la porte
> Par où la noise entra dans l'univers.
> LA FONTAINE.

Devais-je persister dans ma rupture ? Devais-je, au contraire, me féliciter de cette solution inattendue et l'accepter ? Si j'avais écouté mon tempérament, si j'avais traité cette affaire comme une vulgaire opération commerciale, j'aurais certainement refusé de renouer une entente qui m'aurait paru impossible ; mais il s'agissait de mon fils, de la réalisation d'un projet depuis longtemps caressé avec amour. A mes yeux éblouis vint s'offrir tout de suite l'édifice rêvé ; il me paraissait comme entouré d'une clarté surnaturelle où se montrait l'âme de celui que je pleure ; j'oubliais tout, et mes souffrances et les tiraillements que j'avais subis, les marchandages, les manœuvres indiscrètes, les procédés incorrects, tout enfin, pour ne me rappeler que d'une chose : la fondation qu'au nom de Georges Faulquier je devais élever dans l'établissement des prêtres Salésiens.

Je revis donc M. l'abbé Babled, que je trouvai, comme par le passé, humble et reconnaissant, tout plein de prévenances, paraissant animé du très vif désir de voir les travaux de la chapelle commencer au plus vite, désir que je partageais grandement.

Il ne fut pas question des évènements passés ; à quoi bon ? le projet de Mgr l'Evêque, notre arbitre, était accepté de part et d'autre ; toutes difficultés semblaient donc écartées, il n'y avait qu'à marcher et à transformer le projet de l'Évêché en un contrat en bonne et due forme.

C'est ce qui fut fait.

D'abord la société du Clos-Boutonnet devait m'autoriser à construire la chapelle sur son terrain. Pour cela, son conseil d'administration, sous la présidence de M. Fabrège, émit un vote, lequel, à l'unanimité, autorisait la cession du terrain.

Cette délibération eut lieu le 9 février 1896 ; le procès-verbal de la réunion du Conseil d'administration la relate comme suit :

« *Extrait du registre des délibérations du Conseil
» d'administration de la Société anonyme du Clos-Bou-
» tonnet.*

» Le dimanche, 9 février 1896, à 4 heures de

» l'après-midi, il a été tenu une réunion du Conseil
» d'administration de la Société anonyme du Clos-
» Boutonnet...

» ... Il est donné ensuite connaissance d'une
» proposition de M. Léon Faulquier demandant
» l'autorisation de construire une chapelle sur une
» portion du terrain appartenant à la Société et
» située devant le corps principal du bâtiment en
» longeant le chemin. Après examen, cette autori-
» sation est donnée à l'unanimité et des pouvoirs
» sont octroyés à M. Fabrège ou, en cas d'empêche-
» ment, au membre du Conseil d'administration qu'il
» désignerait lui-même pour signer une convention
» dont l'original restera annexé au présent procès-
» verbal.....

» Certifié conforme au registre des procès-ver-
» baux.

» Montpellier, 9 mars 1896.

» *Le Secrétaire du Conseil d'administration,*

» Signé : P. BABLED.

» *Ne varietur.*

» Signé : F. FABRÈGE. »

Cette formalité essentielle remplie, il ne restait plus qu'à dresser le contrat. Mon notaire, Mᵉ Bonfils, fut chargé de ce soin, et dès que l'extrait sur timbre de la délibération sus-indiquée lui eut été remis, il établit son acte en double exemplaire, lequel fut signé dans mon bureau de l'usine de Villodève, le 10 mars 1896, par M. Fabrège, président de la Société du Clos-Boutonnet et par moi. Ces signatures furent données en présence de M. l'abbé Babled et de M⁰ Bonfils.

Voici, en entier, cet acte, dressé, je l'ai dit, par M⁰ Bonfils, notaire, mais conçu de toutes pièces par Mgr de Cabrières, évêque de Montpellier, que M. Babled et moi avions choisi comme arbitre :

« Entre les soussignés :
» 1° M. Jean-Pierre-Fulcrand-Léon Faulquier,
» industriel ; 2° M. Frédéric Fabrège, propriétaire,
» agissant : 1° en qualité de Président du Conseil
» d'administration de la Société du Clos-Boutonnet,
» société anonyme par actions, ayant son siège à
» Montpellier ; 2° en vertu de la délibération du
» Conseil d'administration de ladite Société, en date
» à Montpellier, du 9 février 1896, et dont une
» expédition en forme sur timbre de 1 fr. 80 est
» demeurée ci-annexée ; 3° au nom de ladite Société
» du Clos-Boutonnet.

» Tous les sus-nommés domiciliés à Montpellier ;
» ont été arrêtées les conventions suivantes :

I

» La Société du Clos-Boutonnet autorise M. Léon
» Faulquier à construire sur son terrain du Clos-
» Saint-Antoine, à Montpellier, une chapelle qui

» sera sous le vocable de saint Georges ; la Société
» du Clos-Boutonnet assurera l'exercice du culte
» catholique dans cette chapelle par les prêtres Salé-
» siens, sous la haute approbation de l'autorité dio-
» césaine.

II

» M. Faulquier, tant pour lui que pour ses héritiers,
» s'engage, dès que les temps le permettront, à céder
» gratuitement cette chapelle à la Société du Clos-
» Boutonnet, dès qu'elle en manifestera l'intention.
» La Société surveillera l'édification de cette chapelle,
» M. Faulquier n'ayant qu'à verser une somme de
» 60,000 francs fixée par le devis de M. Prat, archi-
» tecte, au fur et à mesure des constructions.

III

M. Faulquier ne payant que la construction du gros œuvre de la chapelle n'aura rien à prétendre à quelque époque que ce soit sur la propriété des décorations, adjonctions et mobilier complétant ledit sanctuaire.

Fait double à Montpellier, le 10 mars 1896.

Ne varietur.   *Ne varietur.*
Signé : L. FAULQUIER — Signé : F. FABRÈGE.

Les conclusions de l'avocat de M. Babled ne pouvaient pas rester muettes sur ce contrat. Voici ce qu'on peut lire à la page 7 de ces conclusions :

« Attendu qu'à travers les négociations les plus labo-
» rieuses, les incidents les plus imprévus, où M. Faul-
» quier ne cesse de *faire prévaloir* sa volonté, on arrive
» au 10 mars 1896 ; que la Société appose ce jour-là
» sa signature au bas d'une convention *imposée* dans
» *toutes* ses dispositions et *tous* ses termes par M. Léon
» Faulquier et son mandataire... »

L'avocat de M. Babled, Me Vacquier, a eu raison
de dire que c'est après « des négociations très laborieuses, des incidents imprévus » que ce contrat a été
signé ; mais il s'écarte de la vérité quand il ajoute
que je n'ai cessé de faire prévaloir ma volonté.

J'ai raconté ces négociations, ces incidents ; mes
lecteurs peuvent juger maintenant si c'est ma volonté
qui a prévalu.

Mais les conclusions vont plus loin ; elles disent
que la Société a signé une convention *imposée* dans
toutes ses dispositions et *tous* ses termes, par moi et
par mon notaire ! Ceci touche à l'impudence, et on
sera d'autant plus de mon avis qu'on sait que les termes de la convention ne sont que le résultat de l'arbitrage de Mgr l'Evêque ; la teneur de l'acte n'a pas
été imposée par moi, ni par Me Bonfils, elle n'a été
imposée par personne. M. Babled et moi nous nous
étions engagés à accepter la rédaction que choisirait
Sa Grandeur Mgr de Cabrières ; je n'ai pas contraint
M. Babled à prendre cet engagement ; il était libre
de s'y refuser ; mais il l'a pris, il devait le tenir ; il a
bien essayé — mes lecteurs l'ont vu — de s'y déro-

ber : je n'y ai point consenti, préférant rompre avec lui que de manquer à ma parole.

Et puis, que signifie cette dépêche que M. Babled m'adressait de Marseille, le 5 février 1896, ainsi conçue :

« *Supérieurs acceptent, reconnaissants, projet Evêché* » ?

Les supérieurs de M. Babled — que je n'ai pas l'honneur de connaître — *acceptent* le projet de l'Evêché, et ils l'acceptent avec *reconnaissance*. Il n'a donc pas été imposé ce projet d'acte, car du moment qu'on l'a accepté, c'est qu'on pouvait le refuser ; et cette acceptation n'était pas obtenue par la violence, puisqu'on la donnait avec *reconnaissance* ; et le projet n'était pas de moi, puisque M. Babled lui-même l'appelle *le projet de l'Evêché !*

— Alors, monsieur Babled, que valent, sur ce point, les conclusions de votre avocat ? Pas plus qu'elles ne valent sur les autres points que j'ai déjà signalés ; pas plus, sans doute, qu'elles ne vaudront sur bon nombre d'autres points que nous aurons à étudier. Et vous avez pensé qu'en dénaturant la vérité, qu'en présentant les faits à votre guise, en les habillant avec les oripeaux choisis par votre fantaisie, vous sauveriez votre cause, vous mettriez le bon droit de votre côté ! Erreur, monsieur l'Abbé, grosse erreur !

Quand on s'écarte de la vérité, voyez-vous, on fait toujours fausse route, et, tôt ou tard, on s'embourbe ou on se laisse choir dans un précipice !...

Après la signature du contrat, en prenant congé de

moi, M. Fabrège, avec un tact parfait, m'adressa les plus chauds remerciements pour ce qu'il appelait ma générosité ; M. l'abbé Babled se joignit à lui et renchérit sur ces remerciements ; mais je m'en défendis en déclarant à ces Messieurs qu'ils n'avaient pas à me remercier, car, en fondant une chapelle, je ne faisais qu'obéir à une inspiration sacrée pour moi, et que je comptais trouver dans ma fondation des consolations puissantes à ma douleur. C'est donc moi, leur dis-je, qui vous dois de la reconnaissance pour tout l'intérêt que vous prenez à mon œuvre, et je me fais un devoir de vous l'exprimer.

Malgré cela, M. Fabrège, le lendemain, me renouvela ses remerciements par écrit. Je dois insérer ici cette lettre, encore qu'elle soit trop louangeuse ; mais elle a une grande importance en vue des évènements qui ont suivi, ce qui m'oblige de la recommander à toute l'attention de mes lecteurs :

MONSIEUR,

Au nom des Salésiens et de la Société civile dont j'ai l'honneur d'être président, je tiens à vous remercier de nouveau et par écrit, de votre insigne libéralité.

En voulant édifier une chapelle à saint Georges, patron de votre fils, vous accomplissez une œuvre de foi, de patriotisme et de piété paternelle. Vous élevez un temple à la religion ; vous dotez du culte tout un grand quartier qui n'a pas d'église, et spécialement ces pauvres enfants, la plupart sans famille ou qui n'ont que des parents indignes ; vous faites enfin, de votre fils Georges, dont nous avions pu apprécier dans nos conseils la modestie, la douceur et le tact, le bienfaiteur posthume de la ville, où il était très aimé ; le patron des classes populaires, auxquelles il se dévouait si volontiers ; la consolation d'une famille qui trouvera un adoucissement à son deuil en priant sous des voûtes élevées en mémoire de lui et où son souvenir sera pieusement entretenu dans la suite des âges.

Quand on étudie l'histoire, quand on remonte à l'origine des œuvres merveilleuses qui recouvrirent la chrétienté d'un réseau d'institutions bienfaisantes, on est frappé de voir qu'elles eurent toutes pour inspiration le culte des morts. Tant il est vrai que la foi est le contraire de l'égoïsme ; que seule elle ne sépare pas dans le temps ceux qui doivent être réunis dans l'éternité ; que, loin d'oublier, elle perpétue le souvenir et l'action des êtres privilégiés, toujours vivants dans le cœur d'un père, d'une mère, d'une sœur !

Avec une modestie qui rehaussait votre mérite, vous avez essayé d'atténuer votre largesse en disant qu'elle ne vous coûtait rien. Ce qui vous aurait coûté, c'eût été de ne pas donner, de ne rien faire pour votre fils et en son nom !

Nous vous sommes enfin reconnaissants d'avoir imposé des conditions qui seront la sauvegarde de l'œuvre. Puisqu'on se méfie des corporations, on devra s'arrêter devant le droit civil et la propriété particulière. *Vous serez ainsi le bouclier et le rempart de notre orphelinat.*

Ai-je besoin de vous dire que je me mets à votre disposition pour la construction de l'église ? Depuis trente ans j'étudie l'architecture religieuse. Je publie beaucoup d'articles et j'ai un gros volume in-4° qui paraîtra dans trois à quatre ans. Mes principes se résument dans deux mots : La beauté n'est que dans la proportion, la richesse dans la simplicité. Nos architectes modernes abusent de la décoration ; ils croient faire des merveilles, ils ne font que du clinquant.

Il m'a été donné de restaurer Maguelone et de refaire Grandmont, où j'ai découvert la chapelle du XIIme siècle qu'on ne soupçonnait guère à travers les divisions, les tentures et les cloisons du château. Je vous offre de vous y conduire, quand vous voudrez, et vous pourrez y apprécier, plus qu'ailleurs peut-être, l'effet saisissant de la simplicité dans la proportion.

En me félicitant de cette occasion de vous témoigner ma haute estime, j'ai l'honneur de vous assurer de mon profond dévouement pour vous et pour tous les vôtres.

F. FABRÈGE.

Montpellier, le 11 mars 1896.

Il n'est pas possible d'écrire avec plus de sentiment, d'exprimer sa pensée avec plus d'élégance et — je me plais à le croire — avec plus de franchise. Cette lettre admirable me fit éprouver des sensations bien douces pour ma foi dans l'au-delà et donna plus de vivacité à mon espérance. Aussi combien je sus gré à M. Fabrège de me l'avoir écrite !

Mais à part ces considérations d'ordre purement moral, il est un passage de cette lettre que je dois signaler tout particulièrement : c'est celui où M. Fabrège, en me félicitant d'avoir mis dans le contrat des conditions qui « seront la sauvegarde de l'œuvre », m'appelle *le bouclier et le rempart de l'orphelinat de Don Bosco*.

Tous ceux qui daignent suivre ce récit m'accorderont que ce passage exprime sans détours la reconnaissance de M. Fabrège et de sa Société pour la teneur du contrat ; mais en dehors de cette reconnaissance ces lignes expriment aussi une complète approbation de cette rédaction. Cela étant, pourquoi les conclusions de Mᵉ Vacquier critiquent-elles la forme et le fond du contrat ? « Il est difficile, dit » Mᵉ Vacquier, l'avocat de la Société, de trouver un » nom à ce contrat dans la langue juridique ; mais il » recèle plus d'une surprise... »

Et dans sa plaidoirie, Me Vacquier, élargissant cette critique de toute l'ampleur de son éloquence... solide, s'écriait :

« Ce contrat, ou plutôt la convention, a été rédigé
» en entier par M. Faulquier et par son notaire,
» Me Bonfils ; de sorte que l'article concernant la
» propriété de la chapelle et la cession de cette pro-
» priété « *quand les temps le permettront* » a été imposé
» à la Société, et cela malgré les *protestations* de
» M. Fabrège, qui avait compris que cette clause est
» attentatoire à la sûreté de l'Etat. Pourquoi l'imposer,
» cette clause ? La Société civile du Pont-Juvénal
» n'est-elle donc pas apte à posséder ? Je ne crois
» pas, Messieurs, que la République soit disposée à
» céder de sitôt sa place au prince Victor ; elle
» durera longtemps encore. Alors que signifie cette
» clause : « dès que les temps le permettront » ? N'es-
» compte-t-elle pas la chute du régime actuel ? Aussi
» la Société du Pont-Juvénal, qui est animée d'un
» esprit large et libéral, a-t-elle protesté hautement
» contre cette clause ... »

— Bravo ! c'est bien dit ! Malheureusement, Messieurs mes adversaires, la tirade de votre avocat ne repose sur rien de vrai ; de sorte qu'une simple petite remarque va la détruire : Que faites-vous donc de la lettre de M. Fabrège que je viens de citer ? Que faites-vous de cette phrase : « Puisqu'on se méfie des corporations, on devra
» s'arrêter devant le droit civil et la propriété parti-

» culière » ? En écrivant ainsi, M. Fabrège n'affirmait-il pas que sa pensée était bien d'accord avec la pensée du contrat ? Si M. Fabrège avait compris, comme vous le faites dire à votre défenseur, que la clause que vous critiquez est « attentatoire à la sûreté de l'Etat », aurait-il exprimé sa satisfaction de la voir figurer dans l'acte ? Aurait-il même consenti à signer cet acte ? S'il avait été convaincu que vous, Société anonyme, pouviez posséder aussi sûrement qu'un particulier, m'aurait-il appelé le « bouclier », le « rempart de l'œuvre » ? Cependant, d'après vous, la clause incriminée : « Quand les temps le permettront » a été insérée dans le contrat « malgré les protestations de M. Fabrège ». Où sont-elles ces protestations ?

Mais je ne m'en tiens pas à la citation de la lettre de M. Fabrège pour démolir l'éloquence... solide de votre défenseur. Je vais me servir d'une arme que me fournit à ce propos — le croirez-vous ? — M. Babled lui-même ! Veuillez écouter ceci :

« ... Cette hypothèque sera renouvelée en temps
» opportun, à moins que M. Faulquier ou ses héri-
» tiers ne préfèrent la laisser périmer, *les temps étant*
» *redevenus meilleurs.*

» Le montant de cette hypothèque sera tel, que le
» *gouvernement ne puisse pas dépouiller* de cette cha-
» pelle M. Faulquier ou ses héritiers... »

— Qu'est-ce que cela ? allez-vous demander.

— Cela, Messieurs, c'est de la belle et bonne

prose tirée du projet de contrat de M. Babled, dressé en opposition au contrat que je proposais. Voyez page 11 des documents que vous avez publiés. — Eh bien ! qu'en dites-vous ? Ce n'est plus ici la pauvre petite clause bien anodine : « *lorsque les temps le permettront* » ; c'est l'affirmation trop risquée que les temps sont mauvais : « *les temps étant redevenus meilleurs* » ; c'est la crainte bien avérée du régime actuel : « *Le montant de l'hypothèque sera tel, que le gouvernement ne puisse pas dépouiller de cette chapelle M. Faulquier...* » (1).

Et dire que c'est celui-là même qui a introduit ces clauses dans son projet d'acte qui a osé faire élever votre avocat avec tant de véhémence contre la clause toute simple de Mgr l'Evèque !

Car il ne faut point perdre de vue, ici, que cette clause est de Sa Grandeur ; c'est bien assez que vous ayez *oublié* de le dire dans vos conclusions et à l'audience. Oubli très regrettable, dont probablement M. l'abbé Babled est la cause.

« La Société du Pont-Juvénal, dit encore Me Vacquier, est animée d'un esprit large et libéral. » — Il ne m'appartient pas de contester les opinions politiques de personne; vous dites que votre Société est composée d'hommes à l'esprit libéral ; soit, je ne refuse pas de le croire. Mais il ne m'est pas possible

---

(1) J'ai reproduit ce projet de contrat de M. Babled ci-avant, page 58.

d'admettre — peut-être parce que je n'ai pas l'esprit assez libéral — que vous ayez « protesté hautement » contre la clause *dès que les temps le permettront*. Et je crains bien, pour M. Babled et pour M. Fabrège, que beaucoup parmi ceux qui lisent ces pages ne l'admettent pas davantage.

Il est même à supposer qu'on se demandera pourquoi M. Fabrège, m'ayant écrit sa lettre du 11 mars 1896, a laissé établir vos conclusions dans le sens qu'elles ont sur ce point du contrat. — Ceci, en effet, est digne de remarque, et j'y reviendrai quand il faudra.

Il me reste à signaler, dans la lettre de M. Fabrège, les offres obligeantes qu'il me fait pour s'occuper de la construction de la chapelle. Il ne m'appartenait ni d'accepter, ni de refuser ces offres, si obligeantes qu'elles fussent, le contrat donnant la surveillance des travaux à la Société du Clos-Boutonnet.

Je devais répondre à la lettre de M. Fabrège : je le fis immédiatement, dans les termes que voici :

Monsieur,

Je viens de lire votre lettre et je suis tout ému.

Faite de remerciements et de consolations, empreinte de cette mélancolie que donne l'épreuve, elle est douce à mon cœur, car elle apporte comme un soulagement à ma douleur.

Vous avez parfaitement compris mes intentions, Monsieur, et j'en suis heureux. Laissez-moi, cependant, vous dire ici que je n'ai pas de mérite proprement dit en fondant une chapelle dans l'établissement des Pères Salésiens ; j'obéis plutôt à une inspiration, je cède à un besoin de recueillement, je cherche l'apaisement pour mon cœur meurtri. Et c'est parce que mon œuvre sera utile, surtout aux humbles, qu'elle sera d'autant plus agréable à mon bien-aimé fils, au nom de qui j'agis, inspiré, je le répète, guidé par lui.

Combien vous avez raison de dire que la foi est absolument opposée à l'égoïsme ! Grâce à elle, nos chers morts restent vivants dans nos cœurs ; grâce à elle, nous savons leur obéir, exécuter des pensées qui n'ont plus rien de notre pauvre humanité si imparfaite.

Vous voyez donc, Monsieur, que mon mérite, en cette circonstance, n'est pas grand et ne vaut pas vos remerciements. Le seul mérite que j'aie, c'est de posséder cette foi qui terrasse l'égoïsme, mais qui, en même temps, donne la force pour supporter les plus grandes douleurs.

C'est à moi de vous remercier pour le concours tout dévoué que vous m'offrez en ce qui concerne la construction de la chapelle. Je vous avoue que je n'ai aucune compétence dans ces questions ; aussi, ai-je laissé la direction des travaux à M. l'abbé Babled ; il vous sera donc facile de vous entendre avec lui. Je suis sûr qu'il recevra vos conseils avec reconnaissance, sachant jusqu'à quel point ils sont autorisés.

En vous réitérant mes remerciements, je vous prie d'agréer, Monsieur, l'expression bien sincère de mes meilleurs sentiments.

L. Faulquier.

Montpellier, 11 mars 1896.

Je prie les personnes qui me liront de porter leur attention sur ce passage de ma lettre à M. Fabrège, où je l'engage à s'entendre avec M. Babled pour la construction de la chapelle. Je les prie ensuite d'écouter ceci, que je puise encore dans les conclusions de l'avocat de la Société, page 8 :

« Attendu que M. Léon Faulquier se montra très
» courtois dans sa réponse, mais n'accepta nullement

» le concours de M. Fabrège, qui semblait à coup
» sûr bien naturel, puisque la Société dont M. Fabrège
» était le président devait, aux termes du contrat,
» surveiller l'édification de la chapelle ».

Ou ma lettre à M. Fabrège n'est pas conçue comme je viens de la reproduire, ou ces conclusions la dénaturent.

J'affirme que le texte de ma lettre, tel qu'on l'a lu, est exact. Du reste, mes adversaires n'ont pas publié cette lettre dans leurs documents ; c'est qu'elle les aurait gênés pour déclarer dans leurs conclusions que « M. Faulquier *n'accepta nullement* le concours de M. Fabrège ». En effet, si on place cette phrase à côté de celle-ci, qui fait partie de ma lettre :

« C'est à moi de vous remercier pour le concours
» tout dévoué que vous m'offrez en ce qui concerne
» la construction de la chapelle. Je vous avoue que
» je n'ai aucune compétence dans ces questions ;
» aussi ai-je laissé la direction des travaux à
» M. l'abbé Babled ; il vous sera donc facile de vous
» entendre avec lui ; je suis sûr qu'il recevra vos
» conseils avec reconnaissance, sachant jusqu'à quel
» point ils sont autorisés ».

Si on fait, dis-je, la comparaison de ces deux phrases, on voit tout de suite que celle des conclusions est la négation de l'autre, et que, mentionnant celle-ci, il n'est plus possible d'écrire celle-là. Or, on voulait l'écrire cette phrase ; il fallait donc supprimer la publication de ma lettre...

Dans les documents que j'ai versés au procès, je ne l'ai pas comprise, moi non plus, cette lettre. Je ne pensais pas qu'elle eût une utilité quelconque dans le débat, car elle est étrangère en quelque sorte au fond du procès tel que je l'ai engagé. Mais on ne peut trouver mauvais que j'aie passé cette lettre sous silence, moi à qui elle pouvait être utile, tandis qu'on peut trouver déloyal que mes adversaires l'aient supprimée...

S'ils ne l'avaient pas supprimée, comment auraient-ils pu m'accuser d'avoir *dédaigné* les conseils de M. Fabrège ? Cette lettre prouve que j'en faisais beaucoup de cas au contraire, mais que, bien pénétré du rôle que m'assignait le contrat du 10 mars, je ne pouvais pas utiliser ces conseils. Tout ce que je pouvais faire, c'était d'engager M. Fabrège à s'entendre avec M. Babled. Ma lettre prouve aussi que je l'ai fait : c'était une raison de plus pour la supprimer.

Et M. Fabrège a laissé commettre cette déloyauté ! N'était-ce pas son devoir de l'empêcher ? Mieux que personne il savait à quoi s'en tenir sur le cas que j'avais fait de ses conseils : il le savait non seulement par ma lettre du 11 mars 1896, mais aussi par ce que je lui avais dit à différentes reprises. J'eus l'occasion, chez moi, et deux ou trois fois, plus tard, en le rencontrant dans la rue, de lui parler des conseils qu'il voulait bien m'offrir ; je lui déclarai que j'en avais entretenu M. l'abbé Babled qui, avec une sorte de dédain, m'avait répondu qu'il n'y avait aucun compte à tenir de ce que disait M. Fabrège.

— C'est un radoteur, il ne sait pas ce qu'il dit ! Telle était l'opinion de M. Babled sur les conseils — autorisés — de son président. Et je ne crus pas devoir la celer à M. Fabrège...

Il savait donc parfaitement que si ses conseils avaient été dédaignés c'était, non pas par moi, mais par ceux qui, chargés du soin de la construction, auraient dû les accueillir avec autant de respect que d'empressement.

Il savait tout cela, M. Fabrège, et, le sachant, il a permis qu'en son nom on dise tout le contraire au tribunal ! Y a-t-il une excuse à cette attitude ? C'est possible, mais moi je n'en trouve point...

Quelques jours après ma réponse à M. Fabrège, je reçus la visite de M. Prat, accompagné de M. Soreau, son associé. Nous échangeâmes les compliments d'usage, et je reçus les félicitations de ces Messieurs sur la conclusion de mon entente avec M. l'abbé Babled, ou avec la Société du Clos-Boutonnet, comme on voudra. Ensuite, M. Prat me présenta le plan de la chapelle à construire, m'en expliqua les détails, en fit valoir l'élégance, la bonne harmonie des lignes — amour-propre d'auteur bien légitime — et, finalement, il me proposa d'apposer ma signature sur ce plan, qui était daté du 25 novembre 1895. Je fis remarquer à l'architecte que je n'avais pas à signer son plan, étant donnés les termes de l'engagement que je venais de prendre avec la Société du Clos-Boutonnet. Et je lui expliquai que cette Société seule avait pour mission de faire exécuter les travaux de la chapelle, alors que je n'avais, moi, qu'à verser la somme de 60.000 francs, au fur et à mesure des constructions.

— Je reconnais, me dit alors M. Prat, que votre signature sur mon plan n'est pas nécessaire ; cependant, j'estime que vous devez le signer, ne serait-ce que pour votre satisfaction.

Mais je ne me laissai pas convaincre ; et malgré l'insistance de l'architecte, je persistai dans mon refus de signer le plan qu'il me présentait.

Pourquoi cette insistance ? Je me l'expliquais d'autant moins qu'il n'y avait pas de satisfaction pour moi à signer un plan que je n'étais pas chargé de faire exécuter. J'aurais eu l'air, en signant, de vouloir sortir de mon rôle. J'étais sûr que ce plan était celui qui avait été accepté d'un commun accord avec la Société, puisque j'en avais un décalque et même une photographie ; cette garantie était suffisante pour moi. C'était à la Société à faire le nécessaire pour que le plan adopté fût rempli ; sa signature seule était donc valable.

Je me bornai à demander à M. Prat, à titre purement obligeant, une copie coloriée du plan d'ensemble, pour la placer dans mon cabinet, car il m'était agréable d'avoir sous les yeux une image de la chapelle. M. Prat s'empressa de me promettre cette copie.

— Je la ferai très soignée, me dit-il, et je vous l'enverrai le plus tôt possible ; veuillez seulement me donner quelques jours, car j'ai beaucoup à faire en ce moment et je suis souffrant.

En effet, M. Prat paraissait fatigué. Je le priai de ne pas se gêner avec moi, n'étant point pressé de la copie du plan dont j'avais déjà un calque, et je lui souhaitai une meilleure santé.

Ces détails ont leur importance, ainsi qu'on le verra.

D'ores et déjà, je dois dire que mon refus de signer le plan de M. Prat a servi de thème à des attaques violentes contre moi de la part de la Société. Dans le procès, on a fait de ce refus un argument très accentué pour justifier la violation de mes droits, pour la légaliser, si je puis m'exprimer ainsi. On n'a pas craint de dire, dans les conclusions déposées par Mᵉ Vacquier, « qu'il n'y eut jamais de plan » définitif, qu'il y eut seulement des plans d'exécu- » tion, souvent modifiés ; que le monument qui » s'élève aujourd'hui présente des différences nota- » bles avec *les plans,* même avec celui du 25 novem- » bre 1895 » (pages 6 et 28). Ce plan est celui que M. Prat voulait me faire signer.— Ils ont dit cela, les insensés, sans remarquer que, par ainsi, ils s'accusaient eux-mêmes d'avoir dépassé les dépenses prévues, puisque c'est eux seuls qui avaient la charge et la responsabilité de l'exécution du plan, de ce plan en date du 25 novembre 1895, signé par M. Prat, dont je possède une photographie, et qui ne peut être que le plan définitif, le plan officiel. Il est vrai que, pour établir que ce plan officiel n'existe pas, ils ont dit aussi, dans leurs conclusions, page 28, « que » le traité du 10 mars ne s'occupe pas du plan de la » chapelle ». Ce traité, c'est vrai, ne mentionne pas le plan ; mais était-il possible qu'une convention de cette nature fût arrêtée sans que les parties se fussent mises d'accord sur l'importante, la principale question du plan ? N'est-ce pas au plan qu'on songe tout d'abord quand on projette une construction ? Et on aurait signé le contrat du 10 mars sans que le plan fût définitivement arrêté ? Qui voudrait le croire ?

V

LE DEVIS

> O Dieu de vérité, vous n'aviez pas fait cet esprit pour le mensonge !
> FLÉCHIER.

Me voici arrivé à une des plus importantes questions que ce mémoire doive expliquer. Elle est importante surtout parce que la Société, pour sa défense devant le Tribunal, s'est plu à la rendre complexe, à l'embrouiller, afin, sans doute, que, dans cette confusion, on ne puisse pas démêler la vérité.

Et pourtant rien n'est plus simple que cette vérité ; et il me suffira de la présenter sans voiles pour qu'elle soit reconnue et partant comprise.

Voyons d'abord ce que disent les conclusions de mes adversaires. Je trouve ce qui suit à la page 6 :

« Attendu que M. Babled et M. Prat, architecte,

» présentèrent à M. Faulquier plusieurs plans et plu-
» sieurs devis déjà anciens...

» Que M. Prat, à la demande de M. Faulquier,
» dressa à la hâte deux devis, l'un sonnant par
» 68,751 francs, le second atteignant 64,823 fr. 40,
» pour la maçonnerie, la plâtrerie et la charpente
» seulement, avec suppression de quatre travées ;

» Que M. Faulquier avait annoté tous les devis au
» crayon bleu, mais qu'il écrivit au bas de ce dernier
» toute une demi-page d'adjonctions, qui devaient
» avoir pour effet d'élever la dépense à 100,000 francs
» au moins.....

» ... Qu'on n'arrêta jamais de devis définitifs ; que
» M. Faulquier prétendait vouloir se contenter des
» grandes lignes... »

Qu'est-ce donc que tout ce fatras ?

Mes lecteurs savent déjà de quelle manière, entre M. Babled et moi, fut fait le choix du plan de la chapelle ; j'ai expliqué que le devis se rapportant au plan choisi arrivait à peine au chiffre de 50,000 francs, mais que, ce devis ne prévoyant pas de pierres froides comme socle, mais seulement des pierres de taille, et indiquant des contreforts extérieurs et intérieurs qui me paraissaient insuffisants, je portai mon chiffre de fondation à 60,000 francs pour élargir les contreforts et remplacer les pierres de taille du socle par des pierres froides, améliorations qui, d'après mes calculs, ne devaient pas arriver à plus de 4 à 5,000 francs, largement couvertes, par conséquent, avec mon supplément de 10,000 francs.

Sur le moment où nous réglâmes cette question avec M. l'abbé Babled, le devis de 50,000 francs ne fut pas refait ; il a dû rester tel quel entre ses mains. Je n'avais pas à m'en préoccuper, puisque, pour l'augmentation de 4 à 5,000 francs que je demandais à ce devis, je versais un supplément de 10,000 francs.

Peut-être est-ce cette circonstance qui a engagé M. Babled à dire dans les conclusions de son avocat : « Attendu qu'on n'arrêta jamais de devis définitif ; » que M. Faulquier prétendait vouloir se contenter » des grandes lignes... » — Je ne sais pas si j'ai émis cette prétention (laquelle, d'ailleurs, ne serait que la conséquence du rôle que m'a donné le contrat du 10 mars) ; ce que je sais bien, c'est que, me basant sur le devis qui m'avait été présenté pour 50,000 francs et sur mon supplément de 10,000 francs, en vue d'une amélioration qui ne devait exiger qu'une dépense de 5,000 francs au plus, j'avais une raison pour être tranquille sur l'exécution du devis : il restait quelques milliers de francs pour les imprévus.

Et puis, il y avait les promesses de M. Babled, ces fameuses et leurrantes promesses, solennelles aussi, mais verbales, qui ont été la cause de tout le mal : « J'ai l'argent, m'avait-il dit, dans ma famille et, s'il » le faut, dans mes relations à Paris. Avec vos 60,000

» francs et les sommes dont je puis disposer, votre
» œuvre sera menée à bonne fin rapidement ! »

Quand je donnai ma signature au contrat du 10 mars pouvais-je penser qu'un jour on m'opposerait qu'aucun devis définitif n'avait été arrêté, et qu'on me reprocherait d'avoir voulu me « contenter des grandes lignes » parce que, demandant sur le devis un supplément de dépenses de 5,000 francs, je m'étais borné à couvrir ce supplément avec 10,000 francs ? Pouvais-je m'attendre aussi à ce que les promesses seraient niées ?

Il n'en est pas moins certain que c'est sur le devis de 50,000 francs, devenu de 60,000 francs par suite de mon supplément, que le contrat du 10 mars 1896 a été signé.

— Mais que sont donc alors, va-t-on me demander, ces devis de 64,000 et 68,000 francs, « dressés à la hâte », dont parlent les conclusions de la Société ?

J'y arrive ; c'est là surtout où gît la confusion. Mais il importe, avant d'aborder ces explications, de bien établir que, pour la signature du contrat, aucun autre devis que celui de 50,000 + 10,000 francs n'avait été en cause. Et pour établir ce fait capital, une simple réflexion me suffira, j'espère. Comment aurais-je pu proposer d'améliorer le devis de 50,000 francs en le portant à 60,000 francs s'il s'était agi d'un devis dépassant 60,000 francs ? J'ajouterai, pour accentuer cette réflexion, que le contrat n'aurait pas indiqué cette somme de 60,000 francs « *fixée par le devis de M. Prat, architecte* » si, d'une part, elle n'avait pas été réellement fixée par un devis, si, d'autre part, ce devis n'avait pas été considéré comme définitif.

Occupons-nous maintenant des autres devis dont il est fait mention dans les conclusions de la Société.

Peu de temps après la signature du contrat, et peut-être le lendemain ou le surlendemain de la visite des architectes, que j'ai relatée dans le chapitre précédent, je reçus celle de M. Babled. Il était porteur d'un devis, pour la chapelle, que M. Prat venait d'établir, me dit-il, sur ses indications. Il venait me soumettre ce devis, qui, d'après lui, devait me donner entière satisfaction, car il portait les améliorations que j'avais demandées, c'est-à-dire le soubassement de la chapelle en pierres froides et les contreforts extérieurs et intérieurs, en pierres de taille, plus larges que ceux prévus par le devis de 50,000 francs.

Ces améliorations devaient s'élever, ainsi que je l'ai énoncé, à 5,000 francs tout au plus ; or le nouveau devis que me présentait M. Babled donnait un total de 68,751 fr. Nous étions-nous trompés, M. l'abbé et moi, dans l'estimation des pierres froides et du supplément de cube pour les contreforts ?

Nous ne nous étions point trompés. — Voici les calculs, non pas fantaisistes, mais relevés sur le devis même de 68,751 francs :

40 mètres cubes de pierres froides pour le soubassement, à 85 francs le mètre cube 3.400

164 mètres cubes de pierres de taille pour les 16 contreforts, à 40 francs le mètre cube. 6.560

Total.......... 9.960

De cette somme il y a à déduire :

40 mètres cubes de pierres de taille supprimés pour le soubassement et remplacés par les pierres froides ci-dessus ;

110 mètres cubes de pierres de taille prévus par le devis de 50,000 francs pour les contreforts extérieurs et intérieurs.

150 mètres cubes de pierres de taille, à 40 francs le mètre cube............. 6.000

Différence.......... 3.960

Ce qui représente le montant des améliorations convenues.

Je néglige certains détails, comme la maçonnerie remplacée par le renforcement en largeur des 16 contreforts, ce qui réduirait encore cette différence de quelques centaines de francs.

Nous étions donc dans le vrai en comptant sur un supplément de 4 à 5,000 francs.

Alors pourquoi cette plus-value de 8,751 francs ?

Je ne manquai pas de poser cette question à M. Babled ; il me répondit franchement — oui, franchement — qu'il avait voulu profiter de ma générosité (*sic*) pour donner à ma fondation l'étendue qui était nécessaire aux besoins de son orphelinat.

— Pour la construction, me dit-il, je dépasse de 8 à 9,000 francs votre chiffre de 60,000 francs, mais je puis le faire, car ainsi que je vous l'ai déclaré, j'ai les fonds en réserve. Et moyennant ce petit supplément la chapelle sera tout à fait comme il me la faut.

Je n'avais qu'à m'incliner, toujours par suite de la confiance que l'on sait. Mais je ne m'inclinai pas complètement; en d'autres termes, je voulus me rendre compte des modifications qui, en sus de celles portant sur les soubassements et les contreforts, avaient motivé le nouveau devis qui était sous mes yeux.

J'étudiai donc ce devis et je m'aperçus qu'il était très possible d'éviter ou d'atténuer certaines dépenses, de faire, par conséquent, d'assez sérieuses économies ; et je crus devoir indiquer ces économies à M. l'abbé Babled, persuadé qu'il s'empresserait de tenir compte de mes indications.

Elles portèrent sur divers points. Je citerai, notamment, la construction de la sacristie, qu'il me semblait possible d'éviter en faisant appuyer la chapelle contre l'aile droite du couvent : une pièce qui sert au logement du concierge pouvait fort bien être convertie en sacristie ; il en résulterait la suppression d'une dépense assez importante. Je conseillais aussi, pour les vitraux, de se contenter de grisailles, afin de ne pas arriver au chiffre de 3,000 francs prévu pour des vitraux à personnages. J'engageais M. Babled à remplacer l'escalier en pierre des tribunes par un escalier en bois. Je trouvais aussi que les frais de peinture décorative (style du devis), 3,000 francs, étaient très chers et pouvaient être évités.

Et à mesure que je signalais les articles sur lesquels portaient mes observations, je les marquais d'une croix au crayon bleu, afin de les désigner à l'attention de M. Babled. J'ai même tracé quelques chiffres indiquant une somme à économiser.

M. Babled écoutait mes raisonnements, mes appréciations avec un calme parfait, sans me montrer qu'il ne s'en souciait pas du tout. Et moi, qui n'envisageais que ses propres intérêts, puisqu'il était bien convenu qu'il prenait à sa charge toutes les dépenses dépassant mes 60,000 francs, je m'évertuais à réduire ces dépenses, ne prenant pas garde que je me montrais plus royaliste que le roi, ou, si l'on aime mieux, plus économe que ce prêtre vivant de charité. Je ne soupçonnais pas qu'il avait l'arrière-pensée, tout en m'écoutant, de n'agir que suivant son idée, et son idée était de grossir les dépenses et non de les réduire...

Mon examen du devis ne s'arrêta pas là ; je voulus, en présence de M. Babled, évaluer le montant des accessoires qu'il devait payer : l'orgue, la cloche, le chemin de croix. Il fut question d'un orgue comme celui qui est dans la chapelle des RR. PP. Carmes, et que nous évaluâmes à 10,000 francs; la cloche fut estimée à 1,000 francs, et la même somme, 1,000 fr., fut appliquée au chemin de croix. Ce qui donnait un total de 12,000 francs. Ces articles furent inscrits par M. Babled lui-même sur le devis à titre de souvenir, et ces 12,000 francs, additionnés avec les 68,751 fr. du devis proprement dit, formèrent le total de 80,000 francs en chiffres ronds.

Sur ces 80,000 francs, j'en versais 60,000 appliqués au gros œuvre de la chapelle. M. Babled aurait donc à payer 20.000 francs. Je le lui fis remarquer.

— Je le vois, Monsieur Faulquier, me répondit-il, et j'en prends note.

Et de nouveau, il m'affirma — l'occasion l'y obligeait — qu'il avait les fonds nécessaires chez lui et chez des amis pour parer à ces dépenses.

— Rien n'est plus juste, déclarait M. Babled, au moment de prendre congé de moi; j'absorbe, et au-delà, vos 60,000 francs dans la construction de la chapelle, que j'ai modifiée en vue des besoins de mon orphelinat; c'est grâce à vous que ce projet de chapelle, depuis si longtemps caressé, peut enfin être réalisé; c'est grâce à votre versement de 60,000 fr. Si cette somme se trouve dépassée par suite de mes combinaisons, j'en dois supporter les conséquences, et je vous prie, encore une fois, d'être tranquille : je suis en mesure de les supporter, mes dispositions sont prises.

La logique de ce fait suffirait seule à prouver que

les promesses de M. Babled sont bien réelles. Et c'est beaucoup que de pouvoir opposer à des dénégations intéressées une pareille logique. M. Babled pourrait-il en faire autant pour mes affirmations ? Qu'il me permette d'en douter, car, s'il l'avait pu, il n'aurait pas attendu que je le lui demande pour le faire !...

En dehors des accessoires portés, après coup, sur le devis de 68.000 francs, pour une somme de 12.000 francs, il y figure quelques autres indications, telles que la chaire, le maître-autel ; mais ces indications n'avaient qu'une portée relative, mnémonique, si je puis m'exprimer ainsi, et n'étaient point mises sur le devis pour prévoir une dépense.

Quant au devis de 64.000 et tant de francs dont parlent les conclusions de l'avocat de M. Babled, je déclare n'en avoir aucune connaissance. Existe-t-il ce devis ? Je n'en sais rien, je ne l'ai jamais vu, on ne m'en a jamais parlé, je n'ai jamais eu à m'en occuper. Et l'aurais-je vu qu'il n'aurait pas plus de valeur dans cette affaire que n'en a celui de 68.000 francs, que j'ai épluché cependant avec minutie, comme je viens de le raconter, mais uniquement pour être utile à M. l'abbé Babled et sans que mon examen pût infirmer, en quoi que ce soit, les accords du contrat du 10 mars 1896, portant sur le devis de 50.000 + 10.000 francs.

Ce qui n'a pas empêché mes adversaires de rédiger, sur ce point, les conclusions que j'ai citées au début de ce chapitre. — Maintenant que mes lecteurs connaissent la vérité, ils peuvent mieux apprécier l'esprit qui a dicté ces conclusions qui, comme à plaisir, obscurcissent le débat au lieu de l'éclairer, exagèrent les faits au lieu de les simplifier, déguisent la vérité au lieu de la laisser nue !

Et c'est ainsi que mes adversaires ont pu écrire que M. Prat, *à ma demande,* dressa plusieurs devis ; que j'avais annoté *tous les devis* au crayon bleu ; que sur un de ces devis *j'ai écrit* toute une *demi-page d'adjonctions,* qui devaient avoir pour effet d'élever la dépense à 100.000 francs au moins.

N'était-il pas plus simple et plus... loyal de dire les choses telles qu'elles se sont passées, puisque mes adversaires ont cru devoir entretenir le tribunal de ces détails ? M. Babled a, j'en suis sûr, toutes ces choses gravées dans sa mémoire ; il lui eût donc été bien plus facile de les présenter véritablement.— Plus facile, oui, mais peut-être moins profitable. Serait-ce là le motif qui a fait établir ces conclusions erronées ? — Quel est celui de mes adversaires qui osera dire non ?

Il faut déclarer aussi que lorsque MM. Babled et consorts ont rédigé leurs conclusions, ils ignoraient que j'eusse une copie bien complète, bien fidèle du devis de 68.751 francs, dont l'original était resté entre leurs mains. — J'avais pris cette copie à leur insu, profitant d'une occasion où, sous un prétexte quelconque, je pus me faire prêter l'original. Sans cette circonstance il m'aurait été impossible, avec mes seuls souvenirs, de préciser tous les détails qu'on vient de lire et de me défendre devant les juges. Si M. Babled et ses amis avaient su que j'avais cette copie, peut-être ne se seraient-ils pas risqués à dénaturer ainsi les faits.

— Aussi, lorsque mon avocat, à l'audience, l'a produite et que, grâce à elle, il a pu expliquer mes soi-disant annotations, ma soi-disant demi-page d'adjonctions, etc.... ont-ils été désagréablement surpris. Il était clair que cette pièce, entre mes mains, dérangeait leurs combinaisons de défense, et on verra plus loin de quelle manière indigne ils ont essayé de parer ce coup inattendu. — Mais en ce qui touche le devis lui-même, leur défenseur a été pris de court et, dans sa plaidoirie, il n'a trouvé que ceci à dire pour combattre les explications données par le mien :

« Le devis que nous avons entre les mains est annoté
» au crayon bleu par M. Faulquier. On a dit de l'autre
» côté de la barre que ces croix au crayon bleu indi-
» quaient les articles sur lesquels M. Faulquier
» croyait pouvoir faire des économies. Nous disons,
» nous, qu'il s'agit, au contraire, des articles que
» M. Faulquier trouvait insuffisants et, par suite, cotés
» trop bas... »

Et c'est tout : une affirmation risquée, trop risquée même, sans la plus petite preuve l'accompagnant. Tandis qu'il suffit de jeter les yeux sur le devis pour voir que mes affirmations, à moi, sont vraies. En voulez-vous un exemple ? Une croix et quelques chif-

fres au crayon bleu sont placés en regard de l'article
« sacristie » ; je demandais que cette dépense fût
évitée, et on le pouvait très bien en faisant, comme
je l'ai dit, appuyer la chapelle contre l'aile droite du
couvent et en transformant en sacristie le logement
du concierge qui aurait été installé dans un autre local.
Or, M. Babled fait dire à son avocat que j'avais indiqué au crayon bleu les articles que je trouvais insuffisants. En quoi, je le demande, la sacristie aurait-elle
pu me paraître insuffisante ? On m'accordera que si
j'avais voulu faire des embellissements, des agrandissements, ce n'est pas à la sacristie que je me serais
arrêté.

Je pourrais citer d'autres exemples s'il le fallait ;
mais je ne crois pas qu'il le faille, mes lecteurs, j'en
suis certain, sont édifiés.

Toutefois, nous n'en avons pas fini avec la question
du devis. En effet, il n'est pas inutile de rechercher
comment, dans la construction, on a tenu compte de
mes désirs relatifs au soubassement en pierres froides
et au renforcement des contreforts, désirs que j'avais
compensés avec un supplément de 10.000 francs.

Les conclusions de la société du Pont-Juvénal ne
pouvaient pas manquer de s'occuper de ce cas. Ecoutez ce qu'elles disent, page 11 :

« Attendu que M. Faulquier modifiait constam-
» ment les plans d'exécution ;

» Qu'ainsi, au lieu de simples revêtements en pierres
» froides prévus par les devis, M. Faulquier exigeait

» de pleines épaisseurs de murs et arrondissait sen-
» siblement le chiffre des dépenses ;

» Qu'il n'admit pas les contreforts extérieurs avec
» l'épaisseur prévue et en exigea le renforcement ;

» Qu'il voulut substituer aux pilastres intérieurs des colonnes rondes...».

Quand on a lu ces « attendus » on comprend qu'après avoir établi sur le devis que le soubassement en pierres froides serait fait « en simple revêtement », j'avais exigé de pleines épaisseurs de murs ; que pour les contreforts extérieurs j'avais également exigé plus d'épaisseur que n'en prévoyait le devis ; que pour l'intérieur j'avais fait supprimer les contreforts et fait mettre à leur place des « colonnes rondes ».

Par des chiffres puisés sur le devis lui-même j'ai indiqué que le soubassement en pierres froides était prévu pour 40 mètres cubes ; il s'agissait d'un soubassement sérieux, à pleines épaisseurs et non d'un simple placage. Si l'on avait bâti ce soubassement dans les conditions convenues, les conclusions que je viens de reproduire mentiraient déjà ; mais on n'a pas exécuté les conventions : au lieu de 40 mètres cubes de pierres froides savez-vous combien on en a employé ? 21 mètres cubes seulement ! Et tout un côté du soubassement, le côté droit de la chapelle qui borde le chemin de l'Evêque, est fait avec des moellons équarris — moellons d'appareil, en termes techniques — n'ayant guère que 25 centimètres d'épaisseur sur 40 centimètres de longueur ! Le tout a coûté

2.256 francs au lieu de 3.400 francs portés sur le devis !...

Donc, les conclusions de M. l'abbé Babled mentent doublement, puisqu'elles disent qu'à la place des « simples revêtements prévus » j'ai exigé de pleines épaisseurs.

— Non, Monsieur Babled, non ; j'ai demandé ces pleines épaisseurs, c'est vrai, mais le devis les a prévues, et vous n'avez fait mettre que des placages de 30 à 35 centimètres et des revêtements qui ont à peine 25 centimètres.

Et vous avez accentué ce double mensonge, impudemment proclamé dans vos conclusions, par cette phrase de la plaidoirie de votre défenseur : « C'est » ainsi que M. Faulquier trouva que le placage en » pierres froides, *déjà posé*, n'était pas suffisant ; *il* » *fallut le démolir et le refaire...* »

On n'a rien refait, vous le savez bien, les placages ont été mis malgré moi et y sont restés. Tout le monde peut le voir, le constater, et votre impudence, quoi que vous fassiez, éclate ainsi au grand jour !...

Pour les contreforts, il en est de même ; ce sont les mêmes mensonges répétés avec autant d'aplomb. Le devis de 68,000 francs prévoyait les seize contreforts pour 164 mètres cubes de pierre de taille, ils n'en ont que 116 !... On les a laissés tels que le premier devis de 50,000 francs les portait. Et ces contreforts ne sont qu'extérieurs ; à l'intérieur, les grands murs de 13 à 14 mètres de haut, en moellons, étaient complètement lisses. J'avais protesté vivement au fur et à mesure de la construction, j'avais insisté — c'était mon droit absolu, puisque j'avais payé — pour que les contreforts intérieurs fussent édifiés en même temps que les murs. M. Babled m'assurait que ce serait fait, mais on ne le fit pas. Pourquoi ? Je l'ignore ; mais je puis dire que ce n'est point par économie, car une fois les murs finis, comme ils ne pouvaient pas rester lisses à l'intérieur, le *très distingué* architecte, M. Prat, avec, sans doute, l'approbation de M. Babled, fit remplacer les solides pilastres de pierre de taille que j'avais demandés par des colonnes *en briques*, des sortes de gros tubes élevés sur des socles en pierre et surmontés de chapiteaux en plâtre. Ces colonnes, ou mieux ces tubes, ces tuyaux de cheminée pour exprimer plus exactement ma pensée, doivent être stuqués, à ce qu'on m'a dit ; je crois même que certains le sont déjà. A l'œil ce ne doit pas être laid, mais ces colonnes ne jouent qu'un rôle décoratif, ne soutiennent pas du tout les murs et coûtent, j'en suis persuadé, plus cher que les contreforts en pierres de taille qui, traversant le mur, et offrant à l'extérieur comme à l'intérieur une bonne saillie, auraient donné à l'édifice une grande solidité, tout en décorant convenablement l'intérieur de la chapelle.

Ai-je besoin d'ajouter que tout cela a été fait sans qu'on m'en dise un mot ? On se serait bien gardé de prendre mon avis ; on savait que j'aurais hautement désapprouvé une pareille modification, non seulement parce qu'elle s'écartait de ce que j'avais demandé, mais encore et surtout parce qu'elle était aussi coûteuse qu'inutile.

Etant donné tout ce qui précède, les conclusions déposées au Tribunal pouvaient-elles dire que je n'admis pas les contreforts extérieurs avec l'épaisseur prévue ? que j'en exigeai le renforcement ? que je voulus substituer aux pilastres intérieurs des colonnes rondes ? Elles ne le pouvaient pas ; mais elles l'ont dit quand même. Et M. Babled a laissé répéter ces énormités devant les juges par son avocat !

Mensonges, mensonges, mensonges !

— Oui, mensonges, Monsieur Babled ; mensonges accumulés et toujours plus graves. Au lieu de vous conformer à ce que vous avez appelé mes exigences, c'est-à-dire à ce qui était convenu, vous avez dédaigné ces conventions. Sciemment, cyniquement, vous avez abusé du rôle passif que vous m'aviez imposé pour agir à votre guise. Et, afin de masquer cette attitude, vous n'avez pas craint de déclarer au Tribunal que c'était moi qui, par mes *exigences*, grossissais les dépenses ! Mentir dans ces conditions, je le répète, c'est mentir doublement ; sachez-le bien, vous qui n'avez pu vous défendre que par le mensonge.

Ah ! le mensonge ! Vous ne vous êtes pas assez méfié du mensonge, Monsieur l'abbé ! C'est un subtil et funeste poison qui, lorsqu'on le laisse s'infiltrer dans la conscience, y cause de grands ravages. Il la tranquillise d'abord, la calme, la repose en l'endormant ; mais, peu à peu, il la plonge dans une torpeur profonde, à l'aide de laquelle il s'en empare au point qu'il finit par la vaincre, par l'annihiler !

Prenez donc garde, Monsieur l'Abbé ! ne vous livrez pas davantage au mensonge. Il en est temps encore, repoussez le dangereux narcotique dont vous avez fait usage pour étourdir votre conscience, et fuyez à jamais son influence délétère !...

Il résulte de tout ce que je viens de dire que le devis, du moins en ce qui concerne le soubassement de la chapelle et les contreforts, n'a pas été suivi ; que, loin d'avoir exagéré les dépenses pour ces deux parties de l'édifice, on les a restreintes le plus possible ; ce qui est déloyal, du moment que j'avais offert un supplément couvrant deux fois au moins les dépenses, mais ce qui est aussi une grande faute qui porte atteinte à la solidité de la construction.

Dans quel but a-t-on fait ainsi ?

On avait, sans doute, d'autres projets à exécuter, dont on n'a pas jugé à propos de me parler ; et on a cherché à diminuer les dépenses d'un côté pour pouvoir les accroître d'un autre côté.

Pour cela, on n'a pas reculé devant une tromperie, on n'a pas hésité à sacrifier les bases, pour ainsi dire, de la construction; car un socle en placage et en petits moellons n'est pas un socle sérieux ; des pseudo-colonnes en briques, décoratives peut-être, mais sans aucune utilité effective, ne peuvent pas remplacer de bons et solides pilastres ni soutenir réellement les grands murs de la chapelle. On a fait du clinquant, pour employer une propre expression de M. Fabrège, rien que du clinquant, alors que j'avais fourni des ressources plus que suffisantes pour avoir du vrai, du bon, du solide.

Et non seulement on n'a pas avoué cette tromperie, mais on a cherché à la dissimuler sous les mensonges les plus odieux. Oh ! les insensés ! aussi insensés que ce pauvre hère qui, pour cacher une tache sur son vêtement, la remplaça par un trou !

VI

EMPLACEMENT DE LA CHAPELLE

> L'allégresse régnait partout quand elle fut tout-à-coup troublée par un incident qui m'alarma. Le Sage.

J'ai interrompu mon récit au moment où M. l'abbé Babled, après que nous eûmes épluché ensemble son devis de 68,000 francs, me donnait une fois encore l'assurance qu'il paierait, avec les sommes qu'il avait en réserve, les dépenses excédant mes 60,000 francs. Je le reprends à cet endroit.

Le contrat qui nous liait étant bien en règle, toutes les difficultés — j'en étais fermement convaincu — étaient aplanies.

A ce moment j'étais heureux ! Par la pensée, je voyais la chapelle se construire rapidement, s'élever dans les airs pour rendre hommage à la mémoire de mon fils. En mon âme, j'éprouvais un grand apaisement : mon vœu allait s'accomplir !

Hélas ! je n'étais pas au bout de mes peines ; je ne tardai pas à le pressentir, et ce pressentiment me fut d'autant plus cruel que je l'avais moins prévu.

On allait commencer les travaux ; les plans de l'architecte étaient prêts depuis longtemps ; l'entrepreneur de la construction était désigné ; la Société du Clos-Boutonnet, par l'entremise de son directeur, M. Babled, avait accepté ses prix ; nous étions d'accord avec ce dernier sur le mode de paiement : les fournisseurs, l'entrepreneur n'auraient qu'à se présenter à ma caisse munis d'un bon signé par M. l'abbé Babled et libellé en ces termes :

« M. Léon Faulquier paiera à M..., porteur du
» présent, et contre son reçu, la somme de ....
» pour travaux exécutés à la chapelle Saint-Georges,
» d'après accords intervenus entre la Société du clos
» Saint-Antoine et M. Léon Faulquier.

» Montpellier, le.....   » *Signé :* BABLED. »

Sur le vu de ce bon ils seraient payés.

Il n'y avait qu'à marcher.

Cependant, on ne marchait pas ; depuis bientôt quinze jours le contrat était signé et les travaux n'étaient point commencés. Désireux de voir enfin tous nos projets prendre corps, devenir réels, j'écrivis à M. Prat ce qui suit :

Monsieur,

J'espère que cette lettre vous trouvera en voie de guérison.

Je viens vous exprimer mon étonnement, je dis plus : mon ennui de ne pas voir encore commencer les travaux de la chapelle.

Voilà déjà longtemps que ma décision est prise au sujet de cette fondation ; elle devrait être, à l'heure qu'il est, en voie d'achèvement, alors qu'il n'y a encore rien de fait. Il est vrai que des incidents imprévus sont venus retarder les choses ; mais, aujourd'hui, Dieu merci, tout est en règle, et voilà quinze jours que les travaux devraient être en cours. Je suis à me demander ce qui les arrête : le terrain est prêt, les plans sont dressés et acceptés, il n'y a qu'à marcher, et, cependant, on ne marche pas.

Je vous en prie, Monsieur Prat, ne me faites pas attendre davantage ; songez que j'attends déjà depuis de longs mois. Donnez vos ordres, afin que dès lundi matin (après-demain), les ouvriers soient à l'œuvre ; il me tarde beaucoup, croyez-le, de voir, enfin, la réalisation de mon rêve.

Je compte absolument sur vous et vous présente, etc...

L. Faulquier.

21 mars 1896.

Cette lettre vous paraît bien simple, n'est-ce pas, cher lecteur, bien naturelle ; et si je vous disais qu'elle contient la preuve que, contrairement aux conditions du contrat, j'ai pris la direction des travaux de la chapelle, vous seriez bien étonné et vous l'y chercheriez en vain ? Elle y est, cependant, cette preuve, à en croire la Société du Pont-Juvénal ou M. Babled, comme vous voudrez, car je relève ceci dans ses conclusions, page 9 :

« Attendu que M. Faulquier écrivait à Prat, le
» 21 mars, *onze jours seulement après le traité :* Voilà
» *quinze* jours que les travaux devraient être en
» cours...

» Qu'il prenait, dès cet instant, la *direction effec-*
» *tive* des travaux... »

Remarquez bien, je vous prie, que les mots *onze* jours et *quinze* jours sont soulignés dans les conclusions ; c'est, sans doute, pour montrer qu'avant même la signature du contrat, je *voulais* qu'on travaillât ; que, par ainsi, j'avais *commandé* même par anticipation. C'est un argument sans aucune valeur, car il est facile de comprendre qu'en écrivant à M. Prat, le 21 mars, alors que le contrat était signé depuis le 10 : « que depuis *quinze* jours les travaux devraient être commencés », j'avais tout bonnement l'intention d'indiquer une période de temps approximative : on dit *il y a quinze jours, il y a un mois, il y a un an,* quand on ne précise pas une date et qu'on se contente d'indiquer un certain temps écoulé.

Cet argument est donc pauvre ; mais vous savez : dans les cas extrêmes, on fait flèche de tout bois ; seulement les traits portent plus ou moins bien. Celui-ci, je le pense, n'a pas porté du tout...

Néanmoins, malgré sa pauvreté, cet argument a été employé contre moi, mais dans un autre sens, par M. Fabrège. Je relaterai ce fait au cours de ce mémoire.

Je ne reçus pas de réponse de M. Prat, mais j'eus

la visite de M. Babled qui, très affairé, venait me prier de consentir à ce que la chapelle fût construite à gauche de l'entrée du couvent, le long du chemin qui conduit au polygone du Génie, au lieu de l'être à droite, contre le chemin qui longe l'usine de Villodève. C'était le 23 mars.

Rien ne saurait dépeindre la surprise que me fit éprouver cette demande. Mais M. Babled s'empressa de la motiver en me disant que la chapelle, placée à droite, offrait divers inconvénients : elle masquerait en grande partie la façade de l'établissement ; elle laisserait aux locataires des maisons voisines la vue libre sur la cour d'entrée, et surtout elle enlèverait le soleil à l'orphelinat. Tandis que, placée sur la gauche, ces inconvénients se changeaient en avantages : la façade du couvent restait dégagée, les regards indiscrets des voisins étaient évités, l'établissement gardait son soleil.

— Etant données ces raisons, me dit M. Babled, j'espère bien que vous ne verrez aucun inconvénient à ce que l'emplacement de la chapelle soit changé.

J'avoue que je n'étais pas du tout de son avis. Cependant, avant de me prononcer, je le priai de m'accompagner sur les lieux pour examiner les choses de près. Là, j'acquis la certitude que la chapelle, à gauche, comme le demandait M. Babled, irait très mal, à cause de sa position par rapport aux constructions du couvent : cette chapelle, ainsi posée de travers, aurait paru être là en attendant d'être mise en meilleure place. Elle empêcherait bien, sur une longueur de 40 mètres, les regards curieux des voisins, mais que valait cette raison ? le clos Saint-Antoine a huit hectares (1) ; il y aurait fort à faire pour se mettre à l'abri des regards indiscrets sur une pareille étendue, si tant est que les regards indiscrets soient à craindre dans les terrains d'un orphelinat.

Mais, en outre de sa position oblique et disgracieuse, la chapelle aurait été placée sur un grand puits d'un diamètre de 7 à 8 mètres, lequel se serait trouvé juste sous le chœur. C'était là un empêchement très sérieux qui, à mon avis, rendait cette place impossible. Je le dis à M. Babled, qui essaya de me rassurer en m'expliquant qu'ayant prévu mon objection, il avait étudié une combinaison qui la détruisait : le puits serait voûté et, pour pouvoir s'en servir, on placerait dans l'intérieur, sur un plancher très solide, une machine à vapeur qui ferait arriver l'eau jusqu'à l'établissement. — Une machine à vapeur dans un puits sous le chœur de la chapelle ? Que pensent ceux qui me lisent de cette *ingénieuse* combinaison ? Pour moi, je trouvai le projet détestable, insensé ; il ne m'était pas possible d'adopter cette idée, que sous le chœur de la chapelle se trouverait un immense puits renfermant une machine à vapeur qui, en dehors

---

(1) Dans sa plaidoirie, l'avocat de la Société du Pont-Juvénal a déclaré que ce clos est seulement d'*un hectare*. C'est, sans aucun doute, le résultat d'un lapsus.

de l'inconvénient de sa fumée sur les murs de l'édifice, présentait un danger permanent et très grave ; j'étais même à me demander si la loi autorisait une pareille installation.

Naturellement je dis tout cela à M. Babled, qui ne put guère défendre son projet ; c'était trop difficile. Il me proposa alors de faire combler le puits dès qu'il aurait pu le remplacer par un autre.

— Nous ferons, en attendant, me dit-il, l'installation comme je vous l'ai indiquée, car nous avons besoin d'eau ; on pourra quand même construire la chapelle, et nous comblerons le puits plus tard, c'est-à-dire aussitôt que j'aurai un autre puits, qui rendra celui-ci inutile.

Je ne protestai pas, quoique, je l'avoue, cet arrangement ne m'allât guère. C'est que la question du soleil me préoccupait ; c'était la seule raison qui pouvait me faire accepter l'emplacement à gauche et passer sur les vrais inconvénients qu'il présentait, au premier rang desquels je comptais le puits avec toutes ses conséquences et ses risques. Franchement, je le dis à M. l'Abbé.

— Le puits, même abandonné, même comblé, me paraît un gros obstacle à l'emplacement que vous désirez ; la raison de gêner la vue des voisins n'est pas sérieuse ; celle de l'esthétique est très discutable. Il n'y a, voyez-vous, Monsieur l'Abbé, que cette raison du soleil enlevé à votre couvent qui puisse me décider à laisser édifier la chapelle à gauche. J'y consens donc ; mais je me réserve quelques jours pour étudier le cas de très près.

Je me livrai tout de suite à cette étude. C'était bien facile : la construction des bureaux de l'usine, exactement posée comme le serait la chapelle à droite, ayant à peu près la forme rectangulaire et la même hauteur, m'offrait un moyen simple et sûr de voir les effets du soleil par rapport à l'orientation du couvent. Il me fallut peu de temps pour cela, et je fus bientôt certain que la chapelle, à droite, n'enlèverait pas un rayon de soleil levant à l'établissement, encore bien moins au milieu de la journée. Entre le fond de la chapelle, c'est-à-dire la sacristie, et la façade du couvent, il y a au moins 25 mètres ; or, l'angle le plus prononcé de l'ombre de la chapelle ne devait pas, d'après mes calculs, avoir plus de 4 à 5 mètres ; ce qui laissait donc encore 20 mètres environ éclairés par le soleil dans la cour, au devant de la grande façade, laquelle resterait, par conséquent, tout entière baignée par les rayons de l'astre en toute saison. C'est, du reste, ce qui se produit ; le fait est patent et peut être constaté par tout le monde.

Ah ! j'avoue que cette constatation m'enchanta. Je m'empressai d'aller trouver M. Babled et de lui faire part du résultat de mes observations *solaires*.

— Des diverses raisons, lui dis-je, que vous m'avez données pour changer la place de la chapelle, une seule — je vous l'ai déclaré — pouvait m'y décider : le soleil enlevé à votre établissement. Cette raison, à mes yeux, était grave au point que j'ai consenti à un changement, si fâcheux fût-il ; mais je me suis rendu compte que cette raison n'existe pas : la chapelle élevée à droite ne portera pas son ombre sur l'établissement ; il faut donc la placer à droite. A tous égards, croyez-moi, Monsieur l'Abbé, elle ira mieux là.

Je croyais qu'il partagerait ma satisfaction, car, enfin, tout était simplifié en plaçant la chapelle à droite, la question difficile du puits surtout. Hélas ! je me trompais. M. Babled persista dans son idée en faisant valoir que la chapelle, eu égard au plan d'ensemble de l'établissement, serait bien mieux à sa place à gauche qu'à droite. Mais, je l'ai dit, cette raison, pas plus que celle des regards indiscrets, ne pouvait me convaincre ; d'ailleurs, il y avait toujours pour moi l'épouvantail du puits ; je déclarai donc à M. Babled qu'il n'y avait plus à hésiter, il fallait s'en tenir à l'emplacement à droite.

Mais il est opiniâtre, M. l'abbé ; il ne se tint pas pour battu. Il me dépêcha son architecte, M. Prat, qui — je m'en souviens bien — se fit, cette fois encore, accompagner par M. Soreau. — Et ces Messieurs déployèrent toute leur éloquence pour me persuader que la seule place où la chapelle était possible, selon les règles de l'art, était à gauche.

— Du reste, ajouta M. Prat, vous y avez consenti ; en revenant maintenant sur votre consentement vous faites beaucoup de peine à M. l'abbé Babled...

« Beaucoup de peine à M. Babled » ? Qu'est-ce que cela voulait dire ? Mon intention n'était pas de lui faire de la peine à ce cher Abbé ; et pourquoi était-ce si pénible pour lui de voir la chapelle à droite, là où nous l'avions toujours prévue depuis le début de nos relations ? Je ne pus me l'expliquer. Mais je m'évertuai à démontrer à mes interlocuteurs que les raisons données par M. Babled étaient sans valeur ; que celle du soleil n'existait même pas ; que le puits était un grand obstacle. J'allai même plus loin quand je vis que ces Messieurs ne paraissaient pas convaincus : je leur déclarai que, voudrais-je accéder à la demande de M. Babled, ce n'était pas possible. — Et, en effet, les divers plans dressés par M. Prat indiquaient la chapelle sur la droite (à la place qu'elle occupe), celui qui avait servi à établir la convention du 10 mars comme les autres ; de plus, la délibération m'autorisant à édifier la chapelle sur le terrain de la Société désignait aussi cette place ; je n'avais donc pas le droit de changer ces dispositions, l'aurais-je voulu.

— Quant à mon consentement, dis-je à M. Prat, je l'ai donné, c'est vrai ; mais il était subordonné à l'étude que je voulais faire du jeu de l'ombre sur l'établissement. Et si j'y suis revenu, c'est — usant de mon droit — après m'être assuré que le soleil ne serait pas enlevé.

Malgré tout, M. Prat, aidé de M. Soreau, persista

dans sa demande, appuyant beaucoup sur ce que mon refus faisait de la peine à M. Babled.

Cette persistance était insolite autant qu'incompréhensible. — On me donnait des raisons qui ne tenaient pas debout ; on passait d'un air dégagé sur l'obstacle du puits qui, pour moi, était très grand, et qui, par surcroît, causerait de grosses dépenses, soit pour être simplement atténué, soit pour remplacer plus tard le puits qu'on s'engageait à abandonner ; on paraissait ne pas tenir compte des plans dressés, des obligations prises, de la délibération du Conseil d'administration. Que se passait-il donc ? Avait-on des raisons cachées qu'on ne voulait pas me dire ? — Toutes ces réflexions me vinrent à l'esprit ; je les gardai pour moi, cependant, me bornant à tenir bon pour que la construction fût élevée à droite.

Et MM. les architectes durent se retirer sans avoir pu me faire revenir sur ma décision, après avoir fait tous les efforts possibles, je le reconnais, pour obtenir le résultat souhaité par M. Babled. Etaient-ils convaincus, *in petto*, que j'avais raison ? Je le crois, mais je ne puis le certifier.

M. l'abbé Babled, à la suite de cette démarche, s'inclina. Je n'oserais pas dire qu'il le fit de bonne grâce, mais enfin il céda, et les fondations commencèrent tout aussitôt à la bonne place, ce qui me prouva que si les travaux avaient été retardés jusqu'à ce jour (nous étions fin mars), c'était par suite du changement projeté.

C'est avec intention que je viens d'écrire *la bonne place*, car vraiment la chapelle n'était pas possible à gauche de l'entrée de l'orphelinat, où la voulait M. Babled. — M. Fabrège, lui-même, le déclara dans une lettre, en date du 25 mars 1896, qu'il m'écrivait pour me donner des conseils sur le style de la chapelle et critiquer le plan de M. Prat, ces critiques dont j'ai eu précédemment l'occasion de parler.

Je crois indispensable de reproduire cette lettre :

MONSIEUR,

Je prends la liberté de vous écrire au sujet de la chapelle Saint-Georges, dont j'ai vu hier le projet, et je me fais un devoir de vous soumettre quelques idées en m'autorisant d'une expérience de plus de trente ans, puisque j'ai publié, en 1863, mon premier travail sur l'*Architecture religieuse*.

Votre idée est grandiose ; mais une nef de 12 mètres de largeur ne sera-t-elle pas exagérée ? On ne verra pas la largeur ; on ne remarquera que l'écrasement. Les plus grandes cathédrales n'ont que 12, 14, 16 mètres au plus, comme Beauvais, qui a 48 mètres de hauteur... Nos églises de Saint-Denis et de Notre-Dame n'ont pas plus de 8 mètres de largeur.

Pour 12 mètres de largeur, il faudrait un minimum de 18 mètres de hauteur, et le projet n'en comporte que 13. Encore la carrure du plafond enlève-t-elle de la hauteur apparente.

Si on ne peut relever les murs sans augmenter la dépense, il faut donc réduire la largeur, et je crois qu'une nef de 8 à 9 mètres serait suffisante. On pourrait alors se contenter d'une hauteur de 13 mètres 50. Une voûte en bois serait plus économique qu'un plafond à caissons...

Le vaisseau présenterait un aspect autrement noble ; il serait roman, gothique, renaissance, au lieu de ne présenter qu'une perspective cubique.

Je crois aussi qu'on devrait supprimer, moins par économie

que par goût, tous les cordons, toutes les moulures. Toutes les lignes horizontales diminuent la hauteur qu'augmentent les lignes verticales. J'en dis autant pour les enduits bariolés, d'un mauvais effet, même quand la différence de couleur tient au marbre, comme à Florence.

Je crois, enfin, le clocher de trop ; il est trop bas et serait écrasé par les maisons voisines. La comparaison lui serait trop nuisible. Ce qui serait plus simple et de meilleur goût, ce serait un simple pignon d'angle à droite, dans l'axe du pavillon central, corrigeant ainsi le défaut du plan, qui accuse une obliquité que je n'approuve certes pas, alors que si on avait placé la chapelle le long du chemin de l'usine, elle aurait été en vue. Elle sera tout à fait dérobée au regard quand on viendra de la ville ; elle paraîtra de travers quand on viendra du pont.

Je comprends votre légitime impatience d'accomplir un pieux devoir et de faire acte de générosité ; je crois, cependant, qu'on ne doit pas regretter quelques jours de retard, quand il s'agit de bâtir pour l'éternité.

Veuillez, en tout cas, excuser mon importunité et ne voir dans ma démarche et mes modestes idées qu'un témoignage de sympathie pour vous et pour l'œuvre dont vous gratifiez la cité.

C'est dans ces sentiments que j'ai l'honneur de vous assurer de ma haute estime et de mon profond dévouement.

F. FABRÈGE.

P. S. — Pour vous permettre d'apprécier et de comparer mes idées, j'ai prié mon ami Arribat de me faire deux esquisses, tout à fait improvisées, où vous pourrez comparer les deux systèmes : la nef cubique et la nef romane.

25 mars 1896.

Rien de plus précis, de plus exact, de plus sensé, que ces appréciations de M. Fabrège sur l'emplacement de la chapelle. Et je crois pouvoir dire qu'en me faisant connaître ses appréciations, M. Fabrège ignorait le grave inconvénient du puits ; s'il l'avait connu, sa critique de l'emplacement sur la gauche aurait été encore plus sévère, c'est sûr.

Malheureusement, cette lettre — que je possède — ne fait partie ni des documents publiés par la Société du Pont-Juvénal ni des miens. J'ai fait pour cette lettre comme pour celle que j'écrivis à M. Fabrège le 11 mars 1896 : je ne l'ai pas mise dans mes documents, ne la jugeant pas utile à la défense de ma cause dans le procès. Et mes adversaires, toujours... loyaux, l'ont négligée parce qu'elle ne leur était pas favorable...

En effet, publiant cette lettre, auraient-ils pu dire dans leurs conclusions :

« Attendu que le président du Conseil d'adminis-
» tration adopta, il est vrai, ce nouvel emplacement,
» mais à la condition que la chapelle fût réduite à
» des proportions moins vastes et que le clocher fût
» remplacé par un modeste et élégant campanile...»

(Voir page 10 des conclusions de la Société)

Ils ne le pouvaient pas, puisque M. Fabrège n'exerce sa critique, dans sa lettre, que sur l'emplacement *à gauche*. C'est sur la gauche qu'il trouve le clocher de trop, parce qu'il serait trop confondu avec les maisons voisines ; et alors, il propose de le remplacer par un pignon d'angle, car il écrit ceci : « Ce
» qui serait de meilleur goût, ce serait un simple
» pignon d'angle, *à droite, dans l'axe du pavillon*

» *central,* corrigeant ainsi le défaut du plan, qui accuse
» une obliquité... »

Donc, le pignon d'angle devait, la chapelle étant *à gauche,* être placé à l'angle droit de la construction ; ce pignon, placé ainsi, se serait, en effet, trouvé dans l'axe du pavillon central.

— C'était bien là votre idée, n'est-ce pas, Monsieur Fabrège ?

Il n'était pas non plus possible à mes aimables adversaires de faire dire à leur avocat :

« M. Fabrège *protesta,* tant pour les dépenses
» déjà faites en vue de l'emplacement *à gauche* que
» pour la question d'*esthétique ;* mais M. Faulquier
» insistant, *il fut obligé* de s'incliner... »

Ils ne pouvaient plus, en publiant cette lettre, m'accuser d'avoir persisté dans ma volonté, d'avoir dédaigné l'esthétique, malgré les *avis* et les *protestations* de leur président ; ils ne pouvaient plus m'accabler sous la *critique autorisée* de M. Fabrège, cette critique me donnant, au contraire, pleinement raison !

La lettre de M. Fabrège, qui nous occupe, donna lieu, au moment où je la reçus, à un incident qui vaut la peine d'être raconté, d'autant plus qu'il vient démontrer, une fois de plus, que ce n'est pas moi qui ai dédaigné les conseils de M. Fabrège, mais bien ses amis, M. Babled et M. Prat.

Je n'avais qu'une chose à faire, ayant reçu cette lettre : la communiquer à M Babled, en le priant de me faire savoir ce qu'il y avait à répondre à M. Fabrège. M. Babled — naturellement — n'eut rien de plus pressé que de mettre cette lettre entre les mains de son ami, M. Prat. Colère de celui-ci ; et cette colère se traduisit en une lettre fulminante adressée à M. Fabrège, dans laquelle il était malmené de la belle façon, je vous prie de le croire. M. Prat, tout fier, vint me rendre la lettre de M. Fabrège et me communiquer la réponse qu'il y faisait.

— Je tiens, me dit-il, à ce que vous sachiez comment je me débarrasse des conseils de ce monsieur, qui veut toujours se mêler de ce qui ne le regarde pas.

Mais comme je n'étais pas de l'avis de M. Prat ; comme je pensais que les conseils, les idées de M. Fabrège méritaient un autre accueil, tout en comprenant qu'ils eussent pu déplaire à l'architecte de M. Babled ; comme surtout je m'étonnais — et à bon droit — qu'il se fût permis, lui, M. Prat, de répondre en son nom à une lettre qui m'appartenait, je m'opposai formellement à ce qu'il envoyât cette réponse, que je trouvais déplacée à tous égards. M. Prat eut le mauvais goût d'insister et j'eus de la peine à lui faire comprendre que je ne pouvais pas le laisser répondre à la lettre que m'avait écrite M. Fabrège, surtout dans les termes violents qu'il employait.

— S'il y a lieu, lui dis-je, je répondrai moi-même ; mais il est impossible que j'autorise l'envoi de votre lettre ; M. Fabrège aurait quelque raison de croire que c'est moi qui vous ai chargé de répondre.

Mais M. Prat n'était pas content, car il aurait voulu, disait-il, donner une leçon à M. Fabrège ; il ne pouvait pas digérer ses critiques, et il m'avoua qu'il avait fait photographier la lettre qu'il me rendait, afin de pouvoir s'en servir, le cas échéant.

Tout cela me parut indélicat et excessif ; toutefois je ne m'y arrêtai pas autrement ; l'essentiel pour moi était que la lettre de M. Prat ne fût pas envoyée.

Aujourd'hui je regrette beaucoup de n'avoir pas laissé partir cette lettre : mes adversaires, unis maintenant à M. Fabrège, n'auraient pas pu m'accuser, ainsi qu'ils l'ont fait, d'avoir dédaigné les conseils de leur président, et celui-ci, ayant reçu la lettre de M. Prat qui, selon l'expression de l'architecte, « le mettait carrément à sa place », aurait peut-être eu la pudeur d'empêcher son avocat d'écrire ceci dans ses conclusions :

« Attendu que, dès le 21 mars 1896, M. Faulquier
» prenait la direction effective des travaux ;

» Qu'il mettait au panier les projets élaborés par
» M. Fabrège et son éminent et très estimé archi-
» tecte, M. Arribat ;

» Que, cependant, la Société cherchait à retenir
» M. Faulquier sur la pente des dépenses exagérées ;

» Qu'elle protestait par l'organe de son président,
» M. Fabrège, contre l'exagération de la largeur de
» l'édifice imposée par M. Faulquier...»

Je viens de raconter de quelle façon M. Prat accueillait ces protestations du président...

Malheureusement, je le répète, la lettre de M. Prat n'a pas été envoyée. A ce moment-là laisser partir cette lettre me semblait une faute ; aujourd'hui il est constant que la faute a été de la retenir !

Mais il est bon qu'on sache que M. Fabrège n'a pas ignoré l'intention de M. Prat de répondre « vertement » à sa lettre du 25 mars 1896. Je le mis au courant de ce fait, plus tard, quand les difficultés surgirent. C'est fâcheux pour lui qu'il n'en ait pas tenu meilleur compte et qu'ainsi il m'ait obligé à le lui rappeler.

Ce serait une erreur de penser que mes adversaires se sont bornés à faire croire que j'avais fait fi des observations de M. Fabrège ; il fallait tirer de ce différend sur l'emplacement de la chapelle tout le parti possible contre moi et le présenter comme la preuve que j'étais sorti de mes attributions en imposant ma volonté ; comme aussi, que j'avais occasionné à la Société de gros frais inutiles. Il s'agissait pour atteindre ce but de présenter adroitement le fait, voilà tout, et M. Babled est très expert en ces matières — on l'a vu. — D'ailleurs il avait beau jeu, les conclusions de mon avocat avaient été communiquées à l'avocat de la Société plus d'un mois avant le procès. M. Babled savait, par ces conclusions, que je ne parlerais pas de l'emplacement de la chapelle devant les juges ; il avait le champ libre et il sut profiter de cette bonne aubaine.

Pour s'en rendre compte, il n'y a qu'à lire cette partie des conclusions de son défenseur (page 10) :

« Attendu qu'il importe de relater sommairement
» l'attitude prise dès l'origine par M. Faulquier ;

» Que, peu de temps après la signature des con-
» ventions, après avoir approuvé l'emplacement de
» la chapelle, *à gauche* de l'entrée principale de l'éta-
» blissement, après avoir *entraîné* la Société à des
» dépenses considérables pour aménager cet empla-
» cement, alors que les fondations étaient déjà creu-
» sées, M. Faulquier exigea un changement radical.

» Qu'il voulut que l'église s'élevât à droite, contre
» le mur qui longe son usine, dans des conditions
» tellement défectueuses que l'édifice devait, surtout
» si l'on bâtissait le portique, obstruer presque l'en-
» trée principale et détruire la perspective... »

Voilà, ce n'est pas plus malin que ça !... On déclare qu'après avoir approuvé la construction *à gauche*, je l'ai voulue *à droite*, emplacement qui est dans des conditions *absolument défectueuses !*

Si j'ai voulu la chapelle *à droite*, c'est que c'était mon droit et mon devoir de le vouloir. La preuve, c'est qu'on m'a consulté pour modifier l'emplacement officiellement désigné ; si on avait pu se passer de mon autorisation, on l'aurait fait.

L'édifice *à droite* est posé dans des conditions *absolument défectueuses ?* Alors pourquoi, le 25 mars

1896, M. Fabrège, dont la compétence ne fait aucun doute, m'écrivait-il précisément tout l'opposé ? Pourquoi, cela étant, s'est-il déjugé dans ses propres conclusions ? Et, de plus, pourquoi tous les projets, tous les plans de M. Prat portaient-ils la chapelle où elle se trouve ?

Je me contente de poser ces questions, laissant à mes lecteurs le soin de les résoudre.

Mais de crainte que les « attendus » dont je viens de parler ne fussent pas bien compris dans les sous-entendus de « dépenses considérables », l'avocat de MM. Babled et Fabrège a été chargé de les développer. Et dans sa plaidoirie il a lancé cette déclaration :

« L'emplacement de la chapelle avait été choisi
» à gauche de l'entrée du couvent, et comme à cet
» endroit se trouvait un puits, il fallait le supprimer
» et acheter une petite propriété attenante, apparte-
» nant à M. P... où se trouvait également un puits.
» *Cela fait* et les fondements déjà commencés,
» M. Faulquier ne trouve pas cet emplacement à sa
» convenance et veut que la chapelle soit placée à
» droite... »

— De quoi s'agit-il encore ? vont s'écrier mes lecteurs ; l'achat d'une propriété pour avoir un puits ?

Il s'agit de ceci : M. Babled, afin de bien accentuer son rôle de victime, — rôle qu'il aime beaucoup à jouer, car il y excelle — prétendit que le changement de place de la chapelle lui avait causé un grand préjudice ; et il a raconté — et même écrit — qu'à la suite de mon consentement à laisser placer la chapelle sur le côté gauche, il avait été obligé d'acheter une petite propriété, attenante à son terrain, et de la payer fort cher, pour retrouver un puits et ne plus se servir, selon ma volonté imposée, de celui qui serait sous la chapelle. L'édifice ayant été placé à droite, toujours par mes ordres, l'achat de cette propriété devenait inutile.

Naturellement, il ne manqua pas de faire débiter ce... boniment par son avocat devant le Tribunal.

— Comment ! vont dire encore ceux qui veulent bien lire ceci, mais il n'est pas question de cet achat dans les explications qui précèdent sur l'emplacement ; c'est pourtant un point assez notable pour ne pas être négligé.

J'en conviens ; ne vous hâtez pas cependant de m'accuser d'un aussi gros oubli : si je n'ai point parlé de cet achat de propriété dans ce que je viens de raconter, c'est qu'il n'en avait point été question entre M. Babled, les architectes et moi ; j'ignorais complètement, au moment des pourparlers relatifs à la place où devait être la chapelle, que cet achat fût projeté ou fait. Il a fallu les péripéties du procès pour m'apprendre cette énormité, à savoir que M. Babled osait prétendre que, pour remplacer un puits qu'il avait spontanément proposé de combler *plus tard*, il avait été obligé d'acheter une propriété voisine !

C'est une pitoyable accusation que M. Babled a lancée contre moi ; son imagination, trop fertile, lui a suggéré ce moyen pour se rendre intéressant, pour mettre tous les torts de mon côté. Son moyen ne vaut rien, car il est basé sur une allégation fausse, cinq fois fausse ! Je vais le démontrer facilement.

Cette allégation est fausse :

1° Parce que le devoir de M. Babled, en me proposant d'édifier la chapelle sur la gauche, était de m'instruire de la nécessité de l'achat en question, afin de bien me faire mesurer les conséquences de ma décision. Au lieu de m'en instruire, il ne m'en dit pas un mot ; et quand je lui signifiai que la chapelle devait être placée à droite, ne devait-il pas m'objecter qu'il avait fait cette dépense ? Il lui restait ce moyen de m'ébranler ; s'il ne s'en est pas servi, c'est qu'alors la raison de l'achat n'était pas celle qu'il lui attribue aujourd'hui pour les besoins de sa cause.

M. Babled pourrait m'objecter ici qu'il a invoqué cette raison dans sa lettre à M. Prat, du 30 mars 1896, qu'il lui écrivait pour le prier d'insister auprès de moi, afin de me décider à accepter son projet. Cette lettre, que tout le monde a pu lire, puisqu'elle est imprimée dans les documents que mes adversaires ont publiés en vue du procès, cette lettre parle, en effet, de cet achat ; mais j'affirme que l'architecte ne m'en parla pas du tout ; aucune allusion, si vague soit-elle, n'y fut faite. Pourquoi ? Je n'en sais rien.

Cela justifierait en quelque sorte des doutes sur l'authenticité de cette lettre. Quoi qu'il en soit, si M. l'Abbé avait voulu se servir de cet argument auprès de moi, au lieu d'en parler à son architecte, il m'en aurait parlé lui-même ou m'aurait écrit directement.

2° Parce que, se trouvant en présence de cette nécessité d'acheter un autre terrain si la chapelle se plaçait à gauche (nécessité vue par M. Babled seul), il devait tout de suite renoncer à ce changement, dont je crois avoir démontré l'inutilité, je dis plus : la sottise. Or, au lieu d'y renoncer de lui-même, il me l'a proposé, il y a persisté tant qu'il a pu et toujours plus fort à mesure que je discutais, et cela sans jamais faire la moindre allusion à l'achat qu'il projetait. Cet achat seul, puisqu'il le déclare onéreux, ne devait-il pas l'engager à renoncer à son projet, s'il n'achetait réellement qu'en vue de ce vilain projet ?

3° Parce que, lorsque j'opposai au projet de M. Babled l'obstacle du puits, au lieu de me proposer de tourner cet obstacle en voûtant le puits au niveau du sol et en plaçant à l'intérieur une machine à vapeur pour monter l'eau, installation que je trouvai détestable et très dangereuse ; au lieu, dis-je, de me proposer cette installation, il m'aurait fait part de son idée d'acheter la propriété voisine. Tandis qu'il resta muet sur ce point, se contentant de défendre son installation à vapeur, et finalement me promettant de combler le puits, *plus tard,* lorsqu'il aurait pu le remplacer !

4° Parce que c'était ridicule, pour simplement remplacer un puits, d'acheter 4,000 mètres de terrain qui ont coûté trois fois plus que n'aurait coûté le creusage d'un très grand puits dans le terrain du clos Saint-Antoine. Il est vrai qu'il y avait un puits tout prêt dans la propriété voisine ; mais ce puits, qui a à peine un mètre de diamètre, pouvait-il réellement remplacer le puits de la chapelle, qui a un diamètre de huit mètres ? Pour donner une idée de l'importance du nouveau puits, il me suffira de dire que sa construction a coûté 250 à 300 francs. Et M. Babled a payé la petite propriété 8,000 francs ! (page 23 des documents publiés par M. Babled) ;

5° Enfin, parce que M. l'Abbé n'avait pas à s'engager dans cette affaire, tant que l'emplacement de la chapelle n'était pas définitivement fixé à gauche. Pourquoi cette grande hâte de faire cet achat ? Et, d'ailleurs, était-ce possible de traiter une affaire de ce genre dans le temps qui s'est écoulé entre mon consentement et mon refus de placer la chapelle sur le puits ? Qu'on en juge : M. Babled avoue qu'il a été obligé d'emprunter quelques milliers de francs pour cet achat (page 16 de ses documents). Or, il n'aurait eu exactement que *six* jours pour négocier cet emprunt, pour faire agir un courtier auprès du vendeur de la petite propriété et pour agir lui-même, car c'est lui-même qui a terminé les pourparlers, je le sais. Six jours ne sont pas suffisants ! Mais, pourrait-on me dire, M. l'Abbé, dans sa lettre à M. Prat, du

30 mars 1896, dit que, depuis *un mois*, l'emplacement à gauche était approuvé. C'est vrai, j'ai remarqué ce point ; mais M. Babled donne, là aussi, une fausse indication, cette lettre elle-même le prouve ; car, retenez bien la date, elle est du 30 *mars* ; or, ma lettre à M. Prat pour l'engager à commencer les travaux est du 21 *mars* ; à ce moment, il n'était point question de changer la place de la chapelle ; c'est le 23 *mars* que M. Babled vint m'en parler pour la première fois, et c'est le 30 mars qu'il déclare dans sa lettre à M. Prat que, le *samedi* 28, je suis revenu sur l'autorisation donnée, et qu'il le prie d'insister auprès de moi pour me faire changer d'avis. M. Babled connaissait donc ma décision le 28 mars. Du 23 mars, jour de sa visite pour me parler de l'emplacement, au 28 mars, il y a *six jours :* il n'y a pas *un mois !*

Au surplus, je suis en mesure d'affirmer que la négociation de l'achat qui nous occupe durait depuis le mois d'octobre ou de novembre 1895. C'est le vendeur lui-même qui m'a donné cette indication avec des détails si précis, qu'aucun doute n'est permis !

— Mais alors, vont se demander les lecteurs de ce mémoire, dans quel but M. le Directeur des Salésiens a-t-il acheté ce terrain ?

Cette question est délicate. Je voudrais n'y point répondre catégoriquement et me contenter de supposer, par exemple, qu'il voulait se débarrasser d'un voisin... trop voisin.

— Un pareil but ?...

Et pourquoi pas ? Il est ambitieux, M. l'Abbé, très ambitieux... N'est-ce pas ce but qui lui a fait acheter (on dit louer, mais j'en doute), il n'y a pas longtemps, un jardin d'un peu plus d'un hectare, attenant à son clos, qui lui coûte une grosse somme ? N'est-ce pas ce but qui lui fait convoiter un autre jardin, toujours attenant, et qu'il aurait déjà acquis, si les prétentions du propriétaire ne lui paraissaient pas trop élevées ? Songez donc, ces achats faits, ces voisins trop proches éliminés, il se trouvera maître d'une dizaine d'hectares de sol d'un seul tenant, entourés de chemins de tous côtés ; tout un immense carré bien isolé lui appartiendra. Ce but n'est-il pas supposable ? Et pourquoi dis-je *supposable?* M. l'Abbé m'en a parlé souvent de ce but, sans chercher le moins du monde à en dissimuler le côté ambitieux.

Ces faits venant à propos accentuer ma démonstration, je n'hésite pas à les citer. J'aurai, du reste, à les invoquer encore au cours de ce récit.

Et avant d'en finir avec cette question d'achats, déjà traitée bien longuement, qu'on me permette une dernière réflexion :

M. Babled insinue que, par ma faute, il a fait une mauvaise affaire en acquérant la petite propriété de 4,000 mètres pour 8,000 francs. Je ne suis pas de son avis ! En outre du puits, cette propriété renferme un maisonnage assez important. Payer 8,000 francs une maison avec cuisine, salle à manger, chambres, cave, cellier, un puits, 4,000 mètres de terrain excellent, facilement vendable 3 francs le mètre, et, par-dessus le marché, se débarrasser d'un voisin qui gêne, peut-on appeler cela une mauvaise affaire ? Elle est très bonne, au contraire, si bonne, que s'il était vrai que M. Babled l'a traitée par ma faute, j'en accepterais volontiers la responsabilité, je me vanterais même de la lui avoir fait conclure...

Il n'en serait pas ainsi, par exemple, de l'achat qu'il vient de faire du jardin d'un hectare et demi dont j'ai parlé. Il n'a pas craint de payer ce terrain 6 francs le mètre ! C'est trois fois plus cher que l'autre terrain et ce n'est pas mieux placé. La voilà, la mauvaise affaire, et il n'est pas possible, pour celle-ci, de dire que c'est mon autorité déplacée qui en est la cause !... C'est dommage pour vous, Monsieur Babled, car cette fois le grief eût été gros.

Mais mon adhésion... éphémère au projet de M. Babled d'élever la chapelle sur le côté gauche de la cour d'entrée a eu une autre conséquence que l'achat d'une petite propriété. M. Babled a écrit que de grands travaux avaient été faits au puits sur lequel devait être placée la chapelle ; de *grands travaux* qui n'ont servi à rien.

— Que sont donc ces *grands travaux ?* Vous en jugerez quand je vous aurai dit qu'ils ont duré six jours, les six jours qui se sont écoulés entre mon consentement et mon refus, et que j'ai prouvés. Pendant ces six jours, qu'a-t-on pu faire ? le tracé des fondations et les premières opérations pour la pose du plancher, à l'intérieur du puits, qui devait recevoir la fameuse machine à vapeur. C'est tout, ce n'est pas grand'chose.

Encore un grief qui n'a pas de valeur.

Donc M. Babled, en voulant tourner contre moi cet incident de l'emplacement de la chapelle, a mal agi, puisqu'il a été obligé de recourir à des assertions fausses. Je me demande si, en agissant ainsi, au mépris de la vérité, il pensait que je ne saurais pas, pour démasquer sa mauvaise foi, me servir de la lettre de M. Fabrège du 25 mars 1896, ni rapporter les faits dans toute leur exactitude et dans tous leurs détails. S'il l'a pensé, il doit voir à présent qu'il s'est trompé.

VII

LES TRAVAUX

> La raison demeure toujours, qui accuse la bassesse et l'injustice des passions. PASCAL.

CETTE malheureuse question d'emplacement avait fait perdre du temps. Il y avait près d'un mois que le contrat était signé et on commençait à peine les fondations de l'édifice ! L'architecte avait promis que les constructions seraient terminées au mois de septembre suivant. Il pouvait se hâter.

Il ne le fit pas ; de sorte que les travaux marchaient plutôt lentement.

Et moi qui soupirais de plus en plus après le jour où il me serait donné d'aller prier dans cette chapelle !

Néanmoins on travaillait, et le 29 mai 1896 la première pierre de l'édifice fut bénite par Monseigneur de Cabrières, évêque de Montpellier, qui daignait, une fois de plus, donner sa haute sanction à mon œuvre. A propos de cette bénédiction j'écrivais à mon cousin, M. Rodolphe Faulquier, alors en voyage, ce qui suit :

« C'est demain que Monseigneur l'Evèque vient bénir la première pierre de la chapelle. Dieu veuille que cette bénédiction épiscopale soit propice aux travaux et qu'ils marchent au gré de mes désirs ! Tu ne saurais croire, mon cher ami, combien il me tarde d'aller prier dans ce sanctuaire ; il me semble qu'à l'abri de ces murs élevés au nom de mon fils je pourrai mieux m'entretenir avec lui, que notre séparation sera moins complète. Et je hâte de tout mon cœur le moment où l'œuvre recevra son complet achèvement. C'est la foi et l'espérance qui se joignent en moi pour m'aider à souffrir ! »

On le voit, débarrassé des ennuis qu'on m'avait suscités, je n'aspirais qu'à l'achèvement de ma fondation, et on doit comprendre que la lenteur des travaux me contrariait. Elle me contrariait au point qu'au mois de juillet j'écrivais à M. Prat, l'architecte, pour le prier d'aller plus vite en besogne. C'était tout ce que je pouvais faire, puisque mon rôle tracé par le contrat ne me permettait pas de donner des ordres.

Ma lettre à M. Prat était en ces termes :

MONSIEUR,

En présence de la lenteur avec laquelle s'édifie la chapelle Saint-Georges, je me vois forcé de vous rappeler ce que vous me dites, en présence de M. Soreau, quand il fut question de fixer sur le contrat le mois de septembre comme époque de l'achèvement de la chapelle. Je trouvais ce délai un peu long, mais vous m'assurâtes qu'il ne serait pas atteint : la construction, me dites-vous, sera achevée avant.

Au point où en sont les travaux il est facile de voir que la chapelle, au mois de septembre prochain, ne sera pas achevée. Emu de cette situation, j'ai fait questionner votre entrepreneur pour connaître les motifs de la lenteur avec laquelle il travaille ; d'après ses réponses je comprends qu'il n'a pas en mains les données suffisantes pour développer son chantier, et ces données, Monsieur Prat, dépendent de vos plans de détail, qui lui font défaut, paraît-il.

Si je suis bien renseigné, votre entrepreneur serait allé vous voir ce matin pour avoir ces plans que vous lui aviez promis pour aujourd'hui, et il serait revenu sans eux, parce qu'ils ne sont pas prêts.

De sorte que la lenteur des travaux n'est que le résultat de la lenteur du tracé des plans.

J'espère, Monsieur, que vous voudrez bien me donner à ce sujet toutes les explications nécessaires. Vous devez comprendre combien je suis peu satisfait de la façon dont marchent les choses, alors que je m'attendais, sur vos promesses formelles, à voir les travaux activement menés de manière à ce que la chapelle fût édifiée au plus tard au mois de septembre.

Par la même occasion, permettez-moi de vous redemander le plan d'ensemble de la construction que vous m'avez promis il y a déjà longtemps. Si vous pouviez me le faire tenir, vous me feriez plaisir ; je vous en remercie d'avance.

Veuillez agréer, Monsieur, mes saluts empressés.

L. Faulquier.

Montpellier, 7 juillet 1896.

M. Prat, le jour même, m'envoya la réponse suivante :

Monsieur Faulquier,

Je suis heureux de vous faire savoir que malgré quelques petites lenteurs je compte toujours voir la chapelle couverte en septembre et même avant, ainsi que je vous en ai parlé devant M. Soreau.

L'entrepreneur a tous les éléments sous la main jusqu'à la corniche pour faire son travail. Il a pu cependant dire qu'il lui manquait encore ceux du chœur.

En effet, le facteur d'orgues, venu il y a trois jours, a exigé des modifications très importantes que je suis en train d'étudier depuis et que j'espère livrer demain.

La pose de l'orgue à l'entrée n'aurait pas nécessité ces modifications; mais on a tenu à se conformer strictement à votre désir.

Pour les plans demandés, mon employé les a faits cinq ou six fois et, comme ils ne sont pas faits d'une manière irréprochable comme je le désire, je vais m'y mettre moi-même et vous donner satisfaction au plus tôt.

Veuillez agréer, etc. PRAT.

7 juillet 1896.

Dans ma lettre à M. Prat, on l'a remarqué, il n'est question que de l'activité des travaux. Quant au plan d'ensemble que je demande à M. Prat, c'est ce plan colorié qu'il devait m'offrir pour placer dans mon cabinet, et qu'il m'avait promis au cours de la visite qu'il me fit, vers le 15 mars 1896, pour me faire signer son plan de construction.

Il s'agissait, mes lecteurs s'en souviennent sans doute, d'une aquarelle, d'une image bien finie, travail artistique dans lequel, il paraît, M. Prat est très habile. Un cadeau, en somme, que d'ailleurs je n'ai jamais reçu. C'est un fait d'une importance infime, et pourtant M. Babled et M. Prat s'en sont servis pour démontrer qu'aucun plan définitif n'avait été arrêté au moment du contrat, puisque je réclamais ce plan à l'architecte quatre mois plus tard...

Dans sa réponse, l'architecte m'assure que tout marche à merveille, que la chapelle sera couverte en septembre, époque prévue ; il me signale simplement qu'il n'y a du retard que pour les travaux du chœur, à cause de l'emplacement de l'orgue.

Je ne compris pas bien, en lisant la lettre de M. Prat, ce que la question de l'orgue venait faire là. Dès les débuts de nos accords avec M. l'abbé Babled il avait été convenu que l'orgue serait posé au chœur de la chapelle, derrière le maître-autel, tout comme est placé l'orgue dans la chapelle des RR. PP. Carmes. Jamais il n'avait été dit que l'orgue irait mieux à l'entrée de la chapelle ; ce qui le prouve, c'est que les divers plans de M. Prat prévoyaient des tribunes au-dessus de la porte d'entrée et non pas l'orgue.

Mais je n'attachai pas beaucoup d'importance à cette partie de la lettre de l'architecte. Je ne voyais pas bien pourquoi l'orgue placé au fond de la chapelle, et non à l'entrée, nécessitait de grandes modifications aux travaux, et je ne cherchai pas à éclaircir ce point. J'eus tort, certainement ; mais je ne pouvais pas soupçonner alors ce qui devait advenir par la suite.

D'ailleurs à ce moment M. Babled vint précisément m'entretenir de l'orgue. Il me fit part de ses démarches auprès d'un facteur de Toulouse, M. Puget, pour l'acquisition de cet instrument. On se rappelle que, d'après les termes du contrat, l'aménagement intérieur de la chapelle restait à la charge de la Société, mes 60,000 francs devant être exclusivement employés au gros œuvre. Donc M. Babled s'était mis en rapports avec la maison Puget, de Toulouse, pour traiter de l'achat de son orgue. Il me confia que l'instrument qu'il croyait devoir convenir coûterait 12,000 francs et que les conditions du facteur étaient que le tiers de ce prix, soit 4,000 francs, devait être versé en donnant la commande ; le second tiers serait payé une fois l'orgue installé ; le troisième tiers était payable quelque temps après.

— Je suis embarrassé, me dit le Directeur des Salésiens, pour ce premier versement de 4,000 fr.; il me gènera en ce moment, et pourtant je désirerais commander l'orgue ; il y a urgence si nous voulons qu'il soit prêt pour l'inauguration de la chapelle.

Sans hésiter je crus à l'embarras de M. Babled, bien que j'en fusse très surpris, et tout spontanément, pour le tirer de peine et pour lui permettre de conclure sans tarder l'achat de son orgue, je lui offris de prendre à ma charge le premier versement de 4,000 fr.

« Je tiens, dis-je à l'Abbé, cette somme à votre disposition ; *il est entendu qu'elle n'affecte en rien celle de 60,000 fr. qui est destinée à l'édifice.*

M. Babled se confondit en remerciements et me promit de s'occuper sans perdre un instant de cette affaire.

Mais je déclare qu'il ne me dit pas un mot de l'emplacement de l'orgue, ni des modifications qui devaient être faites au chœur pour l'y loger. Il se contenta, quand il reçut les projets, les dessins du facteur toulousain, de me les montrer pour me les faire admirer ; il m'apprit que l'instrument comprendrait seize jeux ; et voilà tout.

Je ne me préoccupai donc pas autrement de ces *modifications*, dont il était fait incidemment mention dans la lettre de M. Prat.

La maladie vint surprendre M. Babled au milieu de ses pourparlers avec le facteur d'orgue, et il dut cesser forcément et brusquement toute négociation. L'architecte devait, paraît-il, le suppléer ; M. Prat vint même, je crois, me demander mes avis sur certains détails concernant l'instrument, avis que je me dispensai de lui donner, n'étant pas d'ailleurs en mesure de le faire ; puis je n'entendis plus parler de rien, et le premier versement de 4,000 francs dont je m'étais chargé ne me fut pas réclamé.

Le mois d'août était venu. La maladie de M. l'abbé Babled persistait, s'aggravait même, au point d'inspirer des craintes sérieuses. Il avait dû quitter Montpellier ; mais j'en avais régulièrement des nouvelles par le sous-directeur des Salésiens, qui dirigeait par intérim l'orphelinat.

Un jour, l'entrepreneur me présenta un bon à payer visé par l'économe délégué de M. Babled, pour certains travaux en dehors de la construction proprement dite de la chapelle. Je ne voulus pas payer ces travaux sans en référer à l'économe, M. l'abbé Olive, qui répondit qu'il ne pouvait me dire qu'une chose, à savoir qu'il n'avait pas d'instructions de son directeur malade, pas plus qu'il n'avait de fonds pour payer ; il me supplia de régler l'entrepreneur, à cause des ouvriers, qui avaient besoin de leur argent, ajoutant que tout serait mis en ordre dès que M. Babled pourrait reprendre sa direction. Je n'insistai pas, je payai.

Le fait se renouvela, je payai encore ; pouvais-je faire autrement ?

Les nouvelles sur la santé de M. Babled continuaient à être alarmantes ; il n'est pas superflu de le constater après avoir fait mention de ces payements auxquels je n'étais pas obligé.

Dans les premiers jours de septembre je m'absentai pour faire une saison d'eaux, laissant les choses aller leur train. J'avais acquis la certitude que, malgré l'assurance donnée par l'architecte, l'édifice ne serait pas terminé de sitôt ; la construction allait plus lentement que jamais, elle était d'une lenteur telle qu'on aurait pu la croire calculée.

De retour à Montpellier, fin septembre, je constatai cela avec peine ; mais je m'en tins à cette constatation. Cependant je vis *avec surprise* que les travaux du chœur avaient été largement modifiés. Derrière l'emplacement du maître-autel, on avait construit deux grands arceaux en pierres de taille, du plus mauvais effet, soit dit en passant, et qui n'étaient nullement prévus par le plan. Je m'informai et j'appris que cette disposition, au moins bizarre, avait été prise en vue de l'installation de l'orgue, le fameux orgue dont je n'avais plus entendu parler. On avait aménagé tout le dessus de la sacristie, un grand local, par conséquent, pour y placer l'instrument et y recevoir une maîtrise nombreuse de chanteurs, afin que leurs voix fussent au niveau des ondes sonores de l'orgue (sic). De sorte que le mur du fond de la chapelle était remplacé par un des grands arceaux dont j'ai parlé, lequel laissait à découvert le local où devaient se tenir les chanteurs autour de l'orgue.

Il paraît que M. Babled en avait décidé ainsi avant sa maladie, sur les conseils du facteur de Toulouse et d'un organiste de Montpellier ; l'entrepreneur avait été obligé de revenir sur des travaux déjà faits, de démolir un mur pour édifier les arceaux en question, lesquels, je le répète, étaient loin d'être un chef-d'œuvre d'architecture. C'est si vrai que, plus tard, mais toujours sans me prévenir, on a été obligé de modifier cette disposition, tellement elle était vilaine.

Mais tout cela, on le comprend, a coûté fort cher, et ces dépenses inutiles, non prévues au devis, ont été payées par ma caisse, comme tant d'autres, également supplémentaires.

Voilà donc expliquées les fameuses modifications auxquelles M. Prat faisait une vague allusion dans sa lettre du 7 juillet. J'étais à mille lieues de penser, en lisant cette phrase de la susdite lettre : « Le fac- » teur d'orgue a exigé des modifications très impor- » tantes que je suis en train d'étudier », qu'il s'agissait de ces vilains arceaux et de ce grand local au-dessus de la sacristie. Si au lieu de se contenter de cette indication trop sommaire, l'architecte ou M. Babled, m'avait donné des explications complètes, m'avait fait part de la modification du plan — ce qui était rationnel du moment où on devait me faire payer ce supplément de frais — j'aurais pu me rendre compte de ce qu'on allait faire, et je n'aurais pas manqué de protester et même de m'opposer autant que possible à cette installation, car elle était à mes yeux une grosse, très grosse faute ; et de plus, cette installation avait fait perdre un grand mois dans les travaux pro- prement dits du gros œuvre, ce qui justifiait les len- teurs que j'avais constatées.

Je ne pouvais que déplorer tout cela. J'en subis- sais toutes les conséquences, très fâcheuses au point de vue de l'art et au point de vue de la dépense ; mais je sus me taire, car le mal étant fait, il n'était guère possible de le réparer.

Et pourtant mes adversaires — je dois malheureu- sement maintenir ce mot — n'ont pas craint de dire devant les juges que ces travaux du chœur pour l'ins- tallation de l'orgue avaient été faits sur mes ordres, malgré les protestations de M. Babled et de l'architecte. Dans leurs conclusions ils ont introduit à ce sujet, les « attendus » suivants :

« Attendu que la place de l'orgue était prévue
» au-dessus de la porte d'entrée ; que M. Faulquier
» entendit le placer derrière le chœur, pour favoriser
» les ondes sonores ;

» Que cette modification, entraînant la construc-
» tion d'un buffet d'orgue, il fallut ajouter une travée
» complète en maçonnerie, avec escalier d'accès,
» etc. » (page 11).

Et leur défenseur n'a pas manqué, en plaidant, de faire bien ressortir cette accusation :

«... Puis ce fut le tour de l'orgue, qui était prévu
» au-dessus des tribunes et que M. Faulquier voulut
» faire placer derrière le chœur, afin, disait-il, que
» les ondes sonores eussent plus de portée.

» Nous avons publié dans nos documents une lettre
» de M. Prat à M. Faulquier à ce sujet, lui faisant
» remarquer que pour cela il fallait construire une
» travée de plus et un escalier ; ce qui n'empêcha
» pas M. Faulquier de persister dans sa décision...»

N'est-ce pas monstrueux d'écrire et de dire de pareilles choses, étant donné que tout ce que je viens d'exposer est l'exacte vérité ?

Je l'ai dit, je le répète, dès nos premiers accords avec M. Babled il avait été entendu que la chapelle serait munie d'un orgue comme celui des RR. PP. Carmes et placé de la même façon, c'est-à-dire derrière le maître-autel. Mais il ne fut jamais question, entre M. l'abbé et moi, d'installer le buffet de l'orgue dans une grande pièce au-dessus de la sacristie, en dehors de la chapelle en quelque sorte. Cette disposition me déplaisait tellement que si on me l'avait présentée *en projet,* je l'aurais repoussée tout de suite. Non ; je voulais l'orgue posé tout simplement au fond de la chapelle, derrière l'autel, de plain-pied avec le sol de l'église. De l'avis, m'a-t-on dit, de M. Puget, le facteur de Toulouse, et d'un organiste de Montpellier, M. Borne, la disposition au-dessus de la sacristie était préférable ; c'est possible. Mais ces messieurs ne m'ont pas donné leur avis, à moi ; je ne leur ai jamais parlé, je n'ai pas même l'avantage de les connaître personnellement. Je sais, certes, que la maison Puget de Toulouse, jouit — à juste titre — d'une excellente réputation ; je suis trop de Montpellier pour ne pas avoir entendu parler souvent du grand talent de M. Borne, pour ne pas avoir eu maintes fois la bonne fortune de l'apprécier. Mais jamais je n'ai eu de rapports avec ces messieurs, ni pour l'affaire qui m'occupe ni pour d'autres. Donc on a tout décidé, tout réglé, tout fait en dehors de moi, je l'affirme.

On a dit, pourtant, que la place de l'orgue avait été prévue tout d'abord au-dessus de la porte d'entrée de la chapelle. Oui, les conclusions le disent ; l'avocat de M. Babled l'a dit ; M. Prat, dans la lettre qu'il m'écrivait le 7 juillet 1896 (reproduite ci-avant p. 140) le dit encore. Mais tout cela est faux, archi-faux.

La preuve ?

Je l'ai authentique, sans réplique : le plan de M. Prat, daté du 25 novembre 1895. Ce plan indique *une tribune* au-dessus de la porte de la chapelle et non un orgue. Et avec ce plan, signé Prat, irréfutable par conséquent, n'y a-t-il pas le devis de 68.000 fr., sur lequel figure cet article :

Escalier de la tribune et du clocher, 600 francs ?

En ce qui touche la susdite lettre de M. Prat, l'avocat de la Société a dit : « Cette lettre fait remar-
» quer à M. Faulquier que, pour placer l'orgue au
» chœur, il fallait construire une travée de plus et un
» escalier ». Or cette lettre, on le voit, me dit briè-
vement : « Le facteur d'orgue a exigé des modifica-
» tions très importantes que je n'ai pas encore fini
» d'étudier ». Mais de travée supplémentaire, d'escalier, il n'est pas question de tout cela dans cette lettre.

Toujours des exagérations, des faits dénaturés, toujours des mensonges ! N'avais-je pas raison de m'écrier tout à l'heure que c'était monstrueux de dire et d'écrire de pareilles choses ?...

La faute commise, en l'espèce, était si lourde, qu'ils n'ont pas eu le courage, M. Babled et ses cauda-
taires, de s'en charger. Il y avait bien une échappa-
toire, celle de n'en point parler ; mais elle est si patente, cette faute, qu'ils ont préféré ne pas la passer sous silence, et si grosse, qu'ils ont trouvé très bon, pour leur cause, de me l'imputer.

— Ce grief de plus, ont-ils dû se dire en conseil, fera bien dans le tableau ; gardons-nous de ne pas nous en servir.

Ils s'en sont servis, mais à leur grand dommage, car, en s'en servant, ils m'ont fourni — les imprudents — une occasion de plus de démontrer leur mauvaise foi. Tant pis pour eux et... tant mieux pour moi-même !

Je reviens à mon récit. Aussi bien j'ai hâte de le faire pour annoncer à mes lecteurs que M. Babled était revenu à l'orphelinat ; il allait beaucoup mieux, et s'il n'était pas encore en état de s'occuper de ses affaires, on pouvait espérer que son complet rétablissement ne se ferait pas attendre. Nous étions, je l'ai dit, à fin septembre.

Je fus enchanté du retour de M. Babled. J'avais redouté un moment un grand malheur, et c'est avec angoisse que je prévoyais la fin prématurée de ce prêtre, apôtre de la charité, investi d'une si haute mission. Dieu merci, ce malheur n'est pas arrivé, et, aujourd'hui encore, j'en rends grâces au Ciel.

Il me tardait de revoir le cher convalescent pour lui exprimer toute ma joie de son retour à la santé et le féliciter d'une guérison qui ressemblait beaucoup à un miracle. Je lui demandai donc une entrevue, mais je ne l'obtins pas. Pourquoi ? Peut-être parce que M. Babled était encore trop fatigué pour recevoir une visite. Je sus ne pas insister, c'eût été de mauvais goût.

Malgré ma lettre à M. Prat, du 7 juillet 1896, et malgré sa réponse du même jour, m'assurant que les travaux ne subiraient aucun retard et que la chapelle serait couverte en septembre, la lenteur dont je m'étais plaint persistait ; si la construction de la chapelle était avancée, par contre le clocher n'était point commencé, et c'est à peine si les travaux de charpente étaient en train.

Cependant, je pris patience, tout en me disant qu'avec un peu d'activité tout pourrait être terminé, y compris la toiture, avant l'hiver.

Mais, voyant que l'activité sur laquelle je comptais ne se produisait pas, je me décidai, un beau jour, vers mi-octobre, à intervenir. Je me rendis au chantier, je vis l'architecte, l'entrepreneur, et je les engageai à marcher plus rapidement. Je fus bien accueilli, certes ; on m'assura, très poliment, que rien ne laissait à désirer et qu'il n'était pas possible d'aller plus vite, cela pour des raisons qui avaient trop peu de valeur pour me convaincre. Je ne le cachai pas à M. Prat, non plus à M. Loire, l'entrepreneur.

Les choses n'allèrent ni mieux ni plus mal ; le temps passait, nous étions à la fin d'octobre, le clocher était loin d'être fini, la toiture aussi. Je pris alors le parti de faire faire par M. Tournoux, mon secrétaire, une démarche verbale auprès de M. Babled, pour le prier d'obtenir de son architecte plus de hâte dans les travaux. Mais M. l'Abbé déclara à M. Tournoux, comme quelques jours avant l'architecte me l'avait déclaré, qu'on travaillait très vite et très bien, qu'il n'y avait pas lieu de se plaindre. Alors M. Tournoux, comprenant qu'il fallait insister pour bien faire valoir les raisons qui me faisaient souhaiter une allure plus vive dans les travaux, écrivit à M. Babled la lettre suivante :

Monsieur l'Abbé,

J'ai l'honneur de vous informer que M. Faulquier n'est pas du tout satisfait de la façon dont marchent les travaux de la chapelle Saint-Georges. La construction du clocher et, du reste, tous les travaux en général sont menés avec une lenteur désespérante.

Vous me disiez hier, Monsieur l'Abbé, qu'il n'était guère possible d'aller vite, surtout au clocher, la montée d'une pierre demandant 20 minutes. M. Faulquier le sait parfaitement, et même il ne demande pas qu'on monte 3 pierres par heure, il se contenterait très bien de 2 pierres, ce qui ferait 20 par jour. Si on montait et posait 20 pierres par jour, l'édification du clocher irait autrement vite que ce qu'elle va. Voilà près d'un mois qu'on y travaille et on a posé à peine 70 pierres. C'est dérisoire. Et les autres travaux sont menés à l'avenant.

Il y a une quinzaine de jours, M. Faulquier, visitant le chantier, rencontra l'architecte, M. Prat ; avec lui se trouvaient M. l'abbé Harmel et M. Loire. M. Faulquier se plaignit à M. Prat de cette trop grande lenteur des travaux, et, en réponse à des raisons de circonstance que l'architecte essayait de lui donner, M. Faulquier lui déclara, en présence de l'entrepreneur et de M. Harmel, qu'il ne pouvait pas se contenter de ces raisons-là ; très expérimenté sur ces matières, M. Faulquier dit à M. Prat qu'il savait très bien à quoi s'en tenir sur toutes choses et que s'il trouvait qu'on ne travaillait pas assez vite, c'était en parfaite connaissance de cause.

A-t-on, dans une bonne mesure, tenu compte des observations de M. Faulquier ? Je ne le crois pas, Monsieur l'Abbé, car M. Faulquier continue à être mécontent, et même il me charge de vous prier de donner une meilleure impulsion à l'activité des travailleurs, à l'initiative de l'architecte, à l'énergie de l'entrepreneur ; les uns et les autres ont le plus grand besoin d'être stimulés.

Prévenez surtout M. Loire que si M. Faulquier est tout disposé à lui donner autant d'argent qu'il le faut sur les travaux exécutés, il lui en refusera net s'il continue à ne pas tenir compte de son désir très légitime de voir la construction de la chapelle menée rapidement comme il convient. Du reste, j'ai prévenu moi-même M. Loire de cette intention de M. Faulquier. Si les travaux s'arrêtent, tant pis ; ce sera la faute de ceux qui doivent surveiller.

Il faut espérer, Monsieur l'Abbé, que, grâce à votre intervention, on n'en arrivera pas à cette extrémité.

Je vous prie d'agréer l'assurance de ma respectueuse considération.

Tournoux.

27 octobre 1896.

M. Babled ne répondit pas à cette lettre ; mais le lendemain, 28 octobre, je reçus sa visite. Il venait m'entretenir, sans doute, de l'activité des travaux ; me dire que je pouvais compter sur lui pour veiller à ce que la besogne fût rapidement menée ? Vous vous attendez à cela, j'en suis sûr, comme je m'y attendais moi-même ; eh bien ! veuillez vous détromper : M. Babled venait me parler de l'achat des vitraux nécessaires à la chapelle, dépense qui incombait à la Société et non à moi. Cela étant, je fus étonné que M. Babled vînt me consulter pour cet achat, alors qu'il s'était dispensé de le faire quand il s'était agi d'apporter de grandes modifications à la construction du chœur de la chapelle. Je n'exprimai cependant pas cette réflexion et j'écoutai complaisamment les projets qui m'étaient soumis pour les vitraux en question. Sur la demande de M. Babled, je lui donnai l'adresse de plusieurs maisons pour cette fourniture ; mais je n'offris pas d'intervenir dans cette dépense, ce qui, d'ailleurs, ne me fut pas demandé.

On pourra trouver puéril que je relate cette visite sans importance, semble-t-il. Elle en a une grande, cependant, étant donné ce qui va suivre.

Mais avant de continuer à raconter les faits, j'ai à répondre aux accusations très nettes, mordantes, que la Société du Pont-Juvénal, dans le procès, a portées contre moi, au sujet de ce qu'elle appelle *mon ingérence dans la direction des travaux.*

A en croire les acolytes de M. Babled, à en croire M. Babled lui-même, c'est cette ingérence qui est la cause des grosses dépenses faites à la construction en sus des prévisions, et, par voie de conséquence, la cause de toutes les difficultés qui se sont produites.

De quelles « grosses dépenses » peut-il être question ? Ce n'est pas des pierres froides du soubassement, non plus de l'élargissement des contreforts ? J'ai prouvé que, sur ces deux parties principales de l'édifice, on avait réalisé des économies. Est-ce la modification du chœur pour aménager l'emplacement de l'orgue ? Oui, peut-être ; mais ce fait a été rejeté sur le dos de mes adversaires, comme aussi celui des « colonnes rondes » de l'intérieur.

Qu'est-ce encore ?

Il vaut mieux nous pénétrer de ce que disent, sur ce point, les conclusions de la Société, que de poursuivre nos suppositions. Voyons donc ces conclusions :

Page 13 : « Attendu que M. Faulquier a complète-
» ment méconnu le rôle qu'il s'était assigné dans la
» convention du 10 mars 1896; qu'il en a violé l'es-
» prit et le texte ; qu'il devait se borner à verser une
» somme de 60.000 francs et laisser la Société du
» Clos-Boutonnet surveiller l'édification de la cha-
» pelle... »

Voilà le principe posé et bien posé : j'ai *méconnu* mon rôle ; j'ai *violé* l'esprit et le texte du contrat... C'est ce qu'on peut appeler une accusation très nette.

Mais continuons, si vous le voulez bien.

A la page 11, les conclusions disent ceci :

« Attendu que M. Faulquier vérifiait sans cesse
» les matériaux et ne supportait pas qu'ils ne fussent
» de première qualité, c'est-à-dire très chers ;

» Qu'il s'intéressait même à la taille des pierres,
» exigeant telle coupe plutôt que telle autre ;

» Que les représentants de M. Faulquier régnaient
» souverainement sur les chantiers, tandis que le pré-
» sident de la Société avait dû prendre le parti de
» *s'effacer*, et que son représentant, M. Babled,
» n'osait plus manifester sa présence... »

Vous le voyez, l'accusation porte, maintenant, sur les détails : je vérifiais les matériaux, la coupe des pierres ; mes représentants, mes employés *régnaient souverainement* sur les chantiers.

Mais cela n'est qu'un canevas de l'accusation ; la Société, à l'audience, a développé cette accusation, par l'organe de son avocat, en ces termes :

« ... Une fois les travaux commencés, M. Faul-
» quier se rend propriétaire du chantier ; il y est sans
» cesse, il commande, il ordonne, il veut, et sa
» volonté prévaut toujours.

» D'après les termes mêmes du contrat, M. Faul-
» quier n'avait qu'à laisser faire et payer tout sim-
» plement les travaux au fur et à mesure de leur exé-
» cution. Au lieu de cela, il impose sa volonté, il ne
» supporte pas que son idée soit discutée...

» Et pendant que M. Faulquier s'était emparé des
» chantiers, que faisaient M. Fabrège et M. Babled?
» Ils se cachaient, par crainte de M. Faulquier,
» n'osant pas paraître sur les chantiers, qui étaient
» envahis par les employés supérieurs de l'usine. Ils
» étaient les maîtres, ces employés, ils commandaient
» toujours sans se rendre compte que les dépenses
» augmentaient dans des proportions considérables.

» Et M. Faulquier savait tout cela, et il laissait
» faire, car il se disait que la Société l'aiderait ainsi
» à avoir une superbe chapelle.

» Dans toute cette affaire, le rôle de M. Léon
» Faulquier a été encombrant ; il s'est posé en véri-
» table maître, ordonnant et exigeant toujours. Par
» son attitude, par ses agissements, il est donc res-

» ponsable de l'excès de dépenses ; il a constam-
» ment méconnu son rôle. »

Mais ce n'est pas tout encore. Dans les documents publiés par la Société, je trouve ceci, que M. Babled, écrivait à M. Harmel, son économe, le 16 décembre 1896 :

«... Depuis le commencement des constructions,
» mon rôle a été de calmer M. Prat, qui ne croyait
» pas pouvoir continuer les travaux dans les condi-
» tions de suspicion et de surveillance un peu odieu-
» ses exercées contre lui.... L'esprit de l'acte a
» même été faussé, car la Société ou son délégué,
» devait seule diriger les travaux... »

Eh bien ! est-ce assez complet ? a-t-on assez dit sur tous les tons que j'avais pris *en main de maître*, dès le début des constructions, la direction des travaux, chassant du chantier les hauts dignitaires de la Société pour pouvoir plus à l'aise exercer mon autorité ? A-t-on assez dit que mon rôle avait été encombrant ; que j'avais fait des commandes à tort et à travers sans me préoccuper si je grossissais les dépenses ou en m'en préoccupant, au contraire, puisqu'on a osé me prêter cette pensée *que j'aurais ainsi une belle chapelle aux frais de la Société ?*

A-t-on assez dit et redit toutes ces fadaises, toutes ces calomnies ? Eh bien ! puisqu'on les a dites, puisqu'on les a rendues publiques, à moi maintenant de les réduire à néant.

Le pourrai-je ?

Eh ! mon Dieu ! je l'espère. J'ai la raison pour moi, et puis aussi des preuves !...

D'abord, parlons raison.

Je prie mes lecteurs de se rappeler qu'aux termes du contrat du 10 mars 1896, je ne devais effectuer les payements qu'au fur et à mesure des constructions. J'avais donc pris mes dispositions pour savoir, chaque fois qu'un bon à payer de M. Babled m'était présenté, si la somme demandée était bien due, c'est-à-dire — s'il s'agissait de travaux — s'ils étaient réellement exécutés ; — s'il s'agissait de fournitures — si elles étaient reçues. J'estime que rien n'était plus naturel, ni plus logique, et qu'en agissant ainsi je n'outrepassais pas mes droits.

Trouver cette vérification excessive, déplacée, méfiante, c'est manquer totalement de sens pratique ; la trouver odieuse et outrageante, comme l'a écrit M. Babled, c'est faire montre d'un faux jugement ou d'un faux orgueil. J'estime, moi, que cette vérification ne pouvait offusquer personne, pas plus l'architecte que l'entrepreneur, pas plus M. Fabrège que M. Babled. Car enfin si j'ai suivi de près les travaux ; si, par mes soins, les comptes de l'entrepreneur, ses mesures, ont été vérifiés, épluchés ; si j'ai porté mon attention sur la qualité des matériaux fournis en demandant qu'ils fussent, conformément aux prix du devis, de première qualité ; si j'ai fait cela, ce n'est pas seulement parce que j'en avais le droit, mais c'était surtout dans l'intérêt de la Société.

N'était-elle pas responsable de la construction dont elle avait la charge ? N'était-elle pas obligée, de par l'acte du 10 mars, de bâtir une chapelle sur un plan donné, quand je n'étais obligé, moi, qu'à verser 60,000 francs ? Dans ces conditions ma surveillance, ma vérification des travaux ne s'exerçaient-elles pas au profit même de la Société ? Je savais que M. Babled n'avait pas les éléments nécessaires pour bien surveiller ; j'ai cru devoir suppléer à cette insuffisance, moi qui pouvais si facilement le faire, ayant à mon service des personnes compétentes, dignes de toute confiance.

Certes, en me renfermant, en indifférent, en égoïste, dans les termes de mon contrat avec la Société, j'aurais pu me dispenser d'exercer ce contrôle. Qu'on fasse ce qu'on voudra, aurais-je pu penser, cela ne me touche pas ; je paie, je paierai jusqu'à concurrence des 60.000 francs portés sur mon engagement ; le reste m'importe peu... Mais, je l'avoue, j'aurais rougi de tenir un semblable raisonnement ; j'aurais cru manquer à mon devoir en me désintéressant ainsi des travaux ; j'aurais craint que la Société me reprochât un jour cette indifférence, et ce reproche m'aurait été cent fois plus sensible que le reproche contraire.

En conséquence, je déclare que si j'ai vérifié les travaux, c'est parce que je croyais qu'il était de mon devoir de le faire ; et, en dehors de ce devoir, qui me paraît suffisamment indiqué, j'ai démontré que, devant payer les acomptes demandés, c'était mon droit de m'assurer que les travaux faits ou les fournitures livrées représentaient bien les sommes à verser.

Qui pourra contester ce droit, discuter ce devoir ? Si la Société l'a fait, c'est en entourant ses critiques de considérations superficielles et intéressées. Dégagez-les de ces considérations, et vous verrez la piteuse mine de ces critiques.

Pour être juste je dois ajouter que ma surveillance, si elle a pu critiquer des défauts, signaler des négligences, relever certaines erreurs, tant au préjudice de la Société qu'à celui de l'entrepreneur, ma surveillance, dis-je, a constaté surtout chez M. Loire un bon vouloir à toute épreuve, une droiture parfaite. C'est avec un réel plaisir que je le constate ici.

Mais je n'ai pas fini d'invoquer la raison pour me défendre. J'ai encore à faire valoir la façon pitoyable dont le soubassement en pierres froides a été construit ; le défaut capital des contreforts, trop légers pour les grands murs à soutenir ; j'ai à critiquer ces colonnes de l'intérieur, en briques, formant de longs tubes le long des murs, coûteuses et sans valeur par rapport à l'édifice : les grands arceaux du chœur, si disgracieux, si mal compris ; ce local au-dessus de la sacristie pour loger l'orgue ; la sacristie elle-même, aussi grande qu'inutile puisqu'on pouvait la trouver toute construite, ainsi que je l'ai expliqué. On a fait tout cela, et moi, dirigeant les travaux, commandant en maître, j'aurais laissé commettre ces sottises, ces fautes graves dont j'ai tant gémi ? Allons donc...

On est allé jusqu'à prétendre que mes employés avaient fait des commandes sans se rendre compte que les dépenses grossissaient. Cette accusation est tellement absurde, qu'elle se détruit elle-même ; car on se demande tout de suite ce que mes employés auraient bien pu commander par leur initiative ; sur quelles données, sur quelles bases ils auraient pu opérer... Il n'y a aucun fournisseur, aucun, qui puisse dire qu'il a reçu des commandes autres que celles de l'architecte ou de l'entrepreneur.

Donc, fadaises et calomnies que les accusations portées contre moi par la Société en ce qui concerne mon ingérence dans les travaux. Les arguments que je viens de présenter doivent les avoir déjà ébranlées, ces accusations ; mais j'ai des preuves à fournir contre elles, et vous verrez qu'elles auront assez de force pour les démolir complètement.

J'invoque d'abord mes lettres à M. Prat des 21 mars et 7 juillet 1896, et celle de M. Tournoux, mon secrétaire, à M. Babled, du 27 octobre de la même année. Ces lettres, que j'ai reproduites à leur place, mais qui figurent aussi dans les documents que la Société a publiés, — ce qui consacre leur authenticité, — ces lettres ont pour but de prier, soit l'architecte, soit M. Babled, de faire activer les travaux : « *Je vous en prie,* écrivais-je à M. Prat, ne me faites pas attendre davantage, songez que j'attends depuis de longs mois... » Et encore : « Emu de la lenteur des travaux, j'ai fait questionner votre entrepre-

» neur ; d'après ses réponses, je comprends qu'il n'a
» pas en mains les données suffisantes pour déve-
» lopper son chantier..... » Et M. Tournoux à
» M. Babled : « M. Faulquier continue à être mécon-
» tent, et même il me charge de vous prier de donner
» une meilleure impulsion à l'activité des travailleurs,
» à l'initiative de l'architecte, à l'énergie de l'entre-
» preneur ; les uns et les autres ont le plus grand
» besoin d'être stimulés... »

Si j'avais commandé en maître sur le chantier, aurais-je écrit ou fait écrire ainsi ? Si j'avais eu le droit de donner des ordres, pense-t-on que je me serais contenté d'adresser une prière à l'architecte quand il y avait lieu de le gourmander ? Pense-t-on que j'aurais chargé mon secrétaire de tenter une démarche auprès de M Babled pour solliciter son intervention ?

Donc, si j'ai écrit à M. Prat, si j'ai fait écrire à M. Babled, c'est précisément parce que je ne commandais pas. Elles prouvent cela, ces lettres ; mais elles prouvent aussi que je ne voulais pas commander et que je ne l'ai jamais fait.

J'invoque ensuite le témoignage des fournisseurs et des entrepreneurs. Tous sont gens honorables, tous diront que jamais, au grand jamais, je ne leur ai donné d'ordres, que jamais je ne leur ai fait de commandes.

Voici, totalisés, les payements faits à chaque entrepreneur ou fournisseur :

40.700 fr.	»	payés à Loire, entrep' de maconn^{rie}.
3.500	»	payés à Calage, pour pierres froides et colonnes ;
3.000	»	payés à Vidal, charpentier ;
1.487	65	payés aux Carrières du Midi, pour pierres d'ornements ;
465	»	payés à Andrieux, entrep. de serru^{rie} ;
800	»	payés à Joseph Jean, ferblantier ;
395	»	payés à Bénabenq, quincaillier.
50.347 fr. 65		

Ce petit tableau est très suggestif. Dans sa concision il indique M. Loire, l'entrepreneur de maçonnerie, comme celui sur lequel mon ingérence dans les travaux aurait dû se porter de préférence. Les autres fournisseurs n'entrent dans la dépense totale que pour des sommes relativement peu importantes, et si j'avais eu à agir d'autorité auprès d'eux on conviendra que les conséquences seraient peu graves : ils n'arrivent pas ensemble à 10.000 fr., tandis que M. Loire seul a touché, à ma caisse, près de 41.000 fr.

De tous ces Messieurs, je le déclare, je ne connais que M. Loire. J'ai eu l'occasion de m'entretenir souvent avec lui ; souvent je l'ai vu dans mes bureaux, à l'usine, venant régler ses comptes ; mais nos rapports se sont bornés à des échanges de politesse, à des conversations plus ou moins banales. Ils ont été assez marqués, cependant, pour me permettre de trouver en M. Loire un parfait honnête homme, de commerce agréable, connaissant bien son devoir, possédant un jugement sûr, un caractère droit. Eh bien ! qu'on s'adresse à cet honnête homme et qu'on lui demande si j'ai agi envers lui en maître qui ordonne ; si je lui ai imposé ma volonté en quoi que ce soit ; si j'ai dérangé ses travaux ; si j'ai contrecarré l'influence de l'architecte. Demandez tout cela à M. Loire, il vous répondra toujours négativement, car — j'en suis sûr — il ne mentira pas, lui.

Et, du reste, qu'on questionne aussi les autres fournisseurs. Comme M. Loire, ils répondront qu'ils n'ont jamais eu affaire à moi ; que pour encaisser le montant de leurs travaux ou de leurs fournitures ils n'avaient qu'à se présenter à mon caissier, munis du bon réglementaire, dont je rappelle la teneur :

« M. Léon Faulquier paiera à M.   , porteur du
» présent, et contre son reçu, la somme de   pour
» travaux ou fournitures faits à la construction de la chapelle
» Saint-Georges, d'après accords intervenus entre la Société
» du Clos Saint-Antoine et M. Léon Faulquier.
   » Montpellier, le
                                    » Signé : BABLED. »

Mon caissier les payait en n'exigeant, sur ce bon, que la signature de M. Babled, suivant les instructions qu'il avait reçues. Les fournisseurs n'avaient donc pas à me voir, et je n'ai pas eu l'occasion de me trouver en leur présence. Ces Messieurs, je le répète, affirmeront que je dis vrai, si on les questionne.

C'est une force quand on peut, comme je le fais, invoquer le témoignage de personnes honorables !

Mais j'invoque aussi le témoignage de la Société elle-même. Ce témoignage — bizarre — puise sa force dans la contradiction qu'il présente avec les accusations dont j'ai été l'objet.

Veuillez écouter ce que la Société a fait dire à son avocat :

« Après l'arrêt des travaux les entrepreneurs, qui
» veulent être payés, poussent de hauts cris. On les
» adresse à M. Faulquier, qui refuse de les payer en
» disant qu'il n'avait rien commandé, qu'il fallait
» s'adresser à M. Babled. Ils s'y adressent ; mais
» comment les payer ? Il n'y avait pas d'argent. —
» Alors l'entrepreneur Loire adresse à M. Babled
» une assignation pour une somme de 7,000 francs ;
» Mme Vidal, veuve du charpentier, fait la même chose
» pour une somme de 1,700 francs... »

Vous entendez bien, M. Loire, d'une part, Mme Vidal, d'autre part, assignent M. l'abbé Babled pour se faire payer ! Pourquoi M. Babled et non pas moi ? Pourquoi ? Hé ! mais parce qu'ils savaient que moi je n'étais rien et que M. Babled était tout ; qu'ils n'avaient aucun droit sur moi et qu'ils les avaient tous sur la Société. Pensez-vous qu'ils se seraient résignés à agir contre M. Babled s'ils avaient pu agir contre moi ?

Donc, la Société, en avouant que M. Loire, que Mme Vidal avaient assigné son directeur pour le payement de ce qui leur restait dû, a reconnu implicitement que ses accusations étaient fausses ! Et d'ailleurs M. Loire n'a-t-il pas dit, en maintes circonstances, en parlant du reliquat de son compte, qu'il n'avait rien à exiger de moi, qu'il ne connaissait, en réalité, que la Société, seule responsable envers lui ?

Je trouve piquant, pour terminer, d'invoquer le témoignage de l'architecte, de M. Prat, qui a été peut-être le plus acharné à m'accuser, mais à qui je fournis ainsi l'occasion — inattendue, sans doute — de reconnaître ses torts en plaidant ma cause. Il va nous donner la preuve — la meilleure, la moins suspecte, puisqu'elle émane de lui — qu'ils se sont *trompés*, la Société et M. Prat, en m'accusant d'avoir méconnu le rôle que me donnait le contrat du 10 mars.

C'était, si j'ai bonne mémoire, en septembre 1896; il s'agissait de la toiture de la chapelle. Cette toiture était prévue par le devis en tuiles rouges ; M. Prat trouvait une excellente occasion de remplacer ces tuiles, d'aspect un peu vulgaire pour une chapelle, par des ardoises. Le fournisseur, désireux de se faire connaître dans le pays où il n'avait pas de relations, offrait — à ce qu'il paraît — des conditions de prix très avantageuses, si avantageuses que la toiture complète en ardoises n'aurait coûté guère plus cher qu'en tuiles. M. Babled étant absent (c'était pendant sa longue maladie), M. Prat vint me demander ce qu'il fallait faire, ne voulant pas, disait-il, prendre une décision sans y être autorisé. Je lui répondis que je ne pouvais pas, moi non plus, trancher cette question, que c'était M. Babled seul qui avait qualité pour décider s'il fallait employer des ardoises ou des tuiles.

— Mais M. l'abbé est malade, m'objecta M. Prat ; il ne pourra pas s'occuper de ce détail. Je vous en prie, monsieur Faulquier, décidez vous-même ; vous le pouvez d'autant mieux que les ardoises ne coûteront pas plus que les tuiles et qu'elles donneront à la chapelle un cachet bien différent.

J'étais de cet avis, certes, et j'avoue que j'aurais été très heureux de voir la chapelle couverte en ardoises. Malgré cela, malgré les efforts tentateurs de M. Prat, malgré tout, je ne voulus pas décider, et l'architecte dut en référer à M. Babled.

— Vous vous rappelez certainement cette circonstance, n'est-ce pas, monsieur Prat ? Vous vous rappelez aussi qu'à votre grand mécontentement M. l'abbé Babled décida de mettre des tuiles rouges, afin que la chapelle fût en harmonie avec les autres constructions de l'orphelinat, et vous n'avez pas oublié que ce prétexte ne vous parut pas bien en situation.

Je pensais aussi, je ne le cache pas, que M. Babled commettait une faute en n'acceptant pas les ardoises, du moment que la dépense n'était pas augmentée. Je le pensais et j'étais peiné de la décision prise ; mais je me gardai bien de récriminer : M. Babled, à mes yeux, était dans son droit.

— Eh bien ! croyez-vous, Monsieur Prat, ce fait

s'étant produit, que vous pouviez sérieusement soutenir que j'avais toujours dirigé les travaux en maître, que ma volonté avait prévalu en toutes circonstances ?

Il est fâcheux pour vous, pour vos amis, que vous ayez avancé une pareille chose, surtout avec tant de force. Vous auriez dû être plus réservé et mieux consulter vos souvenirs. Vous y auriez trouvé celui que je viens d'évoquer et vous vous seriez fait la réflexion suivante :

— Ne disons pas que M. Faulquier a parlé et agi en maître pendant la durée des travaux, car il lui suffira de rappeler l'incident des ardoises pour réduire notre système à néant...

J'espère, en effet, qu'il est réduit à néant, ce déplorable système ; que j'ai fait litière des sottes calomnies dont on a cru m'accabler ; et je suis convaincu que, comme pour les allégations précédentes, il ne reste dans l'esprit du lecteur que la conviction profonde de la mauvaise foi de mes adversaires !

Mais on ne s'est pas contenté de dire que je m'étais emparé d'une autorité qui ne m'appartenait pas ; on a dit aussi que ma présence sur le chantier était si fâcheuse, si encombrante, que M. Fabrège et M. Babled *se cachaient* pour ne pas avoir à en subir les ennuis ! Si ce n'était l'intention méchante qui a dicté ces paroles il y aurait de quoi en rire... Je ne relèverai pas ce qu'elles ont d'inepte ; je me contenterai de demander à M. Fabrège s'il a eu à se cacher souvent pour ne pas me voir. S'il est sincère, il répondra qu'il n'a pas eu à se cacher, et cela par la raison bien simple qu'il ne se mêlait de rien, qu'il ne venait jamais au chantier ; il avait à ce moment-là d'autres choses en tête qui l'intéressaient bien davantage, il s'occupait de Grandmont ; vous savez, la fameuse chapelle qui, grâce à ses savantes et laborieuses recherches, a pu être découverte dans le château et rendue au culte...

Quant à M. Babled, je ne crois pas qu'il ait eu besoin de se cacher pour se soustraire à mon autorité. J'ai prouvé que cette autorité n'est qu'une fable inventée pour les besoins d'une cause difficile à soutenir.

On a compliqué cette fable de la frayeur de M. Babled en y joignant celle, plus drôle, de M. Fabrège. Que voulez-vous ? toute fable bien machinée, qui se respecte, doit avoir son Ogre ou son Croquemitaine pour être intéressante !

Mais là où la méchanceté cesse d'être bouffonne pour devenir... méchante, c'est lorsque mes adversaires vont jusqu'à déclarer que « j'avais la pensée, en *laissant* grossir les dépenses, que la Société m'aiderait ainsi à avoir une superbe chapelle ». C'est une insinuation perfide, une mauvaise méchanceté. Pour la combattre je n'ai pas besoin d'invoquer les promesses de M. l'abbé Babled ni notre entente formelle; il me suffira de rappeler le but que je poursuivais en fondant la chapelle ; il me suffira de dire, paraphrasant un mot bien connu : « Cherche à qui... la chapelle profite ». En effet, qu'avais-je à faire, moi, d'une grande construction ? Ne me suffisait-il pas, pour satisfaire mon vœu, pour honorer dignement la mémoire de mon cher fils, d'avoir une chapelle ouverte au culte et consacrée à saint Georges ? Les dimensions ? l'étendue du vaisseau ? en avais-je besoin ? L'édifice serait toujours assez grand pour offrir un asile à ma douleur, un temple à mes prières ! Tandis que M. Babled voulait, lui, une chapelle vaste, très vaste. Ce qui le prouve, c'est qu'il avait d'abord conçu un projet de vaisseau de 80 mètres de longueur, une immense nef, par conséquent. Et pourquoi ? Pour les besoins de son orphelinat, disait-il, dont il prévoyait — prévoyance très respectable — la rapide extension. Et quand je dis *besoins*, comprenez non-seulement le besoin de place pour les orphelins, mais aussi et principalement le besoin de revenus : plus la chapelle serait grande, plus le mouvement des fidèles serait... favorable.

Je ne crois pas avoir à insister davantage sur ce point. La méchanceté était grosse, mais ne contenait que du vent ; il m'a suffi d'un coup d'épingle pour la dégonfler, d'une simple réflexion pour la détruire !

Il reste à élucider ces « grosses dépenses » dont on a dit que j'étais la cause. Mais, ayant prouvé que la cause n'est pas de mon fait, je pourrais me dispenser de m'occuper de l'effet. Cependant, afin que ce mémoire soit bien complet, je m'en occuperai dans le chapitre suivant.

VIII

L'ARGENT MANQUE. — ARRÊT DES TRAVAUX.

> Il ne sut pas régler ses dépenses en sorte qu'elles fissent honneur à sa dignité, et ne fussent à charge à personne. FLÉCHIER.

Peu de jours après la visite de M. l'abbé Babled relative aux vitraux, c'est-à-dire dans le commencement du mois de novembre, M. Prat, l'architecte de M. Babled, me demanda un entretien que je m'empressai de lui accorder. Il me parla des vitraux, de divers autres détails, mais d'une manière plutôt incidente ; il était facile de voir qu'il avait autre chose de plus important à me communiquer. J'étais loin cependant de prévoir ce qu'il allait me dire. Enfin, après pas mal de circonlocutions, il vint au fait. Avec des chiffres il m'exposa qu'en l'état où étaient les travaux, c'est-à-dire avec le clocher à terminer ainsi que la toiture, les enduits de murs à l'extérieur et à l'intérieur, le ravalement, le plafond et autres travaux de plâtrerie, les peintures, le pavage, la menuiserie, la serrurerie, la plomberie, les vitraux, etc.... il fallait dépenser encore au moins 40.000 francs pour achever la chapelle.

M. Prat me fit constater qu'à ce moment j'avais versé près de 50,000 francs, qu'il restait à payer à l'entrepreneur et à divers fournisseurs 8 à 10,000 fr.; qu'en conséquence, il était autorisé à se demander qui paierait les 40,000 francs supplémentaires. N'étant pas sûr du paiement de ce supplément, il hésitait à faire de nouvelles commandes et à pousser les travaux. En homme avisé, avant de s'engager plus avant, il venait me soumettre la situation et me prier de lui dire s'il pouvait marcher.

Les chiffres que l'architecte me plaçait sous les yeux étaient trop éloquents pour que je pusse mettre en doute ses déclarations. Je n'y songeai même pas ; elles me paraissaient, d'ailleurs, très plausibles. Mais j'étais stupéfait, car je sentais bien que la démarche de M. Prat était faite sur les ordres de M. Babled. Et sans autrement réfléchir, tant ma stupéfaction était grande, je m'écriai : « M. l'abbé Babled fait donc faillite à ses engagements » ?

Cette exclamation, que l'architecte a colportée un peu partout, et qui a fait l'objet de tant de commentaires, n'était-elle pas toute naturelle de ma part, après les promesses faites par M. Babled, après les engagements pris ? N'exprimait-elle pas mieux que toutes les récriminations mon douloureux étonnement, en même temps que mes craintes et mes désillusions ? Car, je dois le dire, je sentis m'échapper, dès ce moment, la douce espérance qui calmait mon cœur : je vis mon œuvre irréalisée.

M. Prat prit un air effarouché, scandalisé, en m'entendant parler ainsi ; il essaya de défendre M. Babled, qui, disait-il, n'avait pas d'argent pour faire face aux dépenses qu'il m'indiquait.

— Et qui voulez-vous qui les paie, ces dépenses, lui demandai-je ? Connaissez-vous les termes de notre contrat ?

Il me répondit affirmativement.

— Eh bien ! puisque vous les connaissez, vous devez savoir que c'est M. Babled qui, seul, peut répondre à votre question ; non seulement il le peut, mais il le doit.

Et je lui appris que le directeur de la Société s'était engagé envers moi à payer toutes les dépenses dépassant 60,000 francs, puisqu'il donnait plus d'étendue à ma fondation en vue des besoins de son orphelinat.

L'architecte savait, à coup sûr, à quoi s'en tenir là-dessus, car mes déclarations le laissèrent froid, et il persista de plus belle à me dire que M. Babled n'avait pas de ressources.

J'étais, moi, convaincu du contraire, et je ne le cachai pas à M. Prat. Je lui parlai de la dernière visite de M. l'Abbé, dans laquelle il m'avait simplement entretenu des vitraux, sans faire la moindre allusion à ses embarras d'argent, ce qui aurait été pourtant tout naturel et autrement intéressant. Cela n'empêcha pas M. Prat d'insister sur la nécessité de prendre une décision.

— Ne comptez pas, me déclara-t-il, sur M. Babled ; il n'a pas d'argent ; la longue maladie qu'il vient de faire l'a empêché de s'en procurer comme il l'espérait ; ce n'est donc pas sa faute s'il est maintenant dans l'embarras.

Etait-il possible qu'il en fût ainsi ? Je ne pouvais l'admettre, car je savais M. Babled trop pratique pour avoir attendu au dernier moment, afin de se procurer les fonds nécessaires. Ne m'avait-il pas affirmé cent fois, au début de nos accords, qu'il avait de l'argent, qu'il savait où en prendre, et que je pouvais être absolument tranquille ?

Qui donc à ma place ne l'aurait pas été ?

Et c'est parce que je l'étais que la démarche de l'architecte me confondait ; il me paraissait impossible qu'un homme d'honneur, qu'un prêtre pût manquer à ses engagements. Et malgré tout, je persistais dans mon idée que M. Babled pouvait subvenir aux dépenses que la chapelle demandait encore, c'est-à-dire remplir les engagements pris envers moi.

L'architecte, malgré son insistance, dut se retirer sur mon affirmation.

— Entendez-vous avec M. Babled, lui dis-je en le quittant ; c'est lui qui devient responsable des travaux qui restent à exécuter en dehors de mes 60,000 francs ;

c'est donc à lui qu'il appartient de vous donner les instructions que vous venez me demander.

Je m'attendais, à la suite de cette algarade, à une visite toute prochaine de M. Babled ; et je me promettais de lui dire sans ambages ce que je pensais de la démarche de son architecte. — Je n'eus pas cette peine : M. l'abbé Babled ne vint pas me voir ; il se tint coi.

Je me gardai bien de provoquer cette entrevue : aussi bien je ne le devais pas, car, en recherchant une explication, j'aurais pu m'attirer de la part de M. Babled une réponse semblable à celle qu'il me fit à la suite de ce qui s'était passé avec mon frère.— Je ne pouvais qu'attendre, j'attendis.

Cette attente me permit de méditer les paroles de l'architecte : il fallait, m'avait-il dit, environ 40.000 francs pour terminer la chapelle. C'est donc que la dépense totale atteindrait 100.000 francs ! Et le devis, le vrai devis, n'arrivait pas à 60.000 francs !...

Mais alors M. Babled avait par trop dépassé le but ; il était allé beaucoup trop loin ? C'est ce que je pensais, car je ne doutais par un seul instant que ce ne fût lui qui, dans son ambition, eût ainsi agrandi les dépenses. Mais s'il l'avait fait c'était sans doute en parfaite connaissance de cause, il n'avait pas agi à la légère, car il savait bien que mon engagement étant limité à 60.000 francs, il aurait à payer, suivant le sien propre, tout ce qui serait en sus de ce chiffre.

Alors pourquoi l'architecte venait-il me dire que

M. Babled n'avait pas d'argent ? Etait-ce une tentative pour me faire élargir ma libéralité ou bien réellement M. Prat n'avait-il aucune confiance en M. l'abbé Babled ?

J'étais persuadé, du reste, que M. l'abbé Babled avait en réserve l'argent nécessaire pour payer les excédents lui incombant; aussi la méfiance de M. Prat me peinait-elle beaucoup, et malgré que M. Babled — dont j'attendais toujours la visite — ne vînt pas, je n'étais pas inquiet, je me disais que quand il le faudrait, M. l'abbé tiendrait son engagement.

Etant donnée cette disposition d'esprit, je ne me préoccupais pas outre mesure du surplus de dépenses dont l'architecte venait de me parler. Je le trouvais gros, certainement, trop gros même, mais pas exagéré, en tant qu'évaluation, car il suffisait de jeter un regard sur l'état de la construction pour se rendre compte qu'il y avait encore beaucoup à faire pour terminer la chapelle. — Et je me surprenais à admirer l'entrain de M. Babled, qui ne craignait pas de faire largement, grandement les choses.

Le doute refusait d'entrer dans mon esprit ; je gardais ma confiance malgré tout.

J'étais donc bien éloigné de prévoir que, non seulement M. Babled ne remplirait pas ses obligations, mais qu'un jour il serait l'instigateur de cette accusation qui consiste à me rendre responsable de ce gros supplément de dépenses de 40.000 francs.

C'est ici qu'il convient de rechercher les points sur lesquels porte ce supplément, afin de les expliquer. La Société ne les a pas suffisamment indiqués dans son accusation, ce qui m'oblige à combler cette lacune. Et si je le fais, ce n'est, ainsi que je l'ai déjà dit, que pour bien compléter ce travail et non pour me disculper, ce que je crois avoir suffisamment fait.

La Société a bien cité quelques cas de dépenses supplémentaires ou non prévues, par exemple le soubassement en pierres froides, les contreforts extérieurs, les « colonnes rondes » servant de pilastres à l'intérieur.

Elle a dit aussi, par l'organe de son avocat, que j'avais trouvé les colonnes de l'entrée de la chapelle trop faibles pour supporter le clocher, alors qu'au contraire, elles étaient parfaitement suffisantes, et que, sur mon ordre, il avait fallu les remplacer par d'énormes pilastres (*sic*).

Puis la Société invoque la grandeur du vaisseau :

« Attendu, dit-elle à la page 9 de ses conclusions,
» que M. Faulquier tenait à maintenir une nef de 12
» mètres « entre enduits » sur une longueur de 40
» mètres, ainsi qu'il résulte des instructions émanant
» de lui ; que, dès lors, le vaisseau reposant sur une
» surface de près de 600 mètres et formant une masse
» énorme, la somme de 60,000 francs devait être
» insuffisante...

» Qu'en réduisant la nef à 8 mètres, ou tout au

» moins à 9 mètres, on eût diminué la dépense d'un
» *quart* environ... »

Elle a indiqué ensuite les travaux nécessités par l'installation de l'orgue...

Et c'est tout comme énumération.

Voilà donc, d'après la Société, les « grosses dépenses » dont la responsabilité m'incombe. Il n'y en a pas pour 40,000 francs... Cette remarque doit être faite ; mais, en dehors d'elle, je dois dire que mes adversaires ont mal choisi les cas de dépenses à m'imputer.

Examinons-les rapidement :

Les soubassements en pierres froides ont donné des économies sur la somme qui leur était affectée ;

Les pilastres extérieurs ont également donné des économies ;

Les « colonnes rondes » intérieures n'ont aucun rôle utile, coûtent cher et ont été faites, contre mon gré, à la place des pilastres en pierres de taille que j'avais demandés et qui auraient bien moins coûté ;

Les « énormes pilastres » placés à l'entrée de la chapelle n'ont rien d'énorme ; ils sont en pierres de taille et soutiennent tout le clocher ; ils doivent donc offrir une garantie absolue de solidité, car ce clocher forme une lourde masse et son fardeau est écrasant. Il l'est si bien que certaines pierres de ces pilastres se sont fendues sous l'action de l'écrasement, ce qui, à un moment, a inspiré des inquiétudes. Pour ma part je n'étais pas tranquille du tout, malgré les affirmations de l'architecte et de l'entrepreneur m'assurant qu'aucun danger n'était à craindre.

Devait-on, en principe, mettre des colonnes à la place de ces piliers ? C'est possible, mais je n'ai jamais eu à m'en occuper et, partant, je n'ai jamais fait d'objections à ce sujet à l'architecte, qui, s'il avait prévu dans son plan des colonnes, semblables sans doute aux colonnes en pierre froide qui soutiennent l'arceau du chœur, a reconnu spontanément qu'elles seraient insuffisantes pour supporter tout le clocher, et il les a sagement remplacées par des piliers.

Il est si sage, ce remplacement, que si j'en avais pris l'initiative, comme on m'en accuse, au lieu de chercher ici à m'en défendre, je m'en vanterais en me posant fièrement comme le sauveur de l'édifice. Mais je n'aurais pu devenir ce sauveur qu'en voyant placer les colonnes, et il n'en a jamais été question, sauf, peut-être sur le plan.

En tout cas, je le répète, je n'ai eu connaissance de rien concernant ce fait ; c'est la plaidoirie de M° Vacquier qui m'en a instruit. D'ailleurs les pilastres, remplaçant les colonnes en pierre froide, n'ont pas coûté plus cher, assurément, que n'auraient coûté ces colonnes ; il n'y a donc pas là un motif de dépense supplémentaire ;

Les travaux du chœur pour loger l'orgue au-dessus de la sacristie ont été exécutés à mon insu pour satisfaire un projet de maîtrise de M. Babled. Je les ai trouvés mauvais au point de vue de l'art, déplorables au point de vue de la dépense. Et quand j'ai protesté on s'est retranché derrière les avis autorisés d'hommes compétents ;

La largeur de la nef, maintenue à 12 mètres quand 8 à 9 mètres auraient suffi, a été *exigée* par M. Babled, qui tenait à avoir une chapelle vaste. J'ai démontré la vérité incontestable de ce fait. Or, en la démontrant, j'ai mis sur le dos de la Société une lourde responsabilité, puisqu'elle prétend que cet excès de largeur a augmenté les dépenses *d'un quart environ*, ce qui équivaut à 25.000 francs ! — Je devrais m'en tenir là. Mais qui sait si mes lecteurs ne s'étonneraient pas que j'aie laissé dire cette... bêtise sans la relever ? Qui sait même si on ne penserait pas que je ne l'ai point remarquée dans mon empressement à rejeter ce gros paquet sur mes adversaires ; ou que, l'ayant remarquée, j'ai préféré la laisser exister du moment que je n'en avais plus la responsabilité ?.

Et comme il ne saurait me convenir que ceux qui me lisent puissent penser ainsi, il faut que je relève cette bêtise ou, pour parler plus justement, cette manœuvre.

« Un supplément de dépense énorme », a dit la Société ; « un quart en plus », soit environ 25000 fr. ! — C'est énorme, en effet. Et pourquoi cet énorme supplément ? Tout simplement pour donner à la nef 3 ou 4 mètres de largeur de plus. — Si la Société avait pu se douter que, par mes arguments, je la rendrais responsable, elle seule, de cet excès de largeur — comme a dit M. Fabrège — elle n'en aurait pas parlé, ou bien elle aurait dit qu'il n'avait occasionné qu'une dépense très petite ; et là elle aurait été dans le vrai. Songez donc, il n'y a à compter que les 3 ou 4 mètres de plus de construction en façade et au fond ; les grands murs latéraux de 40 mètres restent, que la largeur soit de 8, de 9 ou de 12 mètres. Mettons 3000 fr. pour ces 3 ou 4 mètres de largeur à chaque bout de la chapelle, fondements compris.

Il y a à compter ensuite le supplément de toiture, que j'estime 1000 fr., ce qui donne en tout 4000 fr., avec des évaluations plutôt larges. — Nous sommes donc bien loin du quart de la dépense totale, des 25,000 francs.

— Entre les quatre murs de la chapelle, Messieurs de la Société, il y a le vide... Vous avez raisonné comme s'il s'agissait d'une grosse masse compacte de maçonnerie ; vous l'avez dit d'ailleurs : « une masse énorme ». Vous vous êtes *trompés*.

Au lieu de compter la surface du sol occupée par la chapelle et la voir couverte par ce gros bloc de maçonnerie de 40 mètres de longueur sur 12 mètres de largeur et 13 mètres de hauteur, vous auriez dû compter tout bonnement le cube des murs dans le cas d'une largeur de 12 mètres et dans le cas d'une largeur de 9 mètres, puis faire la différence des deux cas. C'est très facile, voyez :

PREMIER CAS. — *Nef de 12 mètres de largeur.*

Deux murs de 40 mètres de long sur 13 mètres de haut, épaisseur de 0^m60, soit :

$40 + 40 = 80 \times 13 = 1040 \times 0^m60 = $ m³ 624

Deux murs de 12 mètres de long sur 13 mètres de haut, épaisseur de 0^m60, soit :

$12 + 12 = 24 \times 13 = 312 \times 0^m60 = $ m³ 187,2

Cube total des murs : m³ 811,2

DEUXIÈME CAS. — *Nef de 9 mètres de largeur.*

Deux murs latéraux, qui donnent le même cube que dans le premier cas, soit . . . . m³ 624

Deux murs de 9 mètres de long sur 13 mètres de haut, épaisseur de 0^m60, soit :

$9 + 9 = 18 \times 13 = 234 \times 0^m60 = $ m³ 140,4

Cube total des murs : m³ 764,4

Donc, une nef de 12 mètres de largeur nous donne un cube total de murs de. . . . . m³ 811,2
et une nef de 9 mètres de largeur donne un cube total de murs de. . . . . m³ 764,4

La différence ressort par . . . . m³ 46,8

Voilà l'opération.

Eh bien ! qu'en dites-vous ? Ces 47 mètres cubes de murs, dont la moitié est en moellons et l'autre moitié en pierres de taille, peuvent-ils coûter aussi cher que vous le dites ? Et ne suis-je pas raisonnable en les évaluant à 3000 francs avec le coût des fondements ?

Vous avez donc très mal fait votre compte, Messieurs ; ce qui devrait me surprendre, car M. Prat connaît son métier ; il a reçu en tout cas d'excellents principes, je le sais ; et M. Fabrège nous a dit lui-même qu'il avait dans l'architecture une expérience de plus de trente années !...

Comment accorder, après cela, les capacités de M. Prat, la longue expérience de M. Fabrège avec cette grossière erreur qui leur a fait prendre le rectangle de la chapelle pour une grande masse pleine de maçonnerie ? Malgré soi on est amené à penser que, voulant me rendre responsable de cet excédent de dépenses, pour parler comme ces messieurs, ils l'ont présenté de manière à ce qu'on le vît bien gros.

Et moi, tout en prouvant que c'est M. Babled qui a voulu la chapelle vaste, je réduis à son montant vrai cet excédent de dépenses. Que voulez-vous, je déteste les *erreurs*, même lorsqu'elles sont à mon avantage !...

Cette largeur de nef, mes lecteurs l'ont compris, était le gros morceau, la base de l'accusation de la Société. Et, sans doute, pour rendre cette base plus solide, elle en avait fait un *gros bloc*. Je n'ai pas eu beaucoup de peine à le détruire ce bloc. Il ne reste donc plus rien de cette accusation, et les « grosses dépenses » ne se trouvent pas suffisamment justifiées.

Il en est ainsi parce que la Société n'a pas cru devoir parler de pas mal d'autres choses qui ont occasionné ces dépenses. Je puis citer notamment 5 à 6 mètres de longueur supplémentaire donnés à la chapelle, ce qui représente un chiffre sérieux ; un emploi exagéré, très exagéré, de pierres de taille au clocher ; des portes de dégagement multipliées et bien inutiles : pour aller de la chapelle dans la cour de l'orphelinat j'en compte cinq ! Trois au moins sont de trop ; pour aller de la chapelle dans la sacristie il y a deux portes, une aurait suffi ; voilà quatre portes dont la dépense aurait pu être évitée. Le même cas se présente pour des fenêtres — inutiles — au-dessus de la sacristie ; au-dessous on a fait une cave, non prévue. — Je cite encore des pinacles nombreux et très chers, d'autant plus chers qu'ils ne servent à rien ; une frise de mauvais goût sur la toiture ; les meneaux des fenêtres qu'on n'a pas utilisés ; les moulures du plafond, très compliquées ; des chapiteaux à foison ; de la peinture à outrance, etc., etc.

Parlerai-je aussi de toutes ces lignes horizontales, en pierres de taille, qui sont censées orner la construction et que M. Fabrège lui-même a condamnées ? Elles sont plus qu'inutiles ces pierres de taille encastrées dans les murs ; elles sont d'un fâcheux effet, puisqu'elles ne font que diminuer apparemment la hauteur de l'édifice (on a pu le lire dans la lettre de M. Fabrège du 25 mars 1896). Il fallait donc les supprimer et réaliser ainsi une bonne économie.

Pourquoi la Société, dans ses conclusions, n'a-t-elle fait aucune allusion à ces dépenses ? Probablement parce qu'on n'aurait pas pu dire qu'elles avaient été faites sur mes ordres. Il était plus commode de m'accuser en généralisant que de préciser, et on s'est contenté d'écrire :

« ... La Société cherchait à retenir M. Faulquier
» sur la pente des dépenses exagérées...

» Que dans ces conditions la Société n'avait aucune
» part et ne pouvait avoir aucune responsabilité dans
» les mécomptes du devis et des dépenses... »

» Que cette situation bizarre s'explique parfaite-
» ment par le désir de M. Faulquier de bâtir un
» très vaste édifice, en dépensant une somme à peine
» à moitié suffisante... » (Pages 7, 9, 10 des conclusions de la Société).

Et, pour résumer ses griefs en une affirmation énergique autant que mal fondée, la Société hasarde cette remarque :

« Attendu que la Société pourrait soutenir et faire
» admettre que M. Léon Faulquier a assumé la
» responsabilité du gros œuvre, *quel que puisse en*
» *être le chiffre...* » (Conclusions, page 13.)

Après les explications que je viens de donner sur les excédents de dépenses, cette partie des conclusions de mes adversaires prendra, je l'espère, aux yeux de mes lecteurs, le caractère qui lui convient. Il semble difficile, n'est-ce pas, de tirer un meilleur parti d'une mauvaise cause... Mais à quel prix, mon Dieu !

Cependant la visite de M. Blabled, que je persistais à prévoir, se faisait toujours attendre. Mais comme les travaux continuaient, je me disais que M. l'abbé avait rassuré l'architecte, ce qui m'amenait à penser que M. Prat, en faisant sa démarche auprès de moi, s'était laissé aller à trop de pessimisme. Je n'allais pas tarder à m'apercevoir que c'était moi qui péchais par trop d'optimisme.

Je viens de dire qu'on continuait les travaux. Je dois à la vérité d'ajouter qu'on travaillait un peu cahin-caha, sans entrain, par intermittences. La toiture de la chapelle était presque terminée ; il ne manquait que quelques pierres à poser pour finir le clocher ; encore quelques jours et le gros œuvre de l'édifice serait achevé.

Je hâtais de tous mes vœux cet achèvement, quand, le 10 décembre 1896, M. Prat, l'architecte, m'écrivit la lettre suivante :

MONSIEUR,

Les travaux du gros œuvre de l'église sont très avancés et la dépense totale s'élève à environ 60.000 francs.

Il me serait agréable avant la fin de l'année de recevoir un acompte sur mes honoraires.

Si vous pouviez me faire parvenir la somme de 2.000 fr., cela me permettrait d'attendre l'achèvement complet des ouvrages pour régler définitivement.

Veuillez agréer, etc... PRAT.

10 décembre 1896.

M. Prat s'adressant directement à moi pour réclamer ses honoraires se trompait. Il ne tenait pas compte que je n'avais pas affaire avec lui, que nous n'avions rien traité ensemble, que je ne lui avais jamais donné d'ordres, que je n'avais rien payé sur sa signature ; en un mot que c'était avec la Société du Clos-Boutonnet qu'il devait régler cette question d'honoraires et non avec moi.

Ma réponse du 10 décembre, que je reproduis ci-après, le lui dit très clairement :

MONSIEUR,

Vous me demandez 2000 francs à compte sur vos honoraires comme architecte de la chapelle de la Société du Clos-Boutonnet.

Votre demande est basée sur une erreur.

Je n'ai jamais pris d'engagements avec vous pour la Chapelle. Je ne vous ai jamais donné d'ordres pour cette construction, j'ai même refusé de signer les plans et devis que vous aviez faits pour la Société du Clos-Boutonnet et que vous présentiez à ma signature soi-disant *honoris causa*. *C'est pour bien établir que nous n'avions aucun lien ensemble que j'ai refusé ma signature, même honoraire, à vos plans et devis ;* je n'ai jamais rien payé de la construction sur votre visa.

Je ne suis engagé que vis-à-vis de la Société du Clos-Boutonnet — et pas avec d'autre — à verser seulement 60.000 francs au fur et à mesure des travaux que cette Société ferait exécuter pour la chapelle et sur les bons personnels qu'elle me présenterait.

Soucieux de mes engagements et habitué à tenir ma parole je paierai les 60.000 francs dans les conditions établies ; mais mes engagements remplis, j'entends n'être point en butte à des demandes qui, indirectement, tendraient à changer la nature et l'étendue d'une libéralité que j'ai promise et que j'accomplirai intégralement.

Je suis donc étonné de votre demande, qui est sans fondement vis-à-vis de moi, et que, par suite, je ne puis accueillir favorablement.

Recevez, etc... L. Faulquier.

10 décembre 1896.

Mais M. Prat n'est pas un homme à accepter de semblables raisons ; la logique ne peut que le laisser indifférent quand elle n'est pas conforme à ses idées ; j'en avais déjà eu des preuves, mais sa lettre du 12 décembre, qu'on va lire, m'en donna une nouvelle d'une grande portée :

Monsieur,

En réponse à votre lettre du 10 courant je me vois dans l'obligation de retirer mes plans, d'arrêter les travaux et de fermer le chantier, jusqu'à ce que vous m'ayez donné satisfaction.

J'ai l'honneur, etc... Prat.

12 décembre 1896.

Mes versements, à cette date, atteignaient le chiffre de 50.347 fr. 65 ; mes derniers paiements à l'entrepreneur et à divers fournisseurs étaient du 12 décembre et se chiffraient par 4.265 francs. M. Prat, c'était évident, avait fait ses calculs et avait forcé les paiements le plus possible. Il restait encore à payer, pour les retenues usuelles faites sur les travaux et les fournitures, 9.764 fr. 20, ce qui donne pour les dépenses effectives un total de 60.112 fr. 50. Le simple exposé de ces chiffres suffit pour établir que l'architecte avait arrêté les travaux juste au moment où la somme mise à ma charge était atteinte. Ainsi qu'il me l'avait déclaré, il ne voulait pas aller plus loin sans des garanties. Touchant témoignage de confiance en M. l'abbé Babled !

Mais cette décision de l'architecte d'arrêter les travaux, à laquelle j'étais bien loin de m'attendre, me saisit comme un coup de massue. J'en éprouvai une douleur profonde; pour la première fois je regrettai amèrement de m'être laissé séduire par M. Babled, dont je comprenais maintenant la tactique et les combinaisons machiavéliques. Mais mes regrets, hélas ! étaient superflus et ne pouvaient qu'augmenter ma peine.

Devais-je céder et payer à l'architecte les 2.000 fr. qu'il exigeait pour rouvrir son chantier? J'en eus la pensée tout de suite, et je l'aurais fait pour essayer de sauver la situation, si les conseils éclairés de mes amis ne m'avaient montré le danger de cet acte de faiblesse. En effet, je ne devais rien à l'architecte; pourquoi lui payer ses honoraires ? N'était-ce pas me placer dans l'engrenage et encourir la responsabilité de ce qui pourrait se produire ensuite ? Je compris d'ailleurs, après mûre réflexion, que cette manœuvre était une sorte de piège qu'on me tendait; il était dès lors impossible qu'on m'y prît.

Donc je me raidis ; et pour bien montrer à M. Babled que rien ne me ferait sortir du rôle qu'il m'avait assigné et que j'avais accepté, je lui écrivis, le 14 décembre, en ces termes:

Monsieur l'Abbé,

J'ai reçu, hier dimanche, une lettre de M. Prat, votre architecte, m'informant qu'il faisait arrêter les travaux et fermer le chantier de la chapelle Saint-Georges, jusqu'à ce que je lui aie donné satisfaction.

Cette satisfaction consiste dans le paiement d'une somme de 2.000 fr. comme acompte sur ses honoraires. Je dus répondre à M. Prat que je ne pouvais pas accéder à cette demande directe, n'ayant aucune entente avec lui.

La décision de M. Prat de fermer le chantier n'a donc aucune raison d'être, et c'est à vous, Monsieur l'Abbé, que je dois m'adresser pour que les travaux reprennent, sans aucun retard, leur cours normal. Entendez-vous avec votre architecte comme vous croirez devoir le faire pour le règlement qu'il demande ; mais, je vous en prie, faites vite, le chantier doit se rouvrir tout de suite.

J'attends avec une impatience que vous comprendrez votre réponse qui, sans aucun doute, me dira que vous avez réparé le malentendu que je déplore.

Veuillez agréer, Monsieur l'Abbé, etc.

L. Faulquier.

14 décembre 1896.

Je fis porter cette lettre à M. Babled, au clos Saint-Antoine ; le porteur s'adressa à l'économe de l'orphelinat, M. l'abbé Harmel, successeur de M. l'abbé Olive, qui, sachant que la lettre était de moi, refusa de la prendre. Je fus donc obligé de la mettre à la poste et, pour plus de sûreté, je la fis recommander, après y avoir ajouté un *P.-S.* ainsi conçu :

Je vous ai fait remettre cette lettre à la main ; mais M. l'abbé Harmel n'ayant pas voulu s'en charger, je me vois obligé de vous l'envoyer par la poste, sous pli recommandé.

Voit-on dans cette lettre que je charge M. Babled d'envoyer du papier timbré à M. Prat ? Non, n'est-ce pas ? Je lui dis tout bonnement : « *Entendez-vous avec votre architecte comme vous croirez devoir le faire pour le règlement qu'il demande...* » Eh bien ! M. l'Abbé a lu, paraît-il, qu'il fallait envoyer du papier timbré à ce cher M. Prat, « qui a travaillé librement et gratuitement pour les Salésiens » ; il l'écrit à son économe, M. Harmel, le 16 décembre 1896, et il lui déclare, dans cette lettre, qu'il n'est pas possible de « satisfaire mon désir » (pages 26 et 27 des Documents de M. Babled).

Il ne m'est jamais venu à l'idée d'assigner M. Prat. En avais-je le droit d'ailleurs ? Non, puisque je n'avais avec lui aucune entente, ainsi que le lui déclare ma lettre du 10 décembre.

Avouez qu'il faut avoir l'esprit bien subtil pour comprendre ainsi le sens de ma lettre du 14 décembre à M. Babled qu'on vient de lire !...

Je ne reçus aucune réponse à cette lettre et le chantier resta fermé.

Que de réflexions l'attitude inqualifiable de M. Babled à mon égard m'a suggérées ! Réflexions amères, certes, amères par tout le fiel que ce prêtre m'a versé. J'en vins à croire qu'il avait supposé pouvoir puiser à son gré dans ma caisse ; qu'il avait combiné qu'une fois engagé dans la construction je paierais sans compter, ne voyant que le but à atteindre ; qu'il avait escompté probablement ma faiblesse, ma douleur, l'ascendant qu'il croyait avoir sur moi, et qu'il appelait peut-être cela *ses ressources,* ces fameuses ressources qui devaient lui permettre de payer la part qui lui incombait dans ma fondation qu'il avait transformée, agrandie, suivant sa fantaisie ou ses projets cachés...

Ces pensées étaient-elles outrées ? Je laisse à mes lecteurs le soin de les apprécier ; je les ai eues, elles m'obsèdent encore, et elles ont tant d'acuité dans mon esprit qu'elles atteignent et détruisent le respect que je voudrais garder pour un prêtre, directeur d'une belle œuvre de bienfaisance à laquelle j'ai voué toute mon admiration !

Et malgré tout je me disais que M. Babled avait de l'argent ; il n'était pas possible qu'il n'en eût pas. Il en avait, puisqu'il me l'avait affirmé, plusieurs fois, sur l'honneur ; il en avait puisqu'il s'était permis sans hésiter d'ordonner des agrandissements fort coûteux dans la construction de la chapelle ; il en avait, puisqu'il s'était emparé de ma fondation et qu'il l'avait appropriée à ses besoins, sachant qu'il fallait sans délai la mener à bonne fin et que je n'étais engagé à verser que 60,000 fr. Il avait de l'argent, puisque dans la petite propriété acquise depuis quelques mois, dont j'ai déjà parlé, il venait de faire de nombreuses améliorations s'élevant à plusieurs milliers de francs. Et s'il avait de l'argent, pourquoi ne l'employait-il pas à dégager sa parole, à tenir ses promesses solennelles ?

J'étais donc fort malheureux ; toutes ces réflexions se heurtaient dans ma tête et me faisaient horriblement souffrir. Mais ma dignité s'opposait à ce que je fisse autre chose que d'attendre, et pourtant que cette attente était pénible !

M. Prat, l'architecte, ne se tint pas pour battu, malgré que j'eusse laissé sans réponse sa lettre du 12 décembre, à laquelle je n'avais rien à répliquer, quelque grave qu'elle fût, ne pouvant — comme je l'avais fait — que me retourner du côté de M. Babled. Donc, le 17 du même mois, il fit une nouvelle tentative sous la forme de la lettre que voici :

MONSIEUR,

J'ai eu l'honneur de vous adresser une demande d'acompte de 2000 francs, somme qui m'est due sur mes honoraires pour plans et devis dressés à l'effet d'édifier une Eglise-Chapelle en mémoire de feu M. Georges Faulquier, votre fils.

Vous ne m'avez pas encore accordé satisfaction ; j'ose espérer, Monsieur, que vous voudrez bien ne pas me mettre dans l'obligation de prendre des mesures me répugnant, étant donné surtout le caractère sacré de l'œuvre à laquelle j'ai employé tous mes efforts.

J'attends de votre obligeance une prompte réponse, et j'ai l'honneur, etc. PRAT.

17 décembre 1896.

M. Prat ne craignait pas d'employer les menaces pour arriver à ses fins ; mais que pouvaient me faire ces menaces, aussi vaines que déplacées ? Je répondis dare-dare à l'architecte les quelques lignes suivantes :

Monsieur,

J'ai reçu votre lettre recommandée en date d'hier.

Elle n'est que la confirmation de votre lettre du 10 courant, à laquelle j'ai répondu le même jour. Ma réponse me paraissant assez explicite, je ne comprends pas pourquoi vous m'écrivez à nouveau pour le même objet. Pensez-vous donc que ma lettre ait été écrite à la légère, sans réflexion, et que votre nouvelle mise en demeure puisse me faire revenir sur ma détermination ? S'il en est ainsi, Monsieur, détrompez-vous ; j'ai trop l'habitude des affaires pour commettre une pareille inconséquence.

Je ne puis donc que vous confirmer ma lettre du 10 de ce mois, tout en vous présentant mes salutations.

. L. Faulquier.

Montpellier, 18 décembre 1896.

Le lendemain, c'est-à-dire le 19 décembre, un avoué, M⁰ S..., chargé par M. Prat de défendre ses intérêts, m'écrivait en ces termes :

Monsieur,

Je suis chargé par M. Prat, architecte de cette ville, de vous réclamer la somme de 2000 francs en acompte sur les honoraires que vous lui devez pour dresse des plans, devis, soins et surveillance de la construction de la chapelle que vous avez fait élever sur le terrain de la Société du Clos-Boutonnet et avec l'autorisation de cette Société.

Je vous serai très obligé de me faire remettre cette somme le plus tôt possible, afin d'éviter des poursuites judiciaires et de terminer à l'amiable ce petit différend.

En attendant le plaisir de vous voir ou de vous lire, veuillez agréer, etc...

S...., avoué.

Montpellier, 19 décembre 1896.

— Ah! ah! M. Prat, c'est donc vous qui vouliez m'envoyer du papier timbré, et non moi, comme M. Babled avait paru le comprendre. Cela valait mieux, nous restions ainsi chacun dans notre rôle : vous agressif, sans avoir le droit de l'être ; moi menacé, sans l'avoir mérité.

Quant aux poursuites judiciaires que l'avoué de M. Prat mettait en avant, je ne les craignais pas. N'avais-je pas rempli mes engagements haut la main ? L'architecte de M. Babled pouvait-il sérieusement, valablement, me réclamer des honoraires, à moi qui n'avais pas affaire avec lui ? Aussi les poursuites judiciaires de M. Prat n'étaient pas pour m'intimider, au contraire ; et c'est le plus tranquillement du monde que je répondis ceci à Mᵉ S...

MONSIEUR,

J'ai reçu votre lettre du 19 courant, dont le contenu me fait craindre qu'en vous exposant le différend qui nous occupe, votre client ait négligé de vous communiquer les lettres que je lui ai écrites les 10 et 18 de ce mois.

Ces lettres contiennent la seule réponse que je puisse faire à la demande de M. Prat ; si donc vous ne les connaissez pas, priez-le de vous les faire lire et vous saurez bien ainsi à quoi vous en tenir. Si vous les connaissez, je n'ai qu'à vous les confirmer purement et simplement, n'ayant rien à y ajouter, même après la démarche que vous faites auprès de moi.

Recevez, etc... L. FAULQUIER.

Montpellier, 21 décembre 1896.

Et ce qui prouve que j'étais dans le vrai, c'est que l'architecte renonça à exécuter ses menaces : je n'entendis plus parler de rien après avoir écrit la lettre qu'on vient de lire. Quand on connaît le tempérament de M. Prat, on comprend mieux toute l'importance de cette reculade, qui n'a été faite qu'après avoir l'absolue certitude qu'entamer des poursuites contre moi, c'était courir à un gros échec et peut-être à pis que cela.

— Mais ce qui m'étonne, *cher* Monsieur Prat, c'est que vous vous soyez mépris à ce point sur l'attitude que vous deviez, en homme loyal, tenir à mon égard. Vous me réclamez de l'argent que je ne vous dois pas, je vous réponds de manière à vous le faire comprendre ; vous ne le comprenez pas, vous persistez, vous me menacez de papier timbré ! Tout cela n'est pas sérieux et, je vous le répète, vous vous êtes mépris.

Seulement — ce qui est tant pis pour vous — vous ne vous en êtes pas tenu à cette méprise et à la fausse manœuvre qui en fut la conséquence ; vous m'avez gardé rancune de mon refus, une rancune profonde, et vous avez trouvé le moyen de m'en faire sentir les mordants effets en fournissant au procès des renseignements que, par euphémisme, j'appellerai *exagérés*.

N'est-ce pas exagérer que de dire que j'ai annoté vos devis de ma main, quand il ne s'agit que de quelques signes au crayon bleu, sur lesquels j'ai donné des explications qui les justifient en en limitant la portée ?

N'est-ce pas exagérer que de dire que je dirigeais les travaux de la chapelle en maître avec l'aide de mes employés, alors que je n'exerçais que la vérification que j'avais le droit et le devoir de faire ?

N'est-ce pas exagérer que de dire que je vérifiais *sans cesse* les matériaux, la taille des pierres, etc., quand il ne s'agissait que d'un contrôle bien naturel ?

N'est-ce pas exagérer que de prétendre que j'ai entraîné la Société à des dépenses considérables pour aménager l'emplacement de la chapelle à gauche du couvent, pour ensuite exiger qu'elle fût élevée à droite, quand il n'a été fait que quelques travaux préparatoires sans importance, travaux que d'ailleurs vous deviez sagement différer, puisque ma décision n'était que conditionnelle ?

Car tout cela, Monsieur Prat, vous le savez bien, a été dit dans les conclusions de l'avocat de la Société, et si on l'a dit c'est, à n'en pas douter, sur vos indications... exagérées.

Mais les conclusions disent plus que cela, Monsieur Prat ; elles m'accusent d'avoir modifié constamment les plans d'exécution, et je n'en ai pas vu un seul !..

Elles déclarent ceci, page 11 : « Attendu que M.
» Faulquier exigeait que l'architecte, M. Prat, se
» rendît *quotidiennement* dans son bureau pour rece-
» voir ses instructions. » Or, cher Monsieur, vous ne pouvez pas refuser de dire que vous n'êtes venu dans mon cabinet que quelques rares fois, et le plus souvent sans que je vous attendisse !..

Elles me rendent responsable de l'excès de dépenses, dû, disent-elles, à mon ingérence dans les travaux, à mon rôle encombrant et autoritaire, à mon désir *spéculatif* d'avoir une grande chapelle en dépensant relativement peu.

Elles ajoutent que ce désir m'avait porté à exiger une largeur de nef de 12 mètres alors que 8 à 9 mètres suffisaient, et qu'ainsi la dépense avait été augmentée d'un quart !

Ce n'est plus de l'exagération, maintenant, monsieur Prat, c'est de la fantaisie, mais une fantaisie de mauvais goût. Je me demande même s'il ne faudrait pas se servir d'un mot moins anodin que *fantaisie* pour dénommer ce procédé issu de votre rancune ! C'est une mauvaise conseillère, la rancune; un poète a dit de ce sentiment :

> La rancune est un vieux levain :
> Plus il s'aigrit, plus il fermente.

Méditez ces paroles, monsieur Prat, vous ne pouvez que vous en bien trouver !

Il est évident que si M. Prat, quand j'ai refusé de lui compter les 2000 francs qu'il me demandait, avait pu réellement m'accuser de tout ce qui précède, il n'aurait pas manqué de le faire pour maintenir sa demande. Ainsi appuyée, cette demande était fondée, parfaitement soutenable, par conséquent. Si donc l'architecte ne s'est pas servi de ces arguments, de ces motifs, c'est que l'idée de les... exagérer, de les inventer, ne lui est venue que plus tard, et que ces motifs, au moment de l'incident, vus pour ce qu'ils sont, lui paraissaient si petits, si petits, qu'il ne les jugea pas suffisants pour se défendre.

Du reste mes lecteurs ont pu se rendre compte, dans les chapitres précédents, de ce qu'ont été mes rapports avec M. Prat. Je l'ai toujours considéré comme l'architecte de la Société, ou mieux de M. Babled ; jamais je ne lui ai donné d'ordres ; les plans et devis qu'il a dressés pour la chapelle l'ont été sur les ordres de M. Babled ; il m'a fait quelques visites, c'est vrai, notamment celle qui avait pour but de me faire signer son plan, celle où il essaya de me faire consentir à placer la chapelle à gauche de la cour d'entrée et celle où il me prévint que M. Babled n'avait pas d'argent ; il est vrai aussi que je lui ai écrit deux lettres au sujet des travaux ; deux lettres, dans un laps de temps de 10 mois (mars à décembre 1896) c'est bien peu ; et je trouve dans ces lettres la preuve que M. Prat ne venait point *tous les jours* prendre mes ordres dans mon bureau, car si j'avais été avec lui en rapports quotidiens aurais-je eu besoin de lui écrire pour le prier d'activer les travaux ?

Il faut considérer aussi que je n'ai jamais rien payé, ni à l'entrepreneur, ni aux fournisseurs, sur les bons de M. Prat: il était arrêté que je ne paierais que sur les bons de M. Babled. Je n'ai jamais été consulté par M. Prat quand il s'est agi de modifier le plan, et pourtant, on l'a vu, il y a eu des modifications très sérieuses. Jamais il ne m'a demandé mon avis sur l'exécution des travaux ; je me trompe en disant *jamais :* il m'a consulté une fois, une seule, à l'occasion des ardoises pour la toiture de la chapelle, et j'ai raconté comment j'avais répondu à cette consultation.

Voilà quels ont été mes rapports avec M. Prat ! Aussi quand il me demanda un acompte de 2.000 fr. je crus avoir le droit de le lui refuser, tout comme j'aurais refusé un payement à l'entrepreneur, à un fournisseur, s'il était venu me le demander directement, sans le bon de M. Babled. Il y avait — je l'ai dit plusieurs fois — des accords entre la Société et moi qui voulaient qu'elle fût seule à régler ces questions d'argent ; je ne pouvais rien payer en dehors de sa sanction.

— En résumé, vous voyez, Monsieur Prat, que vous n'êtes, que vous n'avez été que l'employé de la Société du Pont-Juvénal. Comme tel, vous n'aviez point d'ordres à recevoir de moi et je n'en avais point à vous donner ; partant, je ne vous devais rien ; partant, les conclusions de la Société portent à faux. C'est ce qu'il m'importait de démontrer.

Cependant il a été dit que j'avais promis de payer les honoraires de M. Prat, ce qui avait pour but de rendre mon refus odieux. Dans la lettre de M. Babled à son sous-directeur, M. l'abbé Harmel, du 16 décembre 1896, lettre dont j'aurai à parler longuement, il y a cette phrase :

« ... Je me souviens très bien que M. Faulquier

» m'avait personnellement exprimé l'intention que
» M. Prat ne travaillât pas pour lui comme pour
» l'orphelinat — gratuitement — qu'il avait besoin
» de vivre, etc. »

Et, dans la plaidoirie de l'avocat de la Société, j'ai pu relever ce passage :

« M. Fabrège et M. Faulquier, que ces Messieurs
» me permettent de le dire ici, étaient en lutte, pré-
» cisément à cause de M. Prat, l'architecte, qui
» s'était mis du côté de M. Faulquier. Celui-ci avait
» dit à M. Prat : Travaillez, vous serez payé. C'est
» pourquoi M. Prat a demandé sur ses honoraires un
» acompte de 2000 francs à M. Faulquier... »

Puis, faisant allusion à ma lettre du 18 décembre 1896 à M. Prat, l'avocat ajoute :

« L'inconséquence était de repousser les consé-
» quences d'une situation que M. Faulquier avait
» créée... »

Vraiment avais-je promis de payer M. Prat ? Si je l'avais promis je n'avais qu'à m'exécuter, et toutes les raisons que je viens de développer pour justifier mon refus de payement tombent sans valeur.

Oui, mais je n'avais pas fait cette promesse.

— Alors il s'agit encore de mensonges ?

— Hélas ! N'est-ce pas le seul moyen de défense de mes adversaires ?

Le fait, le voici :

Quand le projet de fondation de la chapelle fut entré dans la voie de l'exécution, M. Babled me fit part de son désir de confier le travail à M. Prat. Je n'y vis aucun inconvénient : je ne connaissais pas du tout cet architecte, mais M. Babled m'en faisait les plus grands éloges ; cela me suffisait.

Ces éloges ne portaient pas seulement sur les capacités de M. Prat, sur sa valeur comme architecte ; ils portaient aussi, et surtout, sur son désintéressement, sur son esprit chrétien, sur son caractère dévoué.

— Croirez-vous, me disait M. Babled, que M. Prat, qui a construit notre couvent, a refusé obstinément ses honoraires ? J'ai insisté beaucoup pour les lui faire accepter, il n'a jamais voulu y consentir. N'est-ce pas un beau trait de sa part ? — Notre œuvre lui en est profondément reconnaissante. En ce qui me concerne, j'ai cru devoir faire cadeau d'un jouet à sa fillette ; cette politesse était bien justifiée, n'est-ce pas ?

Certes ; mais je conseillai néanmoins à M. l'abbé de procéder autrement pour la chapelle. Je lui fis comprendre que M. Prat travaillait pour gagner sa vie ; qu'il n'était pas assez riche pour donner gratuitement son temps à ses travaux ; qu'il était juste que ses honoraires lui fussent payés, et qu'il valait mieux à tous égards, même à l'égard de l'économie, donner des honoraires à l'architecte qu'un jouet à son enfant.

— Payez votre architecte, Monsieur l'abbé — lui dis-je — ce sera plus régulier et ce sera moins cher pour vous que de faire un cadeau, ne serait-ce que d'une poupée.

M. Babled me comprit, certainement. — Et s'il lui plaît maintenant de dire que je m'étais engagé à payer M. Prat, c'est qu'il trouve bon pour sa cause et pour celle de son ami de dénaturer les choses. En lui donnant le conseil de payer l'architecte, j'étais sincère et je voulais lui être utile en le mettant en garde contre un système dont je connais les dangers. — Si j'avais dû me charger moi-même de payer les honoraires de M. Prat, ce qui aurait été alors en dehors de mes 60.000 francs, je l'aurais stipulé sur le contrat et je me serais entendu avec l'intéressé. Le contrat est muet sur cette condition.; M. Prat n'a eu avec moi aucune entente. Cela ne suffit-il pas pour, encore une fois, rejeter sur mes adversaires l'odieux de leurs inventions ?

Mais si M. Prat n'exécuta pas ses menaces de me poursuivre pour le payement de ses honoraires, il s'obstina dans la fermeture du chantier : les travaux ne furent pas repris.

Voilà donc où j'en étais arrivé. Moi, qui voulais accomplir une œuvre de charité tout en consacrant un souvenir qui m'était cher, je n'obtenais que des déceptions et des menaces. Mon œuvre restait inachevée, là, sous mes yeux, au moment même où j'espérais le plus fermement en sa réalisation !

M. Babled, connaissant à fond mes sentiments, savait qu'il m'imposait une cruelle torture ; mais ce n'était pas pour le toucher, loin de là.

Et quand le procès s'est déroulé devant le Tribunal, il n'a pas craint de soulever cette question de l'arrêt des travaux, afin d'en rejeter sur moi la responsabilité.

C'est ainsi que les conclusions de son avocat s'expriment dans les termes suivants :

« Attendu que M. Faulquier a refusé dès cette
» minute de payer les bons que lui présentaient les
» entrepreneurs ;

» Qu'il violait ainsi manifestement la convention
» précitée, puisqu'il s'agissait de travaux déjà effec-
» tués, qui devaient être payés au fur et à mesure
» des constructions ;

» Que, d'autre part, la suspension des travaux se
» trouvait désormais justifiée par un cas de force
» majeure ;

» Que les travaux dépassaient à ce moment
» 60.000 francs ; qu'à l'heure de la fermeture du
» chantier, ils atteignaient exactement, pour le
» gros-œuvre, 61.629 francs ;

» Qu'ayant versé 50.364 francs, ainsi que l'éta-
» blissent les bons par lui payés, M. Faulquier
» demeurait débiteur vis-à-vis des travailleurs *à ses*
» *ordres* d'une somme de 10.265 francs et, dans
» l'hypothèse la plus favorable, c'est-à-dire en
» limitant son concours à 60.000 francs, il leur devait
» un solde de 9636 francs. »

Et, en plaidant, l'avocat de M. Babled l'a dit sans circonlocutions :

« M. Faulquier est seul cause de l'interruption

» des travaux. Aussi, quand les entrepreneurs, qui
» veulent être payés, poussent de hauts cris, on
» les adresse à M. Faulquier qui refuse de les payer.

» Si la société avait les sentiments qu'on lui a
» prêtés, elle aurait attaqué M. Faulquier pour
» l'amener à payer les soldes qu'il devait bien réelle-
» ment ; mais elle ne le voulut pas, à cause du bienfait
» qu'elle avait reçu, dont elle gardait une reconnais-
» sance entière. Qu'aurait fait M. Faulquier si on
» l'avait attaqué ? Il aurait bien été obligé de payer ».

C'est donc moi, moi seul, qui ai causé l'arrêt des travaux ; mon refus de payement des honoraires de l'architecte constitue, au dire de M. Babled, un cas de force majeure, aggravé ensuite par mon refus de payer les soldes dus aux entrepreneurs.

Or je ne devais rien à M. Prat, je l'ai prouvé. Quant aux soldes réclamés par les entrepreneurs, ils étaient dus, c'est vrai ; mais en avais-je la responsabilité ? La Société a très bien compris que je ne l'avais pas cette responsabilité, puisqu'elle n'a rien fait pour me contraindre à ces payements. Sur quoi aurait-elle basé son action ? Sur les termes du contrat, qui m'obligent à payer les travaux exécutés jusqu'à concurrence de 60.000 francs ? Mais ce contrat ne dit-il pas, par contre, que la Société doit édifier une chapelle ? Tant que l'édification se poursuivait je payais ; mais les travaux étant arrêtés, le gros-œuvre restant inachevé, devais-je continuer à payer ? Ce n'était pas pour avoir sous les yeux une ruine que j'avais pris l'engagement de verser 60,000 francs. N'était-ce donc pas assez d'avoir versé 50.000 francs en pure perte, pour ainsi dire ? Fallait-il encore ajouter 10.000 francs à cette grosse dépense sans résultat ? N'était-ce pas assez d'avoir payé, sur ces 50,000 francs, au moins 10,000 francs pour des ornementations, pinacles, frise, etc., ou des travaux hors devis qui ne m'incombaient pas, ainsi que je l'avais fait remarquer à M. l'abbé Olive, prédécesseur de M. Harmel, durant la maladie de son directeur ? Etait-il possible qu'on pût exiger de moi l'exécution stricte de mon engagement quand, manifestement, la Société ne remplissait pas le sien ? L'attitude de la Société, absolument irrégulière, n'autorisait-elle pas la mienne ? C'est vrai, je devais 10,000 francs ; mais la Société me devait la garantie que la chapelle serait menée à bonne fin. Elle pouvait compter sur le payement de ce solde, mais je devais, en retour, pouvoir compter sur l'achèvement des travaux. Ces travaux achevés, je paierais !

M. Babled sentait bien que j'étais dans mon droit ; aussi n'essaya-t-il pas de me contraindre à payer. S'il l'avait pu, ce n'est pas — quoi qu'en ait dit son avocat — le souvenir de mon bienfait qui l'aurait arrêté. Ce qui le démontre ce sont ses conclusions au procès sur ce point. Elles sont trop acerbes pour qu'une pensée de reconnaissance, si vague soit-elle, ait pu rester dans l'esprit de celui qui les a inspirées !

IX

LE BAS-RELIEF DE SAINT GEORGES

> Et le savant ciseau qui grava son image
> Sut donner une vie à ce bloc sans valeur.
>
> MOLLEVAUT.

L'HISTOIRE de ce bas-relief mérite d'être racontée en tous ses détails, et cela avec d'autant plus de raison, que mes adversaires ont donné à ce fait, qui ne serait, en réalité, qu'un petit incident, une importance considérable.

Ils en ont fait un grief, on le devine, qui a grossi l'arsenal de leurs armes contre moi ; mais, que mes lecteurs se rassurent, cette arme, comme les autres, s'est émoussée contre mon bon droit.

C'est après cette entrevue avec M. Prat, où il me déclara que M. Babled n'avait pas d'argent pour continuer les travaux, que me vint l'idée de faire exécuter un bas-relief représentant saint Georges à cheval terrassant le dragon. Je désirais placer cet ornement sur le linteau de la porte de l'avant-corps prévu pour la chapelle. Dans le plan de l'architecte, le fronton surmontant cette porte avait un tympan uni ; il me parut que le bas-relief remplacerait avantageusement ce tympan.

Naturellement je tenais à une œuvre d'art. Je m'adressai donc à M. Baussan, sculpteur, qui s'empressa de se mettre à ma disposition, trouvant mon idée excellente.

Toutefois, avant de faire mettre le travail à exécution, je crus convenable de prévenir M. l'abbé Babled, ce pendant que M. Baussan prierait l'architecte de lui soumettre le plan de l'avant-corps, afin qu'il pût prendre les dimensions exactes du tympan, sur lesquelles il devait régler les dimensions du bas-relief.

Je fis donc demander un entretien à M. Babled ; mais on me répondit que M. l'abbé n'était pas visible. M. Babled refusait-il de me recevoir, dans la crainte que je lui parlasse de la démarche de son architecte, en lui demandant des explications sur cette démarche ? Je le suppose, et cette supposition est très plausible, attendu que ces explications eussent été fort gênantes pour M. l'abbé, après l'assurance que tant de fois il m'avait donnée, qu'il avait les fonds nécessaires à l'achèvement de la chapelle.

Je n'insistai pas et me décidai à lui faire ma communication par écrit.

Voici la teneur de ma lettre :

Monsieur l'Abbé,

Quelques jours avant les dernières pluies que nous avons eues, je me rendis à la chapelle Saint-Georges et, ayant une communication à vous faire, je chargeai mon secrétaire, M. Tournoux, de vous demander un entretien.

M. l'abbé Harmel, à qui il s'adressa, lui déclara tout d'abord que vous étiez visible ; mais, après être allé vous prévenir, il dut revenir sur cette déclaration et dire à mon envoyé que vous ne pouviez pas le recevoir.

Je ne pus donc pas vous faire part d'un projet que j'avais conçu : il s'agit d'un bas-relief que je désire placer sur le linteau de la porte d'entrée de la chapelle, à l'avant-corps. Je me suis entendu à ce sujet avec M. Baussan, sculpteur, qui sera chargé de ce travail. Il prépare un croquis et, sur mes indications, il a dû s'entendre pour toutes choses avec votre architecte, M. Prat.

Je me propose, Monsieur l'Abbé, dès que j'aurai en main le projet bien étudié que j'ai demandé à M. Baussan, de vous le présenter, persuadé que vous vous intéresserez à cette idée que j'ai eue et qu'il m'aurait été agréable de vous soumettre plus tôt.

Il va sans dire que les frais de ce bas-relief me regardent seul ; ils sont entièrement en dehors des engagements que j'ai pris avec la Société du Clos-Boutonnet.

Veuillez agréer, etc.

L. Faulquier.

9 décembre 1896.

M. Babled ne répondit pas à cette lettre. Quant à M. Prat, il refusa carrément à M. Baussan les mesures qu'il lui demandait.

Je ne m'attendais pas du tout à voir mon projet de bas-relief aussi mal accueilli ; je pensais, au contraire, que M. Babled serait enchanté de mon idée et l'architecte également, car enfin il s'agissait d'un embellissement pour la chapelle, embellissement que je voulais faire à mes frais, sans porter la moindre atteinte à mes engagements envers la Société.

Que se passait-il donc ? Je ne me l'expliquais pas. Etait-ce parce que j'avais refusé de payer à M. Prat les 2000 fr. qu'il me demandait ? Car c'est précisément au moment où je m'occupais du bas-relief que je reçus cette demande. Ce devait être là la raison de cette hostilité. Mais cette raison, valable pour l'architecte, ne devait pas, me semblait-il, empêcher M. Babled de me répondre...

Comme vous le pensez bien, ce mauvais accueil fait à mon idée ne m'y fit pas renoncer. Avec quelques indications puisées par M. Baussan sur le plan de la chapelle que j'avais en mains ; à l'aide de mesures que put lui remettre mon chef-mécanicien, prises sur ce même plan, M. Baussan se passa des indications refusées par l'architecte, et il établit un croquis que j'agréai, mais sans le soumettre à M. Babled comme je le lui avais promis : il n'avait pas daigné répondre à ma lettre ; cette inconvenance ne me dégageait-elle pas de ma promesse, que je n'avais faite que par convenance ?

Le croquis agréé, M. Baussan se mit à l'œuvre. Bien que les travaux de la chapelle fussent suspendus, je laissai exécuter le bas-relief ; j'avais au cœur l'espérance que tout s'arrangerait bientôt. Je me trompais, les évènements l'ont prouvé ; mais je préfère m'être trompé ainsi que d'avoir prévu trop tôt ces évènements déplorables. N'est-il pas toujours doux d'espérer ?

Telles sont les circonstances dans lesquelles le bas-relief de saint Georges a été projeté et exécuté. — Que M. Baussan me permette de le dire ici, ce bas-relief est une œuvre d'art où se montre dans toute sa délicatesse le talent du maître.

Il ne paraît guère possible de trouver dans ces circonstances un grief contre moi ; mes lecteurs sans doute vont se dire que tout s'est passé le plus simplement du monde ; qu'en donnant suite à mon idée pour cet ornement, j'étais entièrement dans mon droit, puisque, d'une part, la chapelle était dédiée à saint Georges et que, d'autre part, je prenais à ma charge les frais d'exécution ; j'avais prévenu M. Babled et l'architecte, ce qui était mon devoir. Si donc il y avait un grief à soulever dans ce fait, c'était moi qui devais le faire contre mes adversaires, qui avaient si mal accueilli mon projet.

Eh bien ! non ; ce sont mes adversaires — je l'ai dit — qui ont cherché, dans cet incident, des motifs pour m'imputer des torts graves contre eux. Et le plus fort, c'est qu'ils les ont trouvés, ces motifs ; des motifs qui, par la façon dont ils sont exposés, paraissent très sérieux.

Ecoutez donc leurs conclusions, présentant ces motifs :

« Attendu que, se trouvant engagé dans la voie

» des commandes non prévues dans les devis, M.
» Faulquier eut l'idée, fort artistique assurément,
» de confier à Baussan l'exécution d'un bas-relief
» représentant saint Georges, qu'il désirait voir
» figurer au-dessus de la porte d'entrée ;

« Qu'il *négligea* d'en avertir l'architecte, qui ne
» connut ce projet que le 10 décembre 1896 et
» en fut intimement froissé, car ses plans s'en
» trouvaient *encore une fois* modifiés ;

« Que cet incident, qui procédait comme tous les
» autres du mépris des conventions, mit le comble
» à la mesure ». (Pages 11 et 12).

Et ce paragraphe que j'extrais encore de cette lettre du 16 décembre 1896, écrite par M. Babled à M. l'abbé Harmel, lettre que, dans le chapitre suivant, je reproduis et commente :

« Il est arrivé un moment où la patience lui a
» échappé (*à M. Prat*), la suspension des travaux
» l'atteste ; qu'y pouvons-nous maintenant ? Ce qui
» a dû mettre le comble à la mesure, c'est sans doute
» la commande d'un bas-relief au sculpteur Baussan,
» en dehors de M. Prat, architecte officiel, sans
» le prévenir et sur les plans et dessins d'un mécani-
» cien, étranger à l'architecture, ainsi que M. Baus-
» san l'a fait connaître à M. Prat.

« Celui-ci, écœuré, a repris ses plans qu'on
» modifiait et fait arrêter les travaux ; puis il a
» demandé, ainsi que M. Faulquier m'en informe,
» les honoraires promis pour son travail ».

N'est-ce pas un véritable tour de force que d'avoir ainsi arrangé les choses ? Il faut posséder une nature toute spéciale, une imagination ... ingénieuse pour arriver à déployer de tels raisonnements sur un fait sans importance.

C'est d'abord l'initiative prise par moi de commander le bas-relief qui est critiquée ; il en découle tout de suite l'affirmation que je faisais des commandes à tort et à travers et que, par conséquent, il était bien vrai que je m'étais immiscé dans les travaux de la chapelle ; que j'avais, à perte de vue, élargi les dépenses : « Attendu que, se trouvant engagé *dans la
» voie des commandes non prévues dans les devis,* M.
» Faulquier eut l'idée de confier à Baussan l'exécution
» d'un bas-relief ».

— N'avais-je donc pas le droit de faire cette commande, si cela me convenait ? En quoi, s'il vous plaît, pouvait-elle vous gêner ? Une sculpture représentant le patron de mon fils serait-elle donc déplacée sur la chapelle dédiée à saint Georges, que je fondais ? Cette œuvre d'art, due au ciseau d'un artiste de valeur, pouvait-elle déparer le monument de M. Prat ? Tout au plus auriez-vous pu vous opposer à ma commande si le coût de cet ornement avait été pris sur la somme que je devais verser ; mais il n'en était rien, vous le saviez, j'avais déclaré que je me chargeais de tous les frais. Alors pourquoi me critiquez-vous ? — J'aurai l'occasion, au cours de ce mémoire, de répondre pour vous, Messieurs de la Société, car je sais bien que vous n'auriez jamais le courage de le faire sincèrement.

Puis c'est l'architecte qui entre en scène: « M.
» Faulquier *négligea* d'avertir l'architecte, qui ne
» connut ce projet que le 10 décembre 1896 et en
» fut intimement froissé, car ses plans s'en trouvaient
» *encore une fois* modifiés... »

L'amour-propre d'un architecte tel que M. Prat,
c'est une chose sacrée à laquelle il ne faut point
toucher; si on y touche on commet une faute grave,
une sorte de sacrilège. Et il paraît que j'y touchai en
ne prévenant pas officiellement M. Prat que je projetais un bas-relief; je l'avais fait avertir par M.
Baussan, c'est vrai, mais ce n'était point suffisant.
Et on part de là pour déclarer, dans des conclusions,
que je « négligeai d'avertir l'architecte, *qui en fut intimement froissé* ».

Ce qui aggravait ce froissement — toujours d'après
les conclusions — c'est que les plans de M. Prat
étaient *encore une fois* modifiés. « Encore une fois »
est adroit et perfide, car il laisse entendre que j'avais
déjà mal agi envers cet architecte; que dans d'autres
circonstances j'avais dérangé ses plans. Mais ce qui
n'est pas adroit, tout en restant perfide, c'est de dire
que le bas-relief modifiait les plans de M. Prat.
En quoi cette sculpture, qui devait remplacer la pierre
unie du tympan, pouvait-elle changer les plans?
Quand on serait à l'édification de ce tympan on
n'aurait qu'à encastrer la pierre livrée par M. Baussan;

rien de plus simple. M. Baussan eut l'occasion de le déclarer lui-même à M. Prat, ainsi qu'on le verra plus tard.

Dire que M. Prat ne connut mon projet que le 10 décembre 1896, c'est condamner son attitude, car c'est seulement trois ou quatre jours avant que je m'étais ouvert de ce projet à M. Baussan. Par conséquent M. Prat en avait eu connaissance très rapidement.

Les conclusions de la Société disent encore que c'est « au mépris des conventions » que j'ai pris cette initiative, « ce qui mit le comble à la mesure ». — Quelle mesure avais-je ainsi comblée ? celle de la patience de M. Prat ou celle de la bonté de M. Babled ? L'une et l'autre peut-être.

— Mais alors, Messieurs, ces mesures sont bien exiguës, qu'il a suffi de cette pensée fort légitime du bas-relief pour les combler ! — Car je ne me rappelle pas avoir jamais rien demandé à la bonté de M. Babled, non plus à la patience de M. Prat...

Quant à mon mépris des conventions, en quoi consiste-t-il ? Dans mon désir de placer l'image de saint Georges sur le frontiscipe de la chapelle ?

— Messieurs mes adversaires, je n'aurai pas de peine à démontrer, en poursuivant ce travail, que c'est vous-mêmes — non pas moi — qui avez méprisé, piétiné nos conventions.

Mais en ce qui touche le bas-relief, il suffit de lire la lettre de M. l'abbé Babled du 27 juin 1895 pour voir que je me conformais à ce qui avait été convenu en plaçant un bas-relief représentant saint Georges à l'entrée de la chapelle.

— Comment avez-vous pu, après cela, déclarer devant nos juges que j'avais fait mépris des conventions en projetant ce bas-relief ? Avez-vous donc perdu tout bon sens ? toute pudeur ?

Voici maintenant M. Babled qui croit devoir endoctriner son sous-directeur :

« Le bas-relief, lui écrit-il, a été commandé *en
» dehors de M. Prat, architecte officiel*, sur les plans
» et dessins d'un mécanicien... »

J'ai expliqué que le chef-mécanicien de Villodève avait donné quelques mesures à M. Baussan pour les dimensions de la pierre du bas-relief. C'est ce que M. Babled appelle des *plans et dessins*. Et ce mécanicien, dont il a l'air de faire fi : « étranger à l'architecture », dit-il, a eu l'occasion de lui rendre pas mal de services dans son couvent... Mais passons.

Pour écrire que « j'ai mis le comble à la mesure en commandant mon bas-relief *en dehors de M. Prat, architecte officiel* » il faut avoir un aplomb imperturbable. Me voyez-vous allant soumettre, avant tout, mon idée à M. Prat et sollicitant l'approbation de M. *l'architecte officiel ?*

— Architecte, c'est possible ; mais *officiel*, halte-là, Monsieur l'abbé ! Officiel pour vous, pour vos plans et combinaisons, je ne dis pas le contraire ; mais officiel pour moi, ah ! non, par exemple. Soumettre ma pensée à M. Prat et attendre qu'il l'approuve ? Allons donc, mais pour qui m'avez-vous pris, Monsieur l'abbé ?

Ce n'est point fini. M. Babled conclut ainsi, en s'adressant à son sous-directeur :

« M. Prat, écœuré, a repris ses plans qu'on modi-
» fiait et fait arrêter les travaux ; *puis* il a demandé
» les honoraires promis pour son travail... »

Autant de paroles, autant... d'erreurs. Je ne sais pas si l'affaire du bas-relief a *écœuré* M. Prat ; je ne lui connaissais pas une telle délicatesse. Mais ce que je sais bien, et ce que je vais prouver, c'est que M. Prat a fait arrêter les travaux, non parce que j'avais commandé mon bas-relief sans attendre son... autorisation, mais parce que j'avais refusé de lui compter 2.000 francs. C'est sa propre lettre du 12 décembre 1896 qui en fournit la preuve. Cette lettre, que j'ai déjà reproduite, ne dit-elle pas ceci :

« En réponse à votre lettre du 10 courant, je me
» vois dans l'obligation de retirer mes plans, d'arrê-
» ter les travaux jusqu'à ce que vous m'ayez donné
» satisfaction. »

C'est-à-dire jusqu'à ce que vous m'ayez payé.

Il est, par voie de suite, inexact que M. Prat m'ait demandé ses honoraires après avoir fermé le chantier, comme le déclare M. Babled : « *Puis* il a demandé ses honoraires... »

— Eh bien ! Monsieur Babled, que vous en semble ? Où en êtes-vous arrivé avec tous vos arguments, tous vos moyens ? Vous avez l'esprit prompt, l'intelligence vive, mais vous vous en servez mal, si mal que tous les griefs que vous avez soulevés contre moi, grâce à votre esprit et à votre intelligence, vous retombent dessus !

Le porche de la chapelle n'étant pas construit, le bas-relief n'a pas pu être mis en place ; il est encore chez M. Baussan. Mais son histoire a une suite ; je la ferai connaître quand il en sera temps.

J'ai à poursuivre mon récit, que j'ai laissé au moment de ma correspondance avec M. Babled et M. Prat relative à l'arrêt des travaux.

X

M. BABLED SE DÉROBE

> L'ennemi que tu fuis est au fond de ton cœur :
> Tu ne saurais le fuir qu'en te fuyant toi-même !
>
> (***).

PENDANT que s'agitait, entre M. Prat et moi, la question des honoraires, que faisait M. Babled ? Rien ; il se cachait, se dérobait : il avait quitté momentanément Montpellier !

C'est par M. l'abbé Harmel que j'appris cette fugue. M. Harmel, sous-directeur de l'orphelinat de Don Bosco, avait été chargé par M. Babled de me venir voir et de m'apprendre que son directeur avait dû s'absenter pour quelque temps. Il devait essayer d'éclaircir la situation en me donnant certaines explications, qui n'éclaircirent qu'un point à mes yeux : M. l'abbé Babled n'était pas en mesure de faire continuer les travaux !

Donc, au lieu de cette visite de M. Babled que

j'avais tant attendue, je recevais celle de M. Harmel ; au lieu de la solution favorable sur laquelle j'avais compté, j'apprenais que M. Babled se déclarait sans ressources ! La démarche faite auprès de moi par M. l'architecte Prat était donc fondée... J'étais confondu !

Ce qui me confondait surtout, c'était l'attitude indigne de M. Babled. Un homme, un prêtre, à la nature droite et franche, serait venu me trouver pour s'entendre avec moi, pour me donner des explications sur sa conduite, pour essayer d'arranger les choses ; il aurait eu à cœur d'effacer dans mon esprit les impressions fâcheuses qui le meurtrissaient. M. Babled, lui, préféra s'absenter et charger son subordonné de se tirer d'affaire à sa place. Sans doute c'était plus commode pour M. Babled ; cela le dispensait de se mettre en face de moi et de subir mes reproches ; mais aussi c'était vouloir laisser la situation embarrassée, car ce pauvre M. Harmel, tombant ahuri dans ce guêpier, ne pouvait rien faire, rien modifier. Du reste, il était sans autorité comme sans mission bien définie.

J'eus avec lui plusieurs entretiens fort longs ; je lui donnai toutes les explications nécessaires pour qu'il vît clair dans l'affaire ; je le catéchisai de mon mieux, mais tout cela ne fit pas avancer la question d'un pas.

Cependant M. l'abbé Harmel remplissait consciencieusement son rôle passif d'intermédiaire. Il m'écoutait avec attention et respect ; approuvait quelquefois, discutait rarement, restait sur la plus grande réserve presque toujours. Il devait correspondre beaucoup avec son directeur, mais il eut le soin de ne pas dévoiler son adresse, malgré mes tentatives pour lui faire dire où M. Babled cachait prudemment sa dignité.

Quand M. Harmel recevait une lettre concernant l'*affaire*, il s'empressait de venir, non me la *montrer*, mais m'en donner lecture. Il y en avait, je me rappelle, de fort longues, une entre autres qui faisait une sorte d'historique de nos rapports et des incidents qui les émaillaient. Que de confusion, mon Dieu ! dans ces détails, et aussi que d'inexactitudes, que d'appréciations erronées ! Je ne cachais pas mes impressions à M. Harmel, et lui, s'il essayait de défendre son directeur, n'osait pas trop me contredire ; aussi je comprenais combien il était mal à l'aise. Et si la situation n'avait pas été si pénible pour moi, j'aurais pu m'amuser de son embarras, de ses airs piteux et décontenancés.

Au lieu de cela je le plaignais d'avoir à remplir ce rôle ingrat, et je m'efforçais de lui rendre sa mission plus facile. Mais, je l'ai dit, M. Harmel ne pouvait rien par lui-même, de sorte que cette mission, mal définie, restait stérile.

De tous ces entretiens, de toutes les lettres que M. Harmel m'avait lues, il se dégageait deux choses essentielles : 1° l'impossibilité absolue où se trouvait M. Babled de tenir ses engagements, c'est-à-dire de payer les dépenses supplémentaires de la chapelle ; 2° les raisons qu'il donnait pour expliquer, justifier, que dis-je, pour légitimer cette impossibilité.

Des raisons, il y en avait beaucoup ; je n'en veux retenir que deux, les principales, pour les discuter.

M. Babled invoquait d'abord sa longue maladie ; elle l'avait cloué au lit pendant près de deux mois, il n'avait donc pas pu s'occuper de trouver des fonds pour la chapelle. — Il aurait fallu que ma naïveté fût bien grande pour me laisser impressionner par cette raison, toute de circonstance. Il était vrai que M. Babled était resté deux mois malade, gravement malade ; mais c'était seulement à partir du mois d'août, alors que le contrat avait été signé le 10 mars, c'est-à-dire cinq mois avant. M. l'Abbé avait donc eu le temps de se procurer des fonds avant d'être malade. Mais avait-il réellement à s'en procurer ? Si oui, il m'avait trompé chaque fois qu'il m'affirmait avoir des ressources et savoir où en trouver ; si oui, il avait agi avec une inconséquence trop grave pour être excusable, quand, *de son chef*, il avait modifié les plans de la chapelle de telle sorte que les dépenses s'étaient notablement accrues. Si non, il cherchait à me tromper en invoquant une raison de cette nature pour ne pas débourser les fonds promis.

La seconde raison valait moins encore que la première. Qu'on en juge : M. Babled prétendait qu'il se heurtait partout à des refus quand il demandait de l'argent pour la construction de la chapelle. On lui opposait que cette chapelle était ma propriété et que je n'avais besoin de l'aide pécuniaire de personne pour l'édifier complètement.

Il faut vraiment être à bout d'arguments sérieux pour en trouver de semblables. Croit-on qu'un pareil raisonnement ait été tenu à M. Babled ? C'est possible, après tout ; en tout cas il n'a pu être tenu que par des personnes qui n'étaient point au courant des engagements de M. Babled ; eh bien ! il lui était on ne peut plus facile de les y mettre ; et non seulement il le pouvait mais il le devait, puisque ce raisonnement avait quelque chose de choquant à mon égard que M. Babled devait s'efforcer de détruire en disant la vérité. — La vérité dite, sa démarche était expliquée en même temps que mon rôle de propriétaire, et les bourses lui étaient ouvertes.

Voilà les raisons majeures mises en avant par M. l'abbé Babled pour excuser sa défaite. Elles n'ont jusqu'à présent convaincu aucune des personnes qui les connaissent ; je ne crois pas que ceux qui liront cet exposé les apprécient davantage.

Je les ai détruites, ces raisons, par leur absurdité même ; mais ne les aurais-je pas détruites aussi complètement en faisant remarquer que M. Babled, au lieu de s'enfuir comme un coupable, au lieu d'éviter toute explication avec moi, aurait agi avec plus de sagesse, surtout avec plus de dignité, en venant me confier ses embarras et me demander aide et conseil ? Ne savait-il donc pas, l'insensé, que j'étais tout prêt à l'accueillir, à lui ouvrir mes bras, à excuser ses fautes, à l'aider à les réparer ? J'aurais eu de l'indulgence pour sa jeunesse autant que j'avais de respect pour son caractère de prêtre et d'admiration pour l'œuvre qu'il dirigeait. — Il n'a rien compris de tout cela ; il n'a cherché, le présomptueux, qu'à me manier à sa guise au lieu de se laisser guider par moi, et, ne me trouvant pas assez docile, il m'a rudoyé, il m'a blessé, il m'a jeté de côté comme un hochet inutile et déplaisant !

Par conséquent, les raisons de M. Babled que me faisait connaître M. Harmel n'avaient à mes yeux rien de bon. Mais je restais frappé par cette *impossibilité absolue* qu'avouait M. Babled de payer — comme il s'y était engagé — l'achèvement de la chapelle. Alors, que faire ? La fondation devait-elle être mort-née ? Je n'osais pas, je l'avoue, envisager cette solution, terrible pour moi, et je me sentais tenté de terminer moi-même la chapelle, coûte que coûte. Mais, la réflexion aidant, je me raidis contre cette tentation. C'eût été une sottise d'entrer dans cette voie, car du moment que j'avais compris les agissements tortueux autant qu'ambitieux de M. Babled, il n'était pas moral de les favoriser. Il avait voulu faire grand, tant pis pour lui, il devait en subir les conséquences.

Un moyen tout simple, pour sortir de cette impasse, s'offrait, s'imposait en quelque sorte : prêter de l'argent à M. Babled. Je ne m'arrêtai plus à cette pensée qu'il était inexplicable que M. Babled se déclarât sans ressources après s'être engagé envers moi comme il l'avait fait ; je ne tins compte que d'une chose : l'achèvement de la chapelle, et j'offris à M. l'abbé Harmel de faire à son directeur les avances dont il aurait besoin.

Cette proposition était-elle prévue par l'envoyé de M. Babled ? En tout cas il ne parut pas surpris, ni enchanté d'ailleurs. Il resta froid ; et c'est avec froideur qu'il me demanda si mon prêt serait sans intérêts.

— Ah, non ! lui répondis-je, je dois prélever un intérêt, modeste, bien entendu, très modeste, mais enfin un intérêt. Quelque grand que soit mon désir d'obliger M. l'abbé Babled, de lui venir en aide, je ne puis pas étendre ma libéralité envers lui au-delà de certaines limites.

Et j'expliquai à M. Harmel que j'avais à m'occuper d'autres œuvres ; qu'il ne serait point raisonnable de les priver de secours dont elles avaient le plus grand besoin, voire même d'amoindrir ces secours ; qu'il fallait, en somme, laisser à chacun la part qui lui était faite, celle de M. Babled étant déjà large.

M. l'abbé Harmel n'insista pas ; il me dit qu'il communiquerait mon offre à son supérieur.

L'a-t-il fait ? j'ai tout lieu de le croire ; cependant cette offre de prêt ne reçut pas de réponse ; elle ne dut pas convenir à M. Babled. Pourquoi ? Je me suis bien des fois posé cette question sans pouvoir la résoudre sûrement ; je ne comprenais pas que M. Babled laissât les travaux en souffrance plutôt que d'accepter un prêt que j'aurais fait à de très bonnes conditions et qui l'aurait sorti d'embarras. Je n'avais pas voulu l'humilier en lui faisant cette proposition, je n'avais cherché qu'à lui être utile.

Espérait-il que, lassé par la vue de la chapelle inachevée, déjà ruine avant d'être temple, je me déciderais à donner les fonds pour la faire terminer ? C'était la réponse la plus plausible à me faire ; mais les évènements m'ont démontré qu'elle était incomplète : M. Babled avait une autre raison pour ne pas accepter mon prêt, raison que je ferai connaître plus loin.

Dans les longues et diffuses conclusions déposées au procès par mes adversaires, il n'est pas fait mention de mon offre de prêt à M. Babled ; la Société a dû la considérer comme une chose négligeable.... Mais cependant elle ne peut pas la nier, car je la fis à M. Harmel en présence d'un tiers, un médecin de mes amis, qui est en même temps un ami de M. l'abbé Babled. Donc, si cette offre était contestée, ce témoin, cet ami se ferait un devoir, j'en suis sûr, de dire la vérité. J'ai besoin, pour la suite de mon récit, de bien établir ce fait, qui a une grande portée.

Donc l'intervention, courtoise mais impuissante, de M. l'abbé Harmel, n'amena entre M. Babled et moi aucun arrangement ; elle n'eut pour résultat que d'aigrir nos rapports encore plus.

Je viens de dire tout à l'heure que M. Harmel, quand il recevait des lettres de son supérieur concernant la chapelle, venait m'en faire part ; il *me les lisait* et s'empressait, une fois lues, de les remettre en poche. Je n'ai donc pas de souvenir bien précis sur ces lettres, insignifiantes d'ailleurs, à l'exception d'une, très longue, à laquelle j'ai déjà fait allusion. Cette lettre contenait beaucoup de détails, relatait des faits, mais ne concluait rien. Je n'aurais donc pas à en reparler si, dans les documents publiés par la Société du Pont-Juvénal en vue du procès, je ne l'avais trouvée reproduite et si je n'avais été frappé par cette reproduction, comment dirais-je ?... arrangée.

Voici cette lettre, telle que je la trouve dans les susdits documents :

Cher Monsieur Harmel,

Il me faut tout de même vous écrire malgré ma grande fatigue, afin que vous donniez intégralement lecture du contenu de cette lettre à M. Faulquier.

N'ayant pas la tête assez libre pour lui faire la réponse voulue à sa lettre recommandée, j'aurai cependant ainsi fourni les explications qu'il sollicite.

M. Faulquier se plaint de l'arrêt des travaux et des difficultés qui surgissent.

N'étaient-elles cependant pas à prévoir? et depuis le commencement des constructions, mon rôle n'a-t-il pas été précisément de calmer M. Prat, qui ne croyait pas pouvoir continuer les travaux dans les conditions de suspicion et de surveillance un peu odieuses exercées contre lui ?

Il est arrivé un moment où la patience lui a échappé, la

suspension des travaux l'atteste ; qu'y pouvons-nous maintenant ? Ce qui a dû mettre le comble à la mesure, c'est sans doute la commande d'un bas-relief au sculpteur Baussan, en dehors de M. Prat, architecte officiel, sans le prévenir et sur les plans et dessins d'un mécanicien, étranger à l'architecture, ainsi que M. Baussan l'a fait connaître à M. Prat.

Celui-ci, écœuré, a repris ses plans qu'on modifiait et fait arrêter les travaux ; puis il a demandé, ainsi que M. Faulquier m'en informe, les honoraires promis pour son travail.

Outre ce que M. Faulquier a dit à ce sujet à M. Prat, je me souviens très bien qu'il m'avait personnellement exprimé l'intention que M. Prat ne travaillât pas pour lui comme pour l'orphelinat — gratuitement — qu'il avait besoin de vivre, etc.

M. Prat est très monté et je ne sais ce qui adviendra, car on lui a écrit qu'on ne le connaissait pas, alors que la convention primitive et signée porte l'adoption de M. Prat et de ses plans, alors qu'il a des lettres personnelles de M. Faulquier, alors que ce dernier lui a commandé le plan qui est la refonte des deux premiers que nous avions ; il a également fait interrompre les fondations primitives à droite, fait changer l'emplacement et reporter à gauche la Chapelle, augmenter les simples revêtements de pierre froide en assises complètes, renforcer encore les contre-forts, tailler de telle manière les pierres du clocher, etc., etc.

L'esprit de l'acte a même été faussé, car la Société anonyme ou son délégué devait seule diriger les travaux. M. Prat n'aurait pas alors en ce moment le même atout qu'il possède pour réclamer ses honoraires !

Retenez bien tout ceci, car, étant absent, il est nécessaire que vous puissiez répondre à ma place aux uns et aux autres.

Il est temps, en effet, que la vérité se sache, nous n'avons pas à y perdre, ni à la cacher. Elle est toute à notre honneur, car nous avons poussé la condescendance aux extrêmes limites.

Nous avons risqué de mécontenter Mme B..., en prenant le nom de Saint-Georges ; nous avons sacrifié le plan de la maison, l'emplacement choisi ; nous avons fait des dépenses considérables devenues inutiles dans le puits sur lequel devait être la

Chapelle et que M. Faulquier imposa ensuite de combler ; nous avons dû acheter le terrain P... (8.000 fr.), pour retrouver un puits, etc....

Malheureusement, des personnes mal intentionnées qui approchent M. Faulquier se sont fait un triste plaisir de brouiller les situations et de faire méconnaître les bonnes intentions réciproques.

M. Faulquier a toujours eu des intentions très droites, et laissé à lui seul, à ses inspirations personnelles, nous n'aurions jamais eu le moindre ennui. Il faut le retenir, afin que nous ne nous départissions jamais vis-à-vis de lui de la reconnaissance que, quoi qu'il arrive, nous lui devrons toujours pour ses bonnes intentions primitives.

Quand je pense qu'on en est arrivé à lui faire croire que j'ai manqué à ma parole d'honneur et que je m'étais engagé à ce que les travaux ne discontinueraient pas, alors qu'interrogé par lui sur les compléments nécessaires à apporter à ses 60.000 francs, je lui avais dit que le gros œuvre fini, la Chapelle inaugurée, les dons viendraient peu à peu, c'est à être épouvanté de la méchanceté des hommes.

En tout cas, refuser de payer actuellement les travaux effectués, ce n'est pas aider à leur reprise.

En prétendant sans preuve aucune que j'ai pris d'autres engagements que ceux que je reconnais et que je ne les tiens pas, c'est mal agir, c'est une calomnie.

Si j'avais pris ces engagements comme, de fait, j'aurais pu le faire à la rigueur, une maladie de trois mois, hors de Montpellier, aurait créé un cas de force majeure, que ma convalescence continuerait encore. Qu'en penserait un esprit intègre ?

Du reste, les travaux ne sont pas interrompus du fait de ma santé, mais bien à cause des difficultés personnelles survenues entre M. Faulquier et M. Prat : voilà la vérité.

Envoyer du papier timbré à M. Prat comme le désire M. Faulquier, c'est impossible ! M. Prat a travaillé librement et gratuitement pour nous toujours ; aucun traité, aucune obligation ne nous lient ; il est libre, ses plans sont à lui, et s'il se retirait, ce que je déplorerais, je n'aurais aucun recours contre lui. Veuillez bien le dire à M. Faulquier, de ma part.

J'espère que peu à peu les dons arriveront pour finir la Chapelle ; je les solliciterai quand je serai de retour. Puisse ma santé ne pas réclamer le mois de repos qu'on m'impose !

Du reste, mon absence n'est pas préjudiciable. M. Faulquier m'a toujours fait connaître par écrit ses désirs ; il aura la facilité de le faire encore.

Signalez à M. Faulquier que c'est un vrai malheur qu'on ait fait courir, dès le début des constructions, le bruit que M. Faulquier nous donnait la chapelle, clef en main (100.000 f.); cela a empêché bien des personnes de donner ; on m'a regardé comme un imposteur lorsque je demandais, car on m'a répondu : « Comment demandez-vous pour une chapelle que M. Faulquier vous donne clef en main ? »

Présentez mes respects à M. Faulquier quand vous le verrez et dites-lui bien que cette lettre que vous lui lirez est l'accusé de réception et la réponse à sa lettre recommandée.

S'il veut bien me suggérer un moyen de faire reprendre les travaux autre que d'envoyer du papier timbré à M. Prat, je suivrai volontiers ses conseils.

Agréez, etc.   BABLED.

Nice, 16 décembre 1896.

Après avoir lu cette lettre mes lecteurs se rappelleront certainement que j'y ai déjà fait plusieurs emprunts, au fur et à mesure de mon récit, pour réfuter les points inexacts, dénaturés, exagérés et même inventés qui y foisonnent. Ils remarqueront aussi qu'elle est comme une sorte de canevas, de thème, sur lequel ont été rédigées les conclusions de la Société. Mais ils pourront aussi s'étonner que, sans protester, j'aie laissé M. l'abbé Harmel me lire cette lettre puisqu'elle est, en grande partie, contraire à la vérité.

Et mes lecteurs auront raison.

Aussi dois-je m'empresser de leur déclarer que ce n'est pas cette lettre qui me fut lue par le sous-directeur de l'orphelinat ; l'épître dont j'entendis la lecture était tout autre ; elle exposait, avec un grand luxe de détails, les raisons dont j'ai parlé au commencement de ce chapitre ; elle exprimait des regrets sur les difficultés qui avaient surgi. Mais il n'y était nullement question des griefs de M. Prat ; des critiques sur mon attitude pendant les travaux ; de mes exigences pour la construction. Elle ne parlait pas du vocable de Saint-Georges qui mécontentait une dame B... ; elle ne portait pas la négation des promesses de M. Babled. Il n'est pas jusqu'à la provenance de cette lettre, *Nice*, qui ne soit en désaccord avec les indications que j'avais alors. En un mot, je le dis encore, la lettre dont M. Harmel me fit connaître le contenu n'était pas du tout conçue dans l'esprit qui remplit celle publiée par la Société.

Et, du reste, M. Babled est un homme trop prudent, trop futé, pour avoir, à ce moment-là, commis la maladresse d'écrire en de tels termes. C'eût été trop se découvrir ; c'eût été jeter le manche après la cognée. M. Babled s'en serait bien gardé, car il n'avait pas encore renoncé à l'espoir d'avoir raison de moi.

Ah ! si M. l'abbé Harmel m'avait lu une lettre ainsi libellée, rien qu'à l'indignation que j'ai éprouvée en en prenant connaissance sur les documents, je sens que je n'aurais pas été assez maître de moi pour ne pas jeter à la porte le délégué de M. Babled ; je sens que, sans la moindre hésitation, sans un seul regret, sans perdre une minute, j'aurais tout rompu avec le signataire d'une lettre aussi odieuse ; je sens même que j'aurais abandonné ma fondation sans le plus petit scrupule, plutôt que d'avoir à la défendre plus longtemps contre un adversaire de cette nature.

Or, au lieu d'agir ainsi, au lieu de bondir comme tout homme de cœur l'aurait fait en entendant de telles vilenies, j'ai discuté avez M. Harmel, j'ai pris la peine de le renseigner, j'ai longtemps parlementé, je suis allé jusqu'à lui proposer un prêt d'argent ; plus tard j'ai invoqué l'aide de M. Fabrège, la haute intervention de Mgr l'Evèque. En somme, j'ai fait tous les efforts possibles pour obtenir une bonne solution au litige. Aurais-je pu faire tout cela si M. Babled m'avait communiqué une lettre comme celle qu'on vient de lire ? Non, je ne l'aurais pas pu, à moins d'avoir perdu tout sens moral, toute dignité. Donc ma conduite dément impérieusement cette lettre, et la démentir c'est la flétrir, car c'est déclarer qu'elle a été arrangée, modifiée, rendue favorable aux besoins de la cause, afin de pouvoir l'insérer dans les documents présentés au tribunal !

Cette lettre fut écrite de Nice, d'après ces documents. J'ai dit que cette provenance était douteuse. Voici pourquoi : Le médecin, ami de M. Babled, dont j'ai parlé à propos du prêt d'argent que je proposai à M. Harmel, était — précisément à cette époque — en voyage aux environs de Montpellier, où il possède une campagne. Il rencontra M. l'abbé Babled à la gare de Lézignan-la-Cèbe, près Paulhan ; ils échangèrent un salut, mais M. Babled paraissant pressé — ou embarrassé — notre ami le docteur n'essaya pas de lui parler. Peu de jours après, de retour à Montpellier, il me fit part de cette rencontre, que — sauf toutefois l'air penaud de M. l'abbé — il avait trouvée naturelle, attendu que l'Orphelinat de Don Bosco exploite, sur la commune de Nizas, une propriété importante (qu'il doit à la générosité de Mme Solanges) et que cette propriété se trouve desservie aussi bien par la gare de Lézignan-la-Cèbe que par la gare de Nizas.

C'était donc à Nizas que se trouvait M. le directeur ; c'était là où il avait été chercher un refuge contre les ennuis que lui-même avait créés ; c'était là où, sans doute, il méditait les projets les plus propices à la réalisation de ses désirs.

— Pourquoi, alors, simuler un voyage à Nice ?

— Pourquoi ? Mais afin de donner plus de vraisemblance au motif invoqué pour justifier un départ précipité : des raisons de santé ; un grand besoin de repos. Nice, n'est-ce pas, au mois de décembre, le paradis pour les malades et les convalescents ?

Combien de temps M. Babled resta-t-il absent ? Je ne saurais le dire.

Cependant le chantier restait clos. Pouvais-je

espérer qu'il se rouvrirait un jour ou l'autre ? Que n'espère-t-on pas quand on a une idée fixe et qu'on ne trouve de consolation que dans l'espérance !

Je souffrais d'autant plus de voir le chantier fermé, que la construction inachevée laissait la chapelle exposée à toutes les intempéries ; le clocher était ouvert au sommet ; la toiture manquait sur une certaine surface ; les portes et les fenêtres restaient béantes : c'était lamentable ! — Si l'architecte avait mis moins d'acrimonie dans sa décision, qui ressemble beaucoup à une vengeance, il aurait écouté, avant d'arrêter les travaux, les logiques remarques de l'entrepreneur, qui voulait au moins finir le clocher et la toiture, ce qui aurait demandé 3 ou 4 journées de travail. Mais M. Prat se garda bien de faire ainsi ; il comptait certainement sur l'état pitoyable dans lequel il laissait la construction pour m'engager à venir plus vite à composition. Il doit voir aujourd'hui combien il s'est trompé dans ses calculs.

J'eus le courage de rester dans cette situation pénible pendant quatre mois, durant lesquels il me semblait que chaque jour nouveau allait m'apporter une bonne nouvelle ; je m'étais réfugié dans l'espérance, je l'ai dit, et j'espérais que M. Babled se lasserait bientôt de me faire souffrir, de m'imposer une torture qu'il savait être très cruelle.

Hélas ! il ne céda pas. Bien au contraire. Il affecta à mon égard, à l'égard de la fondation, une

indifférence qui était presque du dédain. Ce qui ne l'empêcha pas de se laisser aller, l'occasion le faisant, à tenir sur mon compte des propos qui étaient loin de m'être favorables ; ils tendaient, cela se conçoit, à faire retomber sur moi les fautes commises par lui-même. Il en vint à dire alors ce qu'il a écrit et fait écrire ensuite : « M. Faulquier ayant été trop
» exigeant pour toutes sortes de choses, les res-
» sources avaient été trop tôt épuisées, ce qui
» était cause que la construction ne s'achevait
» pas. »

Et malheureusement cette version, si mensongère qu'elle fût, était acceptée facilement par le public. Je le sentais bien et j'étais navré. — Et même un jour, fatigué d'entendre dire ces choses fausses et désagréables, je fis prévenir M. Babled qu'il eût à cesser de me calomnier ainsi, le menaçant, s'il ne cessait pas, de me défendre en mettant à la publicité le récit de tous les faits.

Je confesse que j'en eus l'idée bien arrêtée à ce moment ; mais j'y renonçai bientôt, trouvant préférable de faire autant que possible le silence autour de cette lamentable histoire. Mais je voulais, quand même, auprès de M. Babled, me faire une arme de cette idée, espérant que la seule menace d'une telle publication le ferait taire. Elle me valut simplement cette réponse typique : « Une pareille publication fera
» plus de tort à M. Faulquier qu'à moi-même, qui ne

» suis qu'un pauvre prêtre dont la vie est vouée à
» Dieu et à la charité. »

Ah ! plût au Ciel qu'il ne fût pas sorti de ce mandat sublime ; s'il avait su s'y tenir, humble et dévoué, que de belles et grandes choses il eût pu réaliser !

XI

Intervention de M. Fabrège

> Il faut être utile aux hommes,
> pour être grand dans l'opinion des
> hommes.   Massillon.

J'ÉTAIS à bout de patience. J'avais vidé jusqu'à la dernière goutte la coupe d'amertume que m'avait à pleins bords versée M. Babled ; je me décidai, le 10 avril 1897, à écrire à M. Fabrège.

En sa qualité de président de la Société au nom de laquelle était passé le contrat, M. Fabrège devait tout naturellement intervenir pour régler le différend.

Et, naïvement, je me surpris à mettre tout mon espoir dans son intervention, que je prévoyais salutaire. Un homme tel que M. Fabrège, qui avait si bien apprécié ma fondation, qui s'en était montré si touché, ne pouvait pas, à mon sens, laisser se prolonger un état de choses si détestable pour sa Société, si douloureux pour moi.

Ma lettre lui disait :

Monsieur,

A la date du 14 décembre 1896, j'écrivis à M. l'abbé Babled, directeur des Salésiens, la lettre suivante :

Monsieur l'Abbé,

J'ai reçu, hier dimanche, une lettre de M. Prat, votre architecte, m'informant qu'il faisait arrêter les travaux et fermer le chantier de la chapelle Saint-Georges, jusqu'à ce que je lui aie donné satisfaction.

Cette satisfaction consiste dans le paiement d'une somme de 2,000 francs comme acompte sur ses honoraires. Je dus répondre à M. Prat que je ne pouvais pas accéder à cette demande directe, n'ayant aucune entente avec lui.

La décision de M. Prat de fermer le chantier n'a donc aucune raison d'être, et c'est à vous, M. l'Abbé, que je dois m'adresser pour que les travaux reprennent, sans aucun retard, leur cours normal. Entendez-vous avec votre architecte comme vous croirez devoir le faire pour le règlement qu'il demande, mais, je vous en prie, faites vite, le chantier doit se rouvrir tout de suite.

J'attends, avec une impatience que vous comprendrez, votre réponse qui, sans aucun doute, me dira que vous avez réparé le malentendu que je déplore.

Veuillez agréer, Monsieur l'Abbé, l'assurance de toute ma considération.

Signé : L. Faulquier.

P. S. — Je vous ai fait remettre cette lettre à la main ; mais M. l'abbé Harmel n'ayant pas voulu s'en charger, je me vois obligé de vous l'envoyer par la poste, sous pli recommandé.

Cette lettre — recommandée — est restée sans réponse.

Peu de jours après j'eus le plaisir de vous rencontrer ; je vous fis part en détail de ce qui s'était passé ; vous me promîtes que vous alliez intervenir dans la question, en votre qualité de président de la Société du Clos-Boutonnet, et vous me fîtes comprendre que vous arrangeriez toutes choses.

Voilà bientôt quatre mois de cela ; rien n'est arrangé ; les travaux de la chapelle restent suspendus et personne ne dit mot. Ayant votre promesse d'intervenir, j'avais tout lieu d'espérer qu'une solution prompte serait donnée au litige, et je constate avec chagrin qu'il n'en est rien.

Je n'aurais certes pas attendu si longtemps pour vous écrire si mes nombreuses occupations et aussi quelques indispositions ne m'en avaient empêché jusqu'ici.

Veuillez me permettre, Monsieur, de vous faire remarquer que la situation dans laquelle se trouve placée ma fondation ne peut se prolonger plus longtemps. Il y a des engagements formels entre la Société du Clos-Boutonnet et moi ; j'ai tenu les miens, la Société doit tenir les siens, et c'est pour cela, Monsieur, que je viens encore vous prier de vous occuper de ce différend, qu'il vous appartient d'ailleurs de régler, puisque vous êtes le Président de la Société du Clos-Boutonnet.

Espérant être favorisé de votre prompte réponse, je vous prie d'agréer l'expression de mes meilleurs sentiments.

L. FAULQUIER.

Montpellier, 10 avril 1897.

M. Fabrège, très occupé, ne me répondit que le 17 avril, après que je lui eus confirmé, ce même jour, ma lettre du 10. Voici la reprodction de sa lettre, dégagée de tout ce qui n'a pas trait à notre sujet :

MONSIEUR,

..... Je désire de tout mon cœur arranger votre différend avec les Salésiens. J'y passerai au premier jour, lundi si c'est possible.

Vous me permettrez de vous rappeler toutefois que j'ai prévu le mécompte. Je vous avais écrit que le vaisseau était trop large, que l'excès de largeur ferait apparaître le défaut de hauteur, car il faut une proportion minimum de une fois et demie la largeur. Il va de soi que la dépense est proportionnelle à la surface et que si, comme je vous l'avais écrit, on avait réduit à 9^m la largeur, vous auriez eu une grande économie (1).

Il n'est rien toutefois que je ne fasse pour vous être agréable et je vous transmettrai au premier jour la réponse de Don Babled.

Veuillez agréer, etc.... F. Fabrège.

Montpellier, 17 avril 1897.

Cette lettre de M. Fabrège, qui peut paraître sans importance, par ses raisonnements à côté de la question, en a une très réelle, puisque son auteur semble n'avoir pas compris la responsabilité qui lui incombait ; il parle de « mon différend avec les Salésiens » comme s'il y était étranger, de son intervention comme si elle était de sa part un acte obligeant. Cela me surprit et m'amena à écrire à M. Fabrège la lettre qu'on va lire, qui précise l'attitude qu'il devait prendre dans cette affaire :

Monsieur,

Je vous remercie de l'empressement que vous avez mis à répondre à ma lettre d'hier soir.

Mais dois-je me contenter de cette réponse et de votre promesse de voir le plus tôt possible M. l'abbé Babled ? Je ne le crois pas, car votre lettre me fait voir une fois de plus que vous n'êtes pas bien pénétré de la situation en présence de laquelle, vous et moi, nous nous trouvons.

Déjà, alors que les travaux de la chapelle Saint-Georges étaient

---

(1) J'ai, par des chiffres, démontré au chapitre VIII l'importance de cette économie.

commencés, vous m'avez fait l'honneur de m'écrire pour me présenter diverses observations sur les proportions de la chapelle; j'en fus tout surpris et je vous répondis que je n'y pouvais rien; qu'il fallait vous entendre avec M. l'abbé Babled, chargé par vous de la direction des travaux. En revenant, par votre lettre d'hier, sur cette question; en vous mettant, dites-vous, à ma disposition pour m'être agréable, vous m'obligez à bien définir nos rôles respectifs dans l'affaire qui nous occupe, rôles que le contrat intervenu entre la Société du Clos-Boutonnet et moi indique cependant d'une manière bien précise. Mais peut-être n'avez-vous pas ce contrat sous les yeux.

En deux mots voici la situation : Par un traité qui m'a été imposé, je suis engagé à verser à la Société du Clos-Boutonnet une somme de soixante mille francs — ni plus ni moins — pour la construction d'une chapelle; en échange la Société, par votre signature, s'est obligée à me donner cette chapelle dont la construction et les dépenses étaient prévues par un devis dûment établi par l'architecte de la Société, devis accepté par elle et par moi. — Tout est là. Chercher des raisons en dehors de ces clauses parfaitement nettes, c'est élargir inutilement le débat. Je vous prie donc, Monsieur, de vous renfermer, comme je le fais moi-même, dans les termes de notre contrat et d'agir en conséquence; ce sera, croyez-moi, le vrai moyen d'aboutir vite et bien.

Nous nous trouvons devant un fait patent : j'ai tenu mes engagements de la façon la plus stricte; la Société du Clos-Boutonnet n'a pas tenu les siens; c'est à vous, son président, qu'il appartient de régler une situation qui, veuillez en convenir, n'a ni le caractère d'un différend, ni celui d'un service à me rendre.

Veuillez agréer, etc.   L. FAULQUIER.

Montpellier, 18 avril 1897.

La réponse de M. Fabrège ne se fit pas attendre. Je la place *in extenso* sous les yeux de mes lecteurs ; elle a une allure toute particulière, un ton original qui la rendent attrayante. Mais le fond n'est pas ce qu'il aurait dû être en l'espèce. Qu'on en juge :

Monsieur,

J'ai l'honneur de répondre aux trois lettres que vous avez bien voulu m'écrire au sujet de la chapelle Saint-Georges. J'avais ajourné l'affaire, étant absorbé par la construction de l'église de Grandmont que nous devons faire bénir mardi prochain, comme vous le verrez dans le premier article que je publie ce matin dans l'*Eclair*.

Afin de vous donner satisfaction, je viens d'étudier le dossier que je me suis fait remettre, et je m'empresse de vous communiquer mes impressions.

Le 10 mars 1896, vous nous avez fait signer une convention dont j'ai le texte sous les yeux, convention que votre représentant, Mᵉ Bonfils, notaire, nous dit ne pouvoir être discutée, car vous en exigiez la ratification absolue. Je l'ai signée à regret, à cause de cette phrase : « Dès que les temps le permettront ». Que dirait un Tribunal de cette condition insolite et illégale, visant un changement de régime politique ? Cette convention vous autorisait à édifier sur notre terrain une chapelle sous le vocable Saint-Georges; les Salésiens, en retour, devraient la desservir.

Sans doute vous ne vous engagiez à verser que le prix du devis de M. Prat, soit 60,000 fr. Mais ce devis, il est là, annoté de votre main, et il s'élève à 68,751 fr. Aucun plan ne nous a été soumis.

Je vous déclare en toute franchise que jamais je n'aurais approuvé un projet où toutes les lois de la proportion sont violées. Je n'ai jamais vu une nef dont la perspective offrît celle d'un cube, puisque la hauteur n'est guère plus considérable que la largeur. Je ne parle pas des détails d'architecture, où je vois beaucoup de complications pour produire un très mauvais effet. Je n'en citerai qu'un exemple : les fenêtres seules sont assez bien proportionnées. Eh bien ! on va les diviser par des meneaux qui sont même taillés ; on augmentera la dépense pour réduire les baies à de simples lucarnes, où les personnages ne paraîtront que de petits bonshommes.

Ce qui prouve que ni le plan, ni le devis ne nous ont été soumis préalablement, c'est une lettre de vous à l'architecte, le 21 mars, où vous dites : « Voilà quinze jours que les travaux devraient être en cours ». Le traité étant du 10 mars, vous aviez donc tout arrêté, tout commandé avant le traité. Rien de plus naturel, puisque nous n'avions rien à payer, tous les travaux vous incombant, même la menuiserie, les vitraux, le dallage et la peinture décorative (sic).

Nous aurions d'autant moins assumé une responsabilité que nous n'avions aucune ressource, et que notre directeur doit de fortes factures au boulanger et au boucher.

Je m'empressai de vous écrire le lendemain de l'acte pour vous féliciter de votre insigne générosité et vous offrir ma modeste expérience, vous invitant à venir à Grandmont, où l'étude des lois de la proportion m'avait fait découvrir l'ancienne chapelle que je reconstruisis en observant rigoureusement ces lois.

Quelque temps après, ayant vu les plans chez M. Prat, je vous écrivis une seconde lettre, vous envoyant même une double perspective : celle d'une nef cubique, celle de la nef voûtée, la largeur réduite à neuf mètres, largeur bien suffisante, puisque Saint-Denis a seulement huit mètres dix. J'insistais sur ce point, que l'exagération de la largeur réduisait la hauteur apparente et augmentait la dépense d'une manière considérable.

Vous ne crûtes pas devoir me répondre. A toutes mes considérations, à toutes mes critiques, M. Prat répondait toujours : « C'est M. Faulquier qui le veut ainsi ; c'est lui qui a tout ordonné, tout commandé ; c'est lui qui veut non une voûte, mais un plafond carré, comme celui de son boudoir ». Et l'architecte ajoutait : « Nous ferons comme à Saint-Jean-de-Latran ».

Je vous certifie, sur l'honneur, cette réponse et ce mot typique. C'est à la suite de cet entretien que je vous écrivis une seconde lettre. Il paraît même qu'en sus du devis, vous avez fait ajouter de la pierre froide, augmenter le cube des contre-forts et la superficie de la pierre de Saint-Geniès.

Dès les premiers jours, j'ai déploré et dénoncé les défauts du projet. M. Prat a refusé d'accepter la moindre critique, se retranchant derrière votre ordre. Il se peut qu'*il ait abusé de votre nom ;* il n'en est pas moins vrai que nous n'avons rien approuvé ; que j'ai toujours protesté, au point de vue de l'art ; que je n'ai obtenu aucune satisfaction, malgré mes lettres, où je vous témoignais, avec ma reconnaissance, comme président, pour votre libéralité, mes objections au point de vue de l'art. Qu'est-il arrivé ?

Que la dépense a dépassé le devis, que l'église reste inachevée, que vous avez le droit de ne pas dépasser le crédit de 60,000 francs, que la Société n'a pas les moyens de fournir le surplus, et que personne ne veut donner pour finir, comme on dit, l'œuvre de M. Faulquier, l'archi-millionnaire.

Hélas ! par deux fois, ce qui est rare dans une vie, j'aurai relevé deux monuments historiques, et, par deux fois, je n'ai même pu faire triompher les éléments de l'art chrétien dans la construction de deux églises, l'une sur la route de Maguelone, l'autre sur celle de Grandmont. L'église de Palavas descend dans les eaux, et n'a, du Moyen-Age, que l'armature de fer, dont il a fallu protéger sa chute prématurée ; l'église Saint-Georges est arrêtée dans son essor vers le Ciel, et elle semblerait condamnée à rester une ruine, si nous ne connaissions votre élévation de cœur et votre esprit pratique.

Je ne vois qu'un moyen de tout concilier, c'est que vous consentiez à vous mettre en rapport avec notre cher Don Babled, dont vous connaissez le dévouement. Lui seul a qualité pour résoudre la question que la Société civile ne peut trancher.

Je n'en regrette pas moins ces difficultés, qui ne sauraient amoindrir ma haute considération pour votre caractère, ni ma reconnaissance pour votre générosité, ma sympathie respectueuse pour la mémoire du fils que vous avez perdu et dont le souvenir doit rester inhérent à la fondation.

Veuillez agréer, etc...

F. FABRÈGE.

Montpellier, le 21 avril 1897.

Ceux de mes lecteurs qui auront suivi avec attention toutes les phases de ce débat, seront de cet avis que la réponse de M. Fabrège ne pouvait rien modifier au pénible état de choses dans lequel je me débattais. Il est clair que sa principale préoccupation était de dégager la responsabilité de sa société, responsabilité bien entière cependant, et engagée à fond par la signature du contrat du 10 mars 1896.

Dans ces conditions, cette lettre était loin de résoudre la question pendante.

Ce fut la première impression que j'éprouvai à sa lecture. Et il s'ensuivit pour moi une grande déception, puisque j'espérais tout de l'intervention du président de la Société.

M. Fabrège, dans sa lettre, constatait, critiquait, récriminait, se laissait aller à l'amertume de quelques souvenirs privés, à la satisfaction qu'il éprouvait de sa trouvaille monumentale à Grandmont ; divaguant sur certains points, se trompant sur certains autres. Mais il n'entrait pas dans le vif du débat, il ne concluait pas. Dignitaire inutile, il me laissait dans le gâchis où je me débattais.

Et, en m'appesantissant sur cette lettre, j'en vins à comprendre qu'elle avait été écrite sous l'influence de M. Babled. Les tours de phrases, les digressions, les fioritures étaient bien de M. Fabrège ; le fond, l'esprit était de M. Babled, il n'y avait pas à en douter.

Si M. Fabrège avait écrit de sa propre inspiration, aurait-il pu dire que j'avais fait signer une convention dont j'avais imposé les termes ? Qu'il n'avait donné sa signature qu'à regret à cause de la teneur de l'acte ? Non, cent fois non, car M. Fabrège, livré à lui-même, n'aurait pas *oublié* que, par sa lettre du 11 mars 1896, il me félicitait d'avoir « imposé des conditions qui sont la sauvegarde de l'orphelinat » ; que, dans son enthousiaste reconnaissance, il m'avait dénommé le « bouclier et le rempart de l'œuvre de Don Bosco », ce qui est en complète contradiction avec les regrets que sa lettre exprime, avec la violence dont elle se plaint.

C'est surtout la phrase « quand les temps le permettront » qui a motivé les regrets de M. Fabrège. Il la trouvait insolite, cette phrase, séditieuse surtout. « Que dirait un Tribunal de cette condition illégale », écrit-il. Le Tribunal n'en a rien dit ; c'est moi qui ai dit, et qui répète, que cette phrase est bien innocente comparée à la teneur de l'acte que proposait M. Babled, réellement séditieuse cette teneur, comme M. Fabrège a pu s'en rendre compte.

Du reste, avais-je le droit d'imposer quoi que ce fût au Président de la Société ? Pouvais-je le contraindre à signer un acte qui ne lui aurait pas convenu ? N'avait-il donc pas son libre arbitre pour refuser sa signature si les conditions de l'acte ne lui plaisaient pas ? s'il y trouvait des expressions séditieuses ? A qui M. Fabrège pourrait-il faire croire que je lui mis le couteau sur la gorge pour lui faire signer qu'il acceptait mes 60.000 francs ? Peut-on comprendre que j'eusse besoin de tant de violence pour faire prendre mon argent ? On ne le comprendrait même pas si, au contraire, il s'était agi de m'en verser !

Si M. Fabrège avait conçu sa lettre lui-même, aurait-il avoué qu'il avait signé l'acte sans se rendre compte du plan ni du devis ? Ce n'est pas admissible ; c'est une trop grande naïveté que de faire un pareil aveu, et M. Fabrège ne l'aurait pas commise de son propre mouvement, comprenant que personne ne voudrait admettre que lui, président, avait signé un contrat aussi important pour sa Société, contrat basé sur un plan et un devis, sans avoir examiné le plan, épluché le devis.

Pouvait-on croire que M. Fabrège aurait songé à mettre en avant qu'on refusait des dons pour aider à l'achèvement de la chapelle, sous le prétexte que cette chapelle était mon œuvre ? C'est, on s'en souvient, une des sottes raisons invoquées par M. Babled que j'ai combattues et détruites.

Pouvait-on croire encore qu'il aurait eu assez d'audace pour me conseiller, après tout ce qui s'était passé, de compter sur le dévouement de son directeur, M. Babled, et de m'entendre avec lui ?

Mais voici qui est encore plus caractéristique : M. Fabrège déclare, dans sa lettre, avoir sous les yeux un devis de 68.751 francs, devis annoté de ma main ; il ne s'explique pas ce devis quand le contrat ne parle que d'un devis de 60.000 francs, et il m'accuse d'avoir, « en sus du devis, fait ajouter de la pierre froide, augmenter le cube des contre-forts et la superficie de la pierre de Saint-Geniès ».

Après cela, pouvais-je penser que M. Fabrège avait réellement vu ce devis de 68,751 francs ? Si ces appréciations avaient été le résultat de son examen, sur quoi se serait-il appuyé pour dire que le devis était annoté de ma main ? On sait que ces annotations se résument à quelques signes au crayon bleu ; donc rien ne lui indiquait que ces signes étaient de moi.

Comment aurait-il pu me faire un grief d'avoir, en dehors du devis, exigé un socle en pierres froides, des contre-forts plus larges, etc., quand ces améliorations faisaient partie de ce devis ?

Pourquoi ne se serait-il pas fait expliquer le montant de ce devis, dépassant de 8.751 francs la somme mentionnée sur le contrat ? S'il avait exigé ces explications, comme c'était son droit en qualité de président, on n'aurait pas pu lui taire que ce devis n'était pas celui du contrat et que M. Babled l'avait fait établir en vue de ses besoins.

Commettre de telles inadvertances dans une lettre, c'est démontrer qu'on s'est bénévolement laissé induire en erreur.

Toutes ces réflexions confirmèrent en moi la certitude que M. Babled, seul, avait pu inspirer la lettre de M. Fabrège ; je n'avais plus à m'étonner de n'y pas trouver la satisfaction que j'en attendais.

Mais j'inférais de là que M. le président de la Société, qui aurait dû être au courant de tout, ignorait les diverses phases de mon différend avec M. Babled et, partant, les causes de la situation difficile dans laquelle se trouvait ma fondation. J'avoue que je préférais m'en tenir à cette pensée que M. Fabrège péchait par ignorance, que d'avoir à l'accuser de se faire le complice de son directeur. Je me promis d'ailleurs, à la première occasion, de lui dessiller les yeux, de l'instruire de toutes choses. Cette occasion ne devait pas tarder à m'être offerte.

Mais je ne dois pas quitter la lettre de M. Fabrège sans m'arrêter sur les critiques d'art qu'elle contient, dans lesquelles on sent percer comme un reproche à mon endroit relatif à ses conseils que j'aurais dédaignés. Il y a, là encore, l'esprit *actif* de M. l'abbé Babled qui agit. On avait laissé croire à M. Fabrège que je m'étais moqué de ses conseils, que j'avais voulu imposer ma volonté, et il me donnait à entendre que j'avais mal fait. C'est seulement quand je lus cette lettre que je compris la façon dont M Babled et M. Prat avaient agi dans cette circonstance, et c'est alors que j'éprouvais le regret — regret que les évènements futurs devaient accentuer — de ne pas avoir laissé M. Prat se débarrasser des conseils de

M. Fabrège, comme on a vu qu'il voulait le faire.

Je m'arrête aussi sur cette remarque de M. Fabrège portant sur ma lettre du 21 mars 1896 à M. Prat, où je lui dis : « Voilà quinze jours que les » travaux devraient être en cours. » Le contrat étant du 10 mars, *onze* jours seulement avant cette lettre, M. Fabrège trouve dans ce fait la preuve qu'aucun plan, qu'aucun devis ne lui ont été soumis préalablement. Et il ajoute : « Vous aviez donc tout arrêté » avant le traité. »

— Eh oui, Monsieur Fabrège, certainement ; ainsi que vous dites, tout était arrêté, convenu avant le traité, le plan et le devis. Pouvait-il en être autrement ? Le traité avait pour base ce plan et ce devis ; ne fallait-il pas les élaborer avant d'établir le traité ? Cela peut-il prouver que ces pièces ne vous ont pas été soumises ? Cela ne prouve qu'une chose : que ces pièces étaient prêtes avant la signature du contrat et que si réellement vous ne les avez pas vues, c'est que vous y avez mis de la négligence ou de la mauvaise volonté !

Voilà une remarque, Monsieur Fabrège, que vous auriez mieux fait de garder pour vous. A quoi bon donner le bâton pour se faire battre ?

Mes lecteurs comprendront que je laisse de côté les réflexions de M. Fabrège touchant l'église de Palavas ; elles n'ont aucun intérêt pour ce mémoire. Je me bornerai à exprimer l'espoir que les craintes de mon correspondant sur la prochaine submersion de l'édifice sont vaines, et que, quoique près des flots, il restera, symbole de foi, debout pendant des siècles, ferme sur sa base : *Nec mergitur*.

Mais que voulait dire le président de la Société en invoquant mon esprit pratique et mon élévation de cœur pour que la chapelle Saint-Georges ne restât pas une ruine ? Dans cette fondation pieuse l'esprit pratique n'avait rien à faire ; quant à mon cœur, je l'avais, en effet, tout donné à cette œuvre ; pourquoi l'a-t-on piétiné, sans respect pour mon malheur, sans pitié pour ma souffrance ? Sied-il à celui qui, inhabile à défendre la vérité, dédaigneux de sa responsabilité, m'a laissé subir ce martyre, d'avoir recours à mon cœur brisé ?

Et quand la Société, dans ses conclusions, a déclaré que, par mon rôle encombrant et autoritaire, j'avais obligé M. Fabrège à fuir le chantier, à se cacher, elle n'a pas pris garde que son président avait par avance démenti cette déclaration. Ne voyons-nous pas dans la lettre que nous venons de lire qu'il était — comme je l'ai indiqué dans les pages précédentes — occupé depuis longtemps par l'église de Grandmont ?

Donc, j'avais raison de dire tout à l'heure que cette lettre de M. Fabrège cherchait uniquement à dégager sa Société et lui-même de tout ennui, sans apporter même le secours d'une idée à l'œuvre compromise. Par conséquent, l'intervention de M. le Président restait inutile, stérile, incapable de remédier, si peu que ce fût, au mal qu'elle aurait dû guérir !

Alors que faire ?

J'étais à me poser cette question lancinante, quand M. Fabrège et M. Babled me firent demander de les recevoir chez moi à l'effet d'étudier une combinaison devant tout arranger. Que pouvait bien être cette combinaison ? Je n'en avais pas idée. Il va sans dire que j'acceptai le rendez-vous proposé ; il répondait trop, je l'avoue, à mes désirs secrets pour le repousser. Ce rendez-vous fut fixé au 29 avril 1897. Je priai M° Bonfils, notaire, ainsi que M. de Surville, mon gendre, d'y assister. La réunion se tint à mon domicile. M. l'abbé Babled, que je n'avais pas vu depuis plusieurs mois, se présenta comme s'il me voyait tous les jours, comme s'il s'agissait d'une visite sans importance.

J'abrégeai, on le conçoit, les préliminaires, priant mes visiteurs d'aller au but.

M. Babled s'exécuta tout de suite ; il me répéta en substance à peu près tout ce qu'il m'avait fait dire par son économe, M. Harmel ; il invoqua de nouveau sa maladie, son impossibilité de se procurer des fonds et, tout en reconnaissant, devant mon insistance, qu'il s'était formellement engagé à supporter les dépenses supplémentaires, il persista à se déclarer incapable de les payer.

D'ailleurs, il ne chercha pas à excuser ni à expliquer sa conduite à mon égard ; il paraissait plutôt vouloir laisser croire qu'elle était toute naturelle ; c'est dire que son attitude, pour être malaisée, n'en était pas moins un peu agressive.

Naturellement je ne me fis pas faute de discuter, de me défendre, de démontrer à M. Babled que tous les torts étaient de son côté ; mais il ne s'amenda pas, tant s'en faut ; il eut même une altercation assez violente avec M. de Surville qui sut, heureusement, rester maître de lui malgré le ton trop provocant de M. Babled ; celui-ci, surexcité plus que de raison, se calma difficilement ; il fallut l'intervention de M. Bonfils et les observations de M. Fabrège pour obtenir ce calme, duquel un homme bien élevé, encore moins un prêtre, n'aurait pas dû se départir.

Ce pénible incident n'était pas fait pour arranger les choses. Je sentais, chez M. l'Abbé, une sourde hostilité, mal dissimulée, une sorte de dépit essayant de se déguiser sous les allures de la dignité offensée. Et je me demandais à quoi nous aboutirions dans cette réunion.

Cependant, l'occasion que j'avais souhaitée pour tirer M. Fabrège de l'ignorance dans laquelle j'avais compris qu'il était, se présentait aussi propice que possible. Je n'eus garde de la manquer. Et, profitant d'un moment où M. Babled causait avec mon notaire, je reprochai doucement à M. Fabrège, en faisant allusion à sa lettre du 21 avril, de m'avoir écrit beaucoup d'inexactitudes.

— Des inexactitudes ? s'écria-t-il ; mais je ne crois

pas, Monsieur Faulquier. Où prenez-vous des inexactitudes dans ma lettre ?

Il ne me fut pas difficile de les lui signaler. Et je compris, à la vive surprise qu'il exprimait, que mes renseignements, mes explications, lui découvraient beaucoup de choses qu'il ne soupçonnait même pas.

Ainsi il ignorait les diverses phases par où le devis avait dû passer, ma première offre de 50.000 francs, portée à 60.000 pour couvrir les dépenses de pierres froides et d'élargissement des contre-forts ; il ignorait que M. Babled avait voulu une chapelle avec les dimensions que lui, M. Fabrège, critiquait si fort ; qu'à cet effet, et en prévision d'une grande affluence de fidèles, M. Babled avait fait établir un nouveau devis avec les améliorations qu'il lui fallait, lequel devis arrivait à 68.000 francs ; qu'il s'était engagé à prendre à sa charge toutes les dépenses dépassant mes 60.000 francs. M. Fabrège avoua ne pas s'être rendu compte que les pierres froides étaient portées sur ce devis, que l'augmentation des contre-forts y était prévue ; il ne connaissait pas l'arbitrage de Mgr l'Evêque pour la teneur du contrat, l'épisode de l'emplacement de la chapelle, les préparatifs coûteux faits pour loger l'orgue, etc., etc...

En un mot, M. le président de la Société ne savait rien.

Aussi était-il intéressé autant que surpris par mes révélations ; il me paraissait même indigné qu'on l'eût laissé dans cette ignorance ; et, après m'avoir prié d'excuser les inexactitudes qui se trouvaient dans sa lettre, il reconnut de bonne grâce qu'il ne l'avait écrite que sur les indications fournies par M. l'abbé Babled. — Je ne m'étais donc pas trompé dans mon jugement sur la valeur de cette lettre.

— Si j'avais été instruit de l'affaire comme je le suis à présent, ajouta M. Fabrège, je n'aurais pas écrit des choses inexactes ; mais pouvais-je me douter qu'elles l'étaient ? J'étais à mille lieues de le penser. Aussi étais-je de bonne foi en vous écrivant.

Et se laissant aller, sans doute, à l'indignation qu'il ne comprimait qu'avec peine, M. Fabrège compléta sa pensée en me glissant dans l'oreille une appréciation sur le compte de M. Babled, que je me garderais bien de répéter ici, tant elle est sévère et difficile à exprimer !

Je me félicitais d'avoir opéré cette conversion, c'est-à-dire d'avoir remis M. Fabrège dans la bonne voie. J'espérais retrouver désormais en lui l'homme aimable et loyal qu'il s'était montré au début de nos rapports, et j'en éprouvais une satisfaction bien douce, un soulagement profond. Je souffrais : la moindre accalmie dans cette souffrance me causait un grand bien-être.

Mais, hélas ! ce fut encore une illusion. Sur le moment M. Fabrège me parla sincèrement, il était convaincu que j'avais raison ; et, livré à lui-même, il aurait problablement agi comme son devoir le lui indiquait. Malheureusement — pour lui surtout — il ne tarda pas à retomber sous l'influence fâcheuse qu'il avait déjà subie. Comme homme, il se laissa tromper ; comme président, il se laissa annihiler ; tant et si bien, que la situation a empiré, s'est embrouillée au point qu'il a fallu recourir aux tribunaux pour la dénouer.

Et dans les conclusions que M. Fabrège, défendeur dans l'affaire, a fait établir, sont répétées toutes les inexactitudes qu'il m'a écrites le 21 avril 1897. Elles sont répétées et élargies, développées, ainsi que mes lecteurs ont pu s'en rendre compte.

— Oui, Monsieur Fabrège, vous avez laissé répéter ces inexactitudes ; vous les avez laissé développer, et en les développant on en a fait des mensonges, mensonges d'autant plus graves que vous vous en serviez devant la justice ! Et vous ne vous en êtes pas tenu à ceux qui étaient en germe dans votre lettre du 21 avril ; vous en avez laissé dire d'autres, pas mal d'autres. J'en ai combattu et détruit de ces mensonges ; il m'en reste à combattre qui, je l'espère, seront également détruits ; ils n'en sont pas moins une lourde charge pour vous, Monsieur le président, car rien n'est lourd sur la conscience comme le mensonge ! Et il ne vous est plus possible maintenant de chercher une excuse dans votre ignorance, puisque je vous ai ouvert les yeux ! Peut-être, complaisamment, avez-vous consenti à les fermer de nouveau pour laisser vos partenaires trouver des moyens de défense... Je ne crois pas, cependant, qu'il en soit ainsi, Monsieur Fabrège, car alors vous seriez encore plus coupable envers moi : votre complicité, vos palinodies auraient fait place à une lâcheté !

Satisfait du côté de M. Fabrège, je revins à M. Babled, qui ne m'avait pas encore soumis la fameuse combinaison qui, on ne l'a pas oublié, était le but de la réunion. Cette combinaison consistait en ceci :

Je paierais tout de suite les 10,000 francs qui me restaient à verser pour parfaire les 60,000 francs prévus par le contrat, puis M. Babled ferait, à ses frais, terminer la chapelle sommairement, mais d'une façon suffisante pour permettre de l'inaugurer et d'y exercer le culte. Il était en mesure, disait-il, de consacrer à cela 10 à 12,000 francs.

Cette proposition me surprit quelque peu : c'était une solution que je n'avais pas prévue et qui, à première vue, ne pouvait pas me convenir ; M. l'Abbé le comprit à la façon dont j'accueillis ses paroles. Il s'efforça alors de me présenter sa combinaison comme une solution provisoire, qui aurait au moins le mérite de mettre fin à un litige très pénible.

Fort bien ; mais ce n'était pas de cette façon que le litige, quelque pénible qu'il fût, devait prendre fin. M. Babled, par cet arrangement équivoque, ne remplissait pas ses engagements envers moi, qui avais rempli les miens envers lui ; car ce n'était pas une chapelle incomplète qu'il devait me donner de par nos accords ; et je sentais que ce qu'il appelait une solution *provisoire* deviendrait une solution définitive si je l'acceptais.

Or, je ne pouvais pas consentir à ce qu'une chapelle dédiée à mon fils, à laquelle je consacrais 60,000 francs, fût livrée au public mal finie, badigeonnée tant bien que mal, gardant un aspect lamentable. Ce n'était pas du tout ce que j'avais rêvé, c'était loin d'être ce que le contrat stipulait. Etait-ce ma faute si M. Babled avait voulu aller au-delà de ma fondation en prévision de ses besoins futurs ? Parce qu'il avait été ambitieux, parce qu'il avait voulu exécuter ses projets plus ou moins sages, fallait-il que je subisse un arrangement aussi piètre ?

Puis, il faut bien le dire, je restais persuadé que M. Babled avait de l'argent, plus d'argent que ce qu'il offrait pour terminer provisoirement la chapelle. Cette persuasion qui reposait, mes lecteurs le savent, sur plusieurs faits, notamment l'acquisition de la petite propriété P... et les grandes améliorations que M. Babled y avait apportées, la construction, par exemple, d'un grand bassin de natation, etc. ; cette persuasion, dis-je, ne me permettait pas d'accepter la combinaison proposée, car il était évident pour moi que si M. l'abbé Babled faisait de telles dépenses, non urgentes, c'est qu'il avait des ressources ; dans le cas contraire sa conduite était inconséquente, blamâble, et en consentant à ce qu'il me demandait, c'était en quelque sorte excuser cette conduite, qui lui faisait dépenser à des choses inutiles les fonds qu'il devait consacrer à la chapelle ou, pour mieux dire, à remplir ses obligations d'honneur !

Je refusai donc l'arrangement qui m'était présenté. Je déclarai à M. Babled et à M. Fabrège que, tout en désirant plus ardemment qu'eux la fin de notre différend, je devais exiger que la chapelle fût entièrement et convenablement finie au dehors comme au dedans, et munie des principaux accessoires, en conformité avec les conditions du contrat.

Quant au solde de 10,000 francs environ que j'avais à payer, je reconnus que je le devais, et je promis de le verser, non pas dès la reprise des travaux, mais une fois tout bien terminé. Pourquoi d'ailleurs l'aurais-je versé plus tôt ? J'avais pas mal de raisons pour ne faire ce versement que lorsque la chapelle aurait reçu son complet achèvement : je les fis connaître à mes interlocuteurs telles que mes lecteurs les ont trouvées dans le chapitre VIII.

Mais toutes mes objections, tous les motifs dont j'accompagnais mon refus ne parurent pas faire impression sur M. l'abbé Babled, qui se retira, accompagné de M. Fabrège, en m'annonçant qu'il avait fait dresser par son architecte une sorte de devis d'achèvement provisoire, justifiant la dépense de 12,000 francs dont il se chargeait, et qu'il ferait tenir ce devis à mon notaire, Mᵉ Bonfils, pour qu'il pût être examiné. M. Babled espérait qu'après cet examen je me déciderais à acquiescer à sa proposition.

Que pouvait-on faire avec 12,000 francs dans une

construction de cette importance, où tant de choses restaient à exécuter ? L'architecte avait estimé à 40,000 francs le chiffre des dépenses nécessaires pour achever l'édifice, en dehors de mes 60,000 francs, bien entendu ; et M. Babled voulait suppléer à ces 40,000 francs — chiffre plutôt au-dessous qu'au dessus de la vérité — avec 12,000 francs ! C'était inacceptable.

Voilà tout ce qu'avait pu produire l'intervention de M. Fabrège : une proposition qui avait beaucoup d'analogie avec un leurre. C'était vraiment trop peu.

Dignitaire inutile, je l'ai dit, ne sentant pas sa responsabilité !

XII

INTERVENTION DE M. LE CHANOINE BALP

> Il n'était accompagné que de sa vertu et de la seule dignité de son sacerdoce. MASSILLON.

J'ÉTAIS à ce point pénétré que je ne devais pas accepter cet arrangement, proposé par M. Babled uniquement pour débourser le moins possible et garder ses fonds pour d'autres emplois, que dès ce moment je conçus le projet de soumettre l'affaire à Monseigneur l'Evêque, en le suppliant d'user de son autorité pour amener M. l'abbé Babled à tenir ses engagements.

Je commençais à craindre que l'aide de M. Fabrège n'eût aucune efficacité ; que, malgré les bonnes dispositions que j'avais fait naître en lui, il ne retombât dans son indifférence, poussé par M. Babled, qui, sans aucun doute, ne voulait aucunement le laisser empiéter sur son autorité. La proposition qui venait de m'être faite justifiait amplement cette crainte.

Donc je me mis à préparer un résumé des faits, une sorte d'historique de ce qui s'était passé depuis les premières démarches de M. Babled en vue de ma fondation ; je tenais à ce que Monseigneur l'Evêque fût bien au courant de toutes choses.

Ce travail fait, j'écrivis à Sa Grandeur la lettre suivante :

Monseigneur,

J'ai eu l'honneur de me présenter à l'Evêché pour solliciter une audience de Votre Grandeur ; il m'a été répondu que vous étiez absent.

J'avais à vous entretenir de la chapelle Saint-Georges que j'ai fondée dans l'établissement des Salésiens, fondation à laquelle vous avez si largement participé par vos conseils éclairés. — Et sachant que les tournées pastorales vont vous tenir éloigné de Montpellier pendant un certain temps, je prends le parti de vous écrire pour vous mettre au courant de la situation dans laquelle je me trouve.

J'ai éprouvé beaucoup d'ennuis, Monseigneur, pour ma fondation. J'ai eu affaire, en M. l'abbé Babled, à un homme très difficile à manier, qui n'a pas su comprendre le rôle qui lui était échu et qui m'a souvent causé de vives peines. J'ai tout supporté sans rien dire, essayant d'aplanir les difficultés, comptant sur le bon sens de M. Babled pour le voir revenir à de meilleurs sentiments Je me suis trompé. — Et quand les travaux ont été brusquement arrêtés par l'architecte, M. l'Abbé n'a rien fait pour porter remède à ce déplorable état de choses.

Voyant que je ne puis rien obtenir, je me décide, Monseigneur, à recourir à votre haute intervention pour tout arranger si c'est possible. Afin que Votre Grandeur soit bien au courant de ce qui s'est passé entre M. l'abbé Babled et moi depuis qu'il est question de la chapelle Saint-Georges, j'ai établi un résumé que je vous fais remettre avec cette lettre. J'espère que vous voudrez bien en prendre connaissance. — Les faits qui y sont relatés sont l'expression de la vérité la plus absolue ; et si, comme c'est probable, Votre Grandeur croit devoir communiquer ce résumé à M. Babled, elle verra qu'il sera obligé d'en reconnaître toute l'exactitude.

Ai-je besoin d'ajouter, Monseigneur, que je suis entièrement à votre disposition pour le cas où vous auriez besoin d'autres explications ? pour le cas aussi où M. Babled discuterait certains points de mon mémoire et où mon intervention serait alors nécessaire ?

Je connais trop votre paternelle sollicitude, Monseigneur, pour douter un seul instant de votre désir de mettre fin à une situation très pénible à tous les points de vue. Je suis donc certain que vous interviendrez de manière à faire aboutir dans les conditions convenues une œuvre à laquelle Votre Grandeur a daigné accorder sa bienveillance.

Veuillez agréer, Monseigneur, avec la bien sincère expression de ma vive reconnaissance, l'hommage de mon profond respect.

L. FAULQUIER.

Montpellier, 7 mai 1897

Je ne reçus pas une réponse immédiate ; mais je n'en fus pas surpris, comprenant que Monseigneur avait besoin d'étudier l'affaire bien à fond avant d'agir.

Entre temps M. Babled, suivant sa promesse, avait adressé à mon notaire son devis d'achèvement provisoire, lequel atteignait le chiffre de 13.655 fr 50.

Cette somme totale se divisait comme suit :

1° Maçonnerie	3.148	»
2° Plâtrerie.	8.067	40
3° Plancher du clocher . . .	240	»
4° Menuiserie.	1.056	10
5° Serrurerie	500	»
6° Zinguerie	644	»
Total . . .	13.655	50

Il n'était pas question, dans ce devis, des vitraux, de la peinture du plafond ni de la construction de l'avant-corps ou porche de la chapelle, partie qui devait recevoir le bas-relief de saint Georges.

En sus du montant de cet « achèvement provisoire », il y avait à payer 9,764 fr. 85, pour les soldes dus à l'entrepreneur et à divers fournisseurs ; mais j'avais à verser, moi, pour parfaire les 60,000 fr., la somme de 9,652 fr. 35 c.

Donc, M. Babled se chargeait, pour terminer *provisoirement* la chapelle, d'une dépense de 13,800 fr. environ.

C'était — je l'ai dit — par trop insuffisant ; il ne m'était pas possible de consentir à cette solution, qui, à mes yeux, n'en était pas une.

En retournant ce devis à mon notaire, qui me l'avait communiqué, je lui déclarai que je m'en tenais aux termes du contrat. Il fallait donc que M. Babled prît ses dispositions pour terminer l'édifice, non pas sommairement, comme il le voulait, mais rationnellement, c'est-à-dire dans tous les détails prévus par le plan et par nos accords.

Je lui déclarai, en outre, que je prenais à ma charge la construction de l'avant-corps en pierres de taille, cela afin de pouvoir y faire placer le bas-relief de saint Georges. Le coût de cette construction, sans parler du coût du bas-relief qui ne regardait que moi seul, serait prélevé sur le solde que j'avais à payer, et ce qui resterait non employé serait versé entre les mains de M. Babled.

Comme je le craignais, cette solution ne plut pas à M. l'Abbé. Et il ne trouva rien de mieux que de reprendre cette attitude inerte à laquelle il savait si bien recourir pour lasser ma patience ou fléchir ma fermeté.

Cependant Mgr l'Evêque ne perdait pas de vue ma requête. Dans le courant du mois de juin 1897, j'eus l'honneur de recevoir la visite de M. le vicaire général Canonge, qui, au nom de Sa Grandeur, venait me demander si, comme médiateur dans mon différend avec M. l'abbé Babled, j'acceptais M. le chanoine Balp, supérieur des Missionnaires diocésains. Comment n'aurais-je pas accepté l'intervention de M. Balp, dont la compétence administrative, l'esprit profondément judicieux, en même temps que la haute piété, m'étaient parfaitement connus ? Ce choix de Mgr l'Evêque me flattait beaucoup et me donnait la preuve de tout l'intérêt que Sa Grandeur portait à ma fondation. Je le dis à M. le chanoine Canonge, en le priant de présenter mes remerciements les plus chaleureux à Monseigneur.

En effet, Mgr l'Evêque ne pouvait pas choisir un médiateur plus apte à régler cette déplorable affaire que M. le chanoine Balp. J'en étais transporté de joie, car j'espérais fermement que, grâce à l'entremise de M. Balp, tout s'arrangerait enfin.

Peu de jours après la démarche de M. le chanoine

Canonge, je reçus la visite de M. le chanoine Balp. Je m'empressai de lui exprimer toute la satisfaction que j'éprouvais de voir le sort de ma fondation entre ses mains. Il m'assura qu'il ferait tout son possible pour mener à bien la mission qu'il tenait de Sa Grandeur.

— J'ai lu le résumé que vous avez eu la bonne pensée de remettre à Monseigneur, me dit M. Balp, et, dès à présent, je vous déclare que vous avez raison sur tous les points ; il est incontestable que si vous êtes engagé à verser 60,000 francs pour votre fondation, M. l'abbé Babled, par contre, est engagé à vous donner une chapelle parfaitement finie. Voilà mon opinion ; voilà dans quel sens je vais opérer, et il faudra bien que satisfaction vous soit donnée.

Ces paroles entraient dans mon cœur comme un baume bienfaisant et me procuraient un apaisement délicieux. Il y avait si longtemps que j'étais abreuvé de fiel !

Toutefois, je crus devoir prévenir M. le chanoine Balp qu'il aurait affaire à forte partie avec M. Babled, dont le caractère n'était pas aisément traitable. Par tous les faits relatés dans le résumé que j'avais adressé à Mgr l'Evêque, il avait pu s'en rendre compte. Je l'engageai pourtant à ne pas perdre confiance. Envoyé de Sa Grandeur, il revêtait un prestige, une autorité qui feraient certainement impression sur l'esprit de M. l'Abbé, pendant que, par ses paroles pleines de douceur, ses exhortations pleines de bonté, il toucherait son cœur rebelle.

Mais M. Balp n'avait pas besoin d'être encouragé ; il paraissait certain du succès de ses démarches et nullement ému par les difficultés que je lui faisais entrevoir.

Malgré cette assurance, connaissant de plus en plus la valeur de mon adversaire, et désirant ardemment voir M. Balp réussir dans sa mission que, mieux que personne, je savais difficile, je lui promis tout spontanément de donner à la fondation 10,000 francs en sus des 60,000 fr. engagés, si les travaux étaient repris tout de suite et complétés dans les conditions normales. Cette offre, à laquelle M. le chanoine Balp ne s'attendait point, lui causa, je dois le dire, une profonde satisfaction, car il me déclara qu'il n'était pas possible de montrer plus de bon vouloir et plus de générosité pour régler ce différend.

Et quand il me quitta, je vis que, absolument convaincu de mon bon droit, il était animé du plus grand zèle pour réussir. L'affaire était délicate, pénible ; mais il pourrait, m'affirmait-il, grâce à ma façon de procéder, grâce aussi, sans doute, à la loyauté de M. Babled, la terminer comme elle devait l'être.

Pour moi, j'étais dans le ravissement ; je reprenais mon rêve en quelque sorte au point où il avait été si cruellement interrompu ; le calme se faisait en mon cœur.

Hélas ! ce ne fut pas de longue durée.

M. le chanoine Balp revint me voir bientôt ; il avait l'air consterné. M. Babled, m'apprit-il, n'avait pas fait à sa démarche l'accueil qu'il était en droit d'espérer ; il lui avait déclaré ne pas pouvoir souscrire à ma condition, n'ayant point d'argent et se disant dans l'impossibilité matérielle d'en trouver, la chapelle étant ma propriété ; il ajoutait qu'il aurait bientôt les fonds nécessaires si la chapelle appartenait aux Salésiens.

Et M. Balp, anxieux, me priait de lui dire ce qu'il devait faire.

Qu'il était bien toujours le même mon terrible antagoniste ! il aimait la lutte âpre, ardente, continue ; vaincu, il se redressait encore pour essayer de reprendre le dessus, ne voulant pas, qu'il eût tort ou raison, — peu lui importait — rester vaincu !

C'est ainsi que, ne pouvant plus insister sur sa proposition d'achèvement provisoire, acculé par les raisonnements indiscutables de M. le chanoine Balp, démonté peut-être par mon offre des 10,000 francs supplémentaires, à laquelle il ne s'attendait pas, il refusa quand même d'avouer ses torts, et il se retrancha derrière cet argument, le seul qui lui restât : « Je
» n'ai pas d'argent ; mais si la chapelle était la pro-
» priété des Salésiens, j'en aurais. »

Evidemment il y avait dans cet argument un fond de déloyauté, qui avait échappé, je le crois, à M. Balp, mais que M. Babled voyait très bien ; ce qui, loin d'être une raison pour l'empêcher de s'en servir, ne pouvait que lui donner, à ses yeux, plus de valeur...

Je dis à M. Balp que je n'étais pas autrement surpris de son échec, lequel cependant me peinait beaucoup. Je le rassurai quant à la propriété de la chapelle :

— Mon intention, lui dis-je, n'est pas de la garder ; mais avant de parler d'en faire don aux Salésiens, n'est-il pas plus raisonnable de la finir ? Une fois finie, bien finie, je verrai ce que j'aurai à faire ; en tout cas, M. Babled connaît assez mes sentiments pour ne pas avoir de craintes à ce sujet. Revenez donc auprès de lui et, tout en maintenant ce qui a été convenu entre nous, tâchez d'avoir raison de sa résistance.

Et de nouveau je donnai à M. Balp l'assurance que M. l'abbé Babled avait de l'argent. Je lui rappelai ses promesses si formelles, si souvent réitérées ; je le priai de ne point perdre de vue les dépenses faites de-ci de-là sans aucune utilité, ce qui prouvait bien que M. Babled n'était pas sans ressources, comme il voulait le faire croire.

Cela étant, je devais maintenir ma décision : la chapelle, par les soins de M. Babled, serait terminée comme il s'y était formellement engagé, comme le voulait notre contrat. Et, en sus du solde que j'avais à verser, dont une partie serait appliquée à la construction de l'avant-corps, je compterais une somme de 10,000 fr., ce qui élèverait à 70,000 fr.

le montant de ma fondation. Mais je ne paierais rien avant que tout ne fût bien terminé.

M. le chanoine Balp m'approuva. Et, paraissant avoir repris courage, il m'assura que je pouvais compter sur lui plus que jamais.

Avant d'apprendre à mes lecteurs comment M. Babled accueillit la nouvelle tentative de M. Balp pour le décider à tenir ses promesses, à exécuter ses engagements, je dois les prier de jeter avec moi un regard sur les conclusions de la Société, afin de voir comment elles apprécient l'intervention du vénérable délégué de l'Evèché.

A la page 16 nous pouvons lire ceci :

« Attendu qu'il nous a été donné de voir, avec
» une vive anxiété, un profond chagrin, le généreux
» bienfaiteur de la première heure s'engager, chaque
» jour, un peu plus dans la voie où la malveillance de
» tierces personnes, un malentendu peut-être, l'avait
» jeté ;

» Que le 29 juin 1897, en effet, il proposait à la
» Société, par le plus honorable des intermédiaires,
» peu au courant de la situation vraie, des conditions
» léonines, absolument inacceptables. Avant de rem-
» plir ses propres engagements, M. Léon Faulquier
» demandait que « la chapelle fût entièrement ache-
» vée, ornée et meublée convenablement ». Il
» exigeait, en d'autres termes, que la Société com-
» mençât par dépenser 80,000 francs : 1° pour payer
» les sommes dues pour solde aux ouvriers sur les

» travaux déjà terminés ; 2° pour achever le gros
» œuvre ; 3° pour édifier un avant-corps ; 4° pour
» acheter l'orgue, le mobilier, la cloche ; 5° pour
» exécuter les décorations, etc., etc.

» Lorsque l'église sera entièrement achevée,
» ornée et meublée convenablement, ajoutait le
» mandataire de M. Faulquier, celui-ci versera
» 10,000 francs, solde des sommes par lui promises,
» plus 10,000 francs pour le mobilier ».

» Attendu qu'en agissant ainsi M. Faulquier
» enfermait la Société dans un cercle vicieux ;

» Que pour recevoir, en effet, les fonds promis
» ou déjà dus par M. Faulquier, la Société devait
» tout d'abord parachever la chapelle, c'est-à-dire :
» 1° disposer de 50,000 francs pour terminer le gros
» œuvre, y compris la construction du péristyle ;
» 2° employer un second capital de 30,000 francs
» environ pour la décoration, le mobilier, l'orgue,
» etc.; que M. Léon Faulquier, *mieux que nul autre*
» *au courant de la situation*, n'ignorait pas que la
» caisse de la Société ne celait point de pareils
» trésors... »

Et ceci, à la page 17 :

« Attendu que son offre gracieuse d'un nouveau
» présent de 10,000 francs ne pouvait tendre qu'au
» même but ; qu'il fallait, pour avoir l'auréole d'une
» vraie générosité, *ne point la subordonner à d'irréa-*
» *lisables conditions...* »

Donc, au dire de la Société, j'ai voulu me moquer

du médiateur choisi par Monseigneur l'Evêque. Il s'est présenté à M. Babled pour lui proposer des conditions *léonines, absolument inacceptables*, et c'est moi qui l'ai chargé de ce rôle ridicule pour enfermer la Société dans un *cercle vicieux*.

Le contrat du 10 mars 1896 enfermait donc aussi la Société dans un cercle vicieux ! Il est étonnant qu'elle ne l'ait vu qu'au moment du procès... Par l'intermédiaire de M. Balp, je ne demandais à M. Babled, représentant la Société, que l'exécution de ce contrat et des promesses qui en étaient le corollaire, je n'exigeais donc rien en dehors de mon droit ; bien au contraire, puisque j'offrais un supplément de 10,000 francs pour aider à cette exécution. Il est vrai que la Société taxe cette offre de leurre, de *fausse* générosité ; mais c'est qu'elle ne s'est pas aperçue qu'en parlant ainsi elle reniait son contrat, c'est-à-dire ses engagements formels, la signature de son président ! Elle aurait donc mieux fait de ne rien dire.

M. Balp, qui, contrairement à ce que pensent mes adversaires, connaissait à fond la situation ; qui, en homme pratique, savait quelle était la portée du contrat, n'avait pas hésité à transmettre mes conditions, sentant bien qu'elles n'avaient rien que d'honnête ; s'il les avait jugées ridicules, exagérées, léonines, il me l'aurait dit et ne les aurait pas transmises.

Aussi bien, avant d'agir auprès de M. Babled,

avait-il eu la sage précaution de communiquer ces conditions à Mgr de Cabrières, qui les approuva complètement ; qui fit plus : il chargea M. Balp *d'engager M. Babled à les accepter*. — Ce point n'est pas discutable, car je le trouve dans une lettre de M. le chanoine Balp, adressée le 29 juin 1897 à M. Babled, lettre publiée par la Société (Documents, page 37). Donc mes conditions, aux yeux mêmes de Sa Grandeur, étaient justes et loyales ; elles n'étaient pas autre chose que l'exécution du contrat facilitée par un nouveau don. En conséquence, M Babled était tenu, en homme d'honneur, de les accepter. Non seulement il les a repoussées, mais il les a vilipendées !

Quand l'architecte, M. Prat, vint me trouver pour me dire que M. Babled n'avait pas d'argent et qu'il tenait à savoir qui paierait la suite des travaux, il estimait qu'il fallait 40.000 francs pour terminer la chapelle. Pourquoi la Société, dans les « attendus » que je viens de reproduire, parle-t-elle de 80.000 fr. ? M. Prat s'était-il trompé de moitié ou les conclusions exagèrent-elles du double ? Cette exagération est à craindre, car pour finir la chapelle, comme le demandaient nos accords, une telle dépense n'était pas nécessaire. Cela est si vrai, qu'à un moment M. Babled déclarait pouvoir la mettre en état de servir au culte avec 12 ou 13.000 francs... Cependant, si on veut, dans une église, élargir les dépenses en ornementations, meubles, peintures, etc., rien n'est plus facile ; et dans le cas présent c'était logique d'outrer les dépenses : on outrait mes torts en même temps !

Jusqu'au moment du procès j'ai ignoré que M. Prat avait joué un rôle quand se produisit l'intervention de M. le chanoine Balp. A ma grande surprise, j'ai trouvé dans les documents publiés par la Société une lettre que cet architecte écrivait à M. Babled, dans le but probablement — je n'en vois pas d'autre — de maintenir au diapason voulu l'hostilité de celui-ci. Je ne puis résister à l'envie que j'éprouve de reproduire ici cette lettre :

Mon très Révérend Père,

Vous me permettrez d'exprimer ma pensée au sujet de la lettre du père Balp, mandataire de M. Faulquier. Voici bien les intentions de M. Faulquier :

1° Empruntez immédiatement 10.000 francs pour payer les ouvriers que j'ai commandés à M. Prat (sic) et que je refuse de payer ;

2° Empruntez ensuite 55 ou 60.000 francs pour achever le gros œuvre ; faire exécuter le péristyle et mettre mon saint Georges, l'orgue, le mobilier, la cloche et ce que j'exigerai.

Une fois ce travail fait, si vous avez bien exécuté mes ordres, alors seulement je donnerai les derniers 10.000 francs, et même, comme vous aurez dépensé beaucoup, si je suis content, je donnerai encore 10.000 francs.

Il me semble qu'il va de votre honneur à ne pas accepter une telle situation.

Puisque M. Faulquier a prié Monseigneur d'intervenir dans cette affaire, ne pourrait-on pas faire le raisonnement suivant à Sa Grandeur :

Ou M. Faulquier veut donner la chapelle, ou il ne le veut pas.

S'il veut la donner, qu'il le fasse maintenant, et cette chapelle étant à la Société, on trouvera largement de quoi la finir ; s'il veut même ajouter quelque chose à son don primitif, qu'il le fasse aussi, quoique cela ne soit pas nécessaire ; on lui en sera reconnaissant s'il ne retire pas encore sa parole comme pour les 4.000 francs promis d'abord pour l'orgue et, ensuite, pour les constructions.

S'il ne veut pas donner la chapelle, puisque toutes les aumônes sont refusées à la chapelle d'un particulier, il n'y a plus qu'à se désintéresser complètement de cette construction et laisser enlever les échafaudages, qui s'abîment.

Continuer de suite ou se désintéresser de cette œuvre personnelle : pas d'alternative sérieuse (*sic*).

M. Faulquier acceptera-t-il de trancher la question ? Tous les ennuis qui ont surgi depuis l'origine pourraient faire croire qu'on ne peut l'espérer.

En tout cas, je réserve tous mes droits, et, pour ce qui me concerne, ou il tiendra sa parole de me payer mes honoraires, ou je prierai Monseigneur de le faire comparaître et de jurer sur le Christ si vraiment il ne me connaît pas et s'il ne m'a pas promis les honoraires dont il vous a aussi parlé.

Veuillez agréer, etc...

PRAT.

Montpellier, 1er juillet 1897.

Eh bien ! mes chers lecteurs, qu'en pensez-vous ? Est-elle assez haineuse cette lettre ! L'esprit qui l'a conçue est-il assez vindicatif ! — Vous savez que M. Prat croyait — croit encore, sans doute — avoir de sérieux motifs pour m'en vouloir ; ce qui, dans une certaine mesure, explique — sans l'excuser — cette sotte conduite. Mais peut-on expliquer, si peu que ce soit, la pensée qui a fait publier une pareille lettre par la Société ? A-t-elle voulu démontrer par là combien mes propositions étaient déplacées, puisqu'elles causaient une impression aussi fâcheuse à M. Prat ? C'est possible ; mais à cela ne pourrait-on pas répondre que les appréciations de ce monsieur, en l'espèce, ne signifient rien ? Ne pourrait-on pas trouver étrange que la Société se laisse ainsi guider par les rancunes personnelles de son employé ?

La menace qui termine la lettre de M. Prat n'a pas été mise à exécution. Mgr l'Evêque n'a-t-il pas voulu consentir à cette comparution ? Tout le fait croire. Sa Grandeur a bien autre chose à faire, vraiment, qu'à se prêter aux fantaisies excentriques de M. Prat !

La plaidoirie de l'avocat de M. Babled ne pouvait pas passer sous silence les démarches de M. le chanoine Balp. Elle relate en détail les propositions que le délégué de l'Evêché avait bien voulu se charger de soumettre à M. Babled ; elle les juge très sévèrement et essaie de faire comprendre que la Société du Pont-Juvénal ne pouvait pas les accepter. Puis elle ajoute ceci :

« ... De sorte que M. Faulquier donnerait 10.000 fr.
» de plus que son engagement ne le voulait pour
» faire croire que lui seul achevait la chapelle, qui
» aurait coûté en totalité 120 ou 130.000 fr. La
» Société aurait bien voulu accepter cette proposi-
» tion, mais elle ne le pouvait pas, car elle n'avait
» pas d'argent ; et M. Faulquier le savait fort bien ;
» en enfermant la Société dans cette sorte de cercle
» vicieux, il voulait se donner l'auréole d'une grande

» générosité, tout en imposant des conditions irréa-
» lisables... »

— Cette « auréole de générosité » que vous m'avez discutée, Messieurs mes adversaires, je ne l'ai jamais ambitionnée. Et quand votre président voulait m'en entourer après la signature du fameux contrat du 10 mars, je la refusai comme ne m'étant pas due. — Si j'ai augmenté de 10.000 francs le chiffre de ma fondation, ce n'a été que pour vous aider à tenir vos engagements. Rien ne m'obligeait à promettre ce supplément, tandis que tout vous obligeait à dégager votre signature ! C'est ce que vous n'avez pas assez compris !

Donc M. l'abbé Babled repoussa mes conditions, que lui présentait M. le chanoine Balp en lui conseillant, de la part de Mgr l'Evêque, de les accepter... Ce qui laissa sans effet la médiation pourtant si douce, si dévouée, de ce bon chanoine.

Mais M. Babled ne se contenta pas de repousser mes conditions. Tout en persistant de plus belle dans son *non possumus*, il fit entrer l'affaire dans une phase nouvelle et bien inattendue. — C'est ce qui fait l'objet des chapitres suivants.

XIII

PROPRIÉTÉ DE LA CHAPELLE

> Du droit de commander je ne suis point jaloux ;
> Je ne l'ai qu'en dépôt....
> CORNEILLE.

APRÈS ma dernière entrevue avec M. le chanoine Balp, fin juin 1897, je restai quelques jours sans nouvelles, ce qui me faisait mal augurer du résultat de son entremise.

J'étais donc inquiet, lorsque mon notaire me pria de venir chez lui, où je me rendis en hâte, pensant bien qu'il se passait quelque chose. En effet, Mᵉ Bonfils m'apprit que M. Balp était allé le trouver pour lui confier — n'ayant pas osé me le dire directement — qu'il avait échoué auprès de M. Babled. Celui-ci, loin d'acquiescer à mes propositions, les rejetait ; loin de les trouver équitables, les critiquait ; loin de se montrer reconnaissant de ma nouvelle donation de 10.000 francs, la dédaignait !

Il semblait donc, après cela, que le litige devait rester sans solution. Oui, mais M. Babled en voulait une, lui, et c'était celle-ci : ou je céderais tout de suite, sans plus attendre, la propriété de la chapelle à la Société, ou le contrat du 10 mars 1896 serait résilié !

— Comment, dis-je à Me Bonfils, cet abbé ose faire une pareille proposition ? Ne vous trompez-vous pas ? Etes-vous bien sûr de ne pas avoir mal compris ?

Je ne pouvais pas y croire. — Mais Me Bonfils ne se trompait pas ; il m'assura que cette proposition : la donation pure et simple ou la résiliation du contrat, avait bien été faite à M. le chanoine Balp.

— J'espère, me dit-il, que vous allez répondre par un refus.

— Au contraire, m'écriai-je, j'accepte, j'accepte la résiliation ; c'est la lie du calice que je dois boire ; eh bien ! soit. Ce sera au moins le dernier effort ; j'en aurai fini avec cet homme qui me tourmente à plaisir.

J'étais très surexcité, car cette proposition était pour moi la pire des injures.

Céder ainsi, tout de suite, la propriété de la chapelle avant même qu'elle ne fût terminée ? Et pourquoi ? N'étais-je pas digne de la garder sous ma protection ? M. Babled avait bien déclaré que la chapelle m'appartenant, il ne trouverait pas de fonds pour la terminer ; mais pouvais-je ajouter de l'importance à cette déclaration ? Mes lecteurs savent que non : la chapelle n'étant ma propriété, en somme, qu'en apparence, par pure convention.

Résilier le contrat ? Me rembourser alors, me déposséder, non pas de l'édifice, mais de ma fondation ? — Etait-ce croyable ?

Je courus chez M. le chanoine Balp et je le priai de me raconter ce qui s'était passé entre lui et M. l'abbé Babled. Il me confirma ce que M° Bonfils venait de me dire ; il était très peiné de la tournure que prenait l'affaire, car il comprenait combien je devais souffrir d'être ainsi bafoué par celui-là même que j'avais voulu obliger.

Je ne cachai pas à M. le chanoine la profondeur de ma peine ; mais, comme à M° Bonfils, je lui déclarai que si M. Babled persistait à repousser mes condition, je me résignerais à subir la résiliation plutôt que de céder la propriété de la chapelle, ce que je ne pouvais point faire, à cause des obligations que j'avais contractées envers l'Evêché.

— En résiliant notre contrat, lui dis-je, cet abbé fait plus que m'insulter, il profane ma fondation ; mais qu'à cela ne tienne, pour en finir avec lui je subirai ce dernier affront, cette dernière torture.

Et, rentré chez moi, je rédigeai une lettre à M. Balp pour résumer notre entretien et lui donner un corps. Cette lettre, que je lui fis parvenir le lendemain, est ainsi conçue :

Monsieur le Chanoine,

Avant toutes choses laissez-moi vous dire combien j'ai été heureux de voir que vous avez été choisi par Monseigneur l'Evêque pour le règlement de mon différend avec Monsieur l'abbé Babled.

Votre grande expérience, votre caractère hautement loyal m'inspirent une confiance sans bornes, de laquelle d'ailleurs j'ai déjà eu l'occasion de vous donner des preuves.

Hier, au cours de l'entretien que vous avez bien voulu m'accorder, il a été convenu que vous feriez part à M. l'abbé Babled de mon ultimatum, qui est celui-ci : l'achèvement aussi rapide que possible de la chapelle Saint-Georges, suivant les termes du contrat qui nous lie. Je contribuerai à cet achèvement dans les conditions que, spontanément, je vous ai offertes. — A défaut d'acceptation de cet ultimatum par M. l'abbé Babled, je vous ai autorisé à accepter la résiliation de notre contrat, résiliation que M. Babled vous a chargé de me proposer.

Au sujet de cette proposition je vous ai exprimé sans réserve toute la douleur qu'elle me faisait éprouver. Pour moi, cette proposition de résiliation est plus qu'une insulte, c'est une profanation, la profanation de sentiments intimes et sacrés que M. l'abbé Babled connaît très bien.

Et je ne vous ai pas dissimulé mon indignation ! Est-il possible qu'une pareille pensée puisse venir à un honnête homme ? Jusqu'à hier, Monsieur le Chanoine, si on m'avait posé cette question, j'aurais énergiquement répondu : non. — Que puis-je répondre, aujourd'hui, sachant qu'un prêtre l'a eue, cette pensée ?

Pourtant, sans aucune hésitation, j'ai accepté cette offre détestable. Je l'ai acceptée pour n'avoir plus rien de commun avec ce prêtre ; et cette décision est si naturelle, après les faits qui se sont produits, que vous l'avez pour ainsi dire approuvée.

Il faut cependant, Monsieur le Chanoine, que je la justifie en quelque sorte à vos yeux ; il faut que je vous prouve que j'ai des raisons bien majeures pour désirer rompre tous rapports avec

M. Babled. Pour cela je n'ai qu'à vous communiquer la copie de quelques lettres qu'il m'a écrites à l'origine de nos pourparlers. Quand vous aurez lu ces copies — qui sont l'exacte reproduction des originaux — vous comprendrez mieux la profondeur de la nouvelle blessure que fait à mon cœur M. le directeur de l'œuvre de Don Bosco ; vous apprécierez comme il convient toute la cruauté, tout le cynisme de sa conduite.

Aussi je me propose d'insérer dans mon mémoire, si je le livre à l'impression, la correspondance que j'ai échangée avec M. Babled. Cette correspondance sera le corollaire des faits que j'énonce et qu'on pourrait peut-être croire exagérés sans lui.

En vous exprimant toute ma reconnaissance pour votre salutaire et délicate intervention en cette affaire, je vous prie de croire, Monsieur le Chanoine, à mon profond respect.

L. FAULQUIER.

Montpellier, 17 juillet 1897.

Les copies jointes à cette lettre étaient celles des lettres de M. Babled des 27 juin et 30 juillet 1895 que j'ai publiées au commencement de cet exposé. Je comptais sur la lecture de ces lettres, que M. le chanoine Balp ne connaissait pas encore, pour lui bien faire comprendre à quelle nature d'homme il avait affaire en M. le Directeur des Salésiens.

L'a-t-il compris ? Peut-être. Il n'en est pas moins vrai qu'il a subi dans une certaine proportion — comme on le verra tout à l'heure, — et malgré lui, c'est sûr, la domination de M. Babled. — Ah ! c'est qu'il n'est pas aisé de soutenir la lutte avec un caractère de cette trempe !

Mais je me hâte d'ajouter que M. le chanoine Balp, bien pénétré de l'importance de sa mission, fit tous ses efforts pour la remplir selon la justice et le bon droit ; et sans se rebuter, sans reculer devant la fatigue morale que lui causaient ses pourparlers difficiles avec M. Babled, il les continuait avec son dévouement de saint prêtre.

Quant au « Mémoire » dont je parle à M. Balp, dans la lettre qu'on vient de lire, mes lecteurs savent qu'en effet, j'en avais eu la pensée, mais que je n'y avais pas donné suite. Incidemment, un jour, je fis part de cette pensée à M. le chanoine, dans l'espoir qu'au besoin il aurait menacé M. Babled de ce « Mémoire » pour le rendre plus souple. Et je crus, dans ma lettre, devoir agiter de nouveau cette menace, que je croyais salutaire, sans — je le déclare — avoir l'intention bien arrêtée de la réaliser.

Après des tiraillements sans importance qui durèrent plus d'un mois, le 21 août suivant M. Balp m'écrivit ce qui suit :

Monsieur Faulquier,

M. l'abbé Babled sort de chez moi ; il m'assure à nouveau qu'il n'a pas d'argent pour terminer la chapelle et qu'il ne peut pas s'en procurer tant qu'elle est votre propriété ; il se contenterait d'un engagement que vous prendriez de la céder gratuitement dans deux, trois ou cinq ans ; avec cet engagement il est sûr de trouver les fonds nécessaires, et il s'engagerait de son côté à tout terminer dans un bref délai.

Ne pourriez-vous pas signer cet engagement ? Si vous demandez mon avis, je vous dirai qu'il me semble que vous pouvez le faire, d'autant plus qu'il est conforme aux intentions **que vous m'avez manifestées de consentir la cession tôt ou tard.**

A défaut de l'engagement qu'il sollicite, M. l'abbé Babled me dit qu'il se verra obligé, quoique à regret, de vous rembourser les cinquante mille francs.

Croyez, mon cher Monsieur Faulquier, au désir que j'ai de voir au plus tôt terminer cette affaire à votre gré, et à l'assurance de mes meilleurs sentiments.

BALP.

Montpellier, 21 août 1897.

Il est manifeste, d'après cette lettre, que M. Babled tenait essentiellement à être le propriétaire de la chapelle et que M. le chanoine Balp était de son avis, puisqu'il m'engageait à y consentir. Cela me causa une douloureuse surprise ; mais je mis cette faiblesse du délégué de Mgr l'Evêque sur le compte de l'ascendant que M. Babled avait pris sur lui à son insu.

Toutefois M. Babled avait mis une sorte de tempérament à sa demande ; il ne s'agissait plus de céder la propriété de la chapelle tout de suite, mais seulement dans un délai déterminé de quelques années, cinq au maximum. Avec ce compromis il se faisait fort de trouver l'argent nécessaire pour tout terminer.

Je ne me laissai pas prendre à cette feinte. D'ailleurs, je ne le pouvais pas : M. Balp savait bien qu'il m'était impossible de m'engager à céder la chapelle à une date fixe, du moment que j'avais pris des engagements contraires dans l'intérêt même de la Société pour assurer la vitalité de la fondation. Alors pourquoi me conseiller d'accepter cet arrangement, de signer ce compromis ?

J'avais déjà déclaré à M. Balp que, cela étant, je devais m'en tenir à mes conditions ou consentir au remboursement de mes dépenses. C'est dans ce sens que je répondis à M. Balp, le 22 août :

Monsieur le Chanoine,

Je m'empresse de répondre à votre lettre d'hier. Je m'attendais en quelque sorte au résultat de vos négociations.

M. l'abbé Babled persiste à dire qu'il n'a pas d'argent pour tenir les engagements qu'il a contractés ; qu'il ne peut en trouver tant que la chapelle reste ma propriété, et que, faute d'un engagement ferme de ma part de la céder gratuitement dans un délai de cinq ans au maximum, il aura le regret de me rembourser les dépenses faites à ce jour sur la chapelle.

Eh bien ! Monsieur le Chanoine, j'accepte le remboursement. J'aurais voulu tenir meilleur compte de votre conseil, dont j'apprécie la portée, mais cela m'est impossible. Ainsi que vous le savez très bien, ce n'est pas moi qui ai voulu garder la propriété de ma fondation : *on me l'a imposée comme un devoir ;* et M. le Président de la Société du clos Saint-Antoine, appréciant mon rôle et me remerciant de l'avoir accepté, m'appelait le bouclier, le protecteur de l'Œuvre. Or, ayant accepté ce rôle, ce devoir, je ne puis m'y dérober que quand il en sera temps, sous peine de violer mon engagement et de manquer de respect à l'autorité dont la haute sagesse a bien voulu régler cette affaire.

Que M. Babled me fasse proposer ce manquement à mon devoir, ce dédain pour l'autorité dont nous avons sollicité l'intervention, je n'en suis pas surpris ; mais vous ne serez pas surpris non plus, Monsieur le Chanoine, j'en suis sûr, que je refuse un arrangement qui froisse ma dignité et mes principes.

Donc, j'accepte le remboursement offert par M. Babled, qui, je le vois, pour une vaine satisfaction d'amour-propre, ne craint pas de profaner une fondation qu'il a sollicitée dans les termes que vous connaissez, en excitant des sentiments intimes, sacrés, qu'il foule aux pieds aujourd'hui !

Qu'il en soit ainsi ; mais que ce règlement de toutes les dépenses faites soit prompt ; car il me tarde de n'avoir plus rien de commun avec un homme qui n'a pas le respect de sa parole ni de ses écrits. Et puis j'ai une inspiration à satisfaire, un souvenir à consacrer ; je n'ai que trop tardé à exécuter les volontés de mon fils, et je soupire depuis déjà trop longtemps après la réalisation d'une fondation dans laquelle mon âme espère trouver une consolation à sa peine.

C'est pourquoi j'insiste, afin que tout se règle *immédiatement*; mais tant que le règlement ne sera pas bien complet, les choses resteront en l'état où elles se trouvent ; jusqu'au dernier moment, je tiens à garder tous mes droits.

Quant au mémoire dont vous parle ma lettre du 17 juillet, je vais m'occuper de le compléter en y faisant figurer la correspondance nécessaire pour bien expliquer, justifier les faits, ainsi que les derniers événements de cette déplorable affaire ; et, une fois imprimé, je répandrai ce mémoire-là où ce sera utile pour éclairer les esprits ou détromper les personnes dont la bonne foi a été surprise.

Il me reste, Monsieur le Chanoine, à vous remercier de votre intervention si dévouée ; j'ai aussi à m'excuser de vous charger encore d'une mission difficile.

Veuillez agréer ces remerciements et ces excuses, car ils sont dictés par mon cœur, et j'éprouve à vous les présenter un soulagement dont j'ai le plus grand besoin.

Croyez à tout mon respect.

L. FAULQUIER.

Montpellier, 22 août 1897.

Dans cette partie du long débat que j'expose ; dans tous ces incidents, la Société, pour établir ses « conclusions », a trouvé un aliment facile ; elle y a puisé à pleines mains et a produit des « attendus » tant et plus.

Je dois les reproduire ici, ne serait-ce que pour bien marquer que mes adversaires ont usé de tous les moyens pour se défendre, pour me noircir aux yeux des juges et du public.

Je lis d'abord à la page 13 :

« ... Attendu que si M. Faulquier avait signé,
» contradictoirement avec l'architecte et la Société,
» des plans et des devis définitifs ne dépassant pas
» 60.000 francs, on s'expliquerait en droit, *sinon en*
» *équité,* sa prétention de se faire déclarer proprié-
» taire du gros œuvre de la chapelle... »

A la page 14 et à la page 15 :

« ... Attendu que M. Léon Faulquier pouvait en-
» core, à la rigueur, vouloir se faire déclarer pro-
» priétaire du gros œuvre, à concurrence de la somme
» de 50.364 francs, qu'il avait régulièrement versée ;

» Mais que son droit s'arrête là ;

» Attendu que la Société, se subrogeant à lui, a
» dû, par les mains de son mandataire, M. Babled,
» payer elle-même, à son lieu et place, les entrepre-
» neurs acculés à la faillite ou au scandale d'une action
» en justice ;

» Qu'on ne comprendrait pas, dès lors, que
» M. Léon Faulquier persistât à revendiquer la pro-
» priété de constructions qu'il n'a point payées ;

» Qu'il ne saurait méconnaître l'adage qui s'impose
» à tous, en droit comme en conscience : *Nul ne peut*
» *s'enrichir aux dépens d'autrui.*

» Qu'ainsi, M. Léon Faulquier demanderait à

» profiter de la somme considérable de 22.127 fr.,
» personnellement déboursée par la Société pour le
» gros œuvre ;

» Que s'il revendiquait sérieusement le titre de
» propriétaire du gros œuvre et tenait à voir, en cette
» qualité, son nom seul briller sur le livre d'or de la
» chapelle, il aurait le devoir de proposer : 1° de
» rembourser à la Société la somme de 22.127 francs
» qu'elle a déboursée ; 2° de payer celle de 22.000 fr.
» indispensable pour parfaire le gros œuvre ; 3° de
» verser celle de 8.000 francs environ, nécessaire
» pour édifier un avant-corps ;

» Qu'il convient, d'ailleurs, de l'attester à cette
» place : « La Société a pu se procurer les ressources
» nécessaires à l'avancement de l'édifice, du jour
» seulement où il fut bien avéré que M. Léon Faul-
» quier ne se chargeait pas de la totalité du gros
» œuvre » ;

» Que si les dons ont afflué, c'est à la condition
» expresse que la Société, c'est-à-dire l'Orphelinat,
» n'en soit pas spoliée au profit d'un tiers.

Je trouve encore ceci à la page 17 :

« Attendu que si M. Faulquier avait la prétention
» de revendiquer l'entière propriété de la chapelle,
» personne ne consentirait à le gratifier d'un pareil
» cadeau ; que donner au gros œuvre, dans de pa-
» reilles conditions, *c'était donner à M. Faulquier...*

» ...Attendu qu'un moyen s'offrait à M. Léon
» Faulquier de tout concilier : s'engager à céder la

» chapelle à la Société dans un délai déterminé ;

» Que la conscience des nouveaux bienfaiteurs,
» dont le concours était indispensable, se fût ainsi
» trouvée rassurée ;

» Que cette idée a fait l'objet de longues négo-
» ciations, où il semble que l'honorable intermé-
» diaire, choisi dans l'intérêt de M. Léon Faulquier,
» ne soit point parvenu à démêler les secrètes
» pensées de celui-ci ;

» Que M. Faulquier laissait entrevoir que la
» cession de la propriété était possible ; que les
» temps n'y faisaient nullement obstacle, mais qu'il
» se dérobait sans cesse, évitant de prendre à cet
» égard un engagement formel ;

» Qu'on ne pouvait voir, dans cette attitude, qu'une
» véritable fin de non-recevoir opposée à toutes les
» tentatives d'arrangement ;

» Que toute conciliation apparaissait désormais
» comme impossible au détriment de tous, et notam-
» ment de la Société, qui voyait s'élever sur son sol
» une église inachevée et qui n'avait pas les moyens
» de la terminer. »

Passons à la plaidoirie, maintenant. Elle déve-
loppait, naturellement, tous ces « attendus » et déclarait que, par ma faute, la situation restait sans issue.

« Alors, que faire ? s'écriait l'avocat ; il n'y avait
» qu'un moyen : c'était que M. Faulquier cédât la
» chapelle à la Société. Mais M. Faulquier se
» révolta à cette proposition.

» Cependant il était impossible de trouver des
» personnes généreuses voulant jeter leur argent
» dans la caisse de M. Faulquier, car enfin donner
» pour construire le gros œuvre de la chapelle, c'était
» donner à M. Faulquier, et dans ces conditions ce
» n'était pas une mauvaise affaire pour lui...

» Vous voulez la propriété absolue de la chapelle,
» Monsieur Faulquier ? Mais c'est violer les règles
» de l'honneur en demandant la propriété de ce que
» vous n'avez pas payé ; vous voulez que, moyennant
» vos 50,000 francs, la Société du Pont-Juvénal vous
» fasse un cadeau de 120,000 francs ?

» ...C'est à vous maintenant à tenir vos engage-
» ments, *car vous ne les avez pas tenus*. Que ferez-
» vous de cette propriété que vous revendiquez et
» que nous avons payée en partie ? Pourquoi voulez-
» vous la garder ? Cédez-la nous ; nous vous la
» demandons et les temps le permettent ; exécutez-
» vous sans attendre le jugement qui vous y con-
» traindra, *ce sera là votre rédemption !* »

Que de mal, mon Dieu ! se sont donné mes adversaires pour arriver à démontrer ces deux absurdités :

1° Je voulais quand même, malgré tout, rester le propriétaire de la chapelle, ou, pour être plus exact, je voulais *m'enrichir* aux dépens d'autrui, *alias* de la Société du Pont-Juvénal ;

2° La chapelle restant ma propriété, il était impossible à la Société de trouver des fonds pour la finir, personne ne voulant porter de l'argent dans ma caisse ; personne ne voulant, pécuniairement, contribuer à mon œuvre.

Eh bien ! il me suffit d'un souffle, d'un mot, pour démolir cet échafaudage, pour dissiper ces absurdités : *Le contrat m'oblige à céder la chapelle à la Société du Pont-Juvénal !*

Donc, avec cette obligation inéluctable, qu'est pour moi la propriété de la chapelle ? C'est une charge, c'est une responsabilité, en aucun cas ce ne peut être un profit, et, en réalité, cette propriété n'existe pas ; vouloir la discuter, c'est vouloir discuter un mythe, c'est vouloir se priver, se débarrasser d'une sauvegarde nécessaire. Et prétendre que je cherche à m'enrichir avec cette propriété, c'est aussi stupide que de chercher à accuser un bienfaiteur de se parer des dépouilles de celui qu'il vêtit ! *C'est le contrat : « je donne pour que tu donnes »*, a fait dire la Société à son avocat devant le Tribunal !

On refusait des fonds pour finir la chapelle, parce qu'on croyait que c'était mon bien ? Et pourquoi le croyait-on ? Parce que M. Babled et ses amis s'efforçaient de le faire croire. Qu'ils ne disent pas non !... Il leur était si facile de détruire cette croyance qu'elle n'aurait pas persisté s'ils avaient voulu dire la vérité : *La chapelle est à nous, bien à nous, elle appartient de droit à l'œuvre des Salésiens, nous seuls nous nous en servirons, l'Œuvre seule en bénéficiera, il y a un contrat formel pour cela. Et si elle reste au nom de*

M. Faulquier, c'est afin de la garantir contre toute atteinte. — Pourquoi M. Babled n'a-t-il pas tenu ce langage ? Pourquoi ne voulait-il pas laisser la chapelle sous ma protection ? Pourquoi tenait-il tant à en être le propriétaire en titre ? Pourquoi ? par orgueil peut-être, par ambition, par crainte d'être trop sous ma dépendance ; qui sait même si ce n'est pas pour pis que cela ?

Si M. Babled avait parlé comme il avait le devoir de le faire, surtout après avoir failli à ses promesses solennelles, ce qui a été la cause de tout le mal — il le sait bien — les nouveaux bienfaiteurs dont il a prétendu avoir besoin auraient eu leur conscience *tranquillisée ;* et sûrs que leur charité était propice à la chapelle des Salésiens et *non à moi,* qu'elle tirait d'embarras M. Babled seul et *non ma fondation,* ils auraient élargi le plus possible leurs libéralités.

Mais M. Babled n'a pas parlé ainsi. Il a laissé croire qu'avide de richesses, je voulais garder la chapelle et m'approprier les dons qu'on lui ferait, dans le but d'avoir avec 60.000 francs une propriété de 120.000. Cette attitude a rebuté les bienfaiteurs, cela se comprend ; et si certains lui ont offert des fonds, ce n'a été qu'à la *condition expresse* que je céderais ma propriété à la Société.

Au surplus, en déclarant qu'il devait recourir à de *nouveaux bienfaiteurs* pour terminer la chapelle, il ne faut pas oublier que M. Babled avouait qu'il m'avait trompé le jour où il m'assura qu'il avait des ressources, où il me promit de les employer à payer les dépenses allant au-delà de mes 60,000 francs. Cela étant, ce serait M. Babled qui aurait « violé les règles de l'honneur » et non pas moi, comme le dit la plaidoirie de son avocat.

Donc, voilà où voulait en venir M. Babled. Ses combinaisons tendaient à rendre mon rôle odieux, du moment qu'il n'avait pas pu puiser dans ma caisse les sommes nécessaires pour remplir ses promesses : à lasser ma patience en se disant sans ressources ; à s'emparer enfin de ma fondation sous le prétexte que mon titre de propriétaire empêchait de la finir !

Monseigneur l'Evêque, au courant de tous ces désaccords, ayant lui-même créé cette situation en m'imposant, en quelque sorte, la propriété de la chapelle, aurait pu, semble-t-il, tout arranger en me déliant de mes engagements, en m'autorisant à céder la chapelle à la Société du Pont-Juvénal. — Il ne le fit pas !

Pour moi, je vois dans ce fait la preuve absolue que j'étais dans le vrai en résistant à la demande de M. Babled. Monseigneur avait compris, à n'en pas douter, que cette demande était aussi inopportune pour la fondation qu'injurieuse pour le fondateur ; il ne pouvait pas, par conséquent, me dire de l'accepter.

Monseigneur savait aussi que M. Babled m'avait fait proposer la résiliation du contrat et le remboursement de mes versements ; mais Sa Grandeur avait dû trouver cette proposition détestable à tous égards et elle s'y était opposée, dans l'espoir que M. l'abbé, faisant un retour sur lui-même, reconnaîtrait ses torts et s'amenderait.

Malheureusement il ne s'amenda pas, et le litige restait à l'état aigu. — Ce que voyant, Mgr l'Evêque, pour tout concilier, déclara à M. Babled que lui, Monseigneur, se mettrait à mon lieu et place et que la chapelle cesserait d'être ma propriété pour devenir la sienne.

Monseigneur pensait bien que cet arrangement m'agréerait; une fois réglé, M. Babled n'aurait qu'à s'exécuter : la chapelle devenant la propriété de l'Evêque, toutes les craintes exprimées s'évanouissaient. — M. le chanoine Balp fut chargé par Sa Grandeur de me faire part de ce projet. C'est le 24 août 1897 que je reçus sa visite à cet effet.

J'avoue que, sur le moment, je ne sus trop que répondre à M. Balp. Je ne comprenais pas très bien la portée de la combinaison qu'il m'exposait, et je dus le prier de m'y laisser réfléchir.

Mes réflexions furent les suivantes : Monseigneur ne cherche, c'est évident, qu'à résoudre la difficulté ; mais si je consens à lui céder la propriété de la chapelle, afin de tranquilliser M. Babled, n'est-ce pas avouer que les craintes que lui inspire mon titre de propriétaire sont fondées ? Or, je ne puis pas avouer cela, puisque je sais que ces craintes sont vaines.

Et puis mon amour-propre était froissé par cette combinaison ; je trouvais que M. Babled était suffisamment garanti par l'acte que j'avais signé, lequel m'oblige à céder la chapelle à la Société du Clos-Boutonnet dès que ce sera possible ; il l'était aussi bien par ma signature au bas de cet acte que par ma cession de propriété à Monseigneur.

Je résumai ces réflexions dans la lettre qui suit, adressée à M. Balp le même jour :

Monsieur le Chanoine,

Votre visite de tout à l'heure m'a laissé sous une impression que je définis mal et de laquelle je sens qu'il faut que je vous fasse part.

Mgr l'Evêque, m'avez-vous dit, a déclaré à M. l'abbé Babled que pour arranger toutes choses, il deviendrait lui-même propriétaire de la chapelle, certain que je lui céderais mon titre sans difficulté. Je comprends l'intention de Monseigneur en prenant ce moyen pour régler un différend qui m'est très pénible, et je lui en sais un gré infini ; mais pensez-vous, Monsieur Balp, que M. Babled se contentera de cet arrangement ? Je ne peux pas dire que j'en doute, mais je crois pouvoir cependant poser la question.

Et s'il accepte, que deviendrai-je, moi, dans tout cela ? Sous le coup d'une crainte qui me blesse profondément et que rien ne justifie, M. Babled ne veut tenir ses engagements que s'il a la certitude d'être le propriétaire, à date fixe, de la chapelle ; est-il plus sûr de l'être avec le *modus vivendi* proposé par Monseigneur qu'avec le contrat qui nous lie, M. Babled et moi ? Est-ce que ma signature n'est pas suffisante pour calmer toutes les inquiétudes de ce Monsieur ? Est-ce que mon nom n'a pas la notoriété voulue pour tout sauvegarder ?

L'orgueil n'est pour rien dans ce que je vous dis là, monsieur le Chanoine ; c'est ma dignité, c'est mon amour-propre qui parlent et vous saurez excuser ce langage. Mgr l'Evêque aussi l'excusera, car je vous prie de lui communiquer cette lettre qui — Sa Grandeur daignera le comprendre — est la seule réponse que je puisse faire à votre communication.

Je vous réitère, monsieur le Chanoine, l'expression de tout mon respect.

L. FAULQUIER.

Montpellier, 24 août 1897.

Je suis persuadé que Mgr l'Evêque a compris les raisons de mon refus, lequel ne pouvait en rien le blesser ; car Sa Grandeur savait mieux que personne que je n'avais aucune arrière-pensée en gardant la propriété de la chapelle, propriété que je n'avais acceptée que contraint et forcé, sur sa décision formelle et arbitrale.

Si j'ai mal jugé la situation, que Mgr l'Evêque daigne m'excuser.

Pour le procès, la Société a cru trouver un appui sérieux dans mon refus de céder la propriété de la chapelle à Mgr de Cabrières. Elle a présenté ce refus dans ses « conclusions », de la manière suivante, page 18 :

« Attendu que la Société concluante se trouvait
» réellement dans une impasse ; qu'elle était résolue,
» en effet, à ne pas appeler en justice M. Léon
» Faulquier, en souvenir du bienfait reçu et par
» égard pour la mémoire de celui qui l'avait inspiré ;
» Que, pour en finir, elle se montre disposée à
» accueillir une proposition extrême : la remise de la
» chapelle à la mense épiscopale ; qu'elle déférait
» ainsi aux sentiments de Mgr l'Evêque, dont M. Faul-
» quier avait sollicité l'intervention et l'arbitrage ;

» mais que celui-ci repoussa ce *modus vivendi*, qui
» aurait eu un résultat doublement heureux : 1° met-
» tre fin aux plus irritantes controverses ; 2° éclairer
» d'une vive lumière le désintéressement de la Société
» du Clos-Boutonnet. »

Et, par son avocat, à l'audience, elle a fait donner à l'incident ce tour peu banal :

« ... Nous avons essayé de sortir d'embarras en
» proposant à M. Faulquier de céder la chapelle à la
» mense épiscopale. Au sujet de ce moyen, si je ne
» craignais d'être irrévérencieux, je pourrais citer
» l'apologue de l' « Huître et les deux Plaideurs »,
» mais je ne le ferai pas. D'ailleurs M. Faulquier
» fut mieux avisé que la Société : il refusa, disant
» qu'il lui était impossible d'accepter et qu'il ne
» voyait pas bien ce qu'il deviendrait, lui, dans cette
» affaire.

» Donc il voulait garder la chapelle, c'était visi-
» ble... »

Et, comme conclusion, l'avocat ajoutait :

« Nous avons fait toutes sortes de concessions et
» de sacrifices ; nous sommes allés jusqu'à vous pro-
» poser la cession à la mense épiscopale, ce qui était
» la preuve de notre grand désintéressement... ».

Ainsi que mes lecteurs l'ont déjà remarqué, les conclusions et la plaidoirie de la Société se trompent en parlant de la mense épiscopale. Il ne s'agissait pas de placer la chapelle sous cette égide impersonnelle qui, de l'avis même de Mgr l'Evêque, n'offrait pas assez de sécurité, mais sous la protection directe de Sa Grandeur, en en faisant sa chose propre.

Je ne relève ce point que pour rester absolument exact dans mon récit.

Mais la plaidoirie se trompe sur un autre point en parlant de la mense épiscopale : elle dit que c'est la Société qui m'a fait proposer la cession de la chapelle. — La Société n'a pas pris l'initiative de cette proposition, c'est Mgr l'Evêque lui-même, je l'ai dit. Et je ne dois pas laisser commettre cette erreur sans la relever. — La Société parle de son désintéressement ; il est certain que par cette erreur qui le fait spontané, son désintéressement prend des proportions plus grandes, devient plus méritoire.

Mais où est-il ce désintéressement ? Je ne le vois pas bien. De quoi se dépouillait-elle, cette Société... désintéressée, en laissant la chapelle devenir la propriété fictive de Mgr de Cabrières ? De rien assurément ; mais en admettant qu'elle voulût considérer cette cession comme un acte de désintéressement, pourquoi ne faisait-elle pas cet acte à mon égard ? N'étais-je pas, en somme, son bienfaiteur ? Et à ce titre ne méritais-je pas sa confiance entière ?

— Il ne suffit pas, chers Messieurs, de se servir de mots ronflants ; il faut les employer à bon escient, de manière à leur laisser toute leur valeur.

Je ne parle pas des « irritantes controverses » auxquelles la Société voulait mettre un terme en cédant la chapelle à l'autorité diocésaine. On sent très bien que ces controverses auraient eu leur fin bien plus naturelle dans la simple exécution du contrat.

Quant à m'appeler en justice pour sortir de l'impasse où elle se trouvait, c'était un moyen tout à fait insuffisant, dont la Société n'aurait retiré que des effets négatifs. Si elle était dans cette impasse, c'était sa faute et non la mienne ; que m'aurait-elle demandé en justice ? — On ne comprend pas bien un débiteur faisant un procès à son créancier pour se faire payer. Je ne sache pas que l'usage admette que ce soit celui qui doit qui réclame. Encore moins la justice !

Mais là où j'approuve fort la Société, c'est quand elle s'abstient de comparer l'affaire à la fable : *l'Huître et les deux Plaideurs*. — C'eût été irrévérencieux, dit-elle.

— Pis que cela, Messieurs ; c'eût été une accusation contre Mgr l'Evêque ; accusation déplorable, Sa Grandeur n'ayant jamais eu la pensée de se rendre maître de la chapelle. Or vous savez que l'arbitre de la fable s'appropria l'huître :

> On fait tant à la fin que l'huître est pour le juge,
> Les écailles pour les plaideurs.

XIV

OFFRE DE REMBOURSEMENT

> Les prêtres, en perdant eux-mêmes le respect qu'ils doivent à la sainteté de leur caractère, sont les premiers coupables du mépris qu'on a pour eux.
> FLÉCHIER.

COMMENT tout cela finirait-il ?

Je ne voyais pas de solution possible tant que M. Babled refuserait d'accepter mes conditions, qui n'étaient, d'ailleurs, que les conditions posées par le contrat. — Je n'avais pas le droit d'en présenter d'autres.

Mais mon antagoniste, on l'a vu, ne pensait pas comme moi. S'il était âpre et tenace au sujet des obligations que ce contrat m'imposait, il n'avait cure de celles qui le concernaient et qui le gênaient. Et pour éluder ces obligations aucune combinaison ne lui coûtait.

Il en avait conçu pas mal ; mais, dépité, il les

avait vues échouer toutes : la tentative de son architecte ; l'arrêt des travaux ; l'abandon de la construction durant de longs mois ; la mission de M. Harmel ; l'inertie qu'il garda à la suite de cette mission ; sa proposition d'achèvement provisoire. Puis, enfin, sa demande en possession et son offre de remboursement sous la résiliation du contrat.

Qu'allait-il combiner maintenant ? C'était bien difficile à prévoir.

Il ne trouva rien de nouveau, sans doute, ou de meilleur que l'annulation du contrat et le remboursement des sommes que j'avais versées, car il s'en tint là. Il savait que j'avais consenti à cet arrangement ; le seul obstacle qui le dérangeait était le refus de Monseigneur l'Evêque d'autoriser cette vilaine action, et tous ses efforts durent se porter contre cet obstacle.

La fin août était venue. Je m'absentai pour faire ma saison thermale. Sachant que l'Evêché s'opposait au remboursement, que je n'avais accepté d'ailleurs qu'au pis aller, j'espérais qu'il n'en serait plus question et que M. Babled finirait par céder aux objurgations de son Evêque.

On juge donc de ma douloureuse déception quand je reçus aux bains la lettre de M. le chanoine Balp qu'on va lire :

Monsieur Faulquier,

Je me suis présenté chez vous et j'ai eu le regret de ne pas vous rencontrer. Je venais vous annoncer que j'avais écrit à

M. l'abbé Babled pour l'informer que Monseigneur ne s'opposait plus à ce qu'il vous remboursât les fonds que vous avez versés pour l'église Saint-Georges ; je l'engageais, en même temps, à se mettre en mesure pour opérer au plus tôt ce remboursement.

Voici la réponse de M. l'abbé Babled :

Conformément à votre lettre, je me suis mis en mesure de faire le remboursement à M. Faulquier ; je pense vous apporter l'argent demain vendredi, à 2 heures 1/2.

Veuillez être assez bon pour demander à M. Faulquier :
1° Le traité qu'il a entre ses mains sur papier timbré ;
2° Les différents bons d'acompte ;
3° Une quittance de 50.347 francs.
Agréez, etc. BABLED.

Comme vous devez rester quelque temps absent et qu'il doit vous tarder de terminer cette affaire, ne pourriez-vous pas, Monsieur Faulquier, indiquer à votre commis principal de l'usine où se trouvent les reçus et l'acte privé, lui envoyer une quittance déclarant que vous avez reçu les 50.347 francs que vous aviez avancés pour la construction de l'église ? Il n'aurait qu'à se présenter avec ces pièces à M. l'abbé Babled ou, si celui-ci était absent, à son remplaçant ; il recevrait immédiatement et intégralement la somme ci-dessus indiquée.

Par ce moyen vous aurez la consolation de vous occuper sans retard de l'œuvre que votre cœur désire faire à la mémoire de votre cher défunt.

Si votre commis ne peut pas trouver les pièces demandées, vous n'aurez qu'à les lui remettre dès votre retour ; sur leur présentation, les fonds seront remis tout de suite.

Daignez agréer, Monsieur Faulquier, avec mes vœux pour une bonne saison d'eaux, l'hommage de mes sentiments respectueux.

BALP.

Montpellier, 10 septembre 1897.

Vous le comprenez, chers lecteurs, cette lettre ne pouvait que me troubler, m'affliger profondément ; elle détruisait ma dernière espérance, enlevait ma dernière illusion ; elle m'acculait sans défense à l'horrible nécessité du remboursement, car, dans un accès d'indignation, je l'avais accepté...

Mais pourquoi Mgr l'Evêque avait-il autorisé ce remboursement ? La lettre de son délégué ne me le disait pas ; toutefois il était aisé de concevoir que Sa Grandeur s'était heurtée à une résistance inébranlable, à un entêtement absolu, et qu'elle avait décidé, plutôt que de prolonger indéfiniment un état de choses désolant, d'en finir par le remboursement que proposait M. Babled.

— La fondation de M. Faulquier, avait dû se dire Monseigneur, ne peut pas rester à la merci d'un ambitieux ; il faut la dégager des entraves qui l'enserrent. Et puisqu'il n'y a qu'un moyen : le remboursement, acceptons-le, quelque détestable qu'il soit. Une fois rentré dans ses fonds, M. Faulquier pourra prendre d'autres dispositions pour réaliser sa pieuse pensée.

Et M. Balp, fidèle à sa mission médiatrice, avait informé M. Babled qu'il devait se mettre en mesure de me désintéresser.

Le sort en était donc jeté ! On allait me rendre mon argent, se débarrasser de moi comme d'un vulgaire prêteur qu'on rembourse, heureux de se décharger d'une dette ; et tout serait fini ! — Quant à mon âme blessée ; quant à mon rêve brisé ; quant à ma fondation bafouée, on ne s'en occupait pas : sottises tout cela, dont on n'avait aucun compte à tenir.

M. Balp, animé d'un désir très légitime de sortir d'un débat aussi ennuyeux, se rendit-il compte de la colossale contradiction qui existait entre l'offre de remboursement de M. Babled, d'une somme de 50.000 francs, et son refus de tenir ses engagements parce qu'il n'avait pas les 40.000 francs nécessaires ?

Peut-être non. Il me semble que s'il l'avait comprise il ne m'aurait pas présenté le remboursement comme la seule planche de salut qui restât à ma fondation. Il l'aurait discuté, ce remboursement, précisément parce qu'il ne s'accordait pas avec les difficultés de la situation. La cause de ces difficultés était l'impossibilité où disait se trouver M. Babled de se procurer 40.000 fr. pour finir la chapelle. Et voilà qu'il en offrait 50.000 pour résilier le contrat !

Mais au lieu de le résilier en dépensant 50.000 fr., n'était-ce pas plus honnête de l'exécuter en ne dépensant que 40.000 fr. ? Plus honnête, certes ; et plus pratique, par surcroît.

Plus pratique, parce qu'en remplissant le contrat que la Société avait signé, M. Babled réalisait une économie de 70.000 fr. !

— 70.000 fr. ! allez-vous vous écrier ; comment cela ?

— Oh ! c'est bien simple :

En me remboursant, M. Babled déboursait d'abord la somme de . . . . 50.000 fr.

Puis il avait à payer les reliquats dus à l'entrepreneur et aux fournisseurs, environ. . . . . 10.000 »

Enfin, il avait la chapelle à terminer, car il faut envisager cette conséquence inéluctable du remboursement, que M. Babled était tenu de compléter l'édifice, soit . . . . 40.000 »

Par le remboursement, total à payer. 100.000 fr.

Au contraire, en exécutant le contrat, il devait simplement finir la chapelle, et dépenser pour cela une somme de . . . . 40.000 fr.

Mais il faut déduire de cette somme le nouveau versement que j'avais promis de faire, soit . . . . 10.000 »

Par le contrat, total net à payer. . 30.000 fr.

Vous le voyez, mes chers lecteurs, la différence entre les deux totaux est bien de 70.000 fr. !

C'est une grosse somme, n'est-ce pas, que 70.000 francs, surtout pour un prêtre qui se dit pauvre, sans ressources, accablé de dettes, et qui a la direction d'un établissement de charité dont les besoins sont très grands et constants.

Et si, dans la vie, même les plus fortunés, ne font pas fi d'une somme de cette importance, M. Babled, il me semble, devait encore moins la dédaigner, lui qui a charge d'âmes et qui, dispensateur des aumônes, des bienfaits qu'il sollicite, doit viser plus que personne à une sage économie.

Cette considération seule devait décider M. Babled à opter pour l'exécution du contrat. Si on y ajoute les considérations de haute morale qui consistent, d'une part, dans l'accomplissement d'une promesse solennelle et sacrée, dans l'exécution d'un engagement formel ; d'autre part, dans les égards que l'on doit à un bienfaiteur, dans la pitié que mérite un deuil profond, on est obligé de convenir que M. Babled, en optant pour le remboursement, commettait une mauvaise action et manquait à son devoir le plus strict envers ses orphelins et envers lui-même.

Cette conduite de M. Babled est si étrange, si en dehors de la logique, si peu en rapport avec sa mission, avec les devoirs de son sacerdoce, qu'on cherche tout de suite, comme malgré soi, le mobile qui le faisait agir.

Si je dis à mes lecteurs qu'il voulait probablement être le maître absolu de la chapelle ; qu'il lui répugnait de subir ma tutelle, si peu gênante qu'elle dût être, et d'autres motifs de ce genre plus ou moins plausibles, plus ou moins justifiés, mes lecteurs seront-ils satisfaits ? Si je leur fais remarquer qu'il est de ces natures qui ne veulent pas baisser le front même devant la main qui leur fait du bien, ne me répondront-ils pas que M. Babled n'avait pas à baisser le front, puisque je ne lui demandais que de tenir ses engagements ?

Il y avait donc un autre mobile. C'est précisément ce que je me disais à la suite des réflexions que je viens d'exposer ; mais je le cherchais en vain, ce mobile : je le sentais impérieux, irrésistible, intéressé, toutefois il était si soigneusement caché que je ne pouvais le découvrir.

Ce qui s'est passé par la suite me l'a montré, un jour, dans toute sa noirceur. Mes lecteurs le verront comme moi, et je crains fort qu'il ne produise sur eux la même répulsion que j'ai ressentie.

M. Balp songea-t-il à toutes ces choses ? Je ne sais. Mais il me paraît qu'il examina l'offre de remboursement de M. Babled, trop en médiateur, pas assez en arbitre ! Ce qui lui fit agréer ce remboursement comme la seule solution possible.

C'est ainsi, d'ailleurs, que les conclusions élaborées par M. Babled apprécient le remboursement. Je lis, pages 19 et 20 de ces « Conclusions » :

« Attendu que la Société se trouvait, dès lors,
» acculée à une autre extrémité, qui lui inspirait une
» très vive et très sincère répugnance : le rembour-
» sement des avances faites par M. Léon Faulquier ;

» Qu'on usa de tous les ménagements possibles
» pour faire à M. Faulquier cette ouverture, par les
» soins de M. l'abbé Balp ;

» ... Attendu que le remboursement apparaissait
» comme la plus inéluctable des nécessités... »

Et, dans sa plaidoirie, l'avocat de s'écrier :

« Pour tout arranger il ne restait plus qu'un seul
» moyen, le meilleur, le plus équitable que la Société
» pût employer en l'état du différend : c'était d'offrir
» à M. Faulquier le remboursement de ses dépenses.

» Si on a pris ce moyen extrême, c'est parce
» qu'on était acculé, qu'on ne pouvait pas trouver
» une meilleure solution au différend... »

Que faut-il penser de ce moyen, *le meilleur, le plus équitable que la Société pût employer,* qui consiste à violer un contrat, à renier des promesses, tout en gaspillant une somme de 70.000 francs ? N'était-ce pas meilleur et plus équitable de s'en tenir au contrat, de remplir les promesses ?

— Cela dépend des appréciations.

On ne pouvait pas trouver une meilleure solution au différend. Cette solution inspirait une très vive, très sincère répugnance. Et la simple exécution du contrat n'était-elle pas meilleure encore et plus aisée ? Mais peut-être que l'exécution du contrat inspirait à cette Société si... délicate, une répugnance encore plus vive ?

— Cela dépend des goûts.

Il n'est pas moins vrai que pour agir de la sorte il fallait de l'argent, beaucoup d'argent. Où le prenait donc M. Babled, lui qui se disait toujours sans ressources ? Il avait des réserves personnelles, m'avait-il dit souvent ; c'était peut-être ces réserves qu'il employait à ce mauvais usage.. Au fond je ne savais rien, et cette explication que je me donnais à moi-même ne parvenait pas, je l'avoue, à me satisfaire. C'est ainsi que, par la suite, M. Babled différant son versement, j'en vins à croire — un peu aidé par mon notaire — que M. Babled ne voulait pas débourser les 50.000 francs nécessaires au remboursement, et qu'il ne m'avait fait cette offre que pour tenter une fois de plus de m'intimider.

Nous nous trompâmes, M. Bonfils et moi, puisque les fonds furent réellement mis à ma disposition ; mais que voulez-vous, il y a des choses qu'un esprit droit se refuse à comprendre, et nous ne comprenions pas qu'ayant des fonds, M. Babled les employât à m'insulter plutôt que d'accomplir ses obligations...

Ce n'est que plus tard que j'appris la vérité : les fonds avaient été prêtés à M. Babled. Nous aurons à rechercher, quand il le faudra, dans quelles conditions et pour quel but était fait ce prêt.

M. Balp, dans sa lettre, me priait de prendre sans tarder les dispositions nécessaires pour recevoir mon argent et pour remettre à M. l'abbé Babled tous les documents qu'il demandait.

Etait-ce vraiment pressé à ce point que je dusse — suivant le conseil de M. le chanoine Balp — charger un employé de régler en mon absence une pareille situation, tout comme j'aurais fait régler une vente quelconque de marchandise ? Il est vrai que quand il avait été question du remboursement j'avais exprimé le désir que le règlement fût prompt ; mais cependant ne fallait-il pas établir ce règlement d'une manière spéciale, vu le cas tout spécial dont il s'agissait ? Il ne pouvait être question d'un reçu banal ; il fallait établir ce reçu suivant les circonstances dont il dépendait, et pour cela j'avais besoin de consulter mon notaire, je ne pouvais rien décider sans lui.

Or, faisant ma saison de bains, je ne devais rentrer à Montpellier que fin septembre ; je décidai d'attendre cette date pour m'occuper du règlement qui m'était imposé.

Dès mon retour je fis part à M° Bonfils de mes intentions : j'avais à subir le remboursement, mais je tenais à ce que le reçu qui serait délivré à M. l'abbé Babled fût libellé de façon à indiquer que ce remboursement m'était imposé ; un reçu non motivé ne pouvait pas me convenir, car il devenait possible, le cas échéant, de l'interpréter à mon désavantage.

M° Bonfils m'approuva ; il me conseilla même de garder les pièces que demandait M. Babled : le double du contrat du 10 mars 1896 et les divers reçus des entrepreneurs ou fournisseurs, représentant au total la somme de 50.347 fr. 65 que j'avais versée pour la construction de la chapelle Saint-Georges. Ces pièces devaient rester ma propriété, car elles expliquaient et régularisaient le remboursement qui m'était fait.

Nous convînmes ensuite que je devais demander aussi le remboursement de deux actions de la Société du Pont-Juvénal dont j'étais possesseur, ensemble

1.000 francs, afin de rompre tous rapports avec cette Société et son mandataire M. Babled.

Puis nous arrêtâmes les termes du reçu à lui délivrer :

J'ai reçu de M. l'abbé Babled, directeur de l'œuvre de Don Bosco, la somme de *cinquante-un mille trois cent quarante-sept francs soixante-cinq centimes.*
Cette somme représente le règlement définitif :
1° Des dépenses faites par moi pour la construction d'une chapelle élevée, suivant un contrat, dans l'établissement des Salésiens, clos Saint-Antoine, à Montpellier. Cette chapelle était fondée par moi à la mémoire de mon fils ; mais cette fondation, par suite de l'inobservation par M. Babled des clauses du contrat, n'a pas pu être réalisée, et je me suis vu dans la pénible nécessité de subir le remboursement de mes dépenses ;
2° Du montant de mes deux actions dans la Société du Pont-Juvénal.

Montpellier, le....

Fr. 51.347 65 *Signé :* Léon F%AULQUIER.

Enfin je priai mon notaire de recevoir lui-même M. Babled et de régler cette maudite question d'argent, me chargeant seulement de lui écrire pour le prévenir. — Sans doute ce soin regardait plutôt Mᵉ Bonfils ; mais je voulais profiter de cette occasion pour exprimer à M. Babled tout ce que je pensais de lui.

Ces dispositions prises, j'écrivis à M. Balp. J'avais à répondre à sa lettre du 10 septembre, reçue aux bains, et je devais le mettre au courant de mon entente avec Mᵉ Bonfils. De plus, je tenais à lui communiquer une copie de la lettre que j'allais adresser à M. Babled. C'était le 27 septembre.

Je disais à M. Balp :

Monsieur le Chanoine,

J'ai reçu votre lettre du 11 courant, m'annonçant la décision prise par M. l'abbé Babled pour le règlement de notre affaire.

Il ne m'était pas possible, Monsieur le Chanoine, d'opérer ce règlement de la manière indiquée par M. Babled ; je désirais faire intervenir mon notaire, M⁰ Bonfils, et pour cela il fallait que je le visse. J'ai donc dû différer toutes choses jusqu'à mon retour à Montpellier.

Dès mon arrivée, j'ai vu M⁰ Bonfils et lui ai donné mes instructions. Cela fait, j'ai prévenu M. Babled, afin qu'il aille trouver le notaire et s'entende avec lui.

Etant donné le rôle que vous avez daigné accepter dans cette affaire, je crois devoir vous communiquer une copie de ma lettre à M. Babled. Vous trouverez cette copie sous ce pli.

Il me reste, Monsieur le Chanoine, à vous remercier encore pour votre intervention. Je ne dirai pas que le différend que vous avez été appelé à arranger soit réglé à mon entière satisfaction ; mieux que personne vous savez que je subis ce règlement bien plus que je ne l'accepte. Mais il fallait en finir, j'en ai fini.

Je vous prie d'agréer, Monsieur le Chanoine, l'assurance de ma respectueuse considération.

L. Faulquier.

Montpellier, 27 septembre 1897.

Ma lettre à M. Babled, dont une copie était insérée dans la lettre à M. Balp, était en ces termes :

Monsieur l'Abbé,

Si je n'écoutais que mon amour-propre je ne vous écrirais pas, puisque vous avez laissé sans réponse ma lettre recommandée du 14 décembre 1896 ; mais il me suffit d'évoquer cette date déjà lointaine pour me fortifier dans cette idée que je dois, une dernière fois, me mettre en rapport avec vous. J'ai eu le temps, pendant ces neuf mois écoulés dans l'attente la plus pénible, la plus décevante, hélas! de juger votre conduite, et je ne crois pas avoir le droit de vous taire mon jugement, si sévère soit-il; si je le taisais, peut-être m'en feriez-vous le reproche un jour.

Que s'est-il passé entre nous? M'appelant votre père, invoquant une inspiration venue du Ciel, fouillant mes sentiments chrétiens, avivant une douleur déjà trop cuisante, vous avez sollicité une fondation dans votre établissement. Je me suis rendu à vos vœux avec d'autant plus d'empressement que cette fondation d'une chapelle érigée à la mémoire de mon fils répondait à un besoin impérieux de mon cœur, et je me suis livré à vous, confiant et consolé à la pensée que le patron de mon enfant aurait un temple élevé à sa gloire, dans lequel je pourrais pleurer et prier de toute mon âme.

Mais les difficultés n'ont pas tardé à surgir, suscitées par votre nature autoritaire; elles ont été telles que j'en étais venu à rompre tous pourparlers, décidé à élever ailleurs ma fondation; ma lettre du 1er février 1896 vous fut écrite sous cette impression. J'aurais dû rester ferme dans ma résolution ; je cédai à vos nouvelles sollicitations, parce que je me laissai séduire encore une fois par vos paroles quasi-filiales, par vos protestations de dévouement et d'affection. Mal m'en prit; et ce n'est que lorsque je fus trop engagé pour reculer que, jetant le masque, vous vous montrâtes à moi tel que vous êtes : âpre à la réalisation de vos projets, dédaigneux de vos promesses et de vos engagements.

Je vous avoue, Monsieur Babled, que je fus profondément attristé, non pas tant par vos procédés eux-mêmes que parce qu'ils émanaient d'un prêtre. J'essayai de vous amener à une attitude plus digne de vous ; je ne réussis qu'à élargir l'abîme qui se creusait entre nous !

Et quand je vous écrivis le 14 décembre dernier, j'avais peu d'espoir d'obtenir de vous autre chose que de nouvelles vexations, de nouveaux déboires.

Je dois reconnaître toutefois que j'avais mal apprécié votre caractère. Mes prévisions, si peu favorables qu'elles vous fussent, ont été de beaucoup dépassées ; votre nature, que je croyais connaître, et de laquelle j'avais peur, est bien plus rétive que ne pouvait me le faire supposer ma longue expérience des choses et des hommes. Si je l'avais mieux comprise je n'aurais pas tenté d'employer, comme dernier moyen de conciliation, l'intervention de Mgr l'Evêque ; mais je me demande qui, au monde, aurait pu prévoir, de la part d'un ministre de Dieu envers un bienfaiteur, une conduite pareille à la vôtre....

Je m'adressai donc naïvement à Monseigneur pour le prier, avec sa paternelle autorité, d'arranger toutes choses ; je dus l'instruire en détail de ce qui s'était passé et je ne mis pas un seul instant en doute le succès de son intervention. Dans sa bonté inépuisable, Sa Grandeur désigna M. le chanoine Balp pour s'occuper de notre différend, et vous acceptâtes ce médiateur, qui avait surtout pour mission de vous rappeler vos obligations et votre devoir.

Je sais à peu près, Monsieur l'Abbé, ce qui s'est passé entre lui et vous ; mais vous ne savez peut-être pas ce qui s'est passé entre lui et moi ; pour vous en instruire, je vous communique une copie de notre correspondance. La lecture de ces quelques lettres suffira certainement pour vous apprendre ce que vous m'avez fait souffrir, si vous ne vous en doutez pas.

Mais vous vous en doutez. Quand vous fîtes appel à mes sentiments et à ma douleur pour arriver à vos fins, vous saviez la sincérité des uns, la profondeur de l'autre ; s'ils ont changé depuis, c'est pour devenir plus sincères encore et plus profonds ; la souffrance que vous m'imposez en retour de mon bienfait est d'autant plus aiguë. Si c'est là où vous visiez, soyez satisfait, Monsieur Babled, votre but est atteint !

Sans hésitation, j'en suis certain, sans la moindre pitié pour ce cœur de père brisé, vous me chassez de ma fondation ; vous piétinez en souriant sur mes espérances et mes illusions ; vous profanez sans aucune crainte une inspiration qui devrait vous être sacrée, puisque Dieu vous l'a envoyée ; vous dédaignez une mémoire que tout le monde respecte et exalte. Vous faites plus encore, Monsieur Babled, vous méprisez vos engagements, vous ne tenez pas votre parole, vous vous moquez d'un contrat que vous avez accepté et consacré par vos signatures. Et pour compléter cette série d'actes inqualifiables vous faites fi de l'autorité épiscopale !

Et tout cela pour satisfaire votre désir de domination, pour secouer un joug imaginaire ! « Je veux être le maître », vous êtes-vous dit, et pour l'être vous n'avez reculé devant rien ; il a fallu méconnaître vos devoirs envers l'Evêché ? vous n'avez pas hésité ; il a fallu trouver beaucoup d'argent pour me chasser ? vous l'avez trouvé, tout en déclarant qu'il vous était impossible de vous procurer un centime tant que je resterais le bienfaiteur de votre œuvre ; vous aviez des engagements formels à remplir ? pour cela vous étiez sans ressources ; ces engagements vous gênaient ? les ressources ont abondé pour les rompre ; cette rupture va occasionner une dépense trois fois plus forte que ce qu'il aurait été dépensé en tenant les engagements pris ? qu'importe, vous trouverez l'argent, pourvu que vous gardiez votre domination ; votre caractère sacré sera atteint ? c'est possible, mais votre ambition sera satisfaite !

Evidemment, il m'était facile, en n'acceptant pas votre proposition de remboursement, de réduire à néant ces jolies combinaisons. Si je l'ai acceptée, si j'ai subi l'injure, si grave que rien ne peut l'effacer, c'est que j'ai compris qu'elle serait la dernière, enfin ! Et puis, je l'avoue humblement, j'étais à bout de forces pour continuer cette lutte écœurante dans laquelle vous m'avez vaincu, vous prêtre, avec des armes que, moi laïque, je rougirais d'avoir employées !

Je ne me sens pas le courage, Monsieur Babled, d'aller plus loin. Il m'en a fallu beaucoup pour vous écrire ces lignes ; je désire qu'elles vous soient profitables pour l'avenir, sans toutefois oser l'espérer, ce que je déplore, à cause de la mission dont vous êtes investi.

En ce qui concerne le règlement à intervenir entre nous, je vous prie, Monsieur l'Abbé, de vous entendre avec mon notaire, M⁰ Bonfils, qui est prêt à recevoir votre visite. Il est possesseur des pièces et a reçu toutes mes instructions. — Je dois vous prévenir que la somme à verser est de 51.347 fr. 65, dont M⁰ Bonfils vous donnera le détail. Vous trouverez tout naturel de voir figurer, dans ce règlement, 1,000 francs pour le remboursement des deux actions que je possède de la Société du Clos-Boutonnet ; vous me mettez à la porte de votre établissement, il ne serait pas logique que j'en reste actionnaire ; d'autre part, il ne m'est pas possible de conserver avec vous le moindre rapport ; c'est une raison de plus pour que je rompe toute attache avec la Société dont vous êtes le directeur.

Sans scrupule, je pouvais terminer cette lettre sans vous saluer, je ne le ferai pas ; malgré tout, à mes yeux, vous restez prêtre, Monsieur l'Abbé, et c'est au prêtre, et non à l'homme, que s'adressent mes salutations.

L. Faulquier.

Montpellier, 27 septembre 1897.

Cette lettre à M. Babled n'est qu'un long cri d'indignation et de souffrance. Mon âme, trop pleine, devait déborder ; je la soulageai en écrivant ces pages sévères, mais qu'il n'est pas possible de trouver injustes. En y résumant tous les faits qui s'étaient produits, en y rappelant mes déboires, mes désillusions, je revivais ces longues années passées dans le trouble et la lutte, et j'éprouvais comme une âpre satisfaction à aviver les plaies de mon cœur, afin que cette torture morale me fît trouver des accents assez aigus pour pénétrer le cœur de mon adversaire et le bien convaincre de tout ce qu'il me faisait souffrir. Qui pouvait dire si cette conviction n'opérerait pas chez lui une réaction salutaire ? Il implorait à une époque, auprès de moi, le titre de fils, que mentalement je lui avais octroyé ; eh bien ! ne devais-je pas le châtier comme un père châtie son fils rebelle ?

Ou il resterait endurci dans son erreur, ou il se repentirait.

Endurci, M. Babled devait bondir sous le fouet qui le flagellait ; repentant, il devait ne pas hésiter à avouer ses fautes et chercher à les réparer, il le pouvait encore.

Combien je me trompais ! Il ne se montra ni endurci ni repentant : il resta insensible et cauteleux. Je le prouve en publiant la réponse qu'il fit à ma lettre du 27 septembre :

Monsieur,

Je vous remercie d'avoir bien voulu m'écrire et vous mettre en rapport avec moi. Cela m'a fait regretter davantage de n'avoir pas toujours été en rapports directs avec vous. Je n'oublierai jamais la grande bienveillance que vous m'avez toujours témoignée chaque fois que j'ai eu affaire avec vous. Je n'oublierai jamais combien simple, facile et généreux avait été votre premier dessein à l'origine. Pourquoi a-t-il été entravé !! Aussi vous me permettrez de conserver pour vous ces sentiments quasi-filiaux que votre âge, vos cheveux blancs, votre bonté et ma jeunesse m'avaient réellement inspirés.

Je n'ai pas mis de précipitation pour accomplir la résiliation qu'on m'avait depuis longtemps conseillée ; je l'ai ajournée tant que j'ai pu espérer un arrangement. Poursuivi par les créanciers, assigné et ne pouvant trouver d'argent à un intérêt modéré que dans l'hypothèse où la chapelle serait à l'Œuvre, j'ai dû, à mon regret, croyez-le bien, entrer dans cette voie pour sortir de peine.

Je ne pense pas avoir agi par orgueil ou par obstination, je puis me tromper d'après ce que vous me dites : Dieu me jugera ; mes intentions ont été droites. Je ne tiens aucunement à ma situation à la tête de cette Œuvre. Si mes supérieurs m'avaient écouté, s'ils daignent m'entendre, je n'y serai bientôt plus ; ma santé est une raison, la connaissance de mes défauts, de mes misères, de mon incapacité, le besoin de vivre à l'écart en seraient le vrai motif.

En tous cas je continuerai à prier pour vous et à déplorer amèrement d'avoir été vis-à-vis d'un de mes insignes bienfaiteurs un instrument d'amère déception. Cela personne ne peut me l'interdire, pas plus que de prier pour le repos de l'âme de Georges Faulquier, qui avait été l'ami de la première heure et qui m'avait si généreusement ouvert sa bourse. J'ai été peiné que vous réclamiez à l'Œuvre ce qu'il lui avait donné et n'aurait jamais repris : je vois par là l'étendue de la douleur que je regretterai toujours de vous avoir procurée.

Ne voyez donc pas en moi un homme aigri ou révolté contre personne et à plus forte raison contre son évêque, qui, au courant des différentes démarches et de leur insuccès, a fini par laisser faire ce qu'il n'avait pas prématurément voulu.

Je suis bien malheureux de m'être trouvé dans une situation comme celle que les évènements m'ont faite ; il était de mon devoir d'en sortir. La malice aurait été de laisser à tout jamais les constructions dans l'état actuel après avoir payé les ouvriers.

Veuillez agréer, je vous prie, Monsieur, l'hommage des sentiments bien vrais, bien profonds, bien réels que j'ai et que je garderai toujours pour vous, ne me souvenant que des impressions inoubliables que j'ai éprouvées lorsque j'ai eu l'honneur de faire votre connaissance.

P. BABLED.

Montpellier, 27 septembre 1897.

Comprend-on ces remercîments et ces témoignages d'affection après la dure correction que j'avais infligée à cet homme, à ce prêtre ? On ne peut les comprendre qu'inspirés par une humilité sincère et par une contrition profonde ; or, M. Babled vraiment humble, vraiment contrit, aurait-il persévéré dans sa résistance, dans son idée de remboursement ? Je crois que non, cette idée émanant surtout de l'orgueil et de l'obstination.

Et puis que penser de cette insinuation perfide à l'endroit de mon entourage, de ma famille : « Je » regrette de n'avoir pas toujours été en rapports » directs avec vous... Je n'oublierai jamais combien » simple, facile et généreux avait été votre premier » dessein à l'origine. *Pourquoi a-t-il été entravé !* » Ne savait-il donc pas pourquoi il avait été entravé ce « dessein facile et généreux » et surtout par qui il l'avait été ? Décidément il me prenait pour un naïf, ce pauvre abbé, pour un homme qui n'a pas de volonté, pas de jugement, qui se laisse conduire au gré des uns et des autres, qui subit toutes les influences, toutes les impressions. Il cherchait à me faire croire que je n'avais pas su rester fidèle à mon inspiration, ce qui était la cause de tout le mal. Ce n'est pas fidèle à mon inspiration qu'il m'aurait voulu, c'était soumis à ses volontés, docile à ses caprices, favorable à ses projets.

J'estime que ces quelques réflexions doivent suffire aujourd'hui pour lui faire comprendre qu'en me croyant un naïf il s'est grossièrement trompé.

Cette lettre, chef-d'œuvre de dissimulation, laisse pourtant percer un peu le fond de la pensée de son auteur ; il aurait voulu éviter de comprendre dans le remboursement le montant des deux actions que je possède de la Société du Clos-Boutonnet, soit 1000 francs ; il ne craignait pas, pour cela, de me dire que mon fils, vivant, n'aurait jamais repris cet argent. Mais que pouvait me faire cette nouvelle blessure à côté de tant d'autres reçues ?

J'ai à peine besoin de dire que je ne répondis pas à cette lettre. Aucune réponse d'ailleurs n'était possible, car répondre, c'était atténuer la portée de ma lettre du 27 septembre, et je ne le voulais pas

Ces lettres qu'on vient de lire sont mentionnées dans les conclusions de la Société. Elle s'y montre sévère pour mon exigence ; elle blâme mes attaques contre son directeur et exalte la patience et la dignité de celui-ci. Veuillez écouter :

« Attendu que dans sa lettre du 27 septembre 1897,
» où le représentant de la Société, M. Babled, se
» trouve cruellement pris à partie et méconnu, M.
» Léon Faulquier fait connaître qu'il investit son
» notaire Mᵉ Bonfils du mandat de recevoir le rem-
» boursement ;

» Mais qu'il émet déjà une nouvelle exigence : au
» lieu de 50,347 fr. 65 qu'il a versés pour la cons-
» truction, il réclame 51,347 fr. 65 ;

» Que M. Babled, en proie à la plus douloureuse
» émotion, sous le coup des attaques les plus injus-
» tifiées et des appréciations les plus affligeantes,
» répond cependant dans les termes les plus dignes
» et les plus mesurés, qu'il persistait malgré tout à
» rendre hommage à M. Faulquier, en raison de ses

» intentions primitives, et aussi à l'ami de la première
» heure, M. Georges Faulquier ; qu'il se contentait
» d'ajouter que celui-ci, souscripteur de l'une des
» actions réclamées à la Société, n'aurait jamais repris
» à l'Œuvre ce qu'il lui avait donné (Page 20).

— En écrivant ces « Attendus », Messieurs, vous ne présentiez la question que sous un aspect, celui que vous jugiez devoir vous être favorable. Vous montriez l'effet sans en expliquer les causes. — Je le comprends très bien, du reste : expliquer ces causes, c'était déclarer que votre directeur méritait ma correction. Vous avez trouvé préférable de le montrer dolent tandis qu'il est irrité ; résigné tandis qu'il est rebelle ; spolié quand il m'a dépouillé ! De votre part, Messieurs, je n'en suis pas surpris.

Je ne suis pas surpris non plus que vous ayez engagé votre avocat à dire ceci au Tribunal :

« M. Faulquier accepte le remboursement ; mais
» ici les difficultés recommencent. Il ne se contente
» plus des 50.000 francs qu'il a avancés ; il se trouve
» dans un état d'esprit qui est à la fois son excuse
» et sa condamnation ; il veut que la Société puise
» dans sa caisse, pauvre et vide, pour lui rembourser
» ses deux actions, soit 1000 francs... »

— Je vous remercie, Messieurs, pour ces bonnes paroles : *l'état de mon esprit, s'il était ma condamnation, était aussi mon excuse.* Je voudrais, à mon tour, apprécier votre état d'esprit à mon endroit, et je n'ose : il est votre condamnation, aussi, mais je n'y trouve pas trace d'excuse...

Je suis à me demander ce qu'a dû penser le Tribunal de cette caisse, *pauvre et vide,* qui n'avait pas 1000 francs à me rembourser et qui pouvait, sans se gêner, dépenser 70.000 francs en pure perte !

Car, Messieurs, quoi que vous ayez pu dire, vous n'avez pas pu détruire ou simplement atténuer cette conséquence : m'offrir le remboursement, c'était jeter hors de votre caisse 70.000 francs !

XV

LE REÇU MOTIVÉ EST REJETÉ

> Les vérités qu'on aime le moins à entendre sont celles qu'il importe le plus de savoir.
>
> BOISTE.

Ne voulant pas reculer ni s'amender, M. Babled devait avancer dans la route scabreuse qu'il s'était tracée, entraîné par un mobile qui, à mes yeux, restait mystérieux. — Il fut donc obligé de se rendre chez M⁰ Bonfils pour le règlement qu'il avait à effectuer. C'était au commencement d'octobre.

Mon notaire lui fit part tout de suite de mes intentions. Au lieu du reçu pur et simple qu'il comptait recevoir en échange de son versement, il lui serait délivré un reçu motivé ; le double du contrat du 10 mars 1896 resterait en ma possession, ainsi que les reçus des entrepreneurs et fournisseurs.

Et M⁰ Bonfils donna connaissance à M. Babled de la teneur du reçu. Cette pièce était en règle, signée par moi. M. l'abbé n'avait qu'à verser les fonds, tout serait terminé.

Ah! oui, mais ce n'était pas là ce que voulait M. le directeur des Salésiens. Il fit la grimace en entendant les termes du reçu. Il déclara, en ce qui concernait l'acte, que le remboursement l'annulait, que je n'avais donc pas à en garder un double ; quant aux reçus des entrepreneurs, il ne pouvait pas s'en passer, car ayant à régler avec eux, il devait nécessairement savoir ce qui avait été déjà payé pour ne pas être exposé à payer deux fois.

Cette dernière raison était trop juste pour être discutée. Mais Me Bonfils pria M. Babled de remarquer que, pour cela, les reçus n'étaient pas indispensables ; on pouvait très bien les remplacer par un état détaillé de ces payements, certifié conforme par moi. De plus mon notaire se fit fort (avec raison) d'obtenir de ma part l'engagement écrit de produire, si besoin était, les reçus originaux.

C'était répondre victorieusement à la raison péremptoire de M. Babled. Cependant celui-ci n'eut pas l'air satisfait et ne se décida à rien. Il dit simplement à Me Bonfils qu'il réfléchirait et que, sous peu, il lui ferait connaître sa détermination.

Pourquoi M. Babled demanda-t-il à réfléchir? Sans doute pour plusieurs raisons. — D'abord le reçu. Etabli en la forme que mon notaire et moi lui avions donnée pour sauvegarder ma dignité, il ne pouvait que contrarier vivement M. l'abbé. Pensez donc ; il s'attendait à un reçu banal, tout simple, déclarant qu'il m'avait compté 51.000 et tant de francs, et voilà qu'on lui présentait un reçu bien complet, sur lequel il était indiqué que ce remboursement avait lieu parce que lui, M. Babled, n'avait pas observé les clauses d'un contrat! C'était vrai, certes ; mais combien c'était vexant...

Ensuite on lui refusait l'exemplaire du contrat qui était entre mes mains et les reçus représentant mes versements au fur et à mesure des travaux. Mais c'étaient des armes contre lui, ces titres ; ils disaient qu'il y avait eu une convention formelle entre sa Société et moi ; ils prouvaient que j'avais tenu mes obligations ; ils justifiaient la rédaction du reçu. Donc il les lui fallait...

Eh! oui, il les lui fallait pour être sûr qu'ils ne seraient point employés contre lui ; pour pouvoir, peu à peu, laisser tomber dans l'oubli mon bienfait méconnu, pour effacer toutes traces de sa conduite envers moi !

Et mon notaire lui déclarait que ces pièces devaient rester en mon pouvoir ; il lui montrait un reçu qui, en toutes lettres, disait sa faute. — Il y avait bien de quoi le faire réfléchir...

Le 6 octobre, en pleines réflexions, M. Babled envoyait à Mᵉ Bonfils un billet ainsi conçu :

Prière de me faire savoir :

1° Si le reçu général a pu être rectifié d'une façon acceptable.

2° Si l'on consent à remettre les originaux des reçus particuliers signés par les entrepreneurs.

3° Si l'on compte toujours faire une brochure explicative.

Ayant de vive voix fait connaître à M. Babled les décisions prises sur ses deux premières questions, et ne pouvant rien dire sur la troisième, qu'il ne connaissait pas, M⁰ Bonfils ne jugea pas utile de répondre à ce billet. Mais je le signale parce qu'il a son importance. En effet, il trahit une certaine préoccupation chez M. Babled au sujet de la publication de ce récit, qu'il appelle *une brochure explicative*. C'est donc que M. le chanoine Balp s'était servi de cette menace ; c'est donc que M. Babled craignait cette publication.

De plus ces quelques lignes précisent la pensée de M. l'Abbé en indiquant — ce qu'il n'avait pas fait encore — que les termes du reçu ne lui vont pas. Elles font connaître, en outre, qu'il persiste dans sa prétention de retirer les reçus concernant les travaux.

Quelques jours se passèrent dans le silence.

Le 20 octobre, M. Babled se risqua à reprendre les négociations ; il était décidément poussé en avant par une force à laquelle il ne savait pas résister. Voyant que M⁰ Bonfils n'avait pas répondu à son billet du 6, il lui adressa sous pli recommandé la lettre qu'on va lire :

MONSIEUR,

La personne qui m'a prêté des fonds depuis plus d'un mois pour effectuer le remboursement convenu avec M. Faulquier des cinquante mille francs placés sur la chapelle St-Georges, me prie de vous faire savoir qu'elle va rentrer dans ses fonds. Elle m'accorde encore le délai de huit jours à partir de demain jeudi 21 octobre. Si d'ici là il ne vous a pas été possible d'obtenir un reçu conçu dans des termes exclusivement administratifs et ne portant atteinte à l'honorabilité de personne, cette question du remboursement sera définitivement close. J'espère, Monsieur, que vous pourrez arriver à une solution et je vous prie de vouloir bien agréer mes respectueux hommages.

P. BABLED.

Le silence serait interprété comme un refus de M. Faulquier.

Montpellier, 20 octobre 1897.

Vous avez bien remarqué, n'est-ce pas, le début de cette lettre : *La personne qui m'a prêté des fonds.* C'était l'explication tant cherchée ; on avait prêté des fonds à M. Babled !

Qui ? Dans quelles conditions ? Le prêteur connaissait-il le but qu'on voulait atteindre ? Je me posai ces questions tout d'abord, mais je ne m'y arrêtai pas, car Me Bonfils restait incrédule au sujet de ce prêt, et je ne tardai pas à partager cette incrédulité. Ce prêt, d'ailleurs ainsi limité, ne nous apparut que comme une manœuvre de notre abbé.

Cette fois, mon notaire devait répondre. Il le fit de façon à obliger M. Babled à en finir d'une manière ou d'une autre ; c'est ainsi qu'il lui demande un modèle pour l'acte de résiliation, puisque celui qui lui a été soumis ne lui va pas. Il cherche aussi à lui faire comprendre que le remboursement étant promis et accepté, il est temps de l'effectuer. Du reste, voici cette réponse de M⁰ Bonfils :

Monsieur l'Abbé,

J'ai reçu votre lettre recommandée du 20 courant.

Vous avez proposé à M. Faulquier le remboursement de toutes ses avances pour votre Œuvre ; il a accepté votre offre. Le contrat est formé depuis plusieurs semaines entre vous, et vous ne pouvez pas le rompre par votre seule volonté. Pourquoi recommander votre lettre ? Est-ce pour établir plus authentiquement une fois de plus que dans toute cette affaire avec M. Faulquier vous voulez vous délier de vos engagements au fur et à mesure que vous les prenez ?

Le remboursement est promis et accepté, il reste la loi entre vous deux.

Vous faites pour la réalisation une objection de détail en rejetant la forme du reçu que l'on vous offre. Ayez la bonté de m'envoyer le modèle du reçu que vous désirez recevoir, afin que M. Faulquier puisse en peser les termes, les modifier ou approuver suivant qu'il y aura lieu.

J'ai l'honneur de vous saluer.

BONFILS.

Montpellier, 21 octobre 1897.

A dessein M⁰ Bonfils ne disait rien, dans sa réponse, du soi-disant délai de huit jours qui était accordé à M. Babled par un prêteur inconnu ; cela ne lui paraissait pas sérieux, et afin de l'empêtrer dans ses propres rets, il le pressait d'opérer le remboursement.

C'était dans ce même but qu'il lui demandait le modèle du reçu qu'il souhaitait. Aussi bien c'était logique, du moment que mon reçu ne plaisait pas à M. Babled.

Le même jour, 21 octobre, M. Babled, dès avoir reçu la réponse de Mᵉ Bonfils qu'on vient de lire, lui écrivit la lettre suivante :

MONSIEUR,

Je n'ai aucune connaissance de la loi et du contrat dont vous me parlez dans votre lettre du 21 octobre. Ce que je sais, c'est que loyalement, et sans y être aucunement obligé, j'ai proposé à M. Faulquier de lui rendre l'argent avancé pour la chapelle, et cela uniquement pour terminer des malentendus existants sur nos obligations réciproques.

M. Faulquier a accepté ; mais ma proposition ne devait et ne pouvait subsister que dans le cas où elle serait reçue avec des formalités essentielles. Ces formalités refusées, je reste libre.

C'était, en premier lieu, que les expressions du reçu ne pussent blesser personne.

C'était ensuite de recevoir les reçus particuliers des entrepreneurs, sans lesquels il pourrait toujours être allégué qu'une partie des dépenses n'est pas encore soldée.

Si ma seconde lettre d'hier a reçu une réponse au sujet de la teneur acceptable du reçu définitif, ma première lettre, remontant à 15 jours à peu près, est restée sans réponse, au sujet des reçus particuliers signés par les entrepreneurs.

Ce sont des points essentiels ; mais, puisque M. Faulquier accepte le principe du remboursement, il ne peut en détacher les conséquences. Autrement la loi et le contrat dont vous me parlez seraient violés, non plus par moi mais par lui.

Vous me disiez : envoyez-moi le modèle du reçu, afin que M. Faulquier puisse en peser les termes, les modifier ou approuver, suivant qu'il y aura lieu. Je n'ai pas à donner de leçons à M. Faulquier sur les questions d'affaires ; je suis mieux dans mon rôle en attendant la communication du libellé de son reçu, et l'assurance que je recevrai en échange de mon argent les reçus particuliers.

Alors seulement, si le délai de huit jours n'est pas expiré, je me ferai un devoir de passer chez vous pour terminer cette affaire.

Vous me disiez en finissant : j'ai l'honneur de vous saluer. Je vous remercie de cette politesse, que vous me permettrez de vous exprimer à mon tour.

P. BABLED.

Montpellier, 21 octobre 1897.

Toujours la même allure cauteleuse, le même style ambigu et mordant. Pour écrire — étant données nos situations respectives — des phrases comme celle-ci : « *Loyalement et sans y être aucunement obligé*, j'ai proposé à M. Faulquier de lui rendre l'argent avancé pour la chapelle, et cela uniquement pour terminer des *malentendus* existant sur nos *obligations réciproques* », pour écrire cela, il faut être d'une trempe particulière ; il faut savoir ne douter de rien. Car d'où proviennent ces *malentendus* sur nos *obligations réciproques ?* De ce que M. Babled n'a pas rempli les siennes obligations ; quant aux miennes, il faut avoir une certaine audace pour insinuer avec semblable désinvolture que je ne les ai pas mieux remplies.

Les autres points de cette lettre sont réfutés par mon notaire dans sa réponse du 25 octobre, qu'on trouvera ci-après. Le peu de hâte de mon notaire à écrire cette réponse prouve qu'il continuait à ne pas se préoccuper du tout du délai de huit jours pour le prêt, auquel, du reste, il ne croyait pas ; et pourtant ce délai, au dire de M. Babled, courait depuis le 21 octobre.

Monsieur l'Abbé,

Vous avez promis à M. Faulquier le remboursement de ses avances et lui avez demandé une quittance.

Il vous l'a présentée. Vous l'avez refusée, parce que les termes ne vous convenaient pas.

Il vous a demandé alors de formuler la quittance qui vous convient et vous refusez de la libeller.

Qu'est-ce que tout ceci, sinon une fin de non-recevoir pure et simple pour vous éviter de tenir vos engagements ?

Quant aux reçus des sommes que M. Faulquier a payées, j'ai eu l'honneur de vous dire qu'il vous en donnerait un état détaillé avec promesse de les produire au cas de négation de la part des ouvriers.

Mais M. Faulquier ne peut pas s'en dessaisir ; c'est la seule preuve de ses avances, la seule justification de la quittance qu'il doit vous fournir.

Votre lettre m'indique que la formule de politesse terminant ma lettre a eu le don de vous blesser ; je ne la renouvelle donc pas.

BONFILS.

Montpellier, 25 octobre 1897.

Si M. l'abbé Babled s'était incliné devant ces arguments et était enfin venu à composition, ce n'aurait plus été M. Babled. Mais comme il restait lui-même plus que jamais, il discuta mot à mot la lettre de mon notaire en se servant de subtilités de la valeur de celle-ci : *J'ai proposé et non promis*, et d'appréciations comme la suivante : *La nécessité pour M. Faulquier de justifier la quittance finale n'existe pas.*

Du reste, je livre tout entière cette nouvelle lettre de M. Babled à l'attention de mes lecteurs :

Monsieur,

J'ai bien *proposé* et non *promis* le remboursement des avances de M. Faulquier. Donc, alors même que je le jugerais maintenant impossible, vu la non-livraison des reçus des entrepreneurs que je juge essentielle, je ne manque à aucun engagement.

Personne n'agirait autrement ; et vous seriez mon conseil que vous vous opposeriez à ce que je suive une autre voie.

La nécessité pour M. Faulquier de justifier la quittance finale qu'il fournirait n'existe pas : il n'a affaire qu'à lui-même ; moi j'ai affaire à des tiers, soit prêteur soit entrepreneurs, avec qui je suis en compte.

M. Faulquier gardant l'état détaillé qu'il me propose, aura pour lui-même la justification authentique qu'il désire ; puis sa comptabilité, si elle a une sortie de 50,000 fr., sera en règle, puisqu'une rentrée semblable y figurera.

Je vous donne ces explications, un peu inutiles, pour vous montrer ma bonne volonté ; car d'après mes lettres précédentes il m'aurait suffi de maintenir purement et simplement que je jugeais toujours essentiel de recevoir une quittance purement administrative et *tous les reçus des entrepreneurs*.

On veut en finir définitivement, oui ou non ?

Je propose toujours le remboursement, jusqu'au moment où j'aurai encore l'argent, c'est-à-dire jusqu'au jeudi soir, 28 octobre, dernier délai ; mais *je ne l'accepte* que dans les conditions indiquées.

Veuillez agréer, Monsieur, l'assurance de mes intentions droites et loyales.

P. BABLED.

Montpellier, 26 octobre 1897.

Cette réponse n'était pas faite pour arranger les choses ; elle ne pouvait pas non plus convaincre Mᵉ Bonfils ; elle ne pouvait qu'attirer à son auteur une verte réplique ; c'est ce qui arriva. Le notaire écrivit à M. Babled, le 27 octobre, ce qui suit :

Monsieur l'Abbé,

Vous m'écrivez que vous avez offert et *pas promis* à M. Faulquier de le rembourser de ses dépenses.

Votre distinction est inexacte ; mais de plus vous oubliez que vous avez offert et que M. Faulquier a accepté, ce qui constitue un engagement formel sous toutes les législations.

Bien mieux, non seulement vous avez promis, mais vous avez même commencé à exécuter votre promesse en venant chez moi, disiez-vous, avec l'argent en poche pour payer.

Si cette démarche était sincère, et je n'ai garde d'en douter, c'était un commencement d'exécution, plus même qu'une promesse.

Vous refusez la déclaration que vous propose M. Faulquier établissant les paiements par lui faits et vous lui indiquez de se faire à lui-même un titre à cet égard, comme si cela était sérieux ; on ne se crée pas un titre à soi-même.

Au reste vous refusez tout : vous refusez la quittance de M. Faulquier, vous refusez d'établir le modèle de celle que vous désirez, vous refusez la déclaration que les ouvriers sont payés, le tout pour refuser l'argent.

Vous me dites que vos intentions sont droites ; Dieu seul en est juge, Monsieur l'Abbé, et j'espère pour vous que son jugement vous sera propice.

Bonfils.

Montpellier, 27 octobre 1897.

Cette polémique entre M. l'abbé Babled et M Bonfils s'arrête là.

Mes lecteurs se rendent compte qu'elle ne produisit rien de bon. La raison était d'un côté, l'entêtement était de l'autre, l'accord devenait très difficile ; il n'eut pas lieu.

De sorte que mon notaire, en présence de cette résistance de M. Babled à entendre raison, était plus que jamais convaincu que le prêt avec son délai de huit jours n'existait que dans l'imagination de mon adversaire. Ce qui suffit à expliquer le ton de ses lettres et sa tendance à le pousser dans ses derniers retranchements.

Mais il en aurait été de même si M. Bonfils avait été persuadé que M. Babled avait réellement les fonds nécessaires. Je n'avais pas demandé le remboursement, il m'était imposé, ce qui, tant s'en faut, n'est pas la même chose. J'aurais pu, l'ayant provoqué, céder plus facilement sur les points en discussion ; mais, le subissant, je devais rester ferme dans mes décisions, non pour entraver l'arrangement, comme on l'a dit, mais pour me protéger moi-même contre les malveillances.

Pendant qu'il bataillait avec mon notaire, M. Babled appela à son aide M. le chanoine Balp. Afin de l'apitoyer sur son sort, il dut lui exposer les faits à sa guise ; et il réussit, car M. Balp essaya de me fléchir sur les termes du reçu. Il m'engageait à modifier ce reçu, à le faire anodin, ne voyant que ce moyen de terminer le différend et arguant de ce que M. l'abbé Babled *ne pouvait pas signer sa propre condamnation.*

C'est dans cet esprit que M. le chanoine Balp m'adressa, le 23 octobre, la lettre suivante :

Monsieur Faulquier,

Me permettez-vous de vous écrire un dernier mot relativement à la malheureuse affaire de l'église Saint-Georges ?

M. Babled est venu me dire que vous lui offriez un reçu constatant qu'il a manqué à tous ses engagements, et qu'il a refusé de l'accepter. Cela se comprend ; on n'est pas obligé de reconnaître soi-même sa propre condamnation. Il me semble que vous pourriez vous contenter de donner un reçu pur et simple, puisque, d'après ce que vous m'avez dit, vous avez en mains assez de documents pour légitimer, s'il y a lieu, l'acceptation du remboursement, sans que vous ayez besoin d'une pièce quelconque acceptée par M. l'Abbé. Ainsi serait terminée, d'une manière très honorable pour vous, une affaire qui, sans cela, me paraît interminable ; et vous pourriez élever ailleurs un monument à la mémoire de votre regretté défunt.

Je vous demande pardon, Monsieur Faulquier, de la liberté que je prends de vous présenter cette observation ; j'ai cru y être autorisé par la mission que m'avait confiée Monseigneur l'Evêque. Au reste, je la livre à votre sagesse et à votre longue expérience des affaires, tout en désirant néanmoins qu'elle vous paraisse acceptable.

Daignez agréer, Monsieur Faulquier, l'hommage de mon affectueux respect.

Balp.

Montpellier, 23 octobre 1897.

Cette lettre était basée sur une fausse appréciation : « M. Babled, disait M. le Chanoine, ne pouvait pas *signer sa propre condamnation.* » Or, je ne lui demandais rien de semblable ; il n'avait rien à signer, sa condamnation moins que toute autre chose ; il n'avait que mon reçu à prendre, et rien ne l'obligeait à le produire au grand jour si sa teneur le gênait.

M. Balp, circonvenu par M. Babled, n'avait pas vu le cas tel qu'il était ; je suis certain que s'il s'en était mieux rendu compte il ne m'aurait pas écrit la lettre qu'on vient de lire.

Je lui répondis en ces termes :

Monsieur le Chanoine,

J'ai bien reçu votre lettre du 23 courant.

Dieu m'est témoin que je voudrais pouvoir faire ce que vous me conseillez ; malheureusement ce n'est pas chose possible.

C'est un principe absolu dans les affaires de motiver les reçus qu'on délivre ; dans l'affaire qui nous occupe, le reçu qu'il me faut délivrer à M. Babled doit d'autant plus être motivé que le cas est d'une gravité exceptionnelle.

Vous paraissez oublier, Monsieur le Chanoine, qu'il s'agit d'une pièce qui doit rester entre les mains de M. Babled ; elle n'a, par conséquent, pas le caractère des pièces qui restent en ma possession. Ce n'est pas M. Babled qui doit signer, c'est moi...

D'ailleurs, j'ai fait demander à M. Babled le libellé de la quittance établi dans les termes qui lui conviennent, puisque ma rédaction ne lui va pas ; il refuse de le faire. Vous le voyez, Monsieur le Chanoine, je me heurte toujours, avec M. Babled, à des refus incompréhensibles.

Vous avez bien raison, certes, quand vous qualifiez ma fondation de *malheureuse affaire*.

Daignez agréer, Monsieur le Chanoine, l'expression de tout mon respect.

Léon Faulquier.

Montpellier, 25 octobre 1897.

M. Balp n'insista pas — il ne le pouvait guère ; — mais, de son côté, M. Babled persista dans son refus d'accepter le reçu tel que mon notaire le lui avait présenté. Le remboursement, dans ces conditions, ne pouvait pas avoir lieu...

Les « Conclusions » de M. l'abbé Babled ne s'étendent pas longuement sur cet incident du reçu, non plus la plaidoirie de son avocat ; elles se contentent de le relater en exagérant autant que possible son importance.

« Attendu, disent les conclusions, page 21, que
» la Société se bornait à demander à M. Faulquier,
» contre la remise des fonds, un reçu normal ; mais
» que ce dernier avait introduit dans ce document
» des imputations diffamatoires contre M. Babled ;

» Que la Société refusa absolument de souscrire
» à une exigence aussi blessante pour son représen-
» tant autorisé ;

» Que les négociations se poursuivirent ; que
» M. Faulquier, tout en refusant de délivrer à la
» Société un reçu pur et simple, qu'il pouvait si aisé-
» ment libeller, insistait, par l'organe de son notaire,
» pour obtenir le remboursement... »

Dans la plaidoirie je n'ai entendu que ces deux phrases :

« M. Faulquier déclare que c'est avec son notaire
» qu'il faut régler cette affaire.

» M. Babled se résigne et va trouver Mᵉ Bonfils en
» lui offrant de lui verser les 51.000 et tant de francs
» contre un reçu ; mais le reçu que lui présente
» Mᵉ Bonfils porte que M. Babled a manqué à
» l'honneur et à ses engagements. Naturellement

» M. Babled refuse d'accepter cette pièce... »

Si, dans ces citations, la vérité des faits n'est pas exclue, il y a, par contre — comme je viens de le dire — une grande exagération : « Mon reçu conte-
» nait des *imputations diffamatoires* ; il indiquait que
» M. Babled *avait manqué à l'honneur.* » Il n'y avait pas tout cela dans mon reçu ; on a voulu lui donner une portée qu'il ne devait pas avoir : il ne disait que la vérité. Et il la disait, parce qu'il était indispensable qu'elle fût dite.

Etait-ce par ma faute que cette vérité était de nature à blesser M. Babled ? Non, c'était par la sienne, rien que par la sienne. Pourquoi reculait-il alors devant les conséquences de cette faute ? Manquait-il de courage ? Mais il n'en avait pas manqué pour larder mon cœur de coups de poignard, et il n'en avait pas pour souffrir une piqûre d'épingle !...

XVI

LE CONTRAT DE RÉSILIATION

> Nous allons voir bientôt comment ira l'affaire,
> Et l'on a là-dedans fait venir un notaire.
> MOLIÈRE.

Le remboursement paraissait bien compromis. Si M. Babled avait dit vrai en ce qui concernait le prêt et le délai de huit jours, ce délai allait expirer et alors échouait la combinaison de l'abbé.

J'étais loin de m'en plaindre, rien ne me paraissant plus odieux que ce remboursement qui, en me chassant de ma fondation, profanait mon inspiration.

Mais M. Babled tenait trop à me rembourser pour se considérer comme battu, pour renoncer à la lutte. Il avait compris cependant que je tiendrais bon et sur les termes du reçu et sur la possession des pièces qu'il me réclamait ; mais il avait compris aussi que M⁰ Bonfils et moi, à la suite de ses tergiversations, mettions en doute la sincérité de son offre de remboursement, l'existence réelle des fonds pour l'opérer, et il pensa probablement qu'en nous donnant la preuve qu'il avait l'argent, il viendrait plus aisément à bout de ma résistance.

Alors que fit-il ? Il trouva bon de se servir, lui aussi, d'un notaire pour défendre ce que, sans doute, il appelait ses intérêts ; et il chargea M° Galibert de ce soin difficile.

Voici qui démontre que ma supposition était fondée au sujet des doutes que M. Babled voulait dissiper :

« Attendu que la Société, ne voulant pas rester
» sous le coup d'une suspicion, dépose immédiate-
» ment les fonds chez M° Galibert, notaire... »

(Conclusions de la Société, page 21).

M° Galibert ne perdit point de temps pour remplir son ministère ; à la date du 28 octobre, précisément le jour où devait expirer le soi-disant délai accordé à M. Babled pour disposer des 50.000 francs prêtés, il m'écrivit la lettre suivante :

Monsieur,

Le Président du Conseil d'administration de la société du Clos-Boutonnet, ou du Pont-Juvénal, me fait remettre par le R. P. don Babled la somme de 50.349 fr. 65 qui vous est due en représentation des travaux effectués, d'après vos ordres, à la chapelle de ladite société. Je tiens donc cette somme à votre disposition contre votre reçu.

Vous voudrez bien me faire tenir en même temps, et ce uniquement pour pouvoir parer dans l'avenir à toute réclamation injustifiée, les divers reçus des entrepreneurs qui ont touché la somme ci-dessus.

Après avoir effectué la remise de ces différentes pièces, je suis convaincu que vous trouverez bon, dans un intérêt réciproque, d'annuler les deux originaux de la convention intervenue le 10 mars 1896 entre vous et M. Fabrège, relativement aux travaux dont le paiement a été fait au moyen de la somme précitée.

Le R. P. don Babled m'a chargé en outre de vous dire que, pour des raisons qu'il vous a déjà communiquées, il ne pourra tenir cette somme à votre disposition que jusqu'à samedi 30 courant inclusivement.

Veuillez agréer, Monsieur, l'assurance de ma considération la plus distinguée.

P. Galibert.

Montpellier, le 28 octobre 1897.

Je retrouvais dans cette lettre toutes les prétentions du directeur des Salésiens; il n'avait pas varié d'une ligne; une seule chose avait varié : le délai fixé par le prêteur inconnu des 50.000 francs; ce délai se trouvait allongé de deux jours, c'est-à-dire jusqu'au 30 octobre.

Devais-je céder, moi, devant la persistance de M. Babled ? Cela ne me parut compatible ni avec ma dignité, ni avec la bonne règle des affaires.

Naturellement je m'empressai de faire part à mon notaire de la lettre de son collègue M⁰ Galibert, en lui disant que j'étais bien décidé, malgré la certitude que les fonds étaient maintenant à ma disposition, à rester sur le terrain où je m'étais placé.

— Vous le devez, me répondit M⁰ Bonfils.

— Et que pensez-vous du fameux prêt et du délai accordé à M. Babled ?

— Je pense que nous nous sommes trompés en ne croyant pas à ce prêt. Mais je persiste à ne pas croire au délai donné par le prêteur ; et vous voyez que déjà ce délai s'allonge.

— Il n'y a donc qu'à tenir bon pour les conditions que nous avons posées ?

— Il faut même faire plus, déclara Mº Bonfils. L'intervention du notaire de M. Babled, que je trouve d'ailleurs très logique, me fait comprendre que nous procédons irrégulièrement en réglant cette affaire par un simple reçu, si motivé qu'il soit.

— Comment cela ? demandai-je.

Et mon notaire m'expliqua sa pensée :

— Il y a un contrat en règle passé entre la Société et vous. On veut aujourd'hui résilier ce contrat ; on le peut, certainement ; mais il faut le consentement formel des parties. Or il ne saurait suffire d'annuler les originaux de ce contrat, puisqu'il y a eu exécution partielle et qu'une pièce doit être établie pour constater qu'on vous rembourse les sommes que vous avez versées.

La régularité veut donc qu'un nouveau contrat intervienne, un contrat que nous pourrons appeler « de résiliation », lequel fera mention des causes qui abrogent celui du 10 mars 1896 et portera en même temps quittance des sommes remboursées. Ce nouveau contrat sera signé, comme le précédent, par

M. le président de la Société et par vous. Que vous en semble ?

Je compris tout de suite que Mᵉ Bonfils avait raison, et j'approuvai entièrement sa manière de voir. Résilier le contrat déjà passé par un autre contrat, motivé bien entendu, me paraissait en effet bien plus régulier que de délivrer tout bonnement un reçu à M. Babled. On avait donné à la convention qui me liait avec la Société un caractère officiel ; il fallait ce même caractère officiel à la convention qui devait nous délier.

Et puis, de cette manière, M. Fabrège, président de la Société, intervenait dans ce règlement, ce qui m'agréait beaucoup. Il supporterait ainsi — comme c'était juste — le poids de cet acte odieux. N'avait-il pas signé qu'il acceptait le don ? On ne le voulait plus, ce don ; eh bien ! il était tenu d'en signer le refus. On me demandait bien, à moi, de consacrer par ma signature la grave insulte qu'on me faisait.

Je priai donc Mᵉ Bonfils de préparer un projet d'acte de résiliation. Dans cet acte — qui devait rester explicatif — il serait fait mention que le remboursement des sommes payées par moi sur la chapelle intervenait comme solution au différend, parce que M. Babled, directeur des Salésiens, n'avait pas rempli ses engagements.

D'ailleurs, ce contrat était-il possible sans cette explication ? Non, car alors il aurait trop laissé le champ libre à toutes les suppositions, à toutes les appréciations. Il fallait proclamer la vérité ; tant pis pour ceux qu'elle blessait.

Je prévins M⁰ Bonfils que j'allais répondre à M⁰ Galibert, afin de lui apprendre ma décision et le prier de s'entendre avec son collègue pour toutes choses.

Ma lettre au notaire de M. Babled est en ces termes :

MONSIEUR,

J'ai reçu votre lettre du 28 octobre courant, m'informant que M. l'abbé Babled vous a remis une somme de 50.349 fr. 65 que vous tenez à ma disposition contre mon reçu et contre la remise des divers reçus d'entrepreneurs justifiant cette dépense faite pour la chapelle Saint-Georges.

J'ai le regret de vous dire, Monsieur, que je ne suis d'accord avec vous ni pour la somme, ni pour les conditions mises à son versement : je m'étonne fort que M. l'abbé Babled persiste dans ces conditions et ne complète pas le montant du remboursement ; il connaît cependant, et par mon notaire, M⁰ Bonfils, et par ma lettre du 27 septembre dernier, ma décision formelle.

Veuillez donc, Monsieur, vous entendre avec M⁰ Bonfils, qui vous fera part de cette décision ; lui seul a qualité pour régler cette affaire et pour répondre comme il convient à l'étrange ultimatum de M. Babled.

Quant aux originaux de la convention du 10 mars 1896, intervenue entre M. Fabrège et moi, ils ne peuvent être annulés que par un nouvel acte, qui sera également signé par M. Fabrège et par moi. Mon notaire est chargé de la rédaction de cet acte.

Je vous présente, Monsieur, mes saluts empressés.

L. FAULQUIER.

Montpellier, 29 octobre 1897.

Il était permis de supposer que les deux notaires, ainsi mis en rapport, arriveraient à s'entendre. Je ne doutais pas un seul instant que M° Galibert, dans sa compétence, n'approuvât hautement l'idée d'établir un acte de résiliation. Quant à la rédaction de cet acte, mon notaire savait ce qu'elle devait être ; il verrait de se mettre d'accord avec son collègue.

Le 4 novembre, M° Bonfils m'avertit que M° Galibert avait obtenu de son client M. Babled, qu'il n'insisterait pas sur la condition de remise des reçus signés par les entrepreneurs. C'était un pas en avant. Puis il avait été convenu entre les deux notaires que M° Galibert rédigerait un projet d'acte de résiliation, lequel serait soumis à M° Bonfils, qui s'était réservé de le modifier, s'il y avait lieu.

Ainsi fut fait.

Le 5 novembre, le notaire de M. l'abbé Babled remettait à M° Bonfils son projet d'acte.

Le voici :

Entre les soussignés :
1° Jean-Pierre-Fulcrand-Léon Faulquier, industriel, domicilié à Montpellier ;
2° M. Frédéric Fabrège, propriétaire, domicilié aussi à Montpellier ;
Agissant : 1° en qualité de président du Conseil d'administration de la société du Clos-Boutonnet, société anonyme par actions ayant son siège social à Montpellier ; 2° en vertu de la délibération du conseil d'administration de la société en date à Montpellier du 9 février 1896 et dont une expédition en forme sur timbre d'un franc quatre-vingts centimes est demeurée ci-annexée ; 3° au nom de la dite société du Clos-Boutonnet ;

Il a été convenu et arrêté ce qui suit :

I

M. Faulquier reconnaît avoir reçu à l'instant même en billets de la Banque de France, ou espèces de cours, du dit M. Fabrège, ès qualités, la somme de 50.347 fr. 65 c. montant des travaux payés par le dit M. Faulquier en vue de la construction d'une chapelle sur le terrain de ladite société, le tout conformément à la convention ci-après mentionnée ; de laquelle somme M. Faulquier donne au dit M. Fabrège quittance entière et définitive. — M. Faulquier déclare que cette somme a été payée à divers entrepreneurs, ainsi qu'il suit :

1° A Calage, le 22 avril 1896, mille francs   1.000
2° A Loire, le 25 avril 1896, deux mille cinq cents fr.   2.500
3° Etc., etc.

                             Total égal . . .   50347,65

A l'égard des reçus relatifs à ces diverses sommes, il est convenu qu'ils resteront entre les mains de M. Faulquier ; mais ce dernier s'engage à les mettre à la disposition de M. Fabrège, en cas de contestations quelconques concernant les sommes portées aux dits reçus ou les travaux qui en sont la représentation.

II

En outre M. Faulquier reconnaît aussi avoir reçu à l'instant même du dit M. Fabrège la somme de 1.000 fr. montant de deux actions de la société du Clos-Boutonnet, l'une souscrite par lui, l'autre par son fils Georges, lesquelles dites deux actions portant les n°ˢ x, x, sont entre les mains du dit M. Fabrège qui le reconnaît ; de tout quoi les soussignés se concèdent réciproquement quittance et décharge.

III

La convention sous-seing privé intervenue entre les dits MM. Faulquier et Fabrège, ès qualités, en date à Montpellier, du 10 mars 1896, est et demeure annulée purement et simplement, dans son ensemble comme dans ses détails, et ce à compter d'aujourd'hui, où elle n'aura plus qu'une valeur historique.

Fait double à Montpellier, le...

Il n'y a pas à commenter beaucoup ce projet d'acte ; il est absolument anodin et, partant, ne signifie rien : On me rembourse 50.347 fr. 65, que j'ai payés pour divers travaux de construction d'une chapelle, et voilà tout. Pourquoi ai-je versé cette somme ? Pourquoi me la rembourse-t-on ? Le notaire de M. Babled n'a cure de ces détails, gênants d'ailleurs pour son client, et il les supprime, trouvant que c'est tout simple.

Je trouvai, moi, que c'était trop simple, et M° Bonfils aussi. De sorte que, au lieu de corriger le projet de M° Galibert, mon notaire préféra lui soumettre le sien, celui qu'il avait élaboré sur mes instructions formelles. Ce projet, adressé à M° Galibert, le 10 novembre, est ainsi libellé :

Entre les soussignés :

1° M. Jean-Pierre-Fulcrand-Léon Faulquier, industriel, domicilié à Montpellier ;

2° M. Frédéric Fabrège, propriétaire, domicilié à Montpellier, agissant en qualité de président du conseil d'administration de la société du Clos-Boutonnet, société anonyme par actions, ayant son siège social à Montpellier ;

En vertu de la délibération de conseil d'administration de la dite société en date du 9 février 1896, dont une expédition en forme sur timbre de un franc quatre-vingts centimes est demeurée ci-annexée ; et au nom de ladite société,

Il a été convenu et arrêté ce qui suit :

1° La convention sous seing privé intervenue entre les soussignés à Montpellier le 10 mars 1896 pour l'édification d'une chapelle à la mémoire de M. Georges Faulquier, n'ayant pu être réalisée entièrement par suite de l'inexécution par M. l'abbé Babled, directeur de la dite société, de tous ses engagements, demeure annulée purement et simplement dans son ensemble comme dans ses détails à compter de cejourd'hui.

2° Par suite de cette inexécution M. Faulquier se trouve dans la pénible nécessité de subir le remboursement de ses dépenses, et dans l'obligation morale de fonder ailleurs la chapelle à la mémoire de son fils ; il reconnaît avoir reçu de M. Fabrège, ès-qualités, la somme de 50.347 fr. 65 en billets de la Banque de France et espèces métalliques, de laquelle somme il lui donne quittance.

M. Faulquier déclare que cette somme a été payée par lui à divers entrepreneurs de la chapelle, savoir :

1° A Calage, le 22 avril 1896	1.000 fr.
2° A Loire . . . . , .	2.500
Etc..., etc.	
Total égal.	50.347 fr. 65

A l'égard des reçus relatifs à ces diverses sommes, il est convenu qu'ils resteront entre les mains de M. Faulquier ; mais ce dernier s'engage à les mettre à la disposition de M. Fabrège en cas de contestations quelconques concernant les sommes portées aux dits reçus ou les travaux qui en sont la représentation.

En outre, M. Faulquier reconnaît avoir reçu de M. Fabrège la somme de 1000 fr., montant des deux actions de la dite société du Clos-Boutonnet, l'une souscrite par lui, l'autre par son fils Georges, lesquelles deux actions portant les numéros x, x, ont été remises à M. Fabrège, qui le reconnaît.

De tout ce dessus, les soussignés se donnent réciproquement quittance et décharge.

Mᵉ Bonfils accompagnait son envoi d'une lettre dont voici la teneur :

Monsieur Galibert, notaire.

Mon cher Maître,

Je vous retourne votre projet de convention Fabrège-Faulquier, modifié suivant les idées de ce dernier.

M. Faulquier, qui avait voulu l'édification de la chapelle, qui a tout fait pour cela et a tenu tous ses engagements, se voit aujourd'hui forcé de recevoir le remboursement de ses avances. Il tient essentiellement qu'il soit constaté que la chapelle n'a pas été terminée par suite de l'inobservation des promesses de M. l'abbé Babled et que c'est contraint et forcé qu'il reçoit son remboursement.

Si ces clauses ne figurent pas dans l'acte, M. Faulquier préfère rester dans le *statu quo* et ne pas recevoir ses fonds.

Agréez, mon cher Maître, l'assurance de mes meilleurs sentiments de confraternité.

A. BONFILS.

Montpellier, le 10 novembre 1897.

Nous nous attendions, Me Bonfils et moi, à une protestation de Me Galibert ; elle ne tarda pas à se produire sous la forme de la lettre qui suit :

MON CHER MAÎTRE,

Ayez la bonté de m'envoyer, par mon clerc si c'est possible, le projet de sous-seing privé que j'ai eu l'honneur de vous faire remettre le 5 courant, relativement à l'affaire Faulquier-Fabrège.

Il est inutile de vous dire combien j'ai été péniblement surpris du projet que vous m'avez adressé hier soir, et dont l'esprit est absolument le contraire de tout ce que nous avions arrêté ensemble dans notre conversation du 4 courant ; ce qui prouve, sans aucun doute possible, que les modifications radicales qui s'y trouvent sont le fait personnel de M. Faulquier. Mais alors pourquoi ce dernier m'a-t-il invité, par sa lettre du 29 octobre dernier, à m'entendre avec vous, s'il devait tenir un tel compte de votre décision ?

Je vais communiquer votre lettre d'hier à M. Fabrège, et vous ferai connaître, aussitôt que possible, la solution qu'il compte donner à cette affaire.

Mais, personnellement, il me semble bien difficile que M. Faulquier puisse valablement opposer ainsi une fin de non-recevoir à un remboursement accepté en termes si formels par lui et par vous en son nom dans diverses lettres.

Agréez, etc.

Paul Galibert.

Montpellier, 11 novembre 1897.

Un point essentiel se dégage tout de suite en lisant cette lettre : le notaire de M. Babled affirme que le projet d'acte de M⁰ Bonfils est *absolument le contraire* de ce que les deux notaires avaient convenu ensemble. Pourquoi cette affirmation ? Elle était certainement le résultat d'un malentendu, car M⁰ Bonfils ne pouvait pas avoir dit à son collègue autre chose que ce qui avait été arrêté entre nous et que son projet d'acte résume parfaitement. Dans quel but mon notaire aurait-il dissimulé mes instructions ? D'ailleurs l'aurait-il pu après les diverses lettres échangées entre M. Babled et lui ? Cet échange de lettres étant antérieur à l'entente des deux notaires, prouve d'une façon indiscutable que M⁰ Galibert se trompait.

Et il était si facile à M⁰ Bonfils de se disculper qu'il dédaigna de le faire tout de suite. Il se contenta de m'envoyer la lettre de M⁰ Galibert, afin de me tenir au courant de ce qui se passait.

Très occupé, je ne pus pas, sur l'heure, causer de cet incident avec mon notaire ; je tenais cependant à ce qu'il connût toute ma pensée à ce sujet ; pour cela je lui écrivis la lettre que je vais reproduire :

Mon cher Maitre,

Dans le cas — probable — où vous aurez à répondre, soit verbalement, soit par écrit, à la lettre de Me Galibert du 11 courant, je vous la retourne en vous remerciant de me l'avoir confiée.

Il vous sera facile, certes, de réfuter les points inexacts que contient cette lettre et qui vous visent, car il est incontestable que Me Galibert a mal compris les indications que vous lui avez données pour établir son projet d'acte.

Donc la *surprise pénible* éprouvée par Me Galibert à la lecture de votre projet ne s'explique pas, surtout s'il a eu connaissance — comme il paraît le dire — de la correspondance échangée entre vous et M. Babled.

Je le répète, vous n'aurez pas de peine à démontrer à votre confrère qu'il n'est pas dans le vrai.

Mais dans sa lettre il me met en cause en me reprochant d'avoir pris au dernier moment une décision qui est, dit-il, une fin de non-recevoir pour le remboursement ; et il s'appuie sur la lettre que je lui ai écrite le 29 octobre.

Là encore Me Galibert se trompe, vous le savez mieux que personne, mon cher Bonfils. Mes instructions sont aujourd'hui ce qu'elles ont été au début des pourparlers de remboursement. Vous aurez le soin, je l'espère, dans votre réponse à Me Galibert, de le lui déclarer. Je tiens beaucoup à ce qu'il le sache. Quant à ma lettre du 29 octobre, qu'il invoque, elle est formelle et lui donne parfaitement à entendre deux choses : d'abord que le règlement pur et simple ne peut me convenir ; ensuite que vous avez à ce sujet toutes mes instructions. Vous trouverez sous ce pli la copie de cette lettre avec la copie de celle que Me Galibert m'a écrite ; il est bon que vous connaissiez les termes de cette correspondance.

Pardon, mon cher Maître, de tous les tracas que je vous donne. Croyez à ma vive reconnaissance et à mes meilleurs sentiments.

L. Faulquier.

Montpellier, 13 novembre 1897.

Pendant que les notaires s'occupaient du projet d'acte de résiliation, M. le chanoine Balp m'écrivait les quelques lignes qui suivent :

Monsieur Faulquier,

J'apprends que don Babled a suivi tous mes conseils et que Mᵉ Galibert, son notaire, s'est entendu définitivement avec Mᵉ Bonfils, le vôtre, pour la rédaction d'un traité final que vous aviez demandé.

Je me permets de vous féliciter de l'heureuse issue de cette affaire ; seulement j'aimerais d'être informé, par un mot de vous, qu'elle est réellement terminée, afin que je puisse communiquer votre lettre à Monseigneur, à cause de la mission dont il avait daigné me charger.

Veuillez agréer, Monsieur Faulquier, avec mes sincères félicitations, l'hommage de mon affectueux respect.

Balp.

Montpellier, 9 novembre 1897.

Cette demande était très légitime et je me mis en devoir d'y satisfaire ; seulement je ne trouvai pas bien en situation les félicitations que M. Balp croyait devoir m'adresser et je ne pus m'empêcher de le lui dire. Je lui répondis ainsi :

Monsieur le Chanoine,

Votre lettre d'hier m'est parvenue ce matin.

Rien n'est plus légitime que votre désir de savoir où en est mon règlement avec M. l'abbé Babled, et je m'empresse de satisfaire ce désir.

Pour cela je n'ai qu'à vous communiquer la copie de quelques lettres échangées entre M. Babled et mon notaire Mᵉ Bonfils. J'y joins la copie d'une lettre que j'ai reçue de

Mᵉ Galibert, notaire de M. Babled, et la copie de ma réponse.

Quand vous aurez pris connaissance de ces différentes copies vous saurez parfaitement à quel point en est l'affaire. Je n'en sais pas davantage moi-même. C'est aux deux notaires à instrumenter maintenant pour mener ce règlement à bonne fin, si c'est possible.

Je vous en prie, Monsieur le Chanoine, ne me félicitez pas de l'issue de cette affaire ; vous l'appelez « heureuse » alors qu'elle me déchire le cœur, alors qu'elle profane une inspiration pieuse, dans la réalisation de laquelle j'espérais trouver de douces consolations. Il faut me plaindre, au contraire, car je vous assure que j'ai été cruellement meurtri dans mes sentiments ; j'en éprouve une douleur qui se calmera bien difficilement. — Plaignez-moi donc, mais ne me félicitez pas !

A vous bien respectueusement.

L. FAULQUIER.

Montpellier, 10 novembre 1897.

On n'a pas oublié que le nouveau délai accordé pour le prêt des 50.000 fr. allait seulement jusqu'à fin octobre. Il était donc passé depuis déjà plusieurs jours quand les notaires s'abouchèrent, ce qui n'empêcha pas les pourparlers de s'engager, ni de continuer comme on vient de le voir. — Le prêteur, bon enfant, avait dû accorder un nouveau délai, sans doute...

Mᵉ Galibert, à la suite de sa lettre du 11 novembre à Mᵉ Bonfils, restée sans réponse, lui en écrivit une autre, le 13, que voici reproduite :

MON CHER MAITRE,

M. Fabrège m'écrit qu'il ne peut accepter votre sous-seing privé, à cause de quelques termes blessants pour M. l'abbé Babled.

Néanmoins il persiste de plus fort à offrir à M. Faulquier et à tenir à sa disposition la somme totale de 51.347 fr. 65, montant des causes portées dans mon projet de sous-seing privé, rédigé, vous le savez, en parfaite conformité avec nos accords verbaux du 4 courant.

Veuillez donc me dire, je vous prie, d'ici à mardi soir, 16 courant, si M. Faulquier veut accepter amiablement cette somme.

Au cas contraire, je crois devoir vous informer que le lendemain il lui en sera fait régulièrement acte d'offre, et que devant un nouveau refus, cette somme sera versée à la caisse des Dépôts et Consignations.

Ainsi que moi, vous trouverez certainement que cette solution est à tous égards profondément regrettable à cause de l'extrême honorabilité et des pieuses intentions des personnes en cause. Mais M. Fabrège estime que cette solution s'impose à lui de toute nécessité, pour la sauvegarde complète des intérêts de la Société qu'il représente, et pour pouvoir parer d'autres difficultés qui surgissent au sujet de cette même affaire.

Agréez..., etc.

PAUL GALIBERT.

Montpellier, 13 novembre 1897.

Voilà donc, dévoilée, une partie de la comédie pour le prêt de 50.000 francs : le délai. Ce délai, d'abord limité à huit jours, puis à dix, devient maintenant illimité ; et cette somme de 51.347 fr. 65 (y compris 1000 fr. pour mes deux actions de la société) gêne à ce point M. Fabrège ou M. Babled, comme on voudra, qu'il ne sait qu'en faire et qu'il ne trouve rien de mieux que de menacer de la déposer à la caisse des Dépôts et Consignations, comme si cette menace pouvait être prise au sérieux. Et ce qu'il y a de plus surprenant dans cela, c'est que Mᵉ Galibert ait pu gravement transmettre cette menace, et aussi qu'il ait persisté à dire à M⁰ Bonfils qu'il ne s'était pas conformé à leurs accords verbaux du 4 novembre. Cette fois, M⁰ Bonfils devait répondre ; il s'empressa de le faire, et catégoriquement comme on va le voir :

Mon cher Maitre,

Par vos deux lettres du 11 et du 13 novembre 1897, vous affirmez que le projet de transaction dressé par vous contenait les accords intervenus entre nous et que mon projet contient tout le contraire.

Je n'ai pas voulu relever cette assertion de votre première lettre, mais puisque vous l'aggravez en la réitérant, j'ai le devoir d'opposer une *négation formelle à votre affirmation*.

Nous avons parlé des clauses de la transaction à intervenir et non de sa rédaction définitive. Je vous ai prié de formuler vos idées à cet égard, me réservant le droit naturel de modifier votre rédaction si elle n'était pas conforme à la vérité des faits.

Je ne vous ai pas pris pour arbitre dans cette affaire, et c'est le rôle que vous voudriez prendre, ce qui n'est pas admissible ; nous n'avons été l'un et l'autre que mandataires et conseils des parties, et la rédaction des conventions à intervenir entre elles devait être toujours soumise à leur approbation, ce que vous faites pour mon projet vis-à-vis de M. Fabrège.

Quant à la menace d'offres réelles et de consignation, elle n'est pas sérieuse.

Vous reconnaissez par vos deux lettres du 11 et du 13 que M. Fabrège (lisez l'abbé Babled) ne veut pas accepter la transaction dont je vous ai envoyé le modèle, et c'est en vertu de cette transaction, non acceptée par les parties, que vous fonderiez la cause d'une offre réelle ? Ce n'est pas sérieux. Si vous déposez, vous retirerez quand bon vous semblera, mais vous ne serez pas libéré, et la convention actuelle qui établit

M. Faulquier propriétaire de la chapelle inachevée restera entière.

Vous aurez fait dévier seulement la solution de cette affaire vers les voies judiciaires, ce qui sera déplorable pour votre ou vos clients, car il sera démontré, judiciairement puisque vous le désirez, de quelles amertumes on sait abreuver un homme d'honneur qui, par générosité pure, avait édifié de ses deniers une chapelle pour les Pères Salésiens.

Agréez, etc...

A. Bonfils.

Montpellier, 14 novembre 1897.

Ne pas répondre à cette lettre si formelle, si précise, c'était avouer que M° Bonfils avait raison. — M° Galibert ne répondit pas ! — Et non seulement il n'y eut pas de réponse, mais aucun acte d'offre ne m'a été fait, aucun dépôt de fonds — que je sache — n'a été effectué à la caisse des Dépôts et Consignations.

Que serait donc devenu cet argent ? Je l'ignore. — Est-il resté chez M° Galibert ? C'est peu probable. — M. Babled l'a-t-il employé à d'autres usages ? Il ne le pouvait guère si cet argent était prêté avec une destination bien indiquée : le remboursement. — Le prêteur l'a-t-il repris ? C'est possible.

Ni dans les « Conclusions » ni dans les « Documents » publiés par la Société, je n'ai rien trouvé qui ait pu m'éclairer. Il est bien question de fonds prêtés pour les travaux de la chapelle, mais ce ne sont probablement pas ceux prêtés pour le remboursement. Nous aurons plus loin à nous occuper de ceux-là.

Mais, par contre, les publications de mes adversaires s'étendent sur l'acte de résiliation, et je dois, poursuivant ma tâche, citer ce qu'elles disent et le combattre.

Aux pages 21 et 22 des « Conclusions » on lit ceci :

« Attendu que M° Galibert, notaire, avise sans
» délai M. Léon Faulquier de la remise en ses
» mains de la somme de 50.347 fr. 85, et le prie de
» la retirer contre sa quittance, accompagnée des
» reçus que les entrepreneurs lui avaient délivrés au
» fur et à mesure de ses versements ;

» Mais que M. Faulquier déclare qu'il ne sera
» point satisfait tant qu'on n'aura pas joint à la somme
» offerte, celle de 1.000 francs, représentant le
» montant de ses deux actions de la Société, c'est-
» à-dire de l'Orphelinat ;

» Que la Société s'incline et souscrit à cette exi-
» gence, bien délicate, qu'elle n'avait voulu mettre,
» tout d'abord, que sur le compte d'un mouvement
» d'humeur irréfléchi ;

» Qu'il ne restait plus qu'une opération fort élé-
» mentaire : la remise d'un reçu pur et simple, puis-
» que la Société renonçait à exiger les reçus des
» entrepreneurs ;

» Qu'on allait donc en finir, mais que M. Faulquier
» rédigeait tout à coup un projet qui tendait à désho-
» norer la Société dans la personne de son repré-
» sentant autorisé et respecté, M. Babled ; que ce
» projet ne renfermait aucune des idées acceptées

» ou indiquées par M⁰ Bonfils, mandataire de
» M. Faulquier ;

» Que M⁰ Bonfils en déclinait la responsabilité et
» le jugeait ainsi :

« Mon cher Collègue,

» Je vous retourne votre projet, que vous me
» réclamez ; vous pensez bien que le projet que je
» vous ai soumis n'est que l'expression personnelle
» des idées de M. Faulquier. »

(*Lettre de M⁰ Bonfils à M⁰ Galibert du* 11 *novembre*
1897, *dont je n'ai eu connaissance que par les* « *Conclusions* »).

« Que l'on peut juger du texte de ce document,
» dont la Société n'a pas eu la précaution de pren-
» dre copie, par l'adjonction de quelques mots que
» l'on voit tracés de la main du mandataire de
» M. Faulquier, sur le projet présenté par la Société
» elle-même ; qu'on peut y distinguer que M. Babled
» aurait manqué à ses engagements ;

» Attendu que M. Fabrège écrivit aussitôt à
» M⁰ Galibert, mandataire de la Société :

» Monsieur,

« J'ai l'honneur de vous accuser réception de
» votre lettre et de vous dire que je ne peux signer
» un acte qui contiendrait une flétrissure pour don
» Babled, qui aurait manqué à tous ses engagements.

» Etranger à tous les pourparlers qui ont précédé
» la convention sous seing privé du 10 mars 1896,

» n'ayant cessé de dénoncer et de regretter le plan
» des constructions, ayant prévu que l'exagération
» du vaisseau serait aussi ruineuse que contraire aux
» règles de l'art, je ne peux me reprocher aucune
» erreur ; mais don Babled n'a pas manqué à sa
» parole. Il a cru aux devis ; il n'a pas voulu contra-
» rier les projets approuvés par M. Faulquier. Tout
» est là ; il n'y a de part et d'autre aucun manque de
» parole.

» Je suis prêt à signer si on retranche l'insinua
» tion contre don Babled.

» Bien à vous, FABRÈGE. »

(*Lettre écrite le* 11 *novembre* 1897. *J'ai trouvé cette lettre,* in extenso, *dans les « Documents de la Société », page* 69).

Ecoutons maintenant ce que dit la plaidoirie du défenseur de la Société :

« .. M° Bonfils, le notaire de M. Faulquier, était
» navré de n'avoir pas pu faire accepter son reçu, et
» il ne trouve rien de mieux que d'insinuer que M.
» Babled n'a pas l'argent du remboursement. C'est
» alors que la Société, pour ne pas rester sous le coup
» de cette suspicion, dépose l'argent chez M° Gali-
» bert, notaire. Ce que voyant, M. Faulquier donne
» une autre tournure à ses prétentions : il présente
» un projet d'acte contenant une flétrissure pour M.
» Babled. M° Galibert, notaire de la Société, pro-
» teste contre la teneur de ce contrat, en disant qu'il

» s'écartait entièrement de ce qui avait été convenu
» entre lui et Mᵉ Bonfils : et ce dernier déclinait lui-
» même la responsabilité de cet acte dans sa lettre du
» 11 novembre 1897 à Mᵉ Galibert. — De son côté
» M. Fabrège proteste aussi et déclare qu'il n'est
» pas possible de signer une pièce qui porte atteinte
» à la considération du Directeur des Salésiens...»

Nous remarquons en premier lieu, dans ces citations, que la demande de remboursement de mes deux actions de la Société est fortement blâmée : *C'est une exigence bien délicate, qui avait été mise tout d'abord sur le compte d'un mouvement d'humeur.* Oui, on avait espéré que j'y renoncerais, et on aurait payé mille francs de moins... Mais je ne pouvais pas y renoncer : l'idée de garder une attache quelconque avec la Société qui me repoussait si violemment m'était insupportable.

D'ailleurs en quoi ma demande était-elle une exigence bien délicate ? Si mes adversaires l'apprécient ainsi, comment apprécierai-je, moi, leur exigence à mon égard, qui est allée jusqu'à vouloir s'emparer de ma fondation ?

Nous remarquons ensuite une lettre de mon notaire, Mᵉ Bonfils, au notaire de la Société, Mᵉ Galibert, dans laquelle il lui déclare que le projet de contrat n'est que l'expression personnelle de mes idées.

Mes adversaires ont reproduit cette lettre pour bien faire ressortir que mon notaire lui-même n'approuvait pas les termes du contrat de résiliation et qu'il *en déclinait la responsabilité.* Comme ils font fausse route ! Pour trouver ce sens à cette lettre il a fallu que M. Babled et consorts fussent fort habiles ou bien à court d'arguments. Il n'y a qu'à la lire telle qu'elle est, en tenant compte des circonstances dans lesquelles Mᵉ Bonfils l'écrivait, pour lui donner son vrai sens. *Vous pensez bien,* dit cette lettre, *que le projet que je vous ai soumis n'est que l'expression personnelle des idées de M. Faulquier ;* c'est-à-dire : *J'ai rédigé ce projet sur les instructions formelles de mon client ; ce n'est donc pas à la légère que je l'ai ainsi établi ; je n'avais pas d'ailleurs à faire autrement et il ne m'appartient pas d'y rien changer.*

Voilà ce qu'il y a dans la lettre de mon notaire à Mᵉ Galibert ; et en écrivant cette lettre, Mᵉ Bonfils, loin de me désapprouver, affirmait au contraire qu'il approuvait mes idées, puisque lui, mon conseil, les avait suivies !

Nous remarquons enfin et surtout une lettre de M. Fabrège au notaire de la Société, Mᵉ Galibert. Enfourchant son dada favori, M. Fabrège s'y laisse aller à critiquer la construction, mais il trouve cependant la place de déclarer que M. Babled n'a pas manqué à sa parole ; que l'acte de résiliation flétrit M. l'abbé Babled et qu'il ne peut pas le signer.

Je trouve M. Fabrège bien osé d'affirmer que M. Babled n'a pas manqué à sa parole. Sur quoi appuie-t-il cette affirmation ? Il serait bien en peine de le dire. Tout annonce, au contraire, que le Directeur des Salésiens n'a pas tenu sa parole, ses engagements verbaux ; la seule inexécution du contrat du 10 mars, qu'il a demandé à résilier, n'atteste-t-elle pas que rien de ce qu'il promit n'a été tenu ?

Quelle serait alors la cause du débat si — comme le dit imprudemment M. Fabrège — M. Babled n'avait pas manqué à sa parole ? Il ne faut pas, afin d'avoir l'occasion de faire des critiques d'art architectural, chercher cette cause dans une largeur de nef ; nous savons ce que vaut cette raison ; nous savons aussi que c'est M. Babled qui a tenu aux dimensions vastes ; je n'en veux pour preuve que son plan primitif de 80 mètres de longueur !... La cause, la vraie cause du conflit, c'est — il n'y a pas moyen de sortir de là — que M. l'abbé Babled a renié ses promesses, dédaigné ses engagements !

M. Fabrège refuse de signer le contrat de résiliation parce qu'il touche, dit-il, à l'honorabilité de son directeur. Que fallait-il donc pour que M. le président de la Société signât cet acte ? Qu'il ne dît rien autre chose que ce que disait le projet de M⁰ Galibert. — Et plusieurs personnes, même parmi mes amis, ont été de cet avis que le contrat de résiliation ne devait pas porter la clause qui *déplaisait* à M. Babled et à M. Fabrège. Elles l'ont trouvée trop sévère !

Les personnes qui ont émis un tel avis n'ont certainement pas bien pesé toutes les conséquences de l'acte qu'il s'agissait d'établir ; elles n'ont vu qu'un point : le remboursement, c'est-à-dire la fin du litige. Ce n'est pas suffisant, je vais tâcher de le démontrer.

Je désirais ardemment le règlement de ce litige, personne n'en doute ; ce litige réglé, d'une manière ou d'une autre, c'était la tranquillité pour moi, le repos, la fin d'un long cauchemar. Mais fallait-il sacrifier à cette tranquillité, à ce repos, mon amour-propre et ma dignité ?

Car c'était ce trop lourd sacrifice que j'aurais fait en consentant à modifier l'acte de résiliation comme le voulait la Société. N'était-ce pas assez de sacrifier ma fondation et tous mes droits en acceptant le remboursement ? Il faut se bien pénétrer de cette vérité : le remboursement m'était imposé ; je ne l'avais pas demandé, je le subissais, ce qui est bien différent...

Etablir l'acte de résiliation sans le motiver ? Mais c'était impossible. — Pour résilier un contrat formel comme celui du 10 mars 1896, il fallait qu'un des contractants n'eût pas tenu ses obligations ; il ne pouvait pas y avoir d'autre motif. — Ceci posé, expliquer la résiliation était indispensable, car si on ne l'expliquait pas, n'était-ce pas me faire supporter tout l'odieux de cette résiliation ? N'était-ce pas m'exposer sans défense à la critique ? Il serait alors permis à tout le monde de croire que le contrat était résilié parce que j'avais refusé de remplir mes engagements ; qu'arrivé au chiffre de 50.000 francs je n'avais pas voulu aller plus loin et que c'était moi-même qui avais exigé qu'on me remboursât au mépris de mes engagements. Qui aurait eu la pensée, en effet, que c'était tout le contraire, c'est-à-dire que l'obligé avait repoussé le bienfaiteur en le mettant à la porte de sa fondation ? Qui aurait pu admettre qu'après avoir sollicité par tous les moyens l'édification de la chapelle, M. Babled avait l'audace de rompre tous ses engagements et d'insulter aussi gravement celui qu'il avait osé appeler son père ?

Il fallait donc absolument motiver l'acte de résiliation.

Et le motiver comment ? M. Fabrège ne voulait pas le signer si le motif invoqué blessait M. Babled. L'acte portait ceci : *La convention... n'ayant pu être réalisée entièrement par suite de l'inexécution par M. l'abbé Babled de tous ses engagements...* Quel autre motif pouvait-on consigner sur l'acte sans porter atteinte à la vérité ? La résiliation avait une seule cause : l'inexécution des engagements pris ; il n'était donc pas possible d'en trouver une autre sans avoir recours au mensonge. Or mentir, je m'y refusais obstinément.

Oh ! je sais bien que mes adversaires ont utilisé ce prétexte des termes soi-disant blessants de ce contrat pour me rendre responsable des graves difficultés qui ont suivi. Je sais aussi que ce prétexte leur a amené des partisans. Et cependant les termes imposés étaient parfaitement acceptables. Je m'étais évertué à les choisir très modérés, tout en respectant la vérité. J'aurais pu, certes, les concevoir plus sévères en les maintenant justes ; mais j'avais voulu pallier, autant que je pouvais le faire, les fautes commises et je m'étais contenté de cette phrase : *par suite de l'inexécution par M. Babled de tous ses engagements.*

C'est la vérité, cela, la vérité pure. Pouvait-on la dire avec plus de simplicité, avec plus de modération, avec plus d'atténuation en ce qu'elle a de fâcheux pour le coupable ?

Il est vrai que cette vérité est gênante pour les fautifs ; mais en ne la disant pas ou en la déguisant on risque de faire retomber sur la victime, sur moi, toutes les conséquences des fautes commises, et la victime se révolte à la fin ! S'il doit y avoir un accusé dans cette affaire, ne vaut-il pas mieux que ce soit celui qui est coupable que celui qui ne l'est pas ? J'ai bien voulu subir l'injure du remboursement, souffrir la profanation de ma pieuse pensée ; mais je n'ai point voulu être chargé des vilenies des autres. Qui pourra dire que je n'ai pas raison ?

Mais on dira, peut-être, que M. Fabrège, en refusant de signer l'acte de résiliation projeté par mon notaire, est resté dans son rôle ; soit. Mais je suis resté dans le mien, moi, en exigeant, pour accepter un remboursement qui m'insulte, un acte authentique motivé, et motivé par la seule vérité !

Voilà pourquoi, mes chers lecteurs, le contrat de résiliation n'a pas été signé : non motivé, ce contrat me blessait fatalement ; motivé par la vérité, il était repoussé avec horreur par la Société ; motivé par un mensonge, il était impossible !

XVII

NOUVELLES COMBINAISONS

> Qui peut de vos desseins révéler le mystère,
> Sinon quelques amis engagés à se taire ?
> RACINE.

ALLAIT-ON réellement tourner l'affaire vers les voies judiciaires, comme le faisait pressentir une des lettres de M⁰ Galibert ? Cette détestable extrémité ne me paraissait pas à redouter, aucun débat, pensais-je, n'étant possible sur un différend de cette nature. Tous les torts ne se trouvaient-ils pas du côté de ceux qui — étrange folie — employaient la menace ?

Oui, étrange folie, qui faisait agresseurs et mécontents ceux-là mêmes qui recevaient une libéralité mettant le comble à leurs vœux ! C'est un cas que je crois unique en son genre ; non pas, certes, à cause de l'ingratitude qui en fait le fond — c'est chose trop commune, hélas ! — mais par les péripéties et les combinaisons qui l'agrémentent.

J'eus le temps de méditer ces pensées, car ce n'est que le 1ᵉʳ décembre que l'affaire de la chapelle revint en question. Mon notaire me fit part que la veille il avait eu une entrevue avec Mgr l'Evêque et M. le chanoine Balp. Sa Grandeur et son mandataire tentaient un dernier effort pour dénouer les embarras de ma malheureuse fondation. M. Balp avait reçu de M. Babled les deux projets de contrat de résiliation, celui de Mᵉ Galibert et celui de Mᵉ Bonfils ; il avait essayé de donner à l'un un peu de ce qui lui manquait, d'enlever à l'autre ce qui blessait l'amour-propre de M. Babled ; et, pour obtenir ce résultat, il avait composé une rédaction — que j'appellerai hybride. — M. Babled acceptait, paraît-il, cette rédaction. — Mis au courant de cela par M. le chanoine Balp, en présence de Mgr l'Evêque, mon notaire fut chargé de me présenter ce nouvel arrangement. Et, dans le cas où je ne consentirais pas à modifier le projet d'acte de Mᵉ Bonfils, projet déclaré inacceptable par M. Fabrège et par M. Babled, Monseigneur me faisait à nouveau proposer de lui céder la propriété de la chapelle, avec obligation pour M. Babled de la terminer *provisoirement*. — Mon notaire devait me soumettre ces deux propositions et porter ma réponse à l'Evêché le 3 décembre.

C'était tout remettre en question. Une de ces propositions changeait les termes essentiels de l'acte à intervenir, l'autre me dépossédait tout de suite de la chapelle en ne m'offrant comme compensation qu'un *achèvement provisoire*. D'un côté comme de l'autre c'était moi qui devais me sacrifier, toujours moi !...

Et pourquoi fallait-il que ce fût toujours moi la victime ? N'avais-je pas été assez malmené, assez mis à l'épreuve depuis deux ans et demi ? Mon tour ne viendrait-il pas enfin de faire respecter mes droits ?

Ce fut ma première impression en entendant les propositions de l'Evêché. Je la dis à mon notaire, qui ne la discuta pas, car il la comprit parfaitement. Mes lecteurs aussi la comprendront, quand ils auront lu la modification de l'acte préparée par M. le chanoine Balp. Cette modification porte sur le projet Bonfils, notamment sur l'article I et sur le début de l'article II.

Voici, placées en regard, les deux rédactions :

Rédaction de Mᵉ Bonfils.	Rédaction de M. Balp.
I	I
La convention sous-seing privé intervenue entre les soussignés, à Montpellier, le 10 mars 1896, pour l'édification d'une chapelle à la mémoire de M. Georges Faulquier, n'ayant pas été réalisée entièrement par suite de l'inexécution par M. l'abbé Babled, directeur de ladite Société, de tous ses engagements, demeure annulée purement et simplement, dans son ensemble comme dans ses détails, à compter de cejourd'hui.	M. l'abbé Babled déclarant qu'il ne peut pas, comme il l'espérait, se procurer les fonds nécessaires pour l'entière édification d'une chapelle à la mémoire de M. Georges Faulquier, la convention sous-seing privé intervenue entre les soussignés, à Montpellier, le 10 mars 1896, demeure annulée purement et simplement, dans son ensemble comme dans ses détails, à compter d'aujourd'hui.
II	II
Par suite de cette inexécution, M. Faulquier se trouve dans la pénible nécessité de subir le remboursement de ses dépenses, et dans l'obligation, etc., etc.	Par suite, M. Faulquier se trouve dans la nécessité de subir le remboursement, etc., etc.

C'est par euphémisme que j'ai appelé hybride cette rédaction de M. le chanoine Balp, j'aurais pu dire qu'elle était inexacte, ce qui la rendait inacceptable.

Devais-je, en effet, accepter un acte déclarant que M. Babled ne *pouvait pas*, comme il l'espérait, se procurer les fonds nécessaires ? Je ne le devais pas, d'abord parce que cette déclaration était contraire à la vérité ; ensuite, parce qu'elle était contredite formellement par ses propres conséquences. C'est comme si on avait écrit ceci : *M. l'abbé Babled ne pouvant pas se procurer 40,000 francs pour achever la chapelle Saint-Georges suivant les engagements qu'il a pris, rembourse 50,000 francs à M. Faulquier...* C'est encore, on le voit, la même absurdité qui revient, ce qui démontre qu'une mauvaise cause est toujours difficile à défendre !

Et je devais d'autant moins accepter l'acte proposé par M. Balp, que M. Fabrège n'avait pas accepté l'acte disant que M. Babled n'avait pas rempli tous ses engagements. Ceci était vrai pourtant, et le restant était faux...

En signant une chose fausse, je me mettais, désormais, à la merci de M. Babled, qui aurait pu, tout à l'aise, laisser croire que, pour avoir la joie de rentrer dans mes fonds, j'avais souscrit des deux mains à ce qu'on avait voulu. Qui sait même si, en me proposant de me rembourser, M. Babled ne s'attendait pas à me voir accepter tout de suite, sans m'attacher aux formes de ce remboursement ? Il est probable que c'était sa pensée : c'est si agréable de palper 50,000 francs ! Donc, il me fallait prouver à M. Babled qu'il se trompait, encore une fois, sur mon compte ; le meilleur moyen était de rester ferme dans ma décision, laquelle, d'ailleurs, m'était dictée par mon honneur, par ma dignité offensée, autant que par mon respect pour la vérité.

En conséquence, je déclarai à mon notaire que, malgré toute ma déférence pour M. le chanoine Balp, toute ma reconnaissance pour les efforts qu'il faisait dans le but d'aplanir les difficultés, tout mon désir de l'aider, je ne pouvais pas accepter sa rédaction.

Et quant à la cession de ma propriété à Monseigneur, j'y consentais, pourvu que la chapelle fût achevée, non pas provisoirement, mais complètement.

Du reste, je prévins Mᵉ Bonfils que j'allais relater par écrit ma réponse aux deux propositions qu'il m'avait transmises. Et je lui écrivis ce qui suit :

MON CHER BONFILS,

Quand, hier matin, j'ai été mis au courant par vous de votre entrevue avec Mgr l'Evêque et M. le chanoine Balp et des propositions que vous étiez chargé de me faire au sujet de la chapelle Saint-Georges, je vous ai fait tout de suite connaître ma réponse.

Cependant, j'ai dû faire part à ma famille de ces propositions et de la façon dont je les avais accueillies ; je lui ai demandé si elle ne voyait aucune modification à apporter à ma réponse : elle l'a approuvée entièrement.

Veuillez donc la considérer comme mon ultimatum. Et, cela étant, je crois devoir la relater ici pour en bien préciser les termes.

En ce qui concerne le remboursement : Je n'accepterai pas d'autre contrat de résiliation que celui dont vous avez élaboré le projet. Les deux articles de ce contrat doivent donc rester tels que vous les avez conçus.

Il ne m'est pas possible d'accepter une autre rédaction, pas même celle de M. Balp, laquelle — je dois le dire — ne contient pas exactement ce qui s'est passé. Je reconnais que notre médiateur est animé d'excellentes intentions et je rends hommage à son esprit conciliateur ; toutefois, la vérité — quelque pénible qu'elle soit en l'espèce — doit rester entière, et les deux articles du contrat la contiennent parfaitement. Si ces deux articles sont sévères pour M. Babled, est-ce une raison pour les modifier ?

Non, certes, car c'est lui seul qui, par sa conduite, en a dicté les termes. M. Balp n'a peut-être pas suffisamment tenu compte de cela.

En ce qui concerne la cession à Mgr l'Evêque : Cette proposition m'avait déjà été faite, au nom de Monseigneur, par M. le chanoine Balp. Je ne l'acceptai pas, pour des raisons que je fis connaître à M. Balp. Ces raisons existent toujours ; mais comme elles procèdent surtout de mon amour-propre, j'en fais le sacrifice aujourd'hui dans mon désir de voir finir ce litige déplorable, et aussi pour prouver à Mgr l'Evêque ma déférence et mon respect. Cependant, qu'il me soit permis de mettre à cette cession deux conditions essentielles :

1° Avant de me dessaisir de ma propriété, je tiens à ce que la chapelle soit entièrement terminée, non seulement dans le gros œuvre, mais aussi dans l'aménagement intérieur, suivant ce qui est prévu par l'acte du 10 mai 1896. Cet aménagement comprend l'orgue, la cloche, le chemin de croix, les vitraux, en un mot l'exécution complète des plans et devis.

Cela fait, je verserai le complément des 60 000 francs que je me suis engagé à payer. — Il ne saurait plus être question maintenant du supplément de 10.000 francs que, spontanément, j'avais offert à M. le chanoine Balp lors de sa première visite, cette offre étant faite avec la condition que l'achèvement de la chapelle serait immédiat. Il n'en a rien été, hélas ! Au lieu de cet achèvement que j'avais osé espérer, je n'ai eu qu'une proposition de remboursement ;

2° En devenant propriétaire de la chapelle Saint-Georges, Mgr l'Évêque prendra l'engagement de ne point la céder, lui ou ses héritiers, aux Salésiens du vivant de M. l'abbé Babled, actuellement leur directeur à Montpellier.

 Voilà, mon cher notaire, en substance, la réponse que vous devez faire aux propositions que vous m'avez présentées. Vous avez bien voulu vous charger de porter cette réponse à Mgr l'Évêque, je vous en sais gré. — Et au sujet de la deuxième condition mise à la cession de ma propriété, je compte sur vous pour en bien expliquer les motifs à Sa Grandeur. — Vous qui savez de combien d'amertumes j'ai été abreuvé depuis que je m'occupe de cette fondation, vous comprenez cette deuxième condition et vous l'excusez. Eh bien! faites-la comprendre à Monseigneur et priez-le de l'excuser aussi. — Je sais bien que la charité chrétienne me fait un devoir d'y renoncer ; mais, en vérité, je ne le puis pas ; il me faudrait pour cela faire taire des ressentiments trop profonds, il me faudrait oublier que mes sentiments les plus chers ont été foulés aux pieds : cela m'est impossible, c'est au-dessus de mes forces !

 Merci encore, mon ami, pour votre bienveillante et précieuse intervention, et croyez-moi toujours votre bien reconnaissant.

L. FAULQUIER.

Montpellier, 2 décembre 1897.

Cette lettre, je le crois, peut se passer de commentaires ; elle pose bien clairement mes conditions, lesquelles peuvent paraître rigoureuses à ceux qui me lisent, mais qu'ils voudront bien reconnaître comme parfaitement motivées.

D'ailleurs, ne faisais-je pas une concession à mes conditions précédentes en cédant la propriété de la chapelle à Mgr l'Evêque ? Il est vrai que je stipulais que, du vivant de M. Babled, cette chapelle ne pourrait pas être cédée aux Salésiens ; mais la Société civile, mais M. Babled, s'ils voyaient de mauvais œil mon titre de propriétaire, étaient pleinement tranquillisés par ma donation ; ils n'avaient plus à craindre, dans le présent comme dans l'avenir, mon joug ou le joug de mes héritiers : j'avais consenti à ne plus être le propriétaire de ma fondation ! Et M. Babled n'avait plus, à ce sujet, d'objection à faire, car il devait lui suffire de savoir que la chapelle, s'il ne devait jamais la diriger en maître, appartiendrait sûrement un jour à sa communauté ; son caractère même lui faisait un devoir de sacrifier son ambition. Donner purement et simplement la chapelle à Mgr l'Evêque, c'était, en vérité, trop me demander ; ainsi que je le dis dans la lettre qu'on vient de lire, il m'aurait fallu, pour agir ainsi, oublier trop d'injures et trop de souffrances ; j'aurais eu à imposer à mon âme un trop gros sacrifice ; je voulais bien pardonner, ah ! oui, certes ; mais je ne pouvais ni ne voulais oublier ; et pour accepter de voir M. Babled entrer en possession de mon œuvre l'oubli était nécessaire ! Or, pour moi, cet oubli n'était pas possible, ni pour les miens non plus, qui ont souffert autant que moi et de mes propres douleurs et des affronts dont on n'a pas craint de les souffleter.

Quant à consentir à la cession, avec la chapelle provisoirement disposée pour l'exercice du culte, il n'y fallait pas songer non plus. C'était une demi-mesure qui ne pouvait me convenir, car elle faussait ma fondation, la dénaturait et la ternissait. J'ai déjà eu l'occasion, dans ce travail, d'expliquer mes sentiments là-dessus.

Mon notaire remplit exactement sa mission. Le 3 décembre, jour convenu, il se rendit auprès de Mgr l'Evêque, lui fit connaître ma réponse et, pour être bien précis, remit à Sa Grandeur ma lettre du 2.

Je connaissais trop le tempérament de M. Babled pour croire que l'ultimatum posé par cette lettre pût le décider à s'amender. Aussi je ne fus pas surpris de la teneur de la lettre qu'il m'écrivit à la date du 10 décembre, qu'on va lire, car j'y retrouvais tout entier l'esprit entêté, indomptable, audacieux de mon contradicteur acharné :

Monsieur,

Nous nous trouvons dans l'impossibilité de mettre quarante mille francs à la chapelle Saint-Georges, comme vous le désireriez, pour le jour de l'inauguration, car tout le monde nous refuse les aumônes nécessaires.

Voilà un an que les travaux sont interrompus. Les entrepreneurs, auxquels il est dû dix mille francs et qui y comptaient absolument d'après le contrat, sont à la veille d'une saisie, et le préjudice qui leur est causé est immense.

La construction elle-même ne peut que se détériorer, et de votre côté aussi vous devez souffrir de cette situation.

Comme les appels de fonds que nous avons faits n'ont eu d'écho qu'en vue de la dévotion à saint Antoine, nous ne croyons pouvoir arriver à solder les entrepreneurs et à finir le gros œuvre de la construction, qu'en adjoignant au vocable de saint Georges celui de saint Antoine.

Nous pensons que ce projet, qui mettra fin aux difficultés actuelles, vous agréera, puisqu'*il semble vous en coûter* de recevoir le remboursement de vos avances, ainsi que vous l'avez pourtant accepté, et que nous aurions toujours le droit, le cas échéant, d'exiger.

Il nous semble que le projet actuel vous paraîtra plus simple et moins pénible, car il est évident que la chapelle Saint-Georges et Saint-Antoine rappellera à la fois votre générosité et celle des fidèles qui nous aura seule permis de terminer l'édifice.

Une plaque de marbre placée à l'entrée de la chapelle rappellera à tous la très généreuse offrande que vous avez bien voulu faire et le but que vous vous êtes proposé en la donnant.

Néanmoins, comme nous devons envisager l'hypothèse où ce plan ne vous conviendrait pas, nous portons également à votre connaissance que l'on continuera à laisser pendant *huit jours* la somme de vos avances, soit cinquante-et-un mille trois cents et quelques francs, chez M° Galibert, notaire, où elle vous sera remise contre un simple reçu et le contrat primitif.

Continuer à exiger un reçu portant atteinte à la considération serait pour nous l'aveu de votre répugnance à reprendre une somme une fois donnée.

Nous croyons agir ainsi au mieux des intérêts des malheureux entrepreneurs et de l'édifice lui-même que vous avez commencé à élever.

Veuillez agréer, je vous prie, Monsieur, l'assurance de mon profond respect et de mon religieux dévouement.

P. BABLED.

P.-S. — Si le bas-relief de saint Georges doit être placé, je vous serai reconnaissant de vouloir bien en aviser ou en faire aviser l'architecte, afin qu'il modifie comme il convient la façade où il n'avait pas été prévu, mais où il est juste qu'il se trouve, quand on sera à ce point des travaux.

Montpellier, 10 décembre 1897

Je disais que cette lettre était écrite par un esprit entêté, audacieux, indomptable. Maintenant qu'on la connaît on partagera, je le pense, mon appréciation.

Effectivement, ne faut-il pas être audacieux pour

déclarer qu'on n'a pas 40.000 francs pour remplir un engagement, quand on avoue en avoir 50.000 pour ne pas le remplir ? N'est-ce pas de l'audace que de vouloir encore tenter d'absorber le vocable de Saint-Georges, le seul possible pour ma fondation, par le vocable de Saint-Antoine, sous le misérable prétexte que celui-ci pouvait seul rendre les aumônes abondantes, alors que celui-là empêchait d'en recueillir ? — Audace encore cette menace de m'obliger à recevoir le remboursement, à côté de cette remarque qu'il *semble* m'en *coûter* de le recevoir.

Et ne faut-il pas pousser l'entêtement jusqu'à l'extrême que de proposer encore, après tout ce qui s'était passé, ce détestable remboursement contre un reçu non motivé et le contrat du 10 mars ? N'est-ce pas de l'entêtement, un entêtement déplorable, que de persister dans l'inobservation d'engagements formels alors qu'on a tout en main pour les remplir et les bien remplir ?

L'ensemble de cette lettre n'est-il pas l'œuvre d'un esprit indomptable, solidement organisé pour la lutte et ne sachant reculer devant rien, pas même devant le bon droit qui proteste et la justice qui châtie ?

Dans toutes les lettres de M. Babled, que j'ai publiées, on le retrouve tel que je viens d'essayer de le dépeindre ; mais, dans celle-ci, la dernière, il semble qu'il ait voulu accentuer plus encore ces formes de son esprit, afin de bien montrer qu'il savait, quoi qu'il arrive, rester lui-même.

M. Babled déclarant qu'il n'avait pas 40.000 francs à mettre sur la chapelle Saint-Georges pour la finir comme elle devait l'être — tout en persistant à m'en offrir 50.000 pour s'en emparer, — la cession de la propriété à Mgr de Cabrières ne pouvait plus avoir lieu ; il n'en est même pas question, on l'a constaté, dans la lettre de M. l'Abbé ! Et, ce qui m'a surpris beaucoup, les « conclusions » de la Société sont elles-mêmes muettes sur cette cession.

J'aurais voulu ne pas répondre à la lettre de M. Babled ; mais je ne pus résister au désir de le faire ; j'avais besoin, une fois encore, de dire à M. Babled ce que je pensais de lui ; je le fis dans les termes qu'on va lire :

Monsieur l'Abbé,

J'ai reçu votre lettre du 10 courant qui, loin de résoudre les difficultés qui nous divisent, les aggrave.

Par vos lettres des 27 juin et 30 juillet 1895 ; par le contrat signé avec votre société le 10 mars 1896, par vingt-sept bons signés par vous, vous vous êtes obligé à donner à la chapelle le vocable de Saint-Georges.

Manquant à ces engagements solennels et écrits, vous voulez adjoindre au vocable celui de Saint-Antoine ; c'est impossible.

Dans la chapelle vous pouvez mettre la statue de saint Antoine sur un des autels latéraux si cela vous agrée, mais le vocable de Saint-Georges est fixé, il restera intact.

Si la statue de saint Georges n'est pas prévue par le plan sur le portail de la chapelle, c'est un tort, car votre lettre du 27 juin 1895 mentionne expressément et la statue et sa place.

Les ouvriers souffrent, dites-vous, de n'être pas payés : à qui la faute ? à vous qui, imposant un devis trop étendu, avez déclaré avoir en temps utile les fonds pour terminer ; à vous qui affirmez actuellement posséder cinquante-un mille trois cents et quelques francs pour me chasser de l'œuvre que vous devez à ma générosité et n'avoir pas un centime à consacrer à l'achèvement de la chapelle ; à vous qui, par conséquent, d'après votre aveu, avez de l'argent pour faire le mal et pas le moindre denier pour faire le bien.

Si vous croyez que la combinaison contenue dans votre lettre d'hier puisse aplanir notre différend, vous vous trompez étrangement.

J'aurais pu me dispenser de vous le faire remarquer ; car certainement vous le savez très bien ; il m'a semblé cependant que je devais vous le dire une fois encore, en vous rappelant que mon ultimatum est prononcé ; je n'ai rien à y changer.

Ce dont je me dispense avec plaisir, par exemple, c'est de vous saluer.

L. FAULQUIER.

Montpellier, 11 décembre 1897.

Il est question, dans les deux lettres qui précèdent, de la statue de saint Georges qui, d'après la lettre même de M. Babled du 27 juin 1895, devait surmonter le portique de la chapelle. Mais ni dans l'étude du plan, ni dans le devis, on ne s'était plus occupé de cette statue, que je songeai par la suite à remplacer à mes frais par un bas-relief qui me semblait préférable à une statue.

Ce fait a fourni la matière du chapitre IX de ce livre.

En en parlant dans le P. S. de sa lettre du 10 décembre, M. Babled montre d'abord qu'il a une excellente mémoire, ensuite qu'il sait, quand il le faut, tirer parti de tout. Dans ma réponse on a vu que je n'avais pas été dupe de cette manœuvre, qui était trop tardive pour être utile et trop grossière pour être adroite.

Mais comment les « conclusions » de la Société apprécient-elles la lettre de M. Babled et ma réponse ? En les ouvrant à la page 23 nous lisons ceci :

« Attendu que les fonds restaient toujours déposés
» chez le notaire ; mais que M. Faulquier demeurait
» intraitable ;

» Que la Société dut en conclure que M. Faulquier
» lui dérobait sa véritable pensée ; qu'il ne tenait pas
» au remboursement ; qu'il ne voulait pas retirer
» sa main ; qu'elle lui proposa alors d'adjoindre au
» vocable de Saint-Georges le vocable de Saint-An-
» toine, pour rendre *possible* l'appel de fonds néces-
» saires à l'achèvement du gros œuvre et à la mise
» en état du sanctuaire pour une prochaine inaugura-
» tion ;

» Que M. Faulquier repoussa en termes très vio-
» lents et très durs cette sage proposition ; qu'il
» terminait ainsi sa réponse au directeur de l'orpheli-
» nat, qui la lui présentait au nom de la Société : Ce
» dont je me dispense avec plaisir, par exemple,
» c'est de vous saluer ;

» Que M. Faulquier oubliait qu'il frappait, en
» même temps que le prêtre, l'homme du monde,
» fils d'un haut magistrat, à qui son état imposait le
» silence ; qu'il atteignait aussi l'homme de cœur
» qui avait donné sa fortune et sa santé à l'œuvre

» d'humble dévouement qu'il a fondée à Mont-
» pellier. »

Que M. Babled ait donné sa fortune et sa santé à son orphelinat, je n'ai pas à le contester : c'est chose possible. Mais que M. Babled, « homme du monde, fils d'un haut magistrat », n'ait pas tenu ses promesses, se soit dérobé à ses engagements ; que M. Babled, « homme de cœur », ait piétiné sans remords sur ma douleur, qu'il ait froissé mes sentiments les plus chers pour servir ses projets, tout cela n'est pas non plus à contester : c'est chose certaine !

Il ne pouvait pas répondre aux termes « très violents et très durs » de mes lettres, son état lui imposant le silence ? Mais son état, cet état de prêtre, le plus grand, le plus noble de tous, ne lui imposait-il pas, avant tout, de ne pas provoquer ces termes *violents et durs ?* Son état ne lui imposait-il pas la reconnaissance envers le bienfait, la pitié envers la souffrance ? Son état ne lui imposait-il pas l'accomplissement de la fondation qu'il avait sollicitée, le respect de l'inspiration reçue ?

Non, je n'ai pas oublié qui je frappais ; mais je frappais après avoir reçu l'offense, après avoir souffert l'ingratitude ; tandis que j'ai été offensé, bafoué après avoir voulu faire le bien, et par celui-là même qui avait reçu le bienfait et qui avait oublié que j'étais le bienfaiteur !

Quant à la *sage* proposition de M. Babled, qui consistait à remplacer le vocable de Saint-Georges par celui de Saint-Antoine et Saint-Georges, nous verrons tout à l'heure ce qu'il faut en penser.

Bien que j'aie présenté M. Fabrège comme une sorte de président *in partibus,* sans fonctions bien déterminées, sans influence, sans volonté, mes lecteurs pourront s'étonner qu'il n'ait pas protesté directement auprès de moi contre les termes de l'acte de résiliation, et aussi qu'il n'ait rien dit à propos de cette somme de 51.000 francs qui, en son nom, était depuis déjà longtemps tenue à ma disposition. On pourra s'étonner également qu'il n'ait pas essayé, de son côté, de faire aboutir les dernières tentatives d'arrangement.

Il n'allait pas tarder à faire tout cela.

Le 11 décembre, c'est-à-dire un jour après M. Babled, il m'adressa la lettre suivante :

Monsieur Léon Faulquier,

J'ai l'honneur et prends la liberté de vous entretenir encore une fois de cette malheureuse affaire de la chapelle des Salésiens.

Certes, je n'ai rien à me reprocher, n'ayant approuvé ni le plan, ni le style, ayant, au contraire, dénoncé les proportions de la nef, tant au point de vue de l'art que de la dépense.

Il faut cependant liquider une situation inextricable. Vousmême avez sollicité à plusieurs reprises mon intervention au mois d'avril.

Comme vous ne pûtes vous mettre d'accord avec M. Babled, la Société civile aurait consenti à un emprunt pour vous rembourser intégralement, suivant votre propre compte : 1° votre action de 500 fr. ; 2° celle de votre fils : 3° les 50,347 fr. 65 payés aux entrepreneurs, en tout 51,347 francs 65 cent.

Le principe du remboursement, vous l'avez accepté ; les fonds avaient été empruntés dès le mois d'août et se trouvent encore déposés chez M⁰ Galibert, notaire, à votre disposition.

Vous exigez seulement, à propos d'un simple reçu, que je consacre par ma signature des *expressions diffamatoires* à l'égard de M. Babled. Je ne le peux, ni en conscience ni en droit, puisque je n'ai pas reçu un tel mandat.

D'un autre côté, il faut payer les entrepreneurs, dont quelques-uns, faute de fonds, feraient faillite. En accepteriez-vous la responsabilité morale ?

Je viens donc vous soumettre une double proposition :

1° Vous encaisseriez les fonds tenus à votre disposition et tout serait fini, ou alors nous les retirerions afin de ne plus continuer à payer l'intérêt d'un capital inutile pour tous ;

2° Nous terminerions alors la chapelle, grâce à de nouvelles libéralités, mais subordonnées au maintien du vocable de la fondation.

Pour tout concilier et répondre aux diverses intentions, nous appellerions la chapelle Saint-Antoine et Saint-Georges.

Je me suis fait un devoir de vous écrire en vous réitérant le regret de tout ce qui s'est fait de part et d'autre à mon insu ; car, vous le savez, j'ai la passion de l'art. J'ai relevé deux monuments du moyen-âge ; on m'a consulté cette semaine pour deux églises et je vais en bâtir une au premier jour. Au contraire, j'ai tout fait pour empêcher qu'on ne manquât pas les deux églises de Palavas et des Salésiens et on ne m'a pas écouté. L'une a déjà baissé de 0^{m}20 cent. ; l'autre est une œuvre de discorde au lieu d'être un temple de paix et d'union.

Veuillez agréer, Monsieur, l'assurance de ma haute considération et de mon profond dévouement.

F. FABRÈGE.

Montpellier, 11 décembre 1897.

Au fond, cette lettre, à part les inévitables incursions dans le domaine de l'art, les dissertations et les critiques, est la même que celle de M. Babled ; elle renferme les mêmes propositions appuyées sur les mêmes considérations. Mais, en dehors de cela, elle renferme un aveu précieux à retenir : celui de l'emprunt de 50.000 francs fait par la Société civile au mois d'août 1897 *pour me rembourser.*

S'explique-t-on cet emprunt avec ce but de remboursement ? J'avoue, quant à moi, que je ne pouvais pas le comprendre. M. Babled en avait déjà parlé plusieurs fois en le compliquant d'une condition de délai qui n'était qu'une feinte ; tout cela me paraissait bizarre, inexplicable, et M. Fabrège — on le remarque — se garde bien, dans sa lettre — de l'expliquer. Il n'y comprenait peut-être rien, lui non plus.

Enfin, c'était déjà… courageux, de sa part, de faire cet aveu, c'est-à-dire de déclarer que sa Société préférait s'endetter de 50.000 francs avec intérêts, pour me rembourser, prendre la lourde charge de payer les soldes dus aux entrepreneurs et d'achever la chapelle, plutôt que de dépenser seulement 40.000 fr. pour tenir honorablement ses engagements !…

N'y avait-il pas là-dessous un mystère ? J'en étais persuadé, car je pensais à l'offre de prêt, avec intérêt modéré, que j'avais faite à M. l'abbé Harmel pour permettre à M. Babled de tenir ses obligations, offre — mes lecteurs le savent — qui n'avait pas été acceptée ; et cela m'amenait naturellement à trouver étrange ce prêt, avec intérêts également, que M. Babled contractait pour rompre notre contrat. Il préférait donc, malgré les grosses dépenses qui lui incomberaient, au mépris de sa parole donnée et des signatures engagées, cette rupture odieuse à la réalisation de ma fondation ! Que se passait-il donc dans cet esprit rebelle ? Quelles étaient ses visées mystérieuses ? — J'allais ne pas tarder à l'apprendre...

Puis M. Fabrège déclare, avec véhémence, qu'il ne peut pas signer un acte contenant des *expressions diffamatoires* pour M. Babled; sa conscience, dit-il, et le droit s'y opposent ! En conscience et en droit M. Fabrège aurait donc trouvé bon que la convention fût résiliée par un simple reçu non motivé ? Il aurait également trouvé bon, en conscience et en droit, que moi, qui n'avais voulu que faire du bien, je restasse exposé à toutes les calomnies, je prisse le rôle d'oppresseur, pendant que son Directeur, qui manquait à tous ses devoirs, qui avait à plaisir torturé mon âme, recevrait la palme du martyre ?

C'était pousser trop loin la partialité.

Et c'était pousser trop loin l'exagération que d'appeler *expressions diffamatoires* la phrase du projet de contrat, disant que M. Babled n'avait pas exécuté tous ses engagements. En quoi M. Babled était-il diffamé ? Il ne l'était en rien : notre entente était rompue parce que tous ses engagements n'avaient pas été remplis. Voilà tout. On ne pouvait pas dire moins, alors qu'on aurait très bien pu, en restant dans la vérité, dire plus, beaucoup plus.

— Vous auriez voulu, monsieur Fabrège, que le

contrat ne dît rien du tout. C'était plus commode, en effet ; mais alors vous auriez voulu me diffamer moi-même ? Car ce dilemme était inévitable : ou dire la vérité ou me diffamer...

Ne valait-il pas mieux, cher Monsieur, *en conscience et en droit,* pour employer votre expression, dire la vérité ? Cela valait d'autant mieux que cette vérité n'était pas diffamatoire ; c'était une clause mise par *nécessité absolue* dans un contrat qu'il fallait établir parce que votre Société, ou M. Babled, si vous préférez, voulait rompre notre convention.

Mais il faut croire que peu vous importait d'user de diffamations à mon endroit ; vous l'aviez déjà fait avec une désinvolture telle qu'il pouvait ne pas vous déplaire de recommencer. N'allez pas faire l'étonné, monsieur Fabrège, je vous en prie ; vous m'avez déjà diffamé par votre lettre du 21 avril 1897, dans laquelle vous m'accusez d'avoir, *en sus du devis,* exigé des pierres froides, plus d'ampleur aux contreforts, etc., toutes choses qui se trouvaient sur le devis qui servait de base à cette accusation.

Aussi vous jugez de ma surprise quand je vous vis traiter de diffamatoire la simple constatation d'un fait patent, alors que vous ne vous gêniez pas, vous, pour me diffamer, pour porter atteinte à mon honorabilité en m'accusant *à faux* d'un fait qui est une malhonnêteté : exiger des choses dépassant l'engagement pris. Oui, c'est une malhonnêteté, cela, entendez-vous, monsieur Fabrège ; et vous m'avez accusé de l'avoir commise ! Donc, vous m'avez diffamé !

Aussi bien la susceptibilité de M. Fabrège, en l'espèce, est au moins étrange. Quand on songe que, dans cette affaire, où sa responsabilité comme président de la Société du Pont-Juvénal est engagée à fond, il a tout fait pour se dégager, il a affecté une indifférence absolue, on se demande comment il a compris le rôle dont il s'est chargé, sous quelle véritable impression il a signé l'acte du 10 mars 1896.

Cette impression serait, du reste, assez difficile à apprécier ou à définir. Si l'on se base sur la lettre de M. Fabrège du 11 mars 1896 où, en me remerciant de mon *insigne libéralité,* il me félicite d'avoir imposé des conditions qui seront *la sauvegarde de l'œuvre de don Bosco,* où il m'appelle *le bouclier et le rempart de l'orphelinat ;* en se basant sur cette lettre on est porté à croire que l'impression de M. Fabrège était faite de reconnaissance profonde et d'enthousiasme sincère. Mais si l'on s'en tient à sa lettre du 21 avril 1897, lettre dans laquelle il déclare que les termes du contrat du 10 mars 1896 ont été imposés par moi, qu'il n'a pas pu les discuter, qu'il n'a donné sa signature qu'à regret, contraint et forcé pour ainsi dire, on peut admettre que M. Fabrège n'avait ni reconnaissance, ni enthousiasme pour ce qu'il appelait ma générosité, ou bien qu'il a des opinions variables suivant les circonstances et les évènements.

Cette versatilité dans les opinions de M. Fabrège

est sans raison, ce qui la fait plus étonnante ; cette atteinte à mon honorabilité, cette sorte de diffamation a pour base un mensonge, ce qui la rend plus grave. Le président de la Société n'avait donc pas le droit de trouver diffamatoire la clause du contrat !...

Il n'avait pas le droit, non plus, ayant signé l'acte du 10 mars 1896, de me proposer de changer le vocable de la chapelle. Versatilité d'opinion, toujours. Si j'avais accepté cette proposition, qu'aurais-je fait ? J'aurais imité son exemple, d'abord, en variant dans mes idées ; j'aurais, de plus, prêté la main à une combinaison que je devinais en quelque sorte et que je trouvais détestable ; j'aurais, surtout, manqué à mon devoir vis-à-vis de mon fils, car je devais défendre sa cause jusqu'au bout. A tort ou à raison, il ne pouvait aucunement me convenir d'agir ainsi.

Dans ma réponse à la lettre de M. Fabrège j'aurais pu mentionner tout cela ; je ne le crus pas utile : au point où en étaient les choses c'eût été peine perdue. Du reste la lettre de M. Fabrège étant la même que la lettre de M. Babled, la réponse faite à celle-ci pouvait convenir pour celle-là. Je me bornai donc à lui dire ce que voici :

MONSIEUR,

Votre lettre du 11 courant n'est que la reproduction de celle que m'a écrite l'abbé Babled le 10. Je vous renvoie donc à la réponse que j'ai faite à cet abbé.

Je suis d'autant plus fondé à croire que ces deux lettres n'en font qu'une que, le 21 avril 1897, vous m'écrivîtes une lettre remplie d'inexactitudes et que, sur mes observations, vous me répondîtes qu'elle vous avait été dictée par l'abbé Babled et que vous n'aviez vérifié aucune des affirmations que vous produisiez.

Vous m'apprenez que votre société a emprunté 50.000 fr. Dieu soit loué ! vous pourrez donc terminer la chapelle et faire honneur à vos engagements.

Je vous présente, Monsieur, l'assurance de toute ma considération.

L. Faulquier.

Montpellier, 13 décembre 1897.

Le dernier paragraphe de ma réponse étant très significatif, M. Fabrège comprit sans doute qu'il avait fait fausse route en avouant son emprunt de 50.000 francs à l'effet de me rembourser. Il tâcha donc de pallier l'étrangeté de cet aveu en m'écrivant la lettre ci-dessous :

Monsieur Faulquier,

Je tiens à répondre immédiatement à votre lettre de ce jour. Je peux vous *donner ma parole* que j'ignorais les termes et même l'existence d'une lettre de M. Babled du 10 courant.

Je ne me rappelle pas quelles inexactitudes pouvaient se trouver dans ma lettre du 21 avril ; elle ne m'avait pas été dictée ; elle avait été rédigée par moi sur les devis qui me furent apportés et où se trouvaient des annotations de votre propre main.

Quant aux 50.000 fr. ils n'ont pas été empruntés par nous ; ils ont été prêtés temporairement à M. Babled, à des conditions déterminées. La société civile *aurait* régularisé, j'espère, la situation ; mais le bienfaiteur qui par sa générosité aurait légitimé l'emprunt et assuré la *moitié* du remboursement, veut absolument qu'on ne dépouille pas saint Antoine pour enrichir saint Georges. J'avais cru tout concilier en réunissant les deux noms.

Je vois par votre lettre qu'il n'y a rien à faire ; on prétend que c'est aussi l'opinion de l'Evêque. Le monument serait donc mort-né. Je ne sais pas ce que fera M. Babled ; mais quant à moi, je me désintéresse absolument d'une affaire dont je ne suis pas responsable et qui est inextricable.

Je vous prie d'agréer, Monsieur, l'assurance de ma haute considération et de mon profond dévouement.

F. FABRÈGE.

Montpellier, 13 décembre 1897.

Enfin, je trouvais, dans cette lettre, une sorte d'explication du mystère de l'emprunt, explication bien obscure, sans doute, mais qui, cependant, laisse entendre qu'un prêt aurait été fait à M. Babled pour honorer saint Antoine et non pour honorer saint Georges.

Mais de quoi s'agissait-il réellement ? Du remboursement de mes 50,000 francs ou d'une somme affectée à l'achèvement des travaux ? L'explication obscure de M. Fabrège ne me permettait pas de bien faire la distinction. D'ailleurs, cela m'importait peu du moment que j'étais décidé à ne jamais consentir à la modification du vocable. Ou on me rembourserait, et alors ma fondation chez les Salésiens disparaîtrait ; ou on terminerait la chapelle suivant les accords, et alors le vocable *seul* de Saint-Georges serait appliqué.

Toutefois, cette pensée de ne pas *dépouiller saint Antoine pour enrichir saint Georges* retenait mon attention en éclairant la situation d'un jour inattendu. Ne voulait-on pas me rembourser pour pouvoir librement consacrer la chapelle à saint Antoine ? Serait-ce là ce mobile impérieux et toujours inavoué qui faisait agir M. Babled ? ce mobile que je ne pouvais découvrir ? Et, revenant sur le passé, je retrouvais dans tous les actes de mon adversaire une tendance marquée vers ce but : le vocable de Saint-Antoine ; au début, sa ténacité pour éviter Saint-Georges, puis ses propositions pour lier les deux vocables ; cette phrase d'une de ses lettres à M. Harmel : « Nous avons risqué de mécontenter Mme B... en prenant le nom de Saint-Georges » ; tout me faisait voir que M. Babled voulait en venir, par un moyen quelconque, à placer la chapelle sous la dédicace de Saint-Antoine.

Son offre de remboursement ne devait tendre qu'à cela, de même que cette dernière combinaison présentée par lui et par son complice, M. Fabrège, de joindre les deux saints. Le vocable de Saint-Georges était pour lui un obstacle qu'il voulait à tout prix renverser, et il avait su obtenir un prêt, un gros prêt : 50,000 francs, avec cette obligation, qui était douce pour lui, qui comblait tous ses vœux : reprendre la chapelle et la mettre sous l'invocation de son saint préféré.

Donc, tout s'expliquait ; mais ces explications, loin de justifier la conduite de M. Babled, la rendaient plus indigne à mes yeux, et, en me montrant que j'avais eu raison de rester ferme devant mon antagoniste, elles me donnaient une nouvelle force pour opposer ma volonté et mon droit à ses machinations !

Si je fais appel aux « Conclusions » de mes adversaires, mes lecteurs verront que je ne me trompais pas en interprétant comme je viens de le dire la phrase de M. Fabrège : *Le bienfaiteur veut qu'on ne dépouille pas saint Antoine pour enrichir saint Georges.*
— Ces « Conclusions » disent à la page 19 :

« Attendu que la Société se procura les fonds
» nécessaires auprès d'amis dévoués, qui n'enten-
» daient nullement se voir absorbés par M. Léon
» Faulquier et qui avaient le légitime désir d'assigner
» à leurs capitaux un emploi indépendant... »

Puis, à la page 23 :

« M. Faulquier n'avait pas prévu l'intervention
» d'une personne assez magnifique pour dénouer la
» situation douloureuse née, contre toute vraisem-
» blance, d'un premier bienfait... »

Assurément ce n'est pas très clair ; ce l'est assez cependant pour voir percer dans ces « attendus » une grande reconnaissance pour la personne *magnifique* qui a *dénoué la situation* ; pour découvrir que le prêt fait par des *amis dévoués* était destiné à saint Antoine et non à saint Georges, en d'autres termes à M. Babled et non à M. Faulquier, qui devait être soigneusement mis de côté pour qu'il ne troublât pas l'*emploi indépendant* des fonds prêtés.

Du reste l'avocat de la Société a bien voulu être plus explicite dans sa plaidoirie. Soyez assez aimables pour écouter cette période : « ... M. Babled et
» M. Fabrège eurent recours à un moyen qui parais-

» sait tout simple : celui de la dédicace à Saint-
» Antoine et à Saint-Georges. Par ainsi on donnait
» satisfaction d'une part à M. Faulquier, d'autre part
» aux personnes charitables qui voulaient bien venir
» en aide à la société du Pont-Juvénal, mais qui
» tenaient en même temps à honorer saint Antoine. »

Malheureusement pour la personne *magnifique*, pour les *amis dévoués*, l'avocat a fait cet aveu auquel on ne s'attendait pas : *l'argent a été prêté à la Société au taux de 5 %* ! Adieu bienfait, louanges, reconnaissance ; tout est détruit par cet aveu : 5 % d'intérêt ! Ce bienfait, ce prêt sauveur n'est qu'une affaire d'argent, un placement avantageux pour le ou les prêteurs !

Et le fait seul d'accepter ce prêt onéreux pour la Société, soit pour me rembourser, soit pour terminer la chapelle, est une mauvaise action commise par M. Babled, puisqu'il avait refusé le prêt que je lu proposais, avec un intérêt qui aurait été bien inférieur à 5 0/0. J'aurais rougi de lui demander un taux aussi élevé. Or, voyez combien s'aggrave cette mauvaise action, si on y ajoute l'arrière-pensée de se débarrasser de ma tutelle, d'absorber le vocable de Saint-Georges par celui de Saint-Antoine, de dénaturer ainsi ma fondation, que dis-je, de la détruire !...

Mes lecteurs comprendront que je n'insiste pas sur la partie de la lettre de M. Fabrège, qui revient sur celle du 21 avril 1897, et les inexactitudes y contenues ; j'ai démontré amplement que le mot *inexac-*

titude n'est pas exagéré. D'ailleurs, M. Fabrège, ayant reconnu lui-même ces inexactitudes et s'en étant excusé auprès de moi, ne pouvait plus les discuter.

Quant à la fin de sa lettre, elle est typique. D'une part, M. Fabrège déclare le litige inextricable et le monument mort-né ; d'autre part, il se désintéresse absolument de l'affaire, dont il n'est pas responsable, dit-il. Et sa signature *ne varietur* au bas de l'acte du 10 mars 1896, qu'y fait-elle, si elle n'engage pas à fond sa responsabilité ? Le litige est inextricable ? Mais à qui la faute, sinon à ceux qui se sont plu à le rendre tel ? Le monument est mort-né ? Pourquoi ? N'est-ce pas parce que les engagements pris par ceux à qui le monument devait profiter n'ont pas été remplis ?

Répliquer cela à M. Fabrège était chose facile. J'ai préféré ne pas répondre, afin de ne pas éterniser un débat *inextricable*, pour me servir de l'expression typique de M. Fabrège.

Les « conclusions », à ce propos ont aussi leur cachet d'originalité. Voyons-les :

« Attendu que M. Fabrège insistait de son côté
» et écrivait le 11 décembre à M. Faulquier pour le
» prier, soit d'accepter le remboursement de ses
» avances, soit d'approuver l'adjonction du vocable
» Saint-Antoine qui motiverait les libéralités indis-
» pensables à l'achèvement de l'œuvre entreprise ;

» Attendu que M. Faulquier traita alors fort cava-

» lièrement cette double question ; qu'il se contente
» d'écrire, à la grande stupéfaction de M. Fabrège :
» « Vous m'apprenez que votre Société a emprunté
» 50.000 francs. Dieu soit loué ! Vous pourrez donc
» terminer la chapelle et faire honneur à vos enga-
» gements » ;

» Qu'ainsi M. Faulquier ne répondait pas à la
» question ;

» Que M. Fabrège, dont la loyauté se révoltait
» devant les obstacles inextricables accumulés comme
» à plaisir, répliquait le même jour, jetant, on le
» comprend, le manche après la cognée : « Je vois
» par votre lettre qu'il n'y a rien à faire... » (Pages
23 et 24).

J'avais bien raison, n'est-ce pas, de trouver à ces quelques « attendus » une certaine originalité. — Remarquez *l'adjonction du vocable Saint-Antoine qui motive les libéralités ;* comme c'est simple et naturel en apparence ; comme c'est grave et faux en réalité : l'adjonction d'un vocable qui détruit le vrai vocable de la fondation ; des libéralités qui ne sont qu'un placement d'argent à gros intérêts ! — Remarquez encore la *grande stupéfaction* de M. Fabrège en recevant ma réponse : *vous avez 50.000 francs : Dieu soit loué ! vous pouvez terminer la chapelle.* De quoi était-il stupéfait, ce bon M. Fabrège ? de ma naïveté, peut-être ? Eh ! oui, il trouvait naïf d'employer l'argent à remplir les engagements contractés, et cette solution toute naturelle, toute loyale, que j'avais la...

naïveté de lui indiquer, le stupéfiait ; cela se comprend ! — Et la Société d'apprécier ainsi cette réponse : *M. Faulquier ne répondait pas à la question.* Je n'y répondais que trop, au contraire ; ma réponse était droite et ferme : *Vous avez des fonds, exécutez donc le contrat !* Je ne pouvais ni ne devais en faire d'autre.

Et enfin cette perle : *La loyauté de M. Fabrège se révoltait devant les obstacles accumulés.* Où est donc cette *loyauté* qui se *révolte ?* Quels sont ces obstacles ? Qui les accumule ? Eh ! mon Dieu, c'est parmi les engagements méprisés qu'il faudrait chercher cette prétendue loyauté, et on risquerait de ne pas l'y trouver. Les obstacles ne sont autre chose que ces engagements non tenus, les promesses dédaignées, les combinaisons louches, les projets secrets. Et ils ont été accumulés précisément par ceux qui disent se révolter contre eux !

La plaidoirie n'a pas été prolixe sur mon refus d'accepter les nouvelles combinaisons de M. Babled. Elle s'est bornée à dire ceci :

« M. Faulquier se garda bien d'accepter cette
» nouvelle proposition, qui pouvait tout arranger ; il
» restait buté à cette idée qu'il devait être le seul
» maître, le seul bienfaiteur de la chapelle ».

C'est bref, vous le voyez, mais c'est incisif : *Je voulais être le seul maître, le seul bienfaiteur de la chapelle.* Et pourquoi faire, le *seul maître ?* Pour *exploiter* la chapelle et en retirer les bénéfices ? C'est une insinuation toute gratuite, car j'avais pris l'engagement de laisser la Société y assurer l'exercice du culte ; je ne pouvais donc pas rechercher là un revenu, l'aurais-je voulu.

Le seul bienfaiteur ? Oui, j'y aurais tenu, car c'était là mon inspiration ; mais qui l'avait modifiée ? n'était-ce pas M. Babled en voulant proportionner la chapelle aux besoins à *venir* de son orphelinat ? Et si j'y avais consenti, n'était-ce pas sur sa prière instante, sur l'expression de son désir de contribuer à ma fondation avec ses ressources personnelles ? Ah ! s'il s'était agi alors de recourir à la charité publique, avec quelle énergie j'aurais rejeté la proposition de M. Babled, avec quel empressement et quelle fermeté je me serais renfermé dans les limites que j'avais prévues !

Le seul bienfaiteur d'une fondation faite au nom de mon fils ? Ah ! certes oui. Je n'avais besoin, Dieu merci, de l'aide de personne ; si j'ai accepté celle de M. l'abbé Babled, c'est qu'il me l'offrait en sollicitant la faveur d'être mon second fils, et qu'il était doux à mon cœur de l'appeler ainsi !

XVIII

REPRISE DES TRAVAUX

> Le soutien dont l'homme se sert le plus est l'espérance. BOISTE.
>
> Le vrai caractère perce toujours dans les grandes circonstances.
> NAPOLÉON.

DONC les nouvelles combinaisons de M. Babled n'avaient obtenu que le résultat négatif qu'elles méritaient. Fallait-il considérer le double ultimatum que je lui avais fait signifier par la haute intervention de l'Evêché comme l'épilogue de cette affaire ? Ainsi que l'avait pronostiqué M. Fabrège, le monument devait-il rester mort-né, le litige était-il réellement inextricable ?

Je ne considérais pas, à vrai dire, cette déplorable querelle comme inextricable ; il fallait si peu de chose pour la régler. Mais je la voyais sans solution possible tant que mon contradicteur persisterait dans son erreur ou dans son mauvais vouloir.

De ce que je n'avais pas accepté l'acte de résiliation modifié comme le proposait M. Balp, était-il possible d'inférer que, moi aussi, je mettais du mauvais vouloir à régler le litige ? Je ne le pensais pas, car la modification de M. Balp n'était vraiment pas acceptable. — Et, en effet, une chose était incontestable, à mes yeux — elle l'est toujours : — Si M. l'abbé Babled ne terminait pas la chapelle suivant nos accords, c'était parce qu'il ne le *voulait* pas, et non parce qu'il ne le *pouvait* pas. S'il l'avait bien réellement voulu, si l'idée qu'il me soumit en juin 1895 avait été une inspiration divine, comme il le déclarait, il aurait dû mettre à la réaliser un empressement zélé et pieux qui lui aurait fait consacrer à cette réalisation des fonds qu'il a placés ailleurs sans compter. Mais à côté de cette inspiration de Dieu, qui était l'obligation morale, il y a le contrat du 10 mars 1896, qui était l'obligation réelle, de laquelle il n'a pas tenu meilleur compte.

Etait-il possible, après cela, de signer un acte qui absolvait M. Babled ? Non, parce que cet acte, en l'absolvant, m'aurait chargé en quelque sorte de ses propres fautes. Et c'était une trop grande injustice pour que je consentisse à la laisser commettre. Je trouvais que je m'étais assez sacrifié en acceptant le remboursement de mes 50,000 francs ; je m'y étais résigné, puisque M. Babled m'avait acculé à ce seul moyen de finir un litige scandaleux ; mais mon devoir — je ne dis pas mon droit, je dis mon devoir — était d'imposer à ce remboursement une condition qui, pour l'auteur du litige, devînt un châtiment.

En agissant comme je l'avais fait je n'avais donc rien à me reprocher.

Et que me restait-il à faire ? Hélas ! rien autre chose que d'attendre les événements. Attendre ! toujours attendre ! — Depuis longtemps ce mot seul me servait de consolation, et il fallait bien m'en contenter !

Le mois de décembre s'écoula sans que rien de nouveau se produisît. Quand, en janvier 1898, je m'aperçus, un beau jour, que les travaux paraissaient reprendre : des ouvriers allaient et venaient, mais on s'occupait surtout à l'intérieur. Je m'informai et j'appris qu'on prenait des dispositions pour terminer la plâtrerie du plafond, afin de pouvoir le peindre et enlever ensuite les grands échafaudages qui obstruaient toute la nef.

Puis l'activité se fit remarquer au dehors. Des pierres de taille arrivaient ; on consolidait les grandes bigues formant l'échafaudage du clocher : il était évident qu'on allait finir la flèche et la toiture.

Qu'avait donc résolu M. Babled ? Avait-il compris, enfin, son devoir ? S'était-il décidé à tout réparer en remplissant ses promesses ? — Oui, c'est sa pensée, me disais-je, et il a raison. J'oublierai tout, ses erreurs, ses fautes, les meurtrissures qu'il m'a faites, les insultes que j'ai subies, les tortures qu'il m'a imposées ; je ne verrai plus que ma fondation réalisée, et mes yeux seront assez éblouis pour ne plus rien distinguer dans l'obscurité du passé, ma joie sera assez douce pour chasser toutes les amertumes, mon cœur sera assez heureux pour pardonner !

La reprise des travaux me faisait éprouver ces pensées calmantes, et je m'y laissais aller avec une sorte de béatitude. Cependant, ce tableau, embelli par mon imagination avide de douces images, avait une ombre : pourquoi ne me disait-on rien ? Pourquoi M. Babled ne me faisait-il pas connaître sa décision favorable ? la conversion de son esprit ? Il n'avait pas de raison pour me la cacher ; craignait-il encore mes ressentiments ? Il se trompait, dans ce cas ; il aurait dû comprendre que je ne demandais qu'à l'encourager dans ses bonnes résolutions, que je préférais être indulgent à son égard que sévère ; il s'amendait, pourquoi l'aurais-je repoussé ? Il avait retrouvé la bonne voie, pourquoi ne lui aurais-je pas tendu la main pour l'y soutenir ? Ne savait-il donc pas que je me souvenais toujours qu'il m'avait appelé son père ?...

— Mais, vont peut-être dire mes lecteurs, vous ne vous demandiez pas d'où venait l'argent pour permettre de reprendre les travaux ?

— Mon Dieu, non. Je n'avais pas à me poser cette question, attendu que je ne pouvais pas oublier les promesses de M. Babled, et que je gardais la conviction qu'il avait les ressources nécessaires pour remplir ces promesses. Je me disais qu'il s'était enfin décidé à s'en servir, voilà tout. Il y avait mis le temps ? Oui ; mais tard ne vaut-il pas mieux que jamais ?

Donc, les travaux continuaient ; on taillait des pierres pour le clocher, on s'occupait même de l'ornementation des fenêtres et de la grande rosace de la façade ; à l'intérieur, on travaillait au plafond, on poussait des corniches, on posait des chapiteaux... Il ne s'agissait donc pas d'un achèvement provisoire, on allait tout mettre en état, la chapelle serait finie ! Dieu merci !

Toutefois, M. Babled ne se départissait pas de sa réserve, il gardait toujours le silence, aucune communication autorisée ne m'était faite. Devais-je aller au-devant de cette communication ? Je ne le pensais pas ; il me semblait préférable, après tout ce qui s'était produit, de ne faire aucune démarche, de laisser agir M. l'Abbé. Cela m'était facile, du moment que j'avais à me repaître d'espérance.

J'étais dans cette disposition d'esprit quand, le 29 janvier, j'appris dans une circonstance toute fortuite qu'une statue de saint Antoine de Padoue était commandée pour être posée au faîte du clocher.

Cette nouvelle, que le hasard m'apportait, n'était pas croyable ; elle ne me causa tout d'abord aucune impression et me fit sourire. Je trouvais drôle cette idée, inventée, pensais-je, par quelque esprit fantaisiste voulant s'amuser aux dépens de M. l'Abbé et aux miens.

Mais il me fallut bien cesser de la trouver drôle, quand on me donna des détails assez précis pour me prouver que le renseignement n'avait rien de fantaisiste. L'architecte, M. Prat, aurait voulu d'abord une statue en pierre ; puis il s'était ravisé et l'avait commandée en fonte creuse : elle serait plus tôt exécutée, son prix serait moindre et elle pèserait moins sur le clocher qu'une statue en pierre. Le renseignement, pour être complet, ajoutait que la hauteur de la statue serait de trois mètres environ.

Pouvais-je douter ? Peut-être non ; mais je *voulais* douter quand même, afin de retarder, d'éloigner la certitude qui devait m'atterrer. Eriger une statue de saint Antoine sur le clocher de la chapelle qui devait être dédiée à saint Georges ? Mais c'était trop insensé, trop déloyal pour être possible. Non, non, cela n'était pas, cela ne pouvait pas être ; on cherchait à m'irriter, on se moquait de moi...

Pourquoi ? A quelle fin M. Babled aurait-il placé cette statue ? Il savait bien qu'il ne le devait pas, à cause du vocable de la fondation ; il savait bien qu'il ne le pouvait pas, à cause du plan adopté qui porte une croix au clocher ; il savait bien aussi que je m'opposerais de toutes mes forces à cette négation de mes droits. Il s'était montré ingrat envers moi, injuste, rebelle ; il avait voulu me tromper, exploiter ma douleur, se jouer de ma confiance ; oui, tout cela était vrai, mais il ne pouvait pas aller jusqu'à la méchanceté, jusqu'à la cruauté, jusqu'à la violence en interceptant une pensée née d'un deuil, en brisant l'offrande que je voulais faire à l'âme de mon fils !

Malheureusement le doute dans lequel je me réfugiais ne pouvait m'offrir qu'un soulagement trompeur. Bientôt il me devint insupportable, il me fit souffrir bien plus que la certitude que j'avais repoussée. Alors je résolus d'en sortir, je voulus savoir, être sûr de la vérité. Mais comment ? A qui m'adresser ? A M. Babled, à lui seul ; c'était à lui que je devais demander des explications, pas à d'autres.

Mais pouvais-je le faire directement ? Je ne voulus pas le tenter, de crainte de voir mon sang-froid m'abandonner, de ne pouvoir rester assez maître de mon indignation. Et j'eus, encore une fois, recours à l'intermédiaire de M. le chanoine Balp, à qui j'écrivis pour le prier de voir M. Babled et de l'interroger sur ce projet de statue. Je ne doutai pas un instant que M. Balp ne consentît à se charger de cette demande. — Voici ma lettre :

Monsieur le Chanoine,

Je viens d'entendre dire que M. l'abbé Babled se propose de faire élever une statue de saint Antoine de Padoue sur le clocher de la chapelle Saint-Georges.

Naturellement M. Babled a négligé de me soumettre ce projet, sachant très bien que je ne pourrais aucunement l'approuver. En effet, ce projet n'indique-t-il pas l'intention de dénaturer aux yeux du public le vrai vocable de la chapelle ?

Il ne m'est donc pas possible, Monsieur le Chanoine, d'autoriser cette violation de mes droits ; je suis le propriétaire de la chapelle et, comme tel, je m'opposerai par tous les moyens en mon pouvoir à l'érection de la statue de saint Antoine sur la surface extérieure du monument.

Voulez-vous, Monsieur le Chanoine, vous charger encore de la mission de prévenir M. l'abbé Babled de mon intention bien arrêtée? En le faisant vous m'obligerez beaucoup, tout en évitant à M. Babled une dépense bien inutile. Je ne saurais choisir un plus digne intermédiaire, et vous daignerez accéder à ma prière, sachant mieux que personne combien est devenue difficile pour moi toute correspondance directe avec M. l'abbé Babled.

Et j'espère que vous voudrez bien, mettant ainsi le comble à votre obligeance, me faire connaître le résultat de votre démarche auprès de M. l'Abbé. Je désire qu'elle soit accueillie comme elle mérite de l'être et que M. Babled ne persiste pas dans une idée détestable, contraire à tous ses engagements et que — je le répète — je suis décidé à combattre avec toute l'autorité que me donne mon titre de propriétaire.

Veuillez m'excuser, Monsieur le Chanoine, de vous déranger ainsi. Et, en vous remerciant vivement, je vous offre l'expression de tout mon respect.

L. FAULQUIER.

Montpellier, 2 février 1898.

Je m'attachais, dans cette lettre, comme on vient de le voir, à faire connaître mes intentions à M. Balp, mon but étant qu'il les transmît à M. Babled dans le cas où, réellement, celui-ci aurait projeté de remplacer la croix du clocher par une statue de saint Antoine. Me sentant le propriétaire de la chapelle j'essayais, en faisant valoir ce titre incontestable, d'empêcher M. l'Abbé de commettre un si grave manquement à ses devoirs.

Avec une condescendance pleine de bonté, M. le chanoine Balp voulut bien remplir cette nouvelle mission ; il vit M. Babled et il me fit connaître le résultat de son entrevue par sa lettre du 8 février, que je reproduis ci-après :

MONSIEUR LÉON FAULQUIER,

J'ai l'honneur de répondre à votre lettre du 2 février.

J'ai vu M. l'abbé Babled ; il m'a dit qu'il *n'avait pas songé* à placer sur le clocher une statue de saint Antoine ; mais il a ajouté qu'il *ne savait pas* ce qu'il ferait plus tard. Alors je l'ai informé que vous m'aviez chargé de lui dire que vous étiez disposé à faire valoir votre titre et vos droits de propriétaire s'il faisait quelque chose de contraire à ces droits.

Croyez bien, Monsieur Faulquier, que je regrette vivement de n'avoir pas pu réussir à arranger cette malheureuse affaire, qui vous donne tant d'ennuis.

Daignez agréer l'hommage de mes sentiments respectueux.

BALP.

Montpellier, 8 février 1898.

Cette lettre ne pouvait pas dissiper mes doutes ; elle ne pouvait, au contraire, que les accentuer. D'une part, M. Babled déclarait qu'il *n'avait pas songé* à placer une statue de saint Antoine sur le clocher de la chapelle, mais, d'autre part, il déclarait aussi qu'il *ne savait pas* ce qu'il ferait par la suite. Les bruits qui étaient parvenus jusqu'à moi relatifs à cette statue étaient-ils vrais ou faux ? Ils devaient être faux, puisque M. Babled *n'avait pas songé* à la statue ; mais ne pouvaient-ils pas être vrais, du moment qu'il faisait des réserves pour l'avenir ?

Néanmoins comme dans mon idée un prêtre ne pouvait pas mentir, je me rassurais devant cette déclaration faite par M. Babled à M. le chanoine Balp : qu'il *n'avait pas songé* à placer une statue de saint Antoine sur le clocher ; et j'en conclus que décidément les bruits qui m'avaient tant troublé n'étaient que de vulgaires racontages.

J'en éprouvai — je me fais un devoir de le déclarer — une profonde satisfaction, tant il m'était pénible de penser que M. l'abbé Babled pouvait mentir pour masquer ses projets, et je m'empressai de rejeter loin de moi les craintes que j'avais eues.

Cependant M. Babled n'avait-il pas dit à M. Balp qu'il *ne savait pas ce qu'il ferait plus tard ?* Qu'est-ce que cela voulait bien dire ? Etait-ce une sorte d'échappatoire pour excuser par la suite une action blâmable ? Je ne savais trop que penser ; mais je remarquai que M. le chanoine Balp avait fait comprendre à M. Babled que j'étais bien décidé, le cas échéant, à faire valoir mes droits de propriétaire, cela devait me suffire.

Et comme j'avais à remercier M. Balp de son intervention, je le fis de la manière suivante :

Monsieur le Chanoine,

J'ai reçu votre lettre du 8 de ce mois.

Bien chaleureusement je vous remercie d'avoir consenti à remplir auprès de M. l'abbé Babled la nouvelle démarche que je me suis permis de demander à votre obligeance. Je vous remercie aussi de la façon dont cette démarche a été faite, car il est très important pour moi que vous ayez déclaré à M. Babled que j'étais disposé à faire valoir mon titre et mes droits de propriétaire s'il faisait quelque chose de contraire à ces droits.

Cette déclaration rend sans valeur — vous l'avez compris — sa réserve sur ce qu'il ferait plus tard. Plus tard comme aujourd'hui mes droits de propriétaire resteront intacts.

Je vous réitère, Monsieur le Chanoine, l'hommage de ma reconnaissance et de mon respect.

L. Faulquier.

Montpellier, 12 février 1898.

Pendant ce temps les travaux à la chapelle se poursuivaient. Les ogives des fenêtres étaient faites, mais — sur les conseils sans doute de M. Fabrège — on avait supprimé les meneaux qui, sur le plan, divisaient les baies dans le sens vertical ; la rosace était également finie ; le clocher allait l'être, il n'y manquait guère que la pierre de couronnement sur laquelle devait être posé le motif qui surmonterait la flèche. Sur le plan, ce motif était une croix ; cette croix, en fer forgé, avait été faite par la Société anonyme de Saint-Sauveur-Arras, et depuis le mois de décembre 1896, c'est-à-dire depuis plus de deux ans, elle gisait dans un coin de la chapelle, attendant sa mise en place.

Pour recevoir cette croix, la pierre de couronnement devait finir presque en pointe, cela se conçoit ; tandis que si cette pierre devait servir de piédestal à une statue de 3 mètres de hauteur, elle serait nécessairement beaucoup plus large ; par suite il serait facile de me rendre compte de ce que supporterait cette pierre quand on la mettrait en place.

Toute mon attention était donc portée sur le sommet du clocher. — Je voulais bien ne plus avoir de craintes, me contenter de l'assurance donnée à M. Balp par M. Babled qu'il *n'avait* pas songé à une *statue ;* malgré moi je n'étais pas tranquille. Le silence que continuait à observer M. l'Abbé sur sa reprise des travaux n'était pas pour me rassurer, car il devenait inconvenant en donnant à M. Babled une sorte d'attitude trop indépendante.

Les choses en étaient là, lorsque je reçus, le 16 février, de M. Baussan, sculpteur, un billet qui me disait :

> Malade depuis quelques jours, je n'ai pu vous envoyer plus tôt la lettre que j'ai reçue de M. Prat. Je la joins à ce billet et je vous prie de vouloir bien m'indiquer ce que j'ai à faire. Faut-il livrer le bas-relief ? Faut-il le garder ?
> Il est bien entendu que je me conformerai à vos instructions.
>   BAUSSAN.
> 16 février 1898.

Et ce billet était accompagné d'une lettre de M. Prat à M. Baussan, que je reproduis :

> CHER MONSIEUR BAUSSAN,
>
> Ayant repris les travaux de la Chapelle, il serait nécessaire que vous livriez le bas-relief de saint Georges pour que je puisse prendre les dispositions nécessaires à sa mise en place, le bas-relief n'ayant pas été prévu dans mon projet.
> Dans l'espoir de vous lire bientôt..., etc.
>   PRAT.
> 13 février 1898.

Cette demande de M. Prat me parut très fondée ; sans doute il allait s'occuper de la construction de l'avant-corps de la chapelle prévu par son plan ; je devais donc lui laisser prendre les dimensions de la pierre du bas-relief puisqu'il disait en avoir besoin.

Sur-le-champ je me rendis chez M. Baussan, afin de lui faire part de mes intentions touchant ce bas-relief. Je devais laisser M. Prat noter les mesures qu'il lui fallait ; mais il importait de bien spécifier que la seule place du bas-relief était au fronton de la porte extérieure de l'avant-corps ; s'il était question de le placer ailleurs, M. Prat devait être prévenu que je n'y consentirais pas.

La réponse que M. Baussan fit à M. Prat après ma visite résume parfaitement les explications que je lui donnai. Je dois donc citer cette réponse en son entier :

Monsieur Prat,

A la suite de la communication de votre lettre du 13 courant à M. Léon Faulquier, il m'a autorisé à vous laisser prendre, chez moi, les dimensions du bas-relief qui vous sont nécessaires pour sa mise en place. Vous pouvez donc venir, quand vous voudrez ; je mettrai la pierre à votre disposition.

Je dois ajouter que, d'après ce que me dit M. Faulquier, la place de ce bas-relief est indiquée sur votre projet, contrairement à ce que vous dites. Le linteau de la porte extérieure de l'avant-corps formant porche est surmonté d'une pierre lisse ; cette pierre sera remplacée par le bas-relief, voilà tout. Vous le voyez, c'est bien simple.

D'ailleurs M. Faulquier me prie de vous faire remarquer que c'est la seule place où le bas-relief puisse et doive être posé. C'est tellement ainsi que M. l'abbé Babled aurait lui-même indiqué cette place dans les lettres qu'il a écrites à

M. Faulquier au début de leurs pourparlers en vue de la construction de la chapelle.

Recevez, etc. BAUSSAN.

16 février 1898.

Quelques jours après, M. Baussan me faisait part d'une nouvelle lettre qu'il avait reçue de M. Prat à la suite de la sienne que je viens de publier. La lettre de M. l'architecte Prat était en ces termes :

MONSIEUR BAUSSAN,

Je vous remercie de la réponse que vous m'envoyez au sujet du bas-relief de saint Georges.

Je le ferai placer au moment opportun à l'endroit que vous m'indiquez,

Quoique ni dans mes souvenirs, ni dans les plans et détails qui existent, ni dans les indications très précises que m'avait données M. Léon Faulquier, je ne retrouve aucune trace à ce sujet.

Veuillez agréer, etc. PRAT.

P.-S. — Si vraiment la seule place où puisse être placé (*sic*) le bas-relief est l'entrée du péristyle non construit, on ne peut donner suite à l'idée de le placer provisoirement sur la porte d'entrée, ainsi que M. l'abbé Babled l'avait écrit à M. L. Faulquier à l'origine des pourparlers.

18 février 1898.

Dans cette lettre M. Prat s'amusait à jouer sur les mots : il ne trouvait rien dans ses souvenirs, dans ses plans ni dans les *indications très précises* que je lui avais données au sujet du bas-relief. Si je lui avais donné des *indications très précises* il trouvait donc quelque chose ; mais mes lecteurs savent que je ne lui avais rien dit, c'est M. Baussan lui-même qui l'avait instruit de mon projet. Donc il n'y avait pas d'indications de ma part ; mais il suffisait à M. Prat de voir ses plans, il y aurait trouvé, comme le lui indiquait clairement la lettre de M. Baussan, la place du bas-relief toute tracée au fronton du porche.

Mais M. Prat, sachant bien en écrivant sa lettre que l'intention de M. Babled était de ne pas construire ce porche ou avant-corps, trouvait plaisant de s'amuser ainsi et de dire qu'à l'origine des pourparlers entre M. Babled et moi, la place d'une image de saint Georges avait été prévue sur la porte d'entrée de la chapelle. — Oui, sur la porte d'entrée, mais la porte extérieure, le *frontispice*, disait M. Babled dans sa lettre du 27 janvier 1895. Or ce frontispice n'était pas construit, et la porte de la façade de la chapelle qui devait être masquée par le porche ne pouvait, serait-ce provisoirement, être surmontée du bas-relief.

Il y a aussi à retenir dans cette lettre l'aveu patent, quoique dissimulé, que l'avant-corps ne serait pas construit de sitôt. M. Babled voulait placer le bas-relief au-dessus de la porte de la chapelle, provisoirement, c'est vrai ; mais il fallait s'attendre à un provisoire indéfini, le seul fait de poser la pierre l'indiquait, car on ne place et ne déplace pas un tel objet comme on place et déplace un tableau, un meuble...

Je ne devais donc livrer le bas-relief qu'une fois

l'avant-corps construit. En le laissant placer sur la façade, ou j'autorisais tacitement la suppression de cet avant-corps, ou j'exposais l'œuvre d'art à être, un jour ou l'autre, cachée aux regards par la construction du porche.

Mais si vraiment M. l'Abbé était décidé à ne pas faire cette construction, jusqu'à quel point allait-il donc pousser les travaux d'achèvement de l'édifice ? Encore une fois dédaigneux de ma volonté, passerait-il outre ? Se proposait-il d'aménager sommairement la chapelle à l'intérieur pour la livrer au culte ? Mais, alors même que ce fût là sa pensée, pourquoi ne faisait-il pas construire le porche ? J'avais dit — il le savait — que je paierais cette construction sur le solde de 10.000 francs environ qui me restait à verser ; il ne pouvait par conséquent pas invoquer que les fonds nécessaires lui manquaient... La pose d'une statue de saint Antoine sur le clocher aurait été une indication qu'il se moquait de mon titre de propriétaire, mais cet achèvement sommaire en était une autre...

Que faire, cependant ? M'opposer aux travaux ? C'eût été une contradiction flagrante avec mes légitimes prétentions. Exiger des explications ? Me les donnerait-on sincères ? Il n'y fallait guère compter ; mais, en somme, je n'avais pas d'autre parti à prendre ; et j'allais me résoudre à procéder ainsi lorsque se produisirent les évènements graves qui vont suivre et qui m'empêchèrent de demander les explications qui m'étaient dues.

Ces explications, je ne les ai eues que par la publication des conclusions de la Société et en écoutant la plaidoirie de son avocat, et encore ne sont-elles que médiocrement suffisantes.

Mes lecteurs vont en juger.

Les conclusions disent, aux pages 24 et 25 :

« Mais attendu que ce découragement, trop motivé,
» fut de courte durée ; que la Société puisa de nou-
» velles forces dans le sentiment de sa mission et
» trouva enfin le moyen de reprendre les travaux ;

» Que tout d'abord elle s'appliqua à désintéresser,
» au lieu et place de M. Léon Faulquier, les entre-
» preneurs et ouvriers que celui-ci avait refusé de
» payer ;

» Attendu qu'il importe de bien préciser quelle a
» été l'attitude invariable de la Société, au milieu des
» tristes incidents de cette affaire ;

» Attendu qu'elle a constamment repoussé la pen-
» sée de recourir aux voies judiciaires, qu'elle n'a
» jamais perdu de vue la gratitude que lui avait ins-
» pirée un premier bienfait : qu'elle ne s'est jamais
» départie, ni par écrit, ni de vive voix, de l'attitude
» la plus convenable vis-à-vis de M. Léon Faulquier ;
» qu'elle a subi stoïquement toutes les violences de
» langage et de plume dont elle a été l'objet ; qu'enfin,
» acculée au procès formé contre elle par les entre-
» preneurs, elle a préféré, plutôt que d'appeler en

» justice M. Léon Faulquier, payer de ses deniers
» personnels, au lieu et place de ce dernier, le solde
» des sommes dues aux ouvriers sur les 60.000 fr.,
» qu'il avait promis ;

» Attendu que la Société était fortifiée dans son
» attitude irréprochable par la pensée que sa cause
» était celle de l'orphelinat ; qu'il ne faut point per-
» dre de vue que la Société du Clos-Boutonnet
» s'identifie dans cette grande œuvre sociale ; que
» M. Babled et ses collaborateurs ne sont pas que les
» instituteurs de 150 enfants abandonnés ; qu'ils sont
» avant tout des ministres de charité ; que c'est par
» une sorte de fiction que M. Faulquier prétend diri-
» ger ses coups contre la Société, contre le direc-
» teur de l'orphelinat ; qu'il atteint, en réalité, et
» frappe au cœur une institution qui avait les sym-
» pathies de tous, qui les mérite toujours !

» Attendu que l'intérêt de l'établissement ne pou-
» vait supporter plus longtemps l'arrêt des travaux ;
» qu'ils furent repris en janvier 1898 ;

» Qu'après avoir payé l'arriéré, la Société dut
» dépenser, pour avancer le gros œuvre et rendre la
» chapelle apte à être inaugurée, une nouvelle somme
» de 11.203 francs ;

» Qu'elle employa, en outre, une somme de
» 8.924 fr. 50, aux décorations les plus urgentes... »

Et puis cette phrase de la plaidoirie :

« L'argent a été prêté à la Société au taux de
» 5 0/0 ; et qu'a-t-on fait de cet argent ? On l'a con-

» sacré à remplir les obligations de M. Faulquier,
» c'est-à-dire à payer ce qui restait dû aux entrepre-
» neurs, et le solde de 11.000 francs qui restait dis-
» ponible a servi à terminer le clocher et autres
» travaux très urgents... »

Toutefois, il ressort de ces explications, que ce n'était pas avec les ressources personnelles de M. l'abbé Babled que les travaux avaient été repris, ces ressources qu'il *voulait,* m'avait-il dit souvent, consacrer à ma fondation pour lui donner l'ampleur dont il avait besoin ; c'était avec des fonds prêtés.

Il est certain que mes lecteurs vont faire la judicieuse réflexion suivante :

— Si c'était pour en venir là, pourquoi M. Babled n'acceptait-il pas le prêt que M. Faulquier lui avait offert ? La chapelle se serait achevée sans difficultés ; il aurait évité beaucoup d'ennuis, beaucoup de tiraillements, une grande perte de temps et n'aurait pas oublié ses devoirs envers son bienfaiteur.

Et, de plus, si c'est réellement dans l'intérêt de son orphelinat qu'il a contracté un prêt, il devait à plus forte raison accepter celui de M. Faulquier qui ne lui aurait pas coûté 5 o/o. C'était beaucoup plus sage, beaucoup plus digne ; et les attaques dont se plaint M. Babled dans ses conclusions n'auraient pas eu lieu, attaques d'ailleurs qui ne sauraient viser son institution, comme il se plaît à le dire, mais seulement lui-même, puisqu'elles n'ont été motivées que par sa conduite, par ses manœuvres inconséquentes.

Mes lecteurs pourront penser encore ceci : Suivant les affirmations énergiques et réitérées de M. Babled et aussi de M. Fabrège, ce prêt n'était possible que si la chapelle était dédiée à saint Antoine ; c'était même pour cela que la modification du vocable avait été proposée à M. Faulquier. Le prêteur avait-il renoncé à offrir le mérite de son prêt au saint franciscain ? Consentait-il à l'offrir simplement à saint Georges ? C'était possible, après tout.

— Eh bien ! non, mes chers lecteurs, ce n'était pas possible. Plus que jamais le prêteur tenait à honorer saint Antoine de Padoue ; plus que jamais M. Babled voulait placer la chapelle sous la protection de ce grand saint ; c'est pour ce seul motif qu'il avait refusé mon prêt. En l'acceptant, ne se livrait-il pas — dans son idée — pieds et poings liés à saint Georges ?

Or, le remboursement n'avait pas abouti, le vocable de saint Antoine avait été repoussé ; mais il lui restait un moyen : placer une statue de saint Antoine de Padoue sur le clocher de la chapelle dédiée — par force — à saint Georges. Le tour serait joué.

Et il l'a fait !

XIX

LA STATUE DE SAINT ANTOINE

> Sa vertu l'a porté si haut qu'il n'était pas besoin de l'élever pour le faire paraître grand.
> BOSSUET.

Le calme relatif dans lequel m'avait laissé la réponse de M. Babled à M. Balp, touchant la statue de saint Antoine, ne fut pas de longue durée.

J'avais eu diverses entrevues avec M. Baussan, à l'occasion de sa correspondance avec l'architecte Prat; je ne lui avais pas caché ma pensée en ce qui concernait le bas-relief, lui expliquant que je ne devais consentir à laisser placer cette image de saint Georges que sur le fronton de l'avant-corps, afin qu'elle ne courût pas le risque d'être, un jour, dérobée aux regards.

M. Baussan me comprit très bien et m'approuva.

La crainte que je lui exprimais le frappa même à ce point qu'un fait auquel jusqu'alors il n'avait pas attaché d'importance pour ma fondation, lui revint à la mémoire, et il m'en fit part tout de suite. M. Prat avait voulu lui confier l'exécution d'une statue de saint Antoine de Padoue destinée au sommet du clocher; cette statue devait être en pierre et mesurer trois mètres de hauteur; M. Baussan n'avait pas pu se charger de ce travail, pour lequel on lui limitait un temps trop court. Ce que voyant, l'architecte lui avait dit qu'il allait s'adresser ailleurs, à Bourg-Saint-Andéol, je crois, où se trouvent des carrières de pierres estimées. — Depuis M. Baussan n'avait plus rien su.

Je lui fis connaître alors les renseignements qui m'avaient été donnés sur un projet de statue en fonte creuse que M. Prat jugeait préférable à une statue en pierre; et je lui confiai qu'à la suite de ces renseignements, j'avais fait questionner M. l'abbé Babled, et que sa réponse était qu'il n'avait pas songé à placer une statue de saint Antoine sur le faîte du clocher. Cette réponse m'ayant tranquillisé, je me trouvais douloureusement surpris par ce que me racontait M. Baussan; il ne m'était plus permis de conserver le moindre doute sur les intentions de mon adversaire.

M. Baussan n'essaya pas de me détromper; il ne le pouvait guère : c'était à lui, d'abord, que la statue avait été commandée; il ne s'agissait plus maintenant d'un bruit quelconque, colporté et peut-être dénaturé, le fait était certain, indéniable.

Je ne commets aucune indiscrétion en rapportant cette conversation avec M. Baussan. La Société, dans ses conclusions, fait savoir qu'elle a consulté l'excellent artiste pour sa statue :

« Les proportions de la statue de saint Antoine » ont reçu les suffrages de M. Baussan... » (Page 29.)

Pourquoi la Société a-t-elle dit cela ? Pour excuser sans doute les dimensions de sa statue, et faire valoir son élégance, ainsi que le bel effet qu'elle produisait au haut du clocher. Du reste, on lit, à la page 28 des conclusions, cette appréciation :

« Une statue devait donner plus d'élancement au » clocher et plus de corps à la perspective. »

Mais comme elle est très discutable, cette appréciation, très difficile à faire approuver, la Société n'a rien trouvé de mieux que de la placer sous les soi-disant suffrages de M. Baussan. — Ce n'est pas maladroit.

Cependant M. Baussan, qui, les conclusions de mes adversaires ayant circulé partout, a eu connaissance de la phrase le concernant, proteste contre cette rédaction, qui semble dire qu'il trouve la statue parfaite, qu'il approuve même la place qu'elle occupe. M. Baussan est prêt à affirmer qu'il n'a été consulté que pour une statue *à faire* et non pour approuver celle qui est faite ; qu'il n'a pas été appelé à juger celle-ci, dont on ne lui a même pas parlé. — Ceci dit, la phrase en question perd toute sa valeur.

La plaidoirie de l'avocat se sert du même moyen pour faire admirer la statue ; toutefois elle contient une... naïveté qui lui nuit un peu :

« Vous avez dit que la statue posée sur le clocher
» était colossale ; *elle ne l'est pas colossale, elle est*
» *admirablement proportionnnée* ; ce qui le prouve,
» c'est que ses dimensions ont été approuvées par
» M. Baussan lui-même. Chose bizarre, c'est M.
» Baussan, l'auteur du bas-relief de saint Georges,
» qui l'aurait taillée cette statue ; il en a été empêché
» par des travaux pressés.

» La hauteur de la statue est de 2 mètres 50 et,
» *je le répète, elle n'a rien de colossal,* puisque ses
» dimensions ont été approuvées par le sculpteur
» Baussan. »

On sent tout de suite la naïveté, car il suffit de dire, n'est-ce pas, que la statue a 2 mètres 50 de hauteur pour déclarer qu'elle est colossale. Tout ce qui surpasse les proportions ordinaires est colossal ; mais une statue peut très bien être colossale tout en restant *admirablement proportionnée* ; s'il n'en était pas ainsi, elle serait ridicule. — L'Apollon de Rhodes, qui avait, dit-on, 33 mètres de haut, et qu'on appelait le *Colosse*, devait être, lui aussi, admirablement proportionné, attendu qu'on le citait comme une des sept merveilles du monde...

C'était donc vrai ; M. Babled voulait faire placer

une statue de saint Antoine de Padoue au sommet du clocher de la chapelle! J'en étais sûr à présent, et il avait menti, oui, *menti*, quand il répondait à M. Balp *qu'il n'avait pas songé à cette statue.*

De ce fait, dont la gravité ne peut pas échapper, mon avocat s'en est servi au procès, dans ses conclusions et dans sa plaidoirie, pour montrer combien était coupable l'attitude prise envers moi par M. Babled.

Les conclusions et la plaidoirie de mes adversaires ont cherché à excuser cette attitude. Il est intéressant de voir comment elles l'ont fait.

Les conclusions disent :

« Attendu qu'on s'explique aisément la conversa-
» tion que M. Babled aurait eue avec M. le chanoine
» Balp ; que la pensée de M. Babled a été mal
» traduite ; mais qu'on ne saurait, quoi qu'il en soit,
» lui reprocher d'avoir évité d'exaspérer à l'avance
» les récriminations de M. Faulquier, tout en
» réservant le droit de la Société... »

Ecoutons maintenant la plaidoirie :

« Dans une lettre adressée à M. Faulquier,
» M. Balp disait que M. Babled lui avait répondu,
» quand, à l'instigation de M. Faulquier, il l'avait
» pressenti au sujet de la statue de saint Antoine,
» qu'il ne savait pas ce qu'il ferait par la suite ; et on
» nous a fait un grand grief de cette réponse. Mais
» est-ce qu'après toutes les avanies que nous avions
» subies nous avions des comptes à rendre ? La

» réponse *évasive* de M. Babled était justifiée par
» des raisons de bonne administration, car nous
» voulions réserver tous nos droits. »

Comme justification je trouve que c'est maigre et bien vague : la pensée de M. Babled a été *mal traduite;* comment M. le chanoine Balp a-t-il apprécié cette excuse ? — On ne saurait reprocher à M. Babled d'avoir *évité de m'exaspérer à l'avance;* ah ! très bien ; il fallait, au contraire, le remercier pour avoir ménagé mes nerfs. — La réponse *évasive* de M. Babled était *justifiée* par des *raisons de bonne administration;* le mot *évasive* est délicieux, ne trouvez-vous pas ? d'autant plus qu'il s'agit d'une réponse qui n'a rien d'évasif. — La Société n'avait pas de *comptes à rendre* et elle voulait *réserver ses droits;* qu'est-ce à dire ? quels droits ? pourquoi la Société n'avait-elle pas de comptes à rendre ? où sont les raisons de bonne administration qui ont *justifié* le mensonge ? La Société n'avait qu'un droit, celui que lui conférait le contrat du 10 mars : surveiller l'édification de la chapelle ; n'étant pas seule en cause, elle me devait compte de ses actes ; et il est insensé de s'appuyer sur des raisons de *bonne administration* pour déguiser une conduite qui allait tout bouleverser.

Aussi le mensonge de M. Babled reste-t-il sans excuse ; mais il n'est pas sans motif; et ce motif n'est pas autre chose que la nécessité d'endormir ma méfiance, afin que les projets de M. Babled ne fussent pas contrariés et pussent être menés à bonne fin sans tracas.

Que M. Babled ou quelqu'un des siens ose protester contre ce motif !...

Nous avons vu que la réponse, non pas évasive mais mensongère de M. Babled, était bien postérieure à la commande de la statue proposée à M. Baussan, du moment que déjà, au mois de janvier, on m'avait entretenu du projet de statue en tous ses détails. Et moi qui n'avais pas voulu croire d'abord ; qui avais eu la simplicité de faire questionner M. Babled ; qui avais eu foi en la sincérité de sa réponse !... Quelle sottise ! — Est-ce que je devais être surpris qu'un homme tel que le directeur des Salésiens, qui avait, la tête haute, renié tous ses engagements envers moi, eût l'audace d'avoir conçu un tel projet, eût le triste courage de l'exécuter ?

Et si, malgré l'affirmation de M. Baussan, j'avais voulu douter encore, je ne l'aurais pas pu : la pierre de couronnement du clocher venait d'être mise en place ; elle présentait bien la forme voulue, celle d'un socle, pour recevoir une statue.

Il n'y avait donc plus à hésiter, plus à attendre, plus à questionner ; il fallait agir et agir vigoureusement pour empêcher l'érection d'une statue qui détruisait le but sacré de ma fondation. J'avais la mort dans l'âme, c'est vrai ; mais l'heure était passée des plaintes, des récriminations ; il fallait des actes, car mes droits étaient méconnus, attaqués, je devais les faire respecter, je devais les défendre.

En conséquence, je me hâtai de consulter des

hommes compétents, qui m'engagèrent à signifier par huissier à M. Fabrège, comme président de la Société, à M. Babled, comme directeur, que je m'opposais expressément à ce que des modifications fussent apportées à la construction de la chapelle Saint-Georges, et notamment à l'érection d'une statue de saint Antoine de Padoue sur le sommet du clocher, en remplacement de la croix convenue.

Je fis ainsi. Me Teulon, huissier, fut chargé de cette signification, qui, en outre de ce qui précède, portait que je m'opposerais par toutes les voies de droit à la pose de la statue.

Cet acte extrajudiciaire fut signifié à M. Fabrège et à M. Babled, le 2 mars 1898.

Ce même jour, j'écrivis à M. le chanoine Balp; il m'était impossible de lui cacher la tournure scandaleuse que prenait le différend, non plus que le cynisme avec lequel M. Babled lui avait menti.

Voici cette lettre :

Monsieur le Chanoine,

J'ai l'honneur de vous confirmer ma lettre du 12 février.

Voici — comme je le craignais — notre affaire Babled qui tourne à l'état aigu.

Il est de mon devoir, Monsieur le Chanoine, de vous tenir au courant des faits qui se produisent, lesquels vont vous montrer, une fois de plus, la nature indomptable de M. Babled.

A la suite de votre démarche, M. Babled vous a déclaré qu'il n'avait pas songé à placer une statue de saint Antoine au sommet du clocher. Cette déclaration n'est ni plus ni moins qu'un mensonge, et quand il vous l'a faite il y avait au moins un mois que ses dispositions étaient prises, j'en ai eu la preuve.

Actuellement, le sommet du clocher est disposé en forme de piédestal pour recevoir la statue et non la croix prévue par le plan : aucun doute n'est possible.

Aussi, viens-je de lui faire sommation par huissier de ne pas placer sa statue, lui déclarant que je m'y opposais formellement.

Mais M. Babled ne tiendra probablement aucun compte de cette sommation ; je le connais assez, et vous aussi, Monsieur Balp, pour avoir cette conviction. Mais je vous déclare que j'irai jusqu'au bout pour faire respecter mes droits ; la sommation n'est que le premier pas dans la voie judiciaire où M. Babled me pousse, et je ne suis pas homme à reculer.

Voilà, Monsieur le Chanoine, où en sont les choses.

On travaille à la chapelle, surtout intérieurement ; il est certain que M. Babled tient à l'aménager pour pouvoir s'en servir bientôt. Toutefois, avant de s'en servir, il est indispensable que la chapelle soit bénite par Mgr l'Evêque, et je suis persuadé que Sa Grandeur ne procédera pas à cette cérémonie sans avoir mon consentement, que, pour beaucoup de raisons, je ne puis pas encore donner, ce dont vous voudrez bien informer Monseigneur.

Pardon, Monsieur le Chanoine, pour ma nouvelle importunité, et daignez agréer mes saluts bien respectueux.

L. Faulquier.

2 mars 1898.

Tout en prévenant M. le Chanoine que la situation se compliquait, j'avais jugé bon de lui parler de la bénédiction éventuelle de la chapelle, en lui faisant savoir que je n'étais pas disposé à donner mon consentement à cette bénédiction. En effet, le pouvais-je en présence des graves difficultés qui surgissaient ? Je restais le propriétaire de la chapelle, il n'était pas possible, à mon sens, qu'elle fût bénite contre mon gré ; et mon intention était de m'opposer à cette bénédiction tant que la chapelle ne serait pas dans l'état où, de par la convention signée, elle devait être.

M. le chanoine Balp ne répondit pas à cette lettre, qui, d'ailleurs, ne demandait pas une réponse.

De leur côté, MM. Fabrège et Babled en firent autant pour la sommation de l'huissier ; ce qui indiquait — comme je l'avais prévu — que leur intention était de passer outre.

Et les travaux de la chapelle continuaient, tant au dehors qu'à l'intérieur.

J'attendais les évènements, mais sans plus d'espoir désormais. — Je n'attendis pas longtemps. Le 5 mars, dès le matin, la statue de saint Antoine de Padoue fut élevée sur le clocher de la chapelle ; la journée ne s'écoula pas sans que cette statue — qui est bien en fonte — ne fût mise en place, boulonnée et scellée. L'architecte lui-même dirigeait les travaux, déployant une activité fiévreuse, excitant les ouvriers, qui, à son gré sans doute, n'allaient pas assez vite. — Tout cela se passait sous mes yeux, et cette hâte de consommer la mauvaise action ajoutait encore à l'horreur que m'inspirait ce procédé perfide.

Et la statue du grand saint, de ce saint prédicateur de la foi, qui mérite à tant de titres la vénération des fidèles, semblait, du haut de l'énorme piédestal que lui faisait l'édifice, narguer ma fondation en s'en emparant, en la dominant ; son doux sourire devenait pour moi une raillerie; son geste gracieux se transformait en un mouvement brutal paraissant me repousser ; je l'entendais me dire : « Eloigne-toi d'ici, profane, ne viens pas gêner ma possession, mon usurpation ; que peuvent me faire, à moi, tes pensées pieuses, les vœux de ton cœur ? je ne vois ni ton deuil, ni tes larmes ; je n'ai pas à comprendre ni à plaindre ta douleur : je suis insensible comme le métal dont je suis faite ; je suis placée trop haut pour que tu puisses m'atteindre ! »

Etrange et douloureuse hallucination de mon esprit ! Je me débattais contre elle, j'essayais de lui échapper, mais mes efforts restaient vains, tant était profonde l'impression que me causait ce violement de mes droits qui, dans ce moment cruel, prenait les proportions d'un sacrilège !

Cependant je devais protester sans perdre un instant ; mon courage ne devait point m'abandonner. Je tâchai d'en avoir et, aidé par les personnes qui, tout en me conseillant, partageaient ma peine et mon indignation, je fis, le jour même de la pose de la statue, c'est-à-dire le 5 mars, signifier par le ministère de Mᵉ Teulon, huissier, un second acte extrajudiciaire à M. Fabrège et à M. Babled, leur déclarant que je protestais contre l'érection de la statue, les sommant de la faire enlever incontinent et les prévenant que je me pourvoirais devant le Tribunal si satisfaction ne m'était pas donnée.

Comme la première, cette sommation resta sans effet ; on se garda bien de me donner satisfaction, la menace d'un procès, dont les résultats ne pouvaient pas lui être favorables, n'avait pas assez de force pour intimider M. Babled.

Décemment je devais attendre quelques jours avant de lancer l'assignation à comparaître devant le Tribunal civil. Je savais bien, hélas ! que je n'avais pas à compter sur un bon mouvement de la part de M. Babled ; mais je tenais, pour moi-même, à procéder toujours correctement.

Ce n'est donc que le 11 mars 1898 que l'assignation fut signifiée à M. Fabrège, qui, en sa qualité de président de la société du Pont-Juvénal, était seul responsable du fait pour lequel il y avait procès.

L'assignation est ainsi libellée :

« .... *Assigner à bref délai, devant le Tribunal, le*
» *sieur Frédéric Fabrège, pris en qualité de Président*
» *du Conseil d'administration de la société du Pont-*
» *Juvénal, pour s'entendre condamner à enlever sans*
» *délai, du clocher de la chapelle où elle a été placée, la*
» *statue de saint Antoine de Padoue ; voir dire et juger*
» *que le clocher doit être surmonté d'une croix confor-*
» *mément au plan et au devis dressés par Prat, archi-*
» *tecte des travaux ;... voir réserver à l'exposant tous*
» *ses droits pour demander ultérieurement, ainsi qu'il*
» *avisera, le complet achèvement des travaux...* »

C'en était fait ; ma fondation, après avoir subi tous les contre-temps, toutes les difficultés, toutes les attaques devait se voir discutée, tiraillée devant un Tribunal. Elle qui fut ma pensée intime, née dans mon cœur, fertilisée par mes larmes, que je craignais de voir ternie parce qu'un autre que moi en avait parlé, j'allais la livrer tout entière à la publicité, à la critique ; cette fondation, qui devait perpétuer une mémoire qui m'était si chère, allait devenir le sujet de débats judiciaires ; elle qui devait consoler ma douleur serait peut-être un motif de risée pour les indifférents ! Quel supplice !

Et tout en moi se révoltait en voyant M. Babled et sa Société aller au procès sans hésitation comme sans honte et sans remords ! Je puis même dire, en montrant leur façon de se conduire, qu'ils souhaitaient ce procès, car ils n'ont rien fait pour l'éviter ; bien mieux, ils m'y ont poussé par tous les moyens.

Et pourtant je trouve cet « attendu » dans leurs conclusions, page 34 :

« Attendu qu'il convient, pour moraliser ce pénible
» débat, de faire observer que la Société, obligée
» de suivre M. Faulquier sur le terrain où il l'appelle,
» exprime son regret de n'avoir pu empêcher ce
» regrettable procès et met son honneur à faire
» constater qu'elle n'a reculé devant aucun sacrifice
» pour éviter de l'engager elle-même. »

Quant à leur avocat, il s'écrie en plaidant :

« A tout prix nous aurions voulu éviter le scandale
» d'un procès, éviter de jeter notre différend en
» pâture à la publicité... Nous avons fait toutes sortes

» de sacrifices pour éviter le scandale présent, sacri-
» fices d'argent, sacrifices d'honneur... »

— Messieurs, il n'y avait pas à faire de si lourds sacrifices pour éviter le procès qu'avec raison vous appelez scandaleux ; il vous suffisait d'agir simplement et franchement avec moi ; de me considérer comme un ami et non comme un despote, comme un bienfaiteur et non comme un gêneur ; d'avoir confiance en moi autant que j'avais confiance en vous. Il vous suffisait de moins que cela encore : vous n'aviez qu'à vous conformer à ce qui avait été convenu. Or vous ne l'avez pas même fait ; au contraire, vous avez tenu à ne pas vous y conformer ; et non contents de méconnaître vos obligations, de renier vos promesses, de mépriser votre signature, vous avez voulu me jeter hors de ma fondation. Tous vos actes l'attestent, Messieurs, tous, mais la statue de saint Antoine, du haut du clocher l'atteste encore plus !

Cette statue, vous le saviez, devait me pousser à bout. — Qui a conçu l'idée d'en surmonter le clocher de la chapelle ? c'est vous. Qui a commandé cette statue ? c'est vous. Qui a dédaigné mes avertissements ? c'est vous. Qui a fait ériger la statue ? c'est vous ? Qui a voulu le procès ? c'est vous, toujours vous, car la seule cause du procès c'est la statue !

Vous n'avez donc pas le droit de dire, Messieurs, que vous vouliez éviter ce scandale quand vous l'avez suscité de longue main ; vous n'avez pas le droit de dire que vous vouliez éviter de jeter ce différend en pâture à la publicité quand vous avez répandu vos conclusions et vos documents à profusion dans le public ; vous n'avez pas le droit de dire que vous aviez fait des sacrifices pour tout arranger, quand il est certain que vos sacrifices n'ont eu pour but que le procès ; vous n'avez pas le droit de parler de sacrifices d'argent quand vous cherchez à détourner mes fonds de leur destination ; non plus de sacrifices d'honneur quand vous ne savez rien sacrifier pour remplir vos engagements solennels ! Vous n'avez pas ces droits, mais vous les usurpez, comme vous avez usurpé ma fondation !...

Le procès fut engagé le 11 mars 1898. Mes lecteurs n'ont pas oublié que le contrat entre la Société et moi fut signé le 10 mars 1896 ; il s'était donc écoulé deux ans, presque jour pour jour, entre la consécration de notre entente et la consécration de notre différend !

Deux années ! Qu'elles m'ont paru longues ces deux années ! Que d'événements les ont traversées ; que de déboires, que de déceptions ! J'ai plus souffert en ces deux années, moralement, que dans le reste de mon existence Pendant ma longue carrière j'ai vu bien des difficultés, j'ai été assailli par beaucoup de soucis, j'ai été souvent aux prises avec les peines de l'existence, mais jamais je n'ai eu à défendre mon âme contre d'aussi dures atteintes. — Car il ne s'agit pas ici du côté matériel de ce litige, qui ne me causait qu'une préoccupation secondaire ; il s'agit uniquemennt des souffrances morales que la conduite de M. Babled me faisait éprouver. Je lui avais donné sans compter ma confiance, mon affection, mon respect, le meilleur de mon cœur, et je ne trouvais en lui que duplicité, égoïsme, ingratitude !

Je n'apprendrai rien à mes lecteurs en leur disant que l'assignation laissa mon adversaire insensible autant que l'avaient laissé mes sommations extrajudiciaires. Mais *insensible* n'est pas le mot qui convient pour désigner son attitude, c'est *dédaigneux* que je dois dire. Et, pour bien manifester ce dédain ; pour bien indiquer qu'il se refusait à descendre la statue, que malgré tout il voulait la laisser où elle venait d'être placée, il fit enlever très rapidement les grands échafaudages qui entouraient le clocher ; les longues bigues furent mêmes sciées en plusieurs morceaux. Ce travail, commencé dès le lendemain de la pose de la statue, le 12 mars, fut terminé le 16 ; quatre jours suffirent (le 13 étant un dimanche), pour débarrasser tout le clocher et la façade.

Ce dédain de M. Babled pour le procès, son impassibilité devant le jugement sévère auquel il s'exposait, n'indiquent-ils pas le caractère exceptionnellement trempé de M. le directeur des Salésiens ? Il semblait ne pas mesurer les conséquences de ce jugement, ou s'il les mesurait, il avait l'air de ne pas les craindre ! Que penser d'une pareille résistance, d'une audace aussi formidable ? Aberration d'esprit ou absence de sentiment ? Sottise ou impudence ? Foi trop ardente ou cynisme trop brutal ? Il y avait peut-être un peu de tout cela dans l'attitude révoltante de M. Babled !

Les arguments de la Société du Pont-Juvénal portés devant les juges par leurs conclusions et par leur défense sont des plus curieux ; et, si mes lecteurs le veulent, nous allons les passer en revue. Edifiés sur une base chancelante, mal étayés par des raisons sans consistance, ils ne peuvent pas rester debout pour peu que nous les heurtions avec le bon sens et la vérité.

Les conclusions de mon avocat se bornaient à exposer le mobile qui, incontestablement, avait fait ériger la statue de saint Antoine de Padoue, à critiquer ce mobile et à demander que, suivant les accords, cette statue fût remplacée par une croix. Elles sont ainsi conçues :

« Attendu qu'en plaçant cette statue, la Société
» ne poursuit pas autre chose que la réalisation du
» désir qu'elle a si souvent manifesté, de faire de la
» chapelle Saint-Georges la chapelle Saint-Antoine ;
» et que, ne pouvant le faire directement, liée qu'elle
» est par la convention aux termes de laquelle la
» chapelle sera sous le vocable de saint Georges
» seul, elle le tente indirectement en plaçant sur le
» haut du clocher la statue du saint qui n'est pas le
« saint de la chapelle elle-même ;
» Que c'est là la violation du contrat, et que le

» concluant, propriétaire de la chapelle dont il cons-
» truit et paye le gros œuvre, à concurrence de
» 60,000 francs, a le droit de s'opposer à ce que
» cette statue reste où il a plu à la Société de la pla-
» cer, sans le consulter, malgré son opposition et
» contrairement aux indications des plans et devis
» qui ont été acceptés ;

» Que cette statue doit être remplacée par la croix
» indiquée sur le plan et sur le devis ».

Ces « attendus » ne pouvaient être plus modérés en leur forme, ni plus indiscutables dans le fond.

Nous allons voir maintenant ce que valent ceux de mes adversaires, et comme forme et comme fond.

On lit à la page 26 :

« Mais, attendu qu'un incident auquel M. Léon
» Faulquier a cru devoir attacher une importance
» capitale, s'était produit ;

» Qu'en effet, une statue du patron de l'orpheli-
» nat, patron du sol même où s'élève la chapelle au
» sein de l'immeuble séculairement dénommé « Clos
» Saint-Antoine », a été placée sur le clocher du nou-
» veau sanctuaire ; que M. Faulquier veut l'en faire
» descendre et la remplacer par une croix »...

Je signale à mes lecteurs ce début étrange, qui appelle *incident* le fait majeur qui a déterminé le procès, et qui s'étonne que j'aie *cru devoir y attacher une importance capitale*. Quel mauvais caractère a ce M. Faulquier, qui pour une simple statue mise sur le faîte de la chapelle, se fâche et veut la faire descendre...

Mais poursuivons :

« Attendu qu'il importe de préciser, tout d'abord,
» que la préférence donnée à une statue de saint
» Antoine sur une simple croix en fer forgé se jus-
» tifie, en équité, par la haute convenance de déférer,
» dans cette modeste mesure, aux désirs des amis et
» bienfaiteurs de l'Orphelinat, dont le concours avait
» rendu possibles l'avancement du gros œuvre et
» l'achèvement du clocher... » (page 27).

La défense appuie avec force sur cet argument, qu'elle a dû trouver sans réplique. Ecoutons ce qu'elle dit :

« Vous nous demandez pourquoi la statue de saint
» Antoine a été placée au sommet du clocher, au lieu
» d'une croix ? A cela nous répondons que c'est pour
» donner satisfaction aux généreux donateurs qui
» s'étaient mis au lieu et place de M. Faulquier...
» Et ceux qui ont donné leur argent disent avoir le
» droit de surmonter ce clocher, qu'ils ont achevé, de
» la statue de saint Antoine...

«...Les bienfaiteurs de la Société ont voulu que
» la statue de saint Antoine planât sur ce terrain, qui
» lui était consacré ; et Mme Brun (je suis autorisé
» à la nommer), qui a fourni la somme nécessaire à
» l'achèvement partiel des travaux, a le droit de
» demander cette statue... »

Et l'avocat part de là pour lancer ce sophisme séduisant :

« La situation de cette fondation se trouve ainsi

» définie : le sol appartient à la Société, le milieu
» appartient à M. Faulquier et le haut appartient
» encore à la Société. Alors de quel droit venez-
» vous reprocher cette statue de saint Antoine, qui
» repose au faîte du clocher, sur des pierres que nous
» avons payées et qui par conséquent ne sont pas
» votre propriété ? Car il est incontestable que le
» droit de M. Faulquier s'arrête là où il a fini de
» payer ; et on pourrait lui dire : *Tu iras jusque-là,*
» *mais pas plus haut !* C'est nous qui sommes les
» maîtres du clocher, puisque nous l'avons payé ! »

Les « Conclusions », du reste, l'avaient annoncé ce sophisme en disant, page 27 :

«...Pour des causes dont la Société concluante n'a
» point la responsabilité, la dépense du gros-œuvre
» dépassera 100,000 fr. ; que le droit de M. Faul-
» quier sur l'édifice ne peut outrepasser le point
» précis où les sommes versées ou promises par lui
» ont permis de le conduire ;

« Que c'est avec ses deniers propres que la
» Société a terminé le clocher ; qu'il lui appartenait
» de le couronner par un emblème à sa conve-
» nance... »

Rien de plus brillant que ce raisonnement ; le fâcheux, c'est qu'il ne soit qu'un sophisme, et peu solide encore, car on le détruit avec ses propres conséquences : le sommet n'est pas à M. Faulquier, dit-il, parce qu'il ne l'a pas payé ; ce sommet est à la Société, qui a reçu l'argent nécessaire pour l'édifier ; elle a donc le droit de poser sur ce sommet, qui est sa propriété, ce qui lui plaît.

— Fort bien, Messieurs mes adversaires ; mais ce sommet, ces pierres qui le forment, sur quoi reposent-ils ? Sur ce que votre défenseur a élégamment appelé *le milieu de ma fondation,* milieu que vous reconnaissez m'appartenir. Or, si ce milieu m'appartient, vous n'avez pas le droit d'y faire reposer les pierres qui sont destinées à supporter l'objet de notre litige ; vous ne pouvez le faire qu'avec mon autorisation, tout comme j'ai eu besoin de la vôtre pour édifier ce *milieu* sur votre terrain. Et mon autorisation, je ne la donne que si les pierres que vous édifiez sur celles qui m'appartiennent supportent l'emblème qui fait partie de notre convention ; c'est une condition *sine qua non,* comme celle qui, dans votre autorisation, spécifiait que la construction serait une chapelle.

Mais vous parlez avec une certaine emphase de ce *haut* qui vous appartient, que vous avez fait édifier à vos frais... *C'est avec ses deniers propres que la Société a terminé le clocher,* disent vos conclusions. Rien de plus captieux que cette façon de parler ; on croirait, vraiment, à vous entendre, que c'est vous, Messieurs, qui avez payé à peu près tout le clocher. Souffrez donc que je dise à mes lecteurs qu'il ne s'agit pas de tout le clocher ; bien loin de là, il s'agit de quelques pierres posées au sommet pour terminer la flèche, deux assises, je crois, surmontées d'une pierre formant piédestal pour la statue ; en tout 6 à 7 pierres, cubant ensemble peut-être 2 mètres, 3 au plus. — Le clocher a 15 mètres d'élévation au-dessus de la toiture ; il représente 110 mètres cubes de pierres de taille. Sur ces 110 mètres cubes, vous en avez payé 3, et vous partez de là pour dire que vous avez fait édifier le *haut*, que le *milieu* seul est à moi !...

Donc, les propres conséquences de votre raisonnement se retournent contre vous, parce que, vous venez de le constater, ce raisonnement est faux.

Vous vous êtes cru autorisés à me dire : *Tu iras jusque-là, mais pas plus haut ;* à mon tour, Messieurs, de vous dire : *Vous êtes allés trop haut, il vous faut descendre !*

A côté de ce sophisme, je relève deux erreurs : l'avocat dit que la statue donnait satisfaction aux généreux *donateurs* qui s'étaient mis *au lieu et place* de M. Faulquier : 1° ce ne sont pas des donateurs, puisque l'avocat a déclaré lui-même que l'argent avait été prêté : *L'argent a été prêté à la Société au taux de 5 0/0, et qu'a-t-on fait de cet argent ? On l'a consacré à payer ce qui restait dû aux entrepreneurs, et le solde a servi à terminer le clocher et autres travaux très urgents ;* 2° ce n'est pas à mon lieu et place que se sont mis ces... bienfaiteurs, c'est au lieu et place de M. Babled. J'ai prouvé que j'avais rempli mes engagements, moi ; j'ai prouvé, en même temps, que M. l'abbé n'avait pas rempli les siens. Les bienfaiteurs faisaient donc ce que M. Babled devait faire...

Quant à l'argument lui-même de la Société : *les bienfaiteurs qui ont fourni les fonds pour reprendre les travaux et achever le clocher ont voulu, en retour de leur bienfait, que la statue de saint Antoine fût érigée sur le clocher* ; cet argument contient une révélation ; il achève d'éclaircir ce point, qui pouvait rester douteux : la statue de saint Antoine a été mise sur le clocher parce que les bienfaiteurs l'ont voulue. Et, de plus, il nomme ces bienfaiteurs : *c'est Mme Brun*, dit l'avocat, *je suis autorisé à la nommer !* Les voilà, ces *amis et bienfaiteurs*, groupés en un seul nom : Mme Brun...

Nous sommes donc éclairés.

Oui, mais de ce que cet argument nous éclaire, s'ensuit-il qu'il nous confonde ? Non pas, au contraire ; il donne une nouvelle force à mes revendications, à mes protestations. Vous allez voir :

La Société imprime dans ses Conclusions et fait dire à son défenseur que les amis dévoués, les bienfaiteurs avaient le droit de *préférer* la statue à la croix; qu'il était *équitable*, de *haute convenance* de déférer dans cette *modeste mesure* à cette préférence qui était *un droit*.— Je me garderais de discuter le titre de *bienfaiteurs* que M. Babled décerne si pompeusement à ces amis qui lui ont prêté de l'argent à 5 o/o ; je le leur laisse très volontiers. Mais je dois, à tout le moins, comparer la valeur de ce bienfait avec le mien ; d'un côté il s'agit d'une somme de... mettons 30.000 francs, *prêtée* ; de l'autre, c'est une somme de

60.000 francs, *donnée*. Il y a donc une certaine différence entre les deux bienfaits. Et cependant, pour *déférer dans une modeste mesure* aux désirs de bienfaiteurs qui *prêtent* 30.000 francs à gros intérêts, on leur reconnaît le droit d'empiéter sur le bienfaiteur qui *donne* 60.000 francs ; tous les droits de celui-ci sont méconnus pour satisfaire les désirs de ceux-là ; la fondation pieuse de l'un doit disparaître au profit de l'opération financière des autres !...

Toutefois la Société — avec raison, on vient de le constater — ne considère pas cet argument comme suffisant pour la défendre ; elle en a d'autres meilleurs dont elle va se servir. Continuons donc de lire les Conclusions.

« Attendu, disent-elles, page 27, que l'acte de la
» Société se justifie, en droit et en fait, par les rai-
» sons les plus graves et les plus décisives ;
» Qu'il convient de rappeler que M. Faulquier ne
» saurait tirer argument ni du texte, ni de l'esprit du
» contrat innomé du 10 mars 1896, toujours respecté
» par la Société, sans cesse violé par lui-même ».

Je retiens d'abord cette insinuation de haut goût : *Le contrat du 10 mars a toujours été respecté par la Société, sans cesse violé par M. Faulquier.* En d'autres termes, M. Babled a rempli ses obligations, moi j'ai méprisé les miennes ; c'est M. Babled qui a donné, c'est moi qui ai reçu ; j'ai été exigeant, il a été généreux !... A la bonne heure, c'est ce qui s'appelle voir les choses par le bon côté...

Quant à chercher à discuter l'esprit du contrat, c'est chercher à discuter l'évidence, car rien n'est plus évident que cet esprit : il s'agissait, moyennant mes 60.000 francs, de construire une chapelle *consacrée à saint Georges* et desservie par les prêtres Salésiens... — La statue de saint Antoine, placée indûment sur la flèche de l'édifice, violait l'esprit du contrat en dénaturant cette consécration. Voilà comment je m'appuyais sur le contrat du 10 mars ; « contrat innomé », c'est possible, mais qui était devenu un engagement formel par les signatures qui l'approuvaient.

Je poursuis la lecture des conclusions :

Page 28 : « Attendu que M. Faulquier se prévaut
» à tort de l'autorité prétendue d'un plan, daté du
» 25 novembre 1895, sur lequel figurerait, à l'extré-
» mité du clocher, une croix et non une statue ;

» Que, régulièrement, M. Faulquier n'avait pas à
» s'occuper du plan ; qu'il devait se borner à verser
» une somme de 60.000 fr. ; qu'il n'avait pas à
» surveiller l'édification de la chapelle ; que ce soin
» était exclusivement dévolu à la Société ;

» Qu'il ne peut donc tirer argument d'un plan
» quelconque ; qu'il n'a voulu, du reste, en approuver
« aucun... »

Ma meilleure défense dans ce débat, c'était précisément ce plan. Il est daté du 25 novembre 1895 et signé par M. Prat, architecte. Cette date et cette signature lui donnent une valeur considérable, et mes adversaires, on le sent au ton de leurs conclusions, en ont été bien gênés, car il indique une croix au sommet du clocher.

Ce qui ne les a pas empêchés d'essayer de discuter, mais seulement pour la forme, sans doute : *N'ayant pas approuvé ce plan,* disent-ils, *M. Faulquier ne peut en tirer argument ; l'édification de la chapelle étant sous la seule surveillance de la Société, M. Faulquier n'avait pas à s'occuper du plan.*

Je n'ai pas signé ce plan, je le sais ; mais cela n'autorise pas à déclarer que je ne l'ai pas *approuvé.* Mon approbation, au contraire, est indiscutable, puisque sans elle l'entente avec la Société ne pouvait pas se conclure. N'ayant pas la surveillance des travaux, je ne devais pas signer le plan ; ce soin regardait la Société, qui était mon alliée, qui avait intérêt autant que moi — je devrais dire *plus que moi* — à ce que le plan fût bien exécuté.

Quant à ne pas m'occuper du plan, ceci est autre chose ; autant dire alors que je n'avais pas à m'occuper si on construisait ou non, et même la Société a l'aplomb de le dire : *M. Faulquier devait se borner à verser* 60.000 *fr.* Eh oui, certainement, je n'avais pas à me rendre compte de l'emploi de cet argent ; j'étais là pour payer ce qu'on me demandait, le reste ne me regardait aucunement... — Cette stupéfiante appréciation est imprimée et publiée, heureusement ; sans cela je n'oserais pas la citer : on croirait que je l'invente...

En conséquence, les arguments de la Société présentés contre le plan, qui était mon argument fondamental, sont sans aucune portée. C'était sur ce point, cependant, que tous les efforts de la Société devaient se concentrer. Oui, mais quand on n'a ni armes ni munitions on ne peut guère faire le siège d'une citadelle...

Je dois à la vérité de dire que l'avocat a tenté un assaut, timide c'est vrai, mais enfin il faut lui tenir compte de cet acte courageux.

J'ai retenu ceci de sa plaidoirie :

« ...Quant au plan, j'ai déjà dit qu'il n'y en avait
» pas de définitif ; vous avez remis une photographie
» au Tribunal (1), qui peut très bien se rendre
» compte que le monument n'est pas bien conforme
» à ce plan, qu'il y a de très sensibles différences.
» Non, Messieurs, il n'y a pas de plan ; et d'ailleurs
» les ornements ne font pas partie intégrante d'un
» plan ; sur celui qui vous est soumis, on a mis une
» croix comme on aurait mis autre chose ; il s'agis-
» sait d'une chapelle, on a terminé le clocher par une
» croix sans que pour cela ce fût une indication
» définitive et parfaitement arrêtée... »

Vous voyez, mes chers lecteurs, que j'avais raison

---

(1) Dans les documents versés au procès par moi figurait la photographie du plan, laquelle m'avait été remise dès le principe par M. Prat, en attendant le beau plan colorié, qu'il ne me donna pas.

de dire que cette attaque était très faible : *Non, Messieurs*, s'écrie le défenseur, *il n'y a pas de plan;* et ces Messieurs du Tribunal avaient sous les yeux, pendant que parlait l'avocat, la reproduction photographique du plan, preuve authentique, indéniable qu'il y avait un plan. Que pouvaient-ils penser de cette argumentation ?

Mais en voici une autre de même acabit : *Les ornements ne font pas partie intégrante d'un plan ; il s'agissait d'une chapelle, on a terminé le clocher par une croix sans que pour cela ce fût une indication définitive et parfaitement arrêtée.* — Cette indication était si bien définitive, si bien arrêtée que la croix fut commandée à Saint-Sauveur-Arras, qui en fit l'expédition le 28 novembre 1896. Ceci n'est pas contestable, et la Société ne l'a pas contesté, puisqu'elle a laissé son avocat dire ceci :

« ... Quant à la croix en fer, elle a été commandée
» et reçue, *c'est vrai...* »

— Eh bien ! alors, pourquoi dire que la croix, sur le plan, n'était pas une indication définitive ?

Dans son plaidoyer, le défenseur de la Société est allé au-devant de cette objection, en ajoutant :

« ... Mais on ne savait pas bien, en commandant
» cette croix, si on la placerait au sommet du clocher
» ou sur l'abside de la chapelle ; sa place n'était donc
» pas bien déterminée, et c'est pourquoi elle est
» restée dans le chantier, traînant dans la poussière,
» comme vous l'avez dit... »

Que répliquer à cette déclaration ?

Oh ! une chose bien simple : qu'il n'était pas possible que M. Prat commandât une croix d'aussi grandes dimensions sans indiquer au fabricant la place qu'elle devait occuper ; car il ne s'agissait pas seulement de faire une croix, il fallait encore disposer la tige inférieure suivant l'endroit où la croix serait posée. Or, cette croix, je l'ai vue, avait une tige inférieure très longue, je crois pouvoir dire trois mètres ; et la croix elle-même mesurait environ cinq mètres. Une croix aussi haute, avec une tige aussi longue, pouvait-elle, raisonnablement, être placée sur l'abside de la chapelle ? Elle ne pouvait, semble-t-il, convenir qu'au clocher ; on aurait de la peine à vouloir démontrer le contraire.

Mais à quoi bon discuter sur ce point qui n'est pas discutable ? N'y a-t-il pas la facture de la Société anonyme de Saint-Sauveur-Arras qui vient nous dire la vérité ? Cette facture est ainsi rédigée : *Une croix de clocher, suivant croquis et dimensions* .. La société du Pont-Juvénal possède cette facture ; elle peut se convaincre qu'elle est en opposition complète avec la déclaration de son avocat.

Peut-être ne l'avait-elle pas consultée en préparant sa défense : on ne pense pas à tout. C'est fâcheux pour elle ; car, en la consultant, elle aurait évité de commettre un impair. — Après tout, un de plus ou de moins...

L'avocat a dit aussi que les « ornements ne font

pas partie intégrante d'un plan ». Nous nous occuperons plus loin de réfuter cet avis un peu risqué. — Quant à cette remarque ayant trait à l'édifice qui n'est pas bien conforme au plan, j'ai déjà eu l'occasion, dans ce livre, de la rendre nulle en faisant à mon tour remarquer que s'il en était ainsi, c'était par la faute de la Société ou plutôt à cause des *vastes* projets de M. Babled.

Après s'être évertuée contre le plan, la Société va s'évertuer contre le devis. — Ecoutons d'abord ses conclusions, nous entendrons ensuite son plaidoyer.

« Attendu que M. Faulquier a dédaigné d'approu-
» ver les divers devis ;
» Que, d'ailleurs, la croix du clocher n'a jamais
» été inscrite sur aucun devis comme faisant partie
» du gros œuvre. » (page 28).

J'ai expliqué que j'avais pu prendre une copie très exacte du devis de 68.751 francs. Il m'intéressait d'avoir cette copie, encore que ce devis ne fût pas celui qui avait servi à mon entente avec M. Babled, celui-ci — que je regrette beaucoup de ne pas avoir — restant à mes yeux le seul officiel ; son chiffre, on se le rappelle, était de 50,000 francs. — Mes lecteurs ont vu que la production de cette copie, au tribunal, avait déconcerté mes adversaires (chap. V, pages 99 et 100).

Sur cette copie se trouve cette indication : « Menuiserie », et à côté ces mots au crayon noir : *Serrurerie et croix* ; en regard est portée la somme de 2,000 fr. — Puis en dehors du devis proprement dit, au bas d'une page (la 3me) se trouvent quelques indications complémentaires, écrites aussi au crayon noir : *Chemin de croix, chaire, maître-autel, croix en b.*, mais sans aucune évaluation.

Je sollicite de mes lecteurs un peu d'attention pour ces détails qui sont, je le sais, fastidieux, mais qui ont une importance qu'ils ne vont pas tarder à comprendre.

Donc, en plaidant, mon avocat fit valoir — c'était de bonne guerre — cet article porté sur le devis : *menuiserie, serrurerie et croix*, pour combattre l' « attendu » que je viens de mentionner : *la croix du clocher n'a jamais été inscrite sur aucun devis comme faisant partie du gros œuvre.* Mes adversaires, en présence de cette copie se trouvaient donc pris en flagrant délit de mensonge.

L'avocat de la Société se fit immédiatement communiquer cette copie, laquelle passa tout de suite sous les yeux de M. Babled et de ses amis qui se trouvaient à l'audience. Je vous laisse à penser s'ils l'examinèrent avec attention !

Quant à mon avocat, profitant de l'incident, il insista sur ce mensonge qui était évident, et qu'il sut rendre plus évident encore en produisant une deuxième copie, celle du devis d'achèvement provisoire (voir chap. XI, page 263) où se trouve cette indication, bien écrite à l'encre, celle-ci : *Pose de la croix en fer, 50 francs.*

L'audience ayant été levée après la plaidoirie de Me Bories, mon avocat, celle de Me Vacquier fut renvoyée au lendemain.

Qu'allait dire cette plaidoirie pour excuser le mensonge de la Société ?

Je vais le répéter fidèlement :

« ... Mon confrère a montré hier, et je suis bien
» aise de l'avoir vue, une copie de ce devis où, à côté
» du mot menuiserie, sont écrits au crayon les mots
» *serrurerie et croix*, soulignés à l'encre rouge, et en
» regard est inscrite la somme de 2000 francs. Vrai-
» ment, Messieurs, vous reconnaîtrez avec moi que
» cette somme de 2000 francs est beaucoup trop basse
» pour ces trois articles, menuiserie, serrurerie et
» croix, étant donnée l'importance de la construction.

» Sur le devis original que nous avons entre les
» mains, nous ne voyons figurer que le mot *menuiserie*,
» et en regard 2000 francs. Les mots *serrurerie et croix*
» n'existent pas, il n'y a pas non plus trace de trait
» rouge. Si donc les mots *serrurerie et croix* se trouvent
» sur la copie que produit M. Faulquier, on est amené
» à croire qu'ils y ont été inscrits pour les besoins de
» la cause.

» Au-dessous du chiffre total du devis, nous voyons
» figurer les mots *orgue, cloche, chemin de croix*, et
» encore au-dessous les mots, au crayon, *croix de....*
» La voilà la croix du clocher ; elle est consignée,
» mais comme un simple souvenir, comme une vague
» indication, sans aucun prix, ce qui prouve que

» rien de définitif n'était arrêté au sujet de cette
» croix...

»... Vous avez soumis la copie d'un devis qui porte
» la croix ; cette copie est inexacte : les mots *serru-*
» *rerie et croix* qui forment sur votre copie une adjonc-
» tion au crayon noir, c'est par erreur qu'ils s'y trou-
» vent, car ils ne sont pas sur l'original. Vous
» pourrez, Messieurs, vous en rendre compte, car si
» à la rigueur, les mots au crayon avaient pu être
» effacés sur l'original, le trait à l'encre rouge ne
» pouvait pas l'être, il en resterait au moins des tra-
» ces, et vous verrez qu'il n'y en a pas.

» Ce devis a été tracé par M. Faulquier, et le désir
» d'y voir figurer la croix du clocher l'a peut-être
» porté à y inscrire frauduleusement ces mots au
» crayon.

» Vous avez parlé aussi d'un devis d'achèvement.
» Qu'est-ce que ce devis ? Il ne peut viser que les
» travaux pour l'intérieur de la chapelle ; c'est donc
» un devis sans importance ».

Voilà la défense : elle s'est changée en une accusation grave ! Elle n'a pas cherché à expliquer le mensonge, elle l'a fait disparaître, et pour cela il n'a fallu qu'effacer les mots *serrurerie et croix* sur le devis original, ce qui était la chose du monde la plus facile, ces mots étant écrits au crayon noir...

La Société a-t-elle procédé à cette petite opération pendant les 24 heures qui se sont écoulées entre la plaidoirie de mon avocat et la plaidoirie du sien, ou bien avait-elle fait ses préparatifs à l'avance ? Je ne puis pas le dire ; il est permis cependant de penser que le devis était déjà préparé si l'on s'en tient à cette phrase des conclusions : « La croix du clocher n'a jamais été inscrite sur aucun devis comme faisant partie du gros œuvre ». On ne pouvait dire cela qu'après avoir effacé les mots incriminés.

Aussi bien il importe peu de savoir quand cette suppression a été faite ; ce qui importe et ce que je puis affirmer, c'est que les mots *serrurerie et croix* se trouvaient écrits au crayon noir sur l'original comme ils se trouvent sur la copie. Ce qui n'était pas sur l'original, c'est le trait à l'encre rouge dont a parlé le défenseur de la Société ; ce trait n'était pas non plus sur ma copie ; je l'y ai fait tracer en remettant les documents à mon avocat pour lui permettre de trouver sans chercher dans ce long devis l'article dont il avait besoin. Rien de plus naturel, ce me semble.

Par conséquent, la diatribe de l'avocat de la Société n'était pas justifiée, mais son accusation est révoltante : *j'avais inscrit frauduleusement des mots sur la copie pour les besoins de ma cause.* Ce qui veut dire que j'ai fait un faux !

Mais cela veut dire aussi que si les mots *serrurerie et croix* avaient été sur le devis original, le bon droit était de mon côté. Je dois donc prouver qu'ils y étaient ; je le dois aussi pour me laver de l'injure dont la Société m'a sali, car je sens bien qu'il ne me suffirait pas d'opposer à l'affirmation si violente de mes adversaires une simple affirmation contraire.

Toutefois, avant de présenter mes raisons détruisant l'accusation portée contre moi, je dois détruire les raisons de la Société qui soutiennent cette accusation.

La principale de ces raisons, c'est la somme de 2,000 francs qui est inscrite en regard des mots : *menuiserie, serrurerie et croix*. « Cette somme est beaucoup trop basse, déclare l'avocat, pour ces trois articles, étant donnée l'importance de la construction. » Et il ajoute : « Sur le devis original il n'y a que le mot *menuiserie* indiquant une dépense de 2,000 francs. »

Mais il n'a pas dit, l'avocat, qu'au-dessus de l'article *menuiserie* est porté l'article *charpente* et qu'en regard de cet article, il y a la somme de 4,000 francs.

Or, il suffit de comparer les deux évaluations, 4,000 francs pour la charpente, 2,000 francs pour la menuiserie, pour s'apercevoir tout de suite que la menuiserie coûte beaucoup trop cher par rapport à la charpente.

Que l'on invoque l'importance de la construction pour la charpente, à la bonne heure ; cette charpente est considérable, en effet, et le chiffre de 4,000 francs ne surprend pas. Mais quel rapport y a-t-il entre la grandeur de l'édifice et la menuiserie ? Il n'y en a pas, attendu qu'il s'agit d'une église dont les fenêtres sont garnies de vitraux ; la menuiserie n'a guère à s'occuper que des portes ; il est vrai qu'il y en a plus que de raison ; mais évaluer 2,000 francs la fourniture de 7 à 8 portes, dont une seule a quelque importance, c'est une exagération trop grande pour être acceptée.

Donc, une estimation réduite à 1,000 francs pour la menuiserie paraît très raisonnable.

Quant à la serrurerie, qui n'est nécessaire que pour les ferrures et la pose des portes, et, si l'on veut, pour les grillages protecteurs des vitraux, une somme de 1,000 francs est amplement suffisante.

Faut-il parler de la croix ? Elle a coûté 221 fr. 25 ; sur l'évaluation de 2,000 francs, cette somme ne joue pas un rôle bien sérieux.

D'où il résulte que la somme de 2000 francs indiquée pour la menuiserie, la serrurerie et la croix, n'a rien que de parfaitement logique, tandis que cette somme devient très exagérée si on l'applique seulement à la menuiserie.

Et si, à côté de ce raisonnement, je place une preuve écrite, donnée par M. Prat lui-même, j'espère que mes lecteurs seront pleinement convaincus.

— Quelle est cette preuve écrite donnée par M. Prat ?

— C'est son devis d'achèvement provisoire, qui fut établi à la suite de la visite que me firent M. Babled et M. Fabrège le 29 avril 1897.

Je trouve sur ce devis :

Menuiserie. — Porte en chêne . . . . 622 fr. 30
Portes cintrées 108
Porte à chambranle . . 50
Vitrages 205 80
Trappes, échelle, croisées 70

Total . . . 1056 fr. 10

Serrurerie . — Ferrure de quatre portes en chêne . . . . . 300 fr.
Pentures de la porte principale 50
Ferrure des portes, trappes, etc. 150

Total. . . . 500 fr.

Quoiqu'il s'agisse d'un achèvement provisoire, ces travaux de menuiserie et de serrurerie ne peuvent être que définitifs, cela se conçoit ; ce n'est pas sur eux que devait porter le provisoire.

En conséquence, grâce à cette preuve que M. Prat a l'amabilité — malgré lui — de me fournir, mes prévisions se trouvent vraies, plus que vraies puisqu'elles dépassent les vrais chiffres... Il est certain que 15 à 1.600 francs étaient suffisants pour la menuiserie et la serrurerie ; le devis porte 2,000 francs avec peut-être les frais de pose des grillages pour les vitraux, et l'achat de la statue ; c'était plus qu'il n'en fallait.

Que reste-t-il maintenant de cette raison principale pour m'accuser de faux ?...

Une autre raison donnée par la Société, c'est le trait à l'encre rouge qui n'était pas sur l'original. J'ai expliqué pourquoi je l'avais mis sur ma copie, et il milite en ma faveur, ce trait, car si j'avais voulu commettre un faux je ne l'aurais pas compliqué d'un trait rouge qui, en somme, ne signifie rien et qui ne pouvait qu'accentuer ma fraude.

Il y a une dernière raison : les mots *croix de...* au crayon noir, qui terminent la 3me page du devis. « La voilà la croix du clocher, déclame l'avocat, mais elle n'est là que comme une vague indication, un simple souvenir, ce qui prouve que rien n'était arrêté au sujet de cette croix. »

Il n'y a pas *croix de...* sur le devis, l'avocat s'est trompé en le disant, il y a *croix en b...* — Je ne me charge pas d'expliquer ce que cela veut dire; est-ce *croix en bois, croix en brique ?* (il y en a une sur le faîtage de la toiture), je ne sais ; en tous cas, ce ne peut pas être *croix en fer*. Donc, cette *vague indication* ne saurait être appliquée à la croix du clocher.

Mais si vague qu'elle soit, cette indication prouve une chose : c'est que le devis original porte des mots écrits au crayon noir. Ce qui me permet d'affirmer une fois de plus que les mots *serrurerie et croix* étaient écrits de la même manière.

Je puis ajouter que la commande de cette croix, à Arras, sur des croquis et des dimensions donnés par M. Prat, commande qui a dû être faite en septembre ou octobre 1896, puisque l'expédition a eu lieu en novembre, démontre que la croix faisait bien partie du devis, non comme *simple souvenir*, mais à titre d'indication ferme et précise.

Et maintenant examinons les raisons que je puis mettre en avant pour me défendre :

1° Quand je fis faire la copie du devis, aucun différend n'était à prévoir entre la Société et moi ; alors pourquoi le copiste aurait-il mis sur cette copie des mots qui n'étaient pas sur l'original ? — On pourra m'objecter que ces mots ont été ajoutés quand le procès a été engagé. Je le reconnais. Mais l'employé qui a écrit les mots *serrurerie et croix* peut affirmer qu'il n'a pas ajouté ces mots après coup ; il soutiendra qu'il les a copiés sur l'original. Et il y aura non seulement ce témoignage, mais encore celui de la personne qui, la copie finie, en collationna la teneur ;

2° C'était de ma part une imprudence grave, un manque absolu de jugement, que de me servir, comme argument essentiel, de la copie du devis, si cette copie était faussée. J'avais bien d'autres moyens de défense, ma cause était suffisamment bonne sans que j'eusse besoin de recourir à un faux pour la sauver. Et quel faux ! La copie d'un devis dont je savais l'original entre les mains de mes adversaires ! Produire au procès cette copie, c'était provoquer inévitablement la production de l'original ; c'était, par suite, aller au-devant d'un échec, c'était avouer mon indignité ! Je ne pouvais donc produire ma copie que si elle était rigoureusement exacte, et je l'ai produite !

3° La Société a déclaré que, sur son devis original, il n'y avait que le mot *menuiserie*, et c'est ainsi que ce devis a dû être soumis au Tribunal. — J'ai tout lieu de m'en applaudir, étant donné que j'ai fourni la preuve que la somme de 2,000 francs était trop élevée pour les seuls travaux de menuiserie qu'exigeait la chapelle.

Mais je m'en applaudis aussi, et principalement, parce que la Société, par cette déclaration formelle et désormais officielle, détruit — sans s'en douter évidemment — tout son système. *Le mot menuiserie est seul sur le devis original,* affirme-t-elle. Très bien ; mais dans ce cas, il n'y a pas de travaux de serrurerie indiqués sur ce devis ? Ces travaux, essentiels dans une construction, ont-ils pu être négligés par l'architecte ? Et s'il a vraiment prévu 2,000 francs pour la menuiserie seule, est-il admissible qu'il n'ait rien prévu du tout pour la serrurerie ?

Cet oubli étant impossible, il devient certain, par voie de conséquence, que la serrurerie était jointe à la menuiserie pour arriver à l'estimation de 2,000 fr.

Or, la Société ne peut plus se reprendre à présent, et dire qu'en effet le mot *serrurerie* était sur le devis original ; ce mot, elle l'a effacé en effaçant le mot *croix* qui la gênait !

— C'est vrai, dira-t-on peut-être, elle aurait pu ne supprimer que le mot *croix*.

C'eût été maladroit, car le mot *serrurerie* écrit au crayon subsistant, ses explications ne tenaient plus debout, la supercherie devenait visible.

— Elle aurait pu encore remplacer le mot *serrurerie* au crayon par le même mot écrit à l'encre. Ce procédé était au moins aussi dangereux que le précédent ; la teinte de l'encre aurait différé, car le devis original date d'environ deux ans ; et puis, cet original aurait alors marqué trop de différence avec la copie. Et mes lecteurs savent que la Société s'était fait communiquer cette copie sur l'audience ; parfaitement conforme avec l'original sur tous les points, il aurait paru singulier qu'elle différât tant sur le point en litige.

La Société a trouvé plus simple et plus adroit de supprimer les mots au crayon. Elle s'est trompée.

Cette question, très délicate, qui a exigé de bien longues explications, peut donc se résumer ainsi :

— Mon copiste ne pouvait pas, en reproduisant le devis, ajouter des mots qui n'étaient pas sur l'original, surtout des mots au crayon. Au besoin il affirmerait, et son collègue qui a collationné le travail aussi, que les mots *serrurerie et croix* étaient bien sur la pièce copiée.

— Je ne pouvais utilement me servir de la copie du devis, que si cette copie était absolument identique à l'original. C'était tout perdre que de produire une copie faussée.

— La somme de 2,000 francs, appliquée à la

menuiserie seule, est exagérée ; elle devient rationnelle — je l'ai prouvé — appliquée à la menuiserie et à la serrurerie, les 220 francs de la croix compris.

— La croix commandée par l'architecte en septembre ou octobre 1896 faisait bien partie du devis ; le seul fait de la commander à cette époque l'affirme.

— Enfin, le devis de M. Prat ne pouvait pas être établi sans mentionner la serrurerie : autant dire qu'il ne portait pas la plâtrerie, par exemple. C'est pourtant ainsi qu'il serait si, pour les besoins de ma cause, comme m'en accuse la Société, j'avais introduit par fraude les mots *serrurerie* et *croix* sur ma copie.

Mais, ne perdons pas de vue qu'il y a une autre preuve que la croix en fer était comprise dans le devis ; c'est encore le devis d'achèvement qui la donne. En effet, ce devis porte — comme mes lecteurs le savent — cette indication bien claire, écrite à l'encre : *Pose de la croix en fer, 50 francs*. Mon avocat s'en étant servi, de cette preuve, la Société dut se trouver très embarrassée ; il n'y avait pas moyen, ici, de m'accuser de faux, il fallait s'incliner ! S'incliner ? Ah ! ne le croyez pas ; mes adversaires ont préféré tourner la question, et ils ont fait dire à leur avocat : « Qu'est-ce que ce devis ? Il ne peut viser que les travaux pour l'intérieur de la chapelle ; il est donc *sans importance* ».

Pauvre défense, assurément ; que voulez-vous, on fait ce qu'on peut. — Aussi, mes adversaires se sont-ils dispensés de montrer ce malencontreux devis ;

ils ne voulaient pas que le Tribunal vît, non seulement les estimations détaillées de M. Prat pour la menuiserie et la serrurerie, n'atteignant pas 1,600 francs, mais aussi qu'il s'agissait, dans ce devis, d'autre chose que de travaux d'intérieur ; car, à côté de la pose de la croix du clocher, il y a : *pierres de taille du clocher ; ravalement restant à faire ; seuil en pierre froide de trois portes ; tuyaux de descente ; garniture de tout le fronton ; coq en cuivre rouge avec ses galets*, etc. — Sont-ce là des travaux d'intérieur ? Je ne le crois pas. Et ce coq en cuivre, était-il aussi pour l'intérieur ? C'est peu probable ; il était bien plutôt destiné à servir de girouette, puisqu'il devait être muni de galets ; et cette girouette devait surmonter la croix. Je sais que M. Prat aime beaucoup ce genre d'ornement ; d'ailleurs, il n'a pas tort :

> Des Grecs et des Romains autrefois vénéré,
> Le coq était des dieux l'interprète sacré.

Pour moi, il n'interprète, en l'état, que la vérité ; mais c'est assez : il nous fournit à propos une preuve de plus que c'était bien une croix qui devait couronner le faîte du clocher ; car on ne peut pas sérieusement concevoir l'idée de placer un coq-girouette sur la tête d'une statue…

— Vous voyez, Messieurs mes adversaires, dans quelle mauvaise posture vous vous êtes mis en voulant me charger de vos propres vilenies. C'est un fardeau qu'il me répugnait trop de sentir sur mes épaules. Je vous le passe ; gardez-le. Et si vous le trouvez trop lourd, songez que c'est vous-mêmes qui l'avez grossi !

Passons maintenant à l'examen d'un autre argument de la Société. Sera-t-il meilleur que les précédents ? Ne pouvant pas dire que je le désire, ce qui serait parler contre ma pensée, je me borne à dire que j'en doute.

Je reviens aux conclusions de mes adversaires :

« ... Attendu qu'une statue placée sur un clocher,
» comme une croix, comme tout autre objet du
» domaine de l'art, ne peut constituer qu'une déco-
» ration, jamais une portion du gros œuvre ;

» Attendu que, sur le plan, la croix ne figurait qu'à
» titre d'ornement et non comme partie intégrante
» du gros œuvre ; qu'un objet d'ornement peut tou-
» jours être modifié, changer de caractère, être rem-
» placé par un motif plus monumental ;

» Qu'une croix avait été commandée par la Société,
» mais qu'elle était sa propriété personnelle ; qu'elle
» seule l'a payée ; qu'elle ne lui a pas paru suffisam-
» ment ornementale, ni apte à figurer sur un édifice
» d'une certaine ampleur ; qu'elle l'a presque immé-
» diatement aliénée ;

» Que, si elle a cru convenable de la remplacer
» par une fort belle statue de saint Antoine, elle n'a
» fait qu'user d'un droit incontestable, inscrit en
» toutes lettres dans le contrat du 10 mars 1896:
» Art. 3. — « *M. Léon Faulquier n'aura rien à pré-*

» *tendre, à quelque époque que ce soit, sur la propriété*
» *des décorations et adjonctions...* »

» Or, une croix en fer forgé, comme une statue
» en fonte, ne peuvent être considérées, l'une et
» l'autre, que comme décorations ou adjonctions,
» jamais comme parties intégrantes du gros œuvre
» d'un édifice ;

» Que la Société se soumettrait volontiers, sur ce
» point, à l'appréciation d'experts choisis parmi les
» artistes et les architectes » (pages 27, 28 et 29).

Tous ces « attendus » se peuvent résumer ainsi :

1° La statue de saint Antoine étant un ornement, ne peut pas faire partie du gros œuvre ;

2° La statue de saint Antoine étant un ornement, la Société, de par le contrat du 10 mars 1896, a le droit de la placer sur le clocher de la chapelle, où elle la trouve plus ornementale qu'une croix.

La plaidoirie du défenseur ne dit, d'ailleurs, rien de plus :

«... La croix ne peut pas faire partie du gros œu-
» vre de la chapelle ; c'est un ornement, pas autre
» chose. Aucun engagement n'a été pris au sujet de
» cet ornement, puisque, d'après le contrat du
» 10 mars, tout ce qui concerne l'ameublement,
» l'ornementation, les adjonctions, regarde spéciale-
» ment la société du Pont-Juvénal. Et si l'on con-
» sulte des architectes, des entrepreneurs, des hom-
» mes de l'art pour savoir si une croix au sommet
» d'un clocher fait partie du gros œuvre d'un monu-

» ment, tous répondront : Non, elle n'en fait pas
» partie.

» La statue est une œuvre d'art ; elle est tout à
» fait en dehors du gros œuvre ; elle ne fait pas
» partie de la construction ; c'est une décoration de
» la chapelle, et d'après les termes du contrat du
» 10 mars, nous avions parfaitement le droit d'en
» faire le choix. »

Nous n'avons donc, pour réfuter l'argument qui nous occupe, qu'à étudier les deux points que je viens d'indiquer :

1° *La statue de saint Antoine étant un ornement, ne peut pas faire partie du gros œuvre.*

Qu'est-ce que le gros œuvre ? En architecture, — ici c'est à M. Fabrège surtout que je m'adresse — le mot *œuvre* est synonyme d'*ouvrage*. Dire que la statue ne fait pas partie du gros œuvre, du gros ouvrage parce qu'elle orne l'édifice, c'est dire que la flèche du clocher n'en fait pas partie non plus, et même le clocher. Car on peut très bien construire une chapelle sans clocher et construire un clocher sans flèche. Le clocher, la flèche, sont des ornements, en quelque sorte, pour une église ; et, cependant, qui oserait contester que ces ornements font partie intégrante du gros ouvrage de l'édifice ?

La thèse de la Société serait un peu mieux soutenable si, pour placer la statue, il n'y avait eu qu'une opération toute simple à faire, comme s'il s'agissait, par exemple, d'accrocher une enseigne sur une boutique ou un drapeau sur une porte. Ici ce n'est pas le cas, tant s'en faut. Pour mettre la statue en place il a fallu d'immenses échafaudages traversant la toiture de la chapelle et les murs du clocher ; la statue a été hissée, en plusieurs morceaux, avec des palans, des poulies ; il a fallu l'assembler au faîte de la flèche, la boulonner, la fixer au moyen de tiges dans l'intérieur de cette flèche ; un très gros travail, en somme, très périlleux, exigeant plus de soins et plus de peine que la pose des pierres formant l'extrémité du clocher. Et, cela étant, la Société vient nous dire que la statue qu'elle a placée au sommet du clocher ne peut pas faire partie du gros œuvre !

Cette statue est un ornement, c'est vrai ; mais un ornement qui tient à l'édifice, qui fait corps avec sa construction. C'est si bien ainsi, que cette construction, au dedans comme au dehors, n'a pu être terminée qu'une fois la statue mise en place. Elle est un ornement au même titre que les clochetons, les pinacles (si nombreux), la frise de la toiture, les colonnes en pierre froide du chœur, toutes choses que, cependant, la Société a comprises dans le gros œuvre, que j'ai payées — fort cher — sans observations, ces ornements étant portés sur le plan adopté.

Tout ce qui précède étant établi, est-il encore nécessaire d'avoir recours aux lumières d'hommes compétents, comme l'a demandé la Société ? Au reste, je ne m'y oppose pas ; nous verrons peut-être plus loin que ce sont mes adversaires qui ont craint ces lumières. — Quoi qu'il en soit, les hommes de l'art ne pourront jamais contester la croix qui figure sur le plan ; et leur appréciation, appliquant cette croix au gros œuvre ou la laissant en dehors, n'aurait jamais assez de force pour aller contre les accords qui ont été pris.

2° *La statue de saint Antoine étant un ornement, la Société, de par le contrat du 10 mars 1896, a le droit de la placer sur le clocher de la chapelle, où elle la trouve plus ornementale qu'une croix.*

Voyons bien ce que dit le contrat :

Art. 3. — *M. L. Faulquier, ne payant que la construction du gros œuvre de la chapelle, n'aura rien à prétendre, à quelque époque que ce soit, sur la propriété des décorations, adjonctions et mobilier complétant le dit sanctuaire.*

Ce qui signifie, à n'en pas douter, que le mobilier, les décorations, les adjonctions resteraient à la charge de la Société et — naturellement — lui appartiendraient. Dans aucun cas je n'aurais *rien à prétendre sur la propriété de ces objets.*

Quels sont ces objets ? La pensée de Mgr l'Evèque, en rédigeant cet article, s'est portée sûrement sur tout ce qui devait orner l'église à l'intérieur : les tableaux, les objets d'art, les crucifix, les vases, flambeaux, lustres, etc.; puis sur les meubles : les autels, la chaire, l'orgue, les stalles ; mais sa pensée n'est pas allée sur les motifs de décoration extérieure et *immobile*, si je puis parler ainsi, ces motifs, je viens de l'indiquer, tenant trop au gros œuvre pour en être séparés.

Si, pour une cause quelconque — et c'est là l'esprit de l'article 3 — la Société devait renoncer à l'exercice du culte dans la chapelle, elle aurait le droit de garder la propriété des objets dont elle l'aurait ornée et d'en disposer à son gré. Dans ce cas extrême, qui l'obligerait à emporter ces objets ? on ne la voit pas bien réclamant aussi le motif de couronnement placé sur la flèche et dépensant, pour l'en faire descendre, beaucoup plus que la valeur de cet ornement.

Donner une pareille interprétation à l'article 3 du contrat, c'est presque faire injure à la grande autorité qui l'a conçu !...

Mais la Société interprète cet article dans un autre sens. Elle croit y trouver le droit, pour elle, d'orner la chapelle à son gré, à sa convenance.

Elle se trompe du tout au tout. D'abord, le contrat n'infirmait en rien le plan qui avait servi de base à la convention ; il ne pouvait s'occuper, dans son article 3, que de l'ornementation mobilière de la chapelle. Et encore limitait-il implicitement cette ornementation au respect du vocable de Saint-Georges fixé par le contrat. — Donc, au dedans la Société avait le droit, de par le contrat, d'orner la chapelle comme elle l'entendrait, mais elle avait en même temps le devoir de mettre toujours au premier rang le vocable de la fondation.

Que s'il s'agit de l'extérieur, le contrat limite encore

plus le droit de la Société tout en élargissant son devoir ; il ne s'agit plus ici que du gros œuvre, gros œuvre réglé par un plan et par un devis, lesquels — nous en sommes trois fois sûrs maintenant — veulent que le clocher soit surmonté d'une croix. En érigeant à la place de cette croix une statue de saint Antoine, la Société viole donc deux fois le contrat : elle s'écarte du plan et du devis ; elle dénature le vocable !

Nous voilà bien loin, mes chers lecteurs, du droit que la Société a cru trouver dans l'article 3 de notre contrat. — Mes adversaires ont lu cet article à travers leur imagination, qui leur a fait prendre pour la réalité ce qui n'était de leur part qu'un désir. Le mirage est un curieux phénomène ; mais combien il est trompeur !...

Je crois devoir m'arrêter quelque peu sur certains points des conclusions et de la plaidoirie qui, quoique secondaires, doivent être élucidés.

La Société fait constater que la croix, ayant été payée par elle, était sa propriété, qu'elle pouvait, par conséquent, en disposer à son gré. *Elle a été presque immédiatement aliénée,* disent les conclusions. Et l'avocat nous apprend que cette croix a été vendue le 18 février 1898 pour être placée sur une tombe.
— Une croix de 5 mètres de haut sur une tombe....
Enfin !...

La croix, commandée par M. Prat, a été payée par la Société, rien de plus exact ; mais si je ne l'ai pas payée moi-même, c'est parce qu'au moment de l'échéance de la facture, le 31 décembre 1896, les travaux étaient arrêtés et que j'avais dû, à la suite de cet arrêt, interrompre mes payements pour les raisons que, dans ce mémoire, j'ai exposées en détail. Mais était-ce un motif, ce payement, pour mettre la croix de côté et la remplacer par une statue ? Il semble, au contraire, que, la croix étant payée, c'était un motif de plus pour s'en servir.

Elle a été presque immédiatement aliénée, dit la Société. Pourquoi dire cela quand la croix, d'après son propre aveu, n'a été vendue que le 18 février 1898, et qu'elle était en sa possession depuis le mois de novembre 1896, c'est-à-dire depuis au moins quatorze mois ? Etait-ce pour me fournir une occasion de plus de la prendre en défaut ? En ce cas, merci !

Nous n'en avons pas fini avec les arguments de la Société pour légitimer l'érection de sa statue ; il en reste deux à examiner : celui qu'elle tire de la dédicace de la chapelle à saint Georges et celui que lui fournissent, dit-elle, les principes liturgiques et la tradition archéologique.

Pour clore ce chapitre, je vais me contenter de discuter ce dernier argument. Celui qui a trait à la bénédiction de la chapelle trouvera naturellement sa place dans le chapitre que je me propose de consacrer à cette bénédiction.

Que viennent faire dans ce débat les principes

liturgiques, les traditions archéologiques ? Il n'y a que les conclusions de la Société et sa plaidoirie qui puissent nous l'apprendre. C'est donc à elles que j'ai encore recours.

On peut lire, pages 30 et 31 :

« Attendu que d'autres raisons de premier ordre
» viennent faire table rase du système de M. Faul-
» quier ;

» Que si l'on tend, dans cette nouvelle affaire de
« *Lutrin*, à transformer les juges en liturgistes et en
» casuistes, il n'est pas inutile de rappeler les prin-
» cipes sur la matière ;

» Qu'il est de tradition et de règle que les statues
» des clochers soient indépendantes du vocable des
» églises ;

» Que la Société pourrait en citer de très nom-
» breux exemples, justifiés par la distinction essen-
» tielle entre le *Patronus loci* et le *Patronus ecclesiæ* ;

» Qu'à Montpellier, même, on en trouve deux :
» qu'en effet, les chapelles de la Visitation et des
» Pénitents-Bleus sont toutes les deux surmontées
» d'une Vierge, bien que la première soit dédiée à
» saint Joseph, l'autre à saint Claude ; qu'à Cette,
» la principale église, dédiée à saint Louis, porte
» une statue de la Vierge sur son unique tour ;

» Attendu qu'il résulte des considérations qui pré-
» cèdent qu'il convenait bien de donner au *Patronus*
» *loci* et au *Patronus ecclesiæ* la place qu'ils occu-
» pent respectivement ; que saint Georges, che-

» valier chrétien, terrassant le Dragon, ne pouvait
» figurer qu'à l'entrée du sanctuaire pour en symbo-
» liser la garde ;

» Attendu, pour résumer, que les principes litur-
» giques, la tradition archéologique, les usages
» locaux, tous les faits, toutes les circonstances de
» cette affaire, se trouvent d'accord, avec le droit
» engendré, sur ce point spécial, par le contrat du
» 10 mars 1896 (art. 3). »

Avec complaisance, la plaidoirie répète ces renseignements et appuie sur les appréciations :

« Vous n'avez pas craint de critiquer la place
» qu'occupe la statue de saint Antoine sur la cha-
» pelle ; eh bien ! nous estimons que ce grand Saint a
» le droit d'occuper cette place, car saint Antoine,
» nous ne saurions trop le répéter, est le patron de
» notre établissement, et nous avons le droit de le
» placer sur le point le plus culminant de l'édifice.

» M. Fabrège, dont la compétence est indiscu-
» table, qui possède des connaissances si étendues
» sur l'art chrétien, qui est infaillible dans ses recher-
» ches sur les monuments historiques, nous a fourni
» des documents de la plus haute valeur, d'après
» lesquels nous pouvons affirmer qu'il est de règle,
» en liturgie, que le vocable du clocher est indépen-
» dant de celui des églises, ce qu'on appelle le *Patro-*
» *nus loci* et le *Patronus ecclesiæ*.

» Je ne voudrais point, cependant, rééditer ici la
» fameuse affaire du *Lutrin,* ni engager le Tribunal

» dans un jugement de casuistique ; je me bornerai
» donc à tirer des arguments de faits incontestables
» qui lui permettront de juger en parfaite connais-
» sance de cause. »

Et Me Vacquier répète au Tribunal, en les citant, qu'il y a des églises qui portent, sur leur sommet, des statues autres que le saint du vocable. Les conclusions viennent de nous en instruire.

Puis l'avocat ajoute :

« Nous pourrions multiplier ces exemples ; mais à
» quoi bon ? ceux-ci nous paraissent suffisants pour
» l'édification du Tribunal et pour prouver que la
» statue du clocher, dans une chapelle, est sans
» influence sur son vocable. »

J'espère que mes lecteurs (ceux qui l'ignorent, bien entendu) savent maintenant à quoi s'en tenir sur le *Patronus loci* et sur le *Patronus ecclesiæ*. S'ils ne sont pas suffisamment renseignés, ils peuvent consulter les auteurs qui ont traité la question : le pape Innocent III, Honorius d'Autun, Hugues de Saint-Victor, Mgr Barbier de Montaut, etc., la Société a pris la peine de nous les indiquer.

Ne serait-on pas tenté, imitant deux vers célèbres d'une fine comédie de Racine, de répliquer à cette plaidoirie :

>   ... Avocat, il s'agit d'une croix ,
>   Et non de *Patronus* et d'archéologie.

Ne serait-on pas tenté, pour repousser tout ce fatras, de lui opposer simplement les termes du contrat, ainsi que le plan et le devis qui en sont la base? Car, dans cette affaire, il n'y a qu'à s'occuper de l'exécution des conventions et non de l'observation des règles liturgiques.

J'avoue que j'ai eu cette tentation. Mais je me suis promis de discuter pied à pied les arguments de mes adversaires, je n'y dois pas manquer.

Ils ont voulu, avec cet argument technique du *Patronus*, faire table rase de mon système ; — ainsi s'expriment leurs conclusions — je dois leur prouver que mon système, étant le seul vrai, est le seul bon.

Toutefois, je ne suis pas du tout versé dans ces questions liturgiques et archéologiques ; la discussion ne me sera pas aisée, je ne pourrai la soutenir qu'en profane, en la maintenant sur les faits de la cause, comme on dit au Palais.

Si j'ai bien compris les conclusions et la plaidoirie, saint Antoine doit être regardé comme le saint patron de l'orphelinat, *Patronus loci*, et saint Georges comme le saint patron de la chapelle, *Patronus ecclesiæ*.

Cela me paraissant parfaitement logique, j'approuve cet arrangement.

Mais alors que vient faire saint Antoine sur le clocher ? Ce clocher fait partie de la chapelle dont il n'est pas le patron, il n'y est donc pas à sa place.

Je prie mes lecteurs de tenir compte que je parle en profane.

La Société nous dit bien que le clocher est le point culminant de l'orphelinat, que de là le saint, *Patronus loci,* domine tout l'établissement et semble mieux le protéger.

Cette raison, je le confesse, ne peut pas me convaincre ; elle ne me paraît pas suffisante pour justifier, ne serait-ce qu'un peu, le remplacement de la croix par cette statue. A mon avis, le point élevé qui domine l'orphelinat, où se trouve réellement saint Antoine, c'est le Ciel ; n'est-ce pas de là qu'il protège efficacement l'œuvre de haute charité des Salésiens ?

Cela ne suffit peut-être pas à la foi vive de M. Babled et de ses amis. Ils veulent avoir sans cesse sous les yeux l'image vénérée de leur saint patron ? Rien de plus respectable ; mais cette image, ils l'ont déjà : sur la porte principale de l'orphelinat se trouve une fort belle statue de saint Antoine, qui y fut placée lors de la création de l'établissement, en 1893.

L'aspect de cette statue, qui a au moins deux mètres de haut, est rendu saisissant par les couleurs qui lui donnent l'apparence de la vie ; aussi frappe-t-elle les regards dès qu'on pénètre dans la cour du couvent ; elle les frappe bien mieux que la statue qui se trouve au faîte du clocher.

Donc le *Patronus loci* est amplement satisfait par cette statue posée sur la principale façade de l'orphelinat, et celle du clocher ne peut constituer qu'un double emploi, d'autant plus inutile qu'il est cause de dissentiments.

Mes lecteurs remarquent, j'en suis sûr, que je ne parle pas de saint Georges, *Patronus ecclesiæ ;* la

Société a déclaré qu'il était à sa place à l'entrée de la chapelle; elle lui a même octroyé la garde du sanctuaire, nous sommes d'accord sur ce point.

Donc à quoi servent les exemples, donnés par la Société, de certaines églises à Montpellier et à Cette, qui portent sur leur point culminant une statue qui ne représente pas le saint du vocable ? Ai-je jamais demandé qu'une statue de saint Georges fût placée sur le clocher de la chapelle ? Si j'avais fait une pareille demande, au mépris des accords intervenus, ces exemples auraient leur portée ; mais je n'exige que la croix : la croix prévue par ces accords ; la croix, symbole de notre sainte religion ; la croix, signe sacré de la foi ; la croix, sublime évocation de la présence de Dieu. Et la Société me répond par son *Patronus loci ;* elle repousse ce symbole, ce signe divin !...

— Vous avez parlé, Messieurs, de la fameuse affaire du *Lutrin,* à laquelle vous semblez comparer notre procès, tout en vous défendant de vouloir engager le Tribunal dans un jugement de casuistique. Je cherche en vain, je vous l'avoue, des points de ressemblance entre notre débat et la satirique fiction de Boileau. Il a voulu, en écrivant son merveilleux poème, flageller la discorde, l'ambition, l'hypocrisie, l'orgueil :

> L'Ambition partout chassa l'Humilité ;
> Dans la crasse du froc logea la Vanité...

et puis louer la piété sincère :

> Elle quitte à l'instant sa retraite divine.
> La Foi d'un pas certain devant elle chemine ;
> L'Espérance, au front gai, l'appuie et la conduit,
> Et, la bourse à la main, la Charité la suit.

Or, en faisant ce procès, Messieurs, je n'ai pas sacrifié à la discorde, loin de là ; encore moins à l'ambition ou à l'orgueil. Je n'ai voulu que défendre mes droits méconnus, ma fondation profanée. Ce qui m'a fait agir, sachez-le bien, c'est mon amour pour la justice et pour la vérité ; c'est mon respect pour la mémoire de mon fils ! Et je me fais un devoir de le proclamer ici, ma piété reste profonde et vraie, éclairée par une foi inébranlable, soutenue par l'espérance de l'au-delà, complétée par la charité si douce aux cœurs éprouvés.

De plus, je n'ai jamais eu la pensée de soumettre ce différend à un casuiste, la loi m'a paru suffisante. Et d'ailleurs, comme a dit J.-J. Rousseau, le meilleur de tous les casuistes c'est la conscience !

Donc, Messieurs, vous ne pouviez pas, avec vos arguments, techniques ou non, faire *table rase* de mon système. Vous ne pouviez pas davantage m'intimider en disant, d'une part, dans vos conclusions :

« Que M. Faulquier ne saurait, sans offenser les
» convenances les plus respectables, au mépris
» d'ailleurs du contrat du 10 mars, exiger le débou-
» lonnement de la statue de saint Antoine, alors sur-
» tout qu'il n'a terminé lui-même ni le clocher ni le
» gros œuvre ; »

En disant, d'autre part, dans votre plaidoyer :

« Vous violez les règles de la bienséance en de-
» mandant la descente de la statue de saint Antoine ;
» vous voulez qu'elle soit jetée à terre, car il faudrait
» la jeter à terre une fois déboulonnée de son pié-
» destal. »

Ce langage, dis-je, ne pouvait pas m'intimider ; j'ai agi suivant ma conscience, et, Dieu merci, elle ne me reproche rien !

XX

LA STATUE DE SAINT GEORGES
LA PLAQUE COMMÉMORATIVE

> Un bienfait perd sa grâce à le trop publier ;
> Qui veut qu'on s'en souvienne, il le faut oublier.
> CORNEILLE.

Mes lecteurs ont appris, dans le chapitre précédent, que les grands échafaudages du clocher et de la chapelle avaient été très rapidement enlevés ; dès le 17 mars, il n'y avait plus traces de toutes ces grosses pièces de bois, la façade et le clocher étaient libres, sauf quelques planches, vers le haut du clocher, à portée de la corniche, dont le ravalement n'était pas fait.

Il y avait toujours des ouvriers à l'intérieur de la chapelle ; mais certains étaient occupés à la façade, même avant que les poutres fussent enlevées.

Qu'y faisaient-ils ?

Ils paraissaient fouiller la pierre au-dessus de la porte de la chapelle, à l'endroit même où, d'après le que je dédaigne cette nouvelle insulte. Quoi qu'il fasse, il se heurtera toujours à mes droits, que je n'abandonne pas et que je saurai lui faire respecter.

J'étais très irrité ; M. Loire le sentait, et il essaya de me calmer en me présentant toutes ses excuses ; en m'assurant qu'il était navré d'avoir à agir ainsi envers moi; que, plus que personne, il déplorait l'affront qui m'était fait, dont il comprenait toute l'étendue.

Je m'éloignai en hâte. Il me tardait de sortir de cet enclos d'où j'étais si brutalement expulsé, et de me retrouver chez moi pour ne plus avoir à contraindre mon dépit. Car on comprend jusqu'à quel point j'étais froissé par une pareille grossièreté.

Toutefois je me calmai rapidement. J'avais tant souffert par M. Babled, que cette blessure, qui atteignait surtout mon amour-propre, ne pouvait me causer qu'une douleur passagère. Et si je parle de cet incident dans ce mémoire, c'est surtout pour exposer les réflexions qu'il me suggéra.

M. l'abbé Babled se conduisait comme s'il était le propriétaire de la chapelle. Cette reprise de travaux, à laquelle il me laissait totalement étranger ; cette statue de saint Antoine qu'il se proposait d'ériger sur le clocher à la place de la croix, à l'encontre de ma volonté, de mes droits, à l'encontre du plan et des engagements ; l'ordre sévère qu'il avait donné de ne pas me laisser pénétrer sur le chantier, ordre si sévère que, malgré ma résistance, malgré le respect qu'il m'avait toujours témoigné, M. Loire l'exécutait très fidèlement ; tout cela indiquait clairement que M. Babled commandait en maître ; que la propriété de la chapelle était passée tout entière dans ses mains.

Et, cela étant, il faisait procéder à l'achèvement plutôt fantaisiste de l'édifice : une statue de saint Antoine allait remplacer la croix du clocher ; sur la façade, il supprimait l'avant-corps et paraissait vouloir orner d'un motif quelconque le dessus de la porte de la chapelle. C'était une manière comme une autre de supprimer aussi le bas-relief de saint Georges, que je destinais au tympan de l'avant-corps.

Donc, il n'y avait pas à douter, M. Babled se considérait comme le propriétaire de ma fondation.

Nous savons que, depuis longtemps, c'était là son désir non dissimulé ; et à force de désirer ce titre de propriétaire, il s'imaginait peut-être qu'il l'était en réalité. Il est de ces caractères volontaires qui facilement s'imaginent que ce qu'ils veulent doit être, que rien ne peut ni ne doit entraver leur volonté, contrarier leurs caprices.

Après tout, cette façon de sortir de la situation mauvaise où M. Babled s'était mis vis-à-vis de moi, restait au niveau de son tempérament. Il avait dû se dire que, pour en finir, le meilleur moyen, le plus radical, était qu'il se posât en maître de la chapelle ; et, sans hésiter, il s'était arrogé ce titre, jetant autour de lui un regard de défi à l'adresse de ceux qui voudraient essayer de le lui contester.

Comment expliquer autrement sa conduite ?

Il se trompait ; ses prétentions étaient ridicules ! Ah ! certes oui, il aurait dû ne pas oublier que ma détermination immuable était que jamais, avec mon consentement, il n'aurait la propriété de la chapelle, et cependant il l'oubliait à ce point que je serais peut-être obligé de recourir à un procès pour affirmer mes droits imprescriptibles, pour le couvrir de confusion. — Mais, en attendant cette confusion, M. Babled se drapait avec autorité dans son rôle usurpé de propriétaire, et pour bien être à la hauteur de ce rôle, il allait jusqu'à me faire jeter hors de ma fondation !

Ces réflexions qui, après l'insulte que je venais de recevoir, m'occupaient l'esprit et me tourmentaient, étaient parfaitement logiques. La suite des évènements l'a déjà démontré et va nous le faire constater encore mieux.

Evidemment je n'avais pas pu examiner de près les travaux que M. Babled faisait exécuter sur la façade de la chapelle ; c'était pour cela que je m'étais rendu sur le chantier, mais M. Loire ne m'avait pas laissé le temps de procéder à mon examen ; je n'étais donc pas plus avancé, ce qui me faisait regretter davantage de m'être décidé à cette tentative.

Je me remis donc à observer les choses de loin, comme il était loisible à tout le monde de le faire.

Peu à peu la pierre fouillée me fit voir une sorte de creux en forme de niche, mais d'une profondeur peu sensible, quelques centimètres. Je compris qu'un motif de sculpture quelconque allait être placé là.

Bientôt je vis rapporter dans le mur, autour de ce creux, des moulures, puis deux colonnettes qui paraissaient être en pierre ; entre ces colonnettes on plaça une console. Il était dès lors visible qu'une statue viendrait occuper cette console, et que les deux petites colonnes et la corniche en fronton, qu'elles supportaient, formaient la niche, en tâchant de lui donner, par leur relief, un peu plus de profondeur.

Mais ce travail, cette niche factice, indiquait en même temps que l'avant-corps prévu par le plan était définitivement abandonné.

Il est bon que mes lecteurs sachent que, sur la façade de la chapelle, toute la partie qui devait se trouver cachée par cet avant-corps, aux deux côtés de la porte d'entrée et à une hauteur de 3 mètres 50 environ, est construite en moellons ; tout le reste de la façade est en pierres de taille.

Sous cet aspect, un peu bizarre, la façade disait éloquemment qu'elle n'était pas complète, qu'il lui manquait une construction en saillie, un porche.

Et en même temps qu'on travaillait à la pseudo-niche dont je viens de parler, d'autres ouvriers s'occupaient de badigeonner la partie de la façade en moellons.

Enfin, le 17 mars, alors que tous les échafaudages avaient été enlevés, la statue qu'attendait la console de la niche, vint prendre place sur cette console entre les deux colonnettes ; elle représentait saint Georges, armé en chevalier, debout, tenant à la main une arme quelconque, et luttant contre un animal aux formes quelque peu fantastiques.

Mon avocat, M⁰ Bories, qui était venu précisément ce jour-là pour se rendre compte de l'état du clocher et voir la statue qui le terminait, assista, de la cour d'entrée de l'usine Villodève, à la pose de la figurine de saint Georges. — C'est l'architecte Prat, lui-même, qui procéda à cette pose ; et je puis d'autant plus appeler cette statue « figurine » qu'elle fut soulevée et placée sur la console par M. Prat seul ! Elle n'était donc pas bien lourde.

M⁰ Bories, à qui je fis remarquer aussi que les côtés de la façade, en moellons, étaient badigeonnés de manière à les raccorder, autant que faire se pouvait, avec les pierres de taille, me conseilla de faire constater tout de suite par un architecte tous ces travaux qui, faits en dehors du plan, ne tendaient qu'à changer l'aspect de la façade du monument par la suppression voulue de l'avant-corps. Il émit aussi l'avis d'envoyer une seconde assignation à M. Fabrège, laquelle, complétant la première, demanderait que la statue de saint Georges fût enlevée et que l'avant-corps, devant recevoir le bas-relief sculpté par M. Baussan, fût construit.

J'approuvai ces dispositions. Je me rendis donc, sans perdre de temps, chez M. Carlier, architecte, pour le prier de venir faire la constatation que désirait mon avocat. M. Carlier s'empressa de se mettre à ma disposition, et le jour même, 17 mars, il vint au clos Saint-Antoine où, sans franchir la grille de la cour, il put aisément examiner la façade.

Je mis ensuite sous ses yeux le plan de la chapelle et la copie du devis, afin qu'il vît bien que la façade avait été transformée, que l'avant-corps était supprimé, que la statue du clocher avait été mise à la place de la croix, ce qui lui permettrait d'écrire son rapport en parfaite connaissance de cause. - M. Carlier étudia le plan et le devis avec attention et, cela fait, il se déclara suffisamment renseigné.

Mais le lendemain, 18 mars, la façade de la chapelle reçut une nouvelle décoration : M. Babled fit sceller sur le linteau de la porte principale, immédiatement au-dessous de la console supportant la statue de saint Georges, une plaque de marbre blanc, portant, en lettres gravées et teintes en rouge, l'inscription suivante :

A LA MÉMOIRE DE M. GEORGES FAULQUIER
MORT A LA FLEUR DE L'AGE
LE 17 JUIN 1895.
M. LÉON FAULQUIER A FAIT DON
POUR LA CONSTRUCTION DE
CETTE CHAPELLE D'UNE SOMME DE 50.000 FRANCS

La pose de cette plaque était un nouveau coup d'audace de mon antagoniste et une nouvelle blessure pour moi. Elle avait, cette plaque, les allures d'une plaque commémorative, mais tout en rappelant le souvenir de la mort de mon fils, elle atteignait gravement mes sentiments les plus intimes et mes droits les plus sacrés ; car, d'une part, elle semblait émaner de mon orgueil en annonçant à tous que j'avais fait un don de 50.000 fr., ce qui froissait ma modestie ; d'autre part, en proclamant mon bienfait — ce qui était le ravilir, le dépoétiser — elle détruisait mon titre de propriétaire pour le remplacer par celui de bienfaiteur, mais de bienfaiteur sans mérite, puisque mon bienfait était mis à la publicité, étalé au grand jour...

Or, à quoi bon mettre cela sous les yeux du public ? Pourquoi surtout le faire sans mon consentement, à mon insu ? Rien n'autorisait M. Babled à produire une pareille inscription, contraire à la vérité dans sa plus grande partie et outrageante pour moi ; mais, par contre, tout devait m'autoriser, moi, à protester contre la pose de cette plaque et à en exiger la suppression immédiate.

C'est en ressassant ces pensées, que je me rendis chez mon avocat pour le prévenir de ce qui se passait et prendre son conseil. Il m'engagea à faire incontinent une démarche auprès de M. Fabrège, à l'effet de lui demander l'enlèvement de la plaque, mise abusivement sur la façade où on n'avait pas le droit de la maintenir, du moment que je me déclarais froissé par l'inscription qu'elle portait. — Si on me répondait par un refus, l'assignation qui allait être lancée pour la construction de l'avant-corps viserait aussi la suppression de la plaque. Il n'y avait rien de mieux à faire, concluait mon avocat. — Je le compris, et il fut décidé que le lendemain, dans la matinée, la démarche auprès du président de la Société serait faite.

Je vis ensuite M. Carlier ; j'avais à le mettre au courant de la pose de la plaque de marbre et à lui recommander d'en faire mention dans son rapport.

Ce rapport, que M. Carlier remit quelques jours après à mon avocat, est rédigé comme suit :

Je soussigné, Léopold Carlier, architecte, appelé pour relater l'état dans lequel se trouvait, le jeudi 17 mars courant, la façade de la chapelle Saint-Georges, en construction dans le Clos Saint-Antoine, situé route du Pont-Juvénal, à Montpellier, ai constaté, en présence de MM. Henri Luga, demeurant à Sept-Camps, Aubanel, employé aux Barques, demeurant place Carnot, 16, et Antoine Leichel, cordonnier, demeurant route du Pont-Juvénal, que des ouvriers recouvraient d'un enduit et de moulures en ciment les deux côtés de la porte de cet édifice, construits en moellons sur 3 m. 50 de hauteur environ, alors que toute la façade est en pierre de taille ; cet enduit et ces moulures ont été ensuite badigeonnés afin de leur donner l'aspect de la pierre de taille.

La construction du soubassement de la façade principale avec des matériaux différents de ceux employés dans la partie supérieure, révélait que cette façade devait être précédée d'un avant-corps.

En effet, le plan, les dessins représentant les façades et le devis que M. Léon Faulquier m'a communiqués, démontrent qu'un porche avec, à droite, une loge de concierge et, à gauche, un réduit pour le dépôt des chaises, devaient être construits en pierre de taille, pour compléter cet édifice.

Sur le dessin, la porte d'entrée du porche est surmontée

d'un fronton terminé par une croix en pierre ; le tympan demi-circulaire au dessus de l'ouverture, pourrait facilement recevoir un motif de sculpture qui complèterait heureusement l'ornementation de cette façade.

J'ai constaté ensuite qu'au-dessus de la porte d'entrée actuelle de la chapelle, on venait de placer, dans une sorte de niche rapportée, une petite statue, paraissant être en plâtre ou en terre cuite, représentant sans doute saint Georges.

Cette figurine, nullement en proportion avec l'ensemble, est loin de constituer une œuvre d'art ; ses dimensions exiguës et la matière dont elle est composée ne répondent pas dignement au vocable qu'elle est censée représenter.

On a scellé, depuis, au-dessous de cette statue une plaque en marbre sur laquelle est gravée une inscription qui révèle aux passants la libéralité de M. Léon Faulquier, alors qu'une pensée plus élevée a certainement dominé ses intentions.

Ni la figurine, ni la plaque ne sont indiquées sur les plans et le devis.

J'ai remarqué ensuite qu'on avait surmonté la flèche du clocher par une statue de saint Antoine de Padoue, dont la forme et la silhouette sont loin de remplacer, avec avantage, la grâce et la légèreté de la croix en fer forgé qui terminait cette flèche sur le plan. Cette statue colossale contraste étrangement avec celle qui est placée au-dessus de la porte d'entrée.

Je me suis transporté enfin chez M. Baussan, statuaire, où j'ai vu un bas-relief représentant « saint Georges à cheval, terrassant le dragon », que M. L. Faulquier destinait au tympan de la porte de l'avant-corps. Cette sculpture, véritable chef-d'œuvre, répond admirablement, par ses proportions et sa conception éminemment artistique, à la pensée du donateur. Tout en affirmant le vocable, elle perpétuerait, à l'entrée de l'édifice, l'idée qui a présidé à sa construction, bien mieux que la plaque indicatrice qu'on a eu la malheureuse pensée de placer et qui blesse les sentiments les plus intimes de M. Léon Faulquier.

Fait à Montpellier, le 25 mars 1898.

Signé : L. CARLIER.

La parfaite honorabilité du signataire de ce rapport, sa bonne foi qui est au-dessus de tout soupçon, donnent à cette pièce une valeur que mes lecteurs apprécieront. Elle les convaincra que M. Babled s'était évertué à transformer la façade de la chapelle suivant son bon plaisir, sans tenir compte du plan, sans me consulter, agissant de sa propre autorité, pour satisfaire ses projets, pour parvenir à son but : s'approprier la chapelle.

Devais-je aller moi-même chez M. Fabrège pour lui demander de faire enlever la plaque de marbre dont l'inscription m'outrageait ? J'en avais l'intention ; cependant la réflexion me fit comprendre qu'il valait mieux charger un tiers de cette mission délicate ; je craignais de ne pas conserver le calme nécessaire pour bien faire la démarche, et je souhaitais trop de la voir aboutir pour commettre la moindre imprudence.

Je donnai donc toutes mes instructions à une personne qui a ma confiance, et le 19 mars — un samedi — dans la matinée, cette personne se présenta, en mon nom, chez M. Fabrège, qui s'empressa de la recevoir.

Il écouta avec attention et complaisance les détails que lui donnait mon envoyé, et manifesta un très sincère étonnement en apprenant la pose de la plaque commémorative et l'inscription qui y était gravée.

— Je vous assure, dit M. Fabrège à la personne qui me représentait, que j'ignorais complètement ce fait, que je considère comme regrettable à tous égards. Dites bien à M. Faulquier que je comprends que sa modestie se soit alarmée de cette inscription ; j'en éprouve moi-même de la peine, et aujourd'hui, sans manquer, je vais voir notre directeur, M. l'abbé Babled, pour lui demander de faire enlever la plaque.

— Mais, crut devoir insinuer mon envoyé, au lieu de demander cela à M. Babled, ne vaudrait-il pas mieux que vous-même, président de la Société, donniez l'ordre que la plaque disparaisse tout de suite ? C'est demain dimanche, il y a une kermesse au Clos Saint-Antoine, les visiteurs s'y rendront en foule ; il y a donc urgence à enlever l'inscription, sinon elle produira l'effet désastreux que M. Faulquier tient à éviter.

Cette remarque obligea M. Fabrège à avouer qu'en réalité il n'avait aucune qualité pour donner des ordres. Et tout franchement il expliqua que la société civile qu'il présidait n'était guère qu'une sorte de paravent (*sic*), derrière lequel agissait, en toute liberté et sans contrôle, le directeur des Salésiens, M. l'abbé Babled. Il devait donc, quoique président, se borner à recourir au bon vouloir de M. l'abbé ; mais il promettait d'insister beaucoup pour l'amener à déférer au désir légitime de M. Faulquier.

Mon mandataire dut se contenter de cette promesse, et tout en remerciant M. Fabrège de son accueil, il le pria de me faire connaître, dès qu'il le pourrait, le résultat de sa visite à M. l'abbé Babled.

— Ce sera aujourd'hui même, assura M. Fabrège ; il y a urgence, je le comprends ; je vais donc me hâter, M. Faulquier peut compter sur moi.

Fallait-il espérer un succès ou s'attendre à un échec ? — J'avais tant de fois été déçu, en espérant, que je préférais envisager un mauvais résultat ; s'il était bon, tant mieux, ma satisfaction n'en serait que plus grande.

Néanmoins, j'attendais la réponse de M. Fabrège avec une certaine anxiété, et plus la journée s'avançait, plus mon anxiété s'accentuait. Le soir vint, je ne savais rien encore, et je commençais à craindre que M. le Président n'eût oublié sa promesse, quand la personne qui m'avait représenté auprès de lui, le matin, vint me communiquer un billet de M. Fabrège, qu'il venait de recevoir, dans lequel il était prié de passer chez lui le lendemain, dimanche, 20 mars, vers 9 heures du matin.

— Il n'y faut pas manquer, dis-je à mon mandataire. M. Fabrège a certainement quelque communication importante à faire, vous l'écouterez et vous m'en ferez part tout de suite après.

Donc, le dimanche, à l'heure dite, mon mandataire se rendit à l'invitation de M. Fabrège. Mais, au lieu de voir M. Fabrège seul, il se trouva en présence aussi de M. Babled.

Ne s'attendant pas à cette sorte de consultation, mon envoyé fut quelque peu interloqué ; mais il comprit vite qu'il valait mieux, en somme, qu'il en fût ainsi, l'entretien pourrait être décisif.

Et c'est, en effet, cette raison qu'invoqua M. Fabrège pour justifier la présence de M. Babled. Il l'avait vu la veille, et les explications qu'il avait entendues lui avaient paru d'une telle importance, qu'il avait tenu à ce que M. Babled les répétât au représentant de M. Faulquier.

Celui-ci n'avait qu'à s'incliner.

Après ce petit préambule, M. Babled, avec un calme parfait, expliqua sa conduite. Il avait posé sur la façade de la chapelle une statue de saint Georges à la suite du refus de M. Faulquier de livrer le bas-relief, et cela, pour satisfaire l'engagement pris par lui, M. Babled, au début des relations, de placer une image de saint Georges au frontispice du monument. Quant à la plaque commémorative, il l'avait placée dans la même intention. Se trouvant menacé d'un procès, il avait dû, sur les conseils d'un homme de loi, agir ainsi, afin de bien démontrer qu'il tenait fidèlement ce qu'il avait promis. Il se croyait donc à l'abri de toutes revendications de la part de M. Léon Faulquier.

— La teneur de la plaque de marbre ? Mais elle n'a rien d'offensant pour M. Faulquier, déclara M. Babled ; elle fait, au contraire, son éloge, et lui donne toute satisfaction en rappelant aux fidèles que la chapelle est élevée à la mémoire de son fils. Je ne m'explique donc pas que M. Faulquier proteste contre la pose de cette plaque. Pas plus, d'ailleurs, que je ne m'explique son assignation pour la statue de saint Antoine au sommet du clocher ; cette statue ne peut pas nuire au vocable de la chapelle, qui sera consacrée à saint Georges ; et elle est notre drapeau, à nous, Salésiens ; nous avons besoin de nous placer sous la sauvegarde, sous la protection de notre saint Patron, qui suscite en notre faveur la charité des fidèles.

Mon envoyé, qui n'avait pas la mission de discuter sur la statue du clocher, s'efforça de ramener l'entretien sur la plaque commémorative et sur la façade de la chapelle. Pour cela, il parla de l'avant-corps, qui devait recevoir le bas-relief de saint Georges ; il fit remarquer que cet avant-corps aurait dû être construit, qu'alors j'aurais livré le bas-relief, et qu'il n'eût pas été besoin de placer une statue de saint Georges. Quant à la plaque, c'était le devoir de M. Babled de consulter M. Faulquier avant d'en décider l'inscription, avant, surtout, de rendre cette inscription publique.

Et il insista beaucoup sur cette inscription, dont j'étais profondément offensé. M. Babled devait donc, lui dit-il, sans plus hésiter enlever la plaque.

En ce qui touchait l'avant-corps, M. Babled répondit qu'il reconnaissait que cette construction avait été prévue ; il dit même que c'était lui qui y avait tenu, ayant projeté d'y loger son concierge ; mais que, n'ayant que des ressources limitées, il avait préféré les employer à des travaux plus urgents. Si, plus tard, la situation le permettait, on songerait à l'avant-corps ; pour le moment, il fallait s'en passer.

A ce raisonnement spécieux, mon mandataire opposa que j'avais encore près de 10,000 francs à verser, que j'avais offert de faire édifier l'avant-corps en prélevant le coût de cette construction sur ce solde ; la raison donnée par M. Babled disparaissait donc.

— Oh ! ne parlons pas de ce solde, dit M. Babled ; depuis longtemps, nous n'y comptons plus ; nous nous en passerons maintenant : le don de M. Faulquier restera de 50,000 francs, comme l'indique la plaque.

Toutefois, je ne lui refuse pas d'enlever cette plaque, puisqu'elle l'offusque tant ; je suis même disposé à l'enlever tout de suite, avant midi s'il le faut. Mais j'ai déjà dit que je considérais cette plaque comme un excellent moyen de défense pour moi dans le procès qui se prépare ; il ne me convient pas de me dépouiller de ma cuirasse, si M. Faulquier ne remet pas l'épée au fourreau ; en d'autres termes, je n'enlèverai la plaque qu'en échange d'une déclaration signée par M. Faulquier, portant qu'il renonce aux poursuites qu'il se propose d'exercer contre l'érection de la statue de saint Antoine sur le clocher.

Mon envoyé ne pouvait pas, on le comprend, répondre à cette proposition sans m'avoir consulté ; il n'avait pas les instructions voulues, et je n'avais pas pu les lui donner, ne prévoyant pas cette rencontre avec

M. Babled. Il répliqua dans ce sens, et MM. Babled et Fabrège convinrent qu'il avait raison.

Donc, il fut arrêté que la proposition de M. Babled serait portée à ma connaissance sans perdre une minute ; si je l'acceptais, M. Babled s'empresserait de cacher la plaque aux regards, afin que les visiteurs qui devaient, dans l'après-midi du dimanche, envahir l'orphelinat ne pussent pas la voir ; elle serait enlevée définitivement dès le lendemain.

Et, pour être bien précis, mon représentant pria M. Babled de rédiger la déclaration dont il venait de parler ; ce qu'il fit de la manière suivante :

A la condition expresse que la plaque de marbre posée au-dessus de la porte de la chapelle sera enlevée aux regards aujourd'hui même, à une heure après-midi au plus tard, et que, le jour de la consécration, le seul vocable de saint Georges sera donné, je prends l'engagement de retirer, dès demain, lundi, 21 mars, l'assignation lancée contre M. Fabrège, président de la Société.

L'entrevue était terminée. Mon mandataire prit congé de ses interlocuteurs, en leur promettant de me transmettre fidèlement ce qui lui avait été dit. Si, après m'avoir consulté, il avait une réponse à donner à M. Babled, il ne mettrait pas le moindre retard à la lui faire connaître. — Cette personne sentait très bien que je ne pouvais pas accepter la proposition qu'elle était chargée de me soumettre ; elle n'en dit rien, cependant ; car c'eût été aller au-delà de sa mission.

Elle vint me rendre compte de tout ce qui précède et me remit le texte de la déclaration conçue par M. Babled, que je devais signer, si je voulais voir la plaque disparaître de la façade ; elle ne me cacha pas que, sûrement, la plaque resterait, si je refusais de signer.

Et ma réponse fut un refus. Un refus d'autant plus énergique, que la proposition était plus osée.

Comment ! j'avais le droit d'exiger la suppression de cette plaque, et on m'accordait cette suppression comme une grâce, en m'imposant des conditions qui me mettaient à la merci de mes adversaires ? On trouverait la chose plaisante, ma parole, si elle n'était odieuse !

Aucune réponse ne fut portée à M. Babled, et — naturellement — la plaque resta à la place que les combinaisons louches du directeur des Salésiens avaient choisie, où tout le monde, hélas ! a pu la lire et la commenter.

C'était pour moi très pénible ; mais que faire ? J'avais à choisir entre l'abandon de mes droits, l'oubli de mon devoir et le sacrifice de mon amour-propre. Je n'avais pas à hésiter, je devais maintenir mes droits, je devais faire mon devoir, dussent mes sentiments les plus intimes en être affectés. — Me trouvant en présence de deux maux, je devais éviter le pire.

Mais, en disant que la proposition de M. Babled, proposition hautement approuvée, cela va sans dire, par M. Fabrège, toujours versatile, ne reçut pas de réponse, je me trompe : elle en reçut une, non pas le dimanche, comme il en avait été question, mais le lundi matin. Cette réponse se présenta à M. Fabrège sous la forme d'une assignation ; c'était la deuxième assignation projetée par mon avocat, portant sur la construction du porche, et qui avait été différée pour connaître le résultat de ma démarche auprès de M. Fabrège. — Je m'étais empressé de renseigner mon avocat, qui était prêt à agir. C'est ce qui explique pourquoi, dès le lendemain du jour où fut faite la proposition que l'on sait, l'assignation put être signifiée.

Voici sa teneur en ses points principaux :

.... Que la Société civile du Clos-Boutonnet, malgré les conventions arrêtées entre parties, continue la construction de l'église Saint-Georges en apportant aux plans et devis des modifications et des transformations successives ;

Qu'après avoir placé, sans droit, sur le clocher de l'église, une statue de saint Antoine de Padoue, dont l'enlèvement est demandé par une précédente assignation, ladite Société a fait exécuter de sa propre autorité et sans consulter l'exposant, une façade absolument différente de celle qui avait été prévue par les plans et devis ;

Qu'elle supprime de cette façade un avant-corps, qui avait été prévu et que l'exposant entend faire édifier, ainsi qu'il en a le droit ;

Qu'elle a imaginé de placer sur la façade, au lieu et place de cet avant-corps, une niche rapportée, puis une statue, qui a la prétention de représenter saint Georges ;

Que c'est là une œuvre absolument contraire à la convention ;

.... Qu'il y a donc lieu de condamner la société civile du Clos-Boutonnet à enlever la statue de saint Georges, la niche qui la contient, ainsi que l'inscription gravée sur une plaque de marbre, qui vient d'être apposée sur la façade de ladite chapelle ; que les agissements de ladite Société sont tels, qu'il importe à l'exposant d'assurer l'exécution fidèle du plan et des conventions qui sont intervenues ;

Que cette œuvre doit être confiée à un tiers qui fera exécuter les travaux ;

C'est pourquoi l'exposant conclut que le sieur Fabrège, pris en qualité de président de la société civile du Clos-Boutonnet, soit assigné devant le Tribunal civil, pour s'entendre condamner à enlever la statue de saint Georges et la niche qui la contient, ainsi que la plaque de marbre apposée sur la façade ; voir dire et juger que, par les soins de tel architecte qu'il plaira au Tribunal de nommer, les travaux de la construction extérieure de la chapelle saint Georges seront exécutés conformément au plan signé par l'architecte Prat et aux conventions intervenues entre parties, c'est-à-dire que le clocher se terminera par une croix ; qu'un avant-corps sera édifié sur la façade de l'église ; que sur le frontispice de cet avant-corps sera placé le bas-relief de saint Georges avec la dédicace convenue, sous l'offre faite par l'exposant : 1° de contribuer à la dépense, sous déduction de la somme par lui déjà versée, à concurrence de 60,000 francs ; 2° de payer à ses frais et en sus des 60,000 fr., le bas-relief de saint Georges et la pose de ce bas-relief...

Cette réponse... judiciaire n'était-elle pas la meilleure à faire à la proposition insolente de M. Babled ?

Examinons maintenant ce que les conclusions de la Société disent pour la défendre contre les motifs de mon assignation. Je répèterai ensuite à mes lecteurs les diverses périodes de la plaidoirie sur le même sujet.

« ... Attendu qu'il convient de rechercher si
» M. Léon Faulquier peut exiger, en droit, la sup-
» pression :

» 1° De la statue de saint Georges qui figure sur
» la façade de la chapelle ; 2° de la niche qui l'abrite ;
» 3° de la plaque commémorative ;

» Attendu que M. Faulquier est évidemment sans
» droit ; que ces divers objets, la statue, la niche
» rapportée, la plaque de marbre même, constituent
» des ornements ou des adjonctions sur lesquels
» M. Léon Faulquier ne peut rien prétendre ;

» Mais attendu qu'il répugnerait à la Société
» d'user de toutes ses facultés légales dans une ques-
» tion où le sentiment et le tact doivent avoir la plus
» large place ;

» Que la Société fait gracieusement les offres
» suivantes :

» 1° En ce qui concerne la plaque commémorative :

» Attendu que l'inscription de marbre est con-
» forme à l'esprit de l'engagement pris par le repré-
» sentant de la Société, le 27 juin 1895, à l'origine
» même de l'affaire ;

» Que si l'on a voulu rappeler, avec la mémoire
» de Georges Faulquier, la générosité du père, on
» est prêt à modifier ou à supprimer l'inscription, la
» Société n'ayant eu qu'une pensée : rendre hommage
» à la famille ;

» 2° En ce qui regarde la statue de saint Georges :

» Attendu que cette œuvre d'art a des propor-
» tions plus grandes que celle du sculpteur Baussan,
» à laquelle d'ailleurs on se garde de la comparer ;
» que si l'on n'a point placé le bas-relief de l'émi-
» nent artiste, c'est uniquement parce que M. Faul-
» quier a refusé de le livrer, sous prétexte que l'on
» n'a point édifié le péristyle ;

» Mais que l'architecte Prat a déjà offert, avant
» procès, d'aménager la façade actuelle de la cha-
» pelle pour recevoir cette œuvre d'art ; que la
» Société maintient la proposition de Prat et prendra
» les dispositions nécessaires à sa mise en place ;

» Que, par voie de conséquence, la niche dispa-
» raîtra ;

» Attendu qu'il ne saurait être sérieusement ques-
» tion de dépouiller le dévoué et distingué architecte
» de la chapelle de la mission qu'il a assumée ;

» Que si M. Prat, en ce qui touche le péristyle,
» n'a pu se plier à la volonté de M. Faulquier, c'est
» surtout parce que le nerf de la construction, l'ar-
» gent, a fait défaut pour achever le gros œuvre dans
» ses parties essentielles ;

» Que la Société, après le refus de M. Faulquier
» de poursuivre les versements stipulés, a dû, de ses
» deniers propres, avancer le gros œuvre, achever
» le clocher ; qu'il reste encore des travaux impor-
» tants à effectuer d'une urgence autrement pressante
» que la construction de l'avant-corps, qu'il suffit de

» citer les ravalements, les enduits extérieurs et
» intérieurs ;

» Que, dans ces conditions, il ne saurait conve-
» nir à la Société de blesser le bon sens au point
» d'accepter l'offre de l'édification d'un péristyle
» encombrant et superflu, alors que maintes parties
» du gros œuvre, autrement utiles, demeurent inexé-
» cutées ;

» Que, d'ailleurs, le solde offert par M. Faulquier,
» s'il persistait dans cette offre, ne saurait être affecté
» qu'au remboursement des sommes payées, à sa
» place, aux ouvriers par la Société du Pont-Juvénal».
(Conclusions, pages 31, 32 et 33).

Ecoutons maintenant le défenseur de la Société ;
ce qu'il va nous dire ne donnera guère plus de poids
aux conclusions que je viens de citer :

« ... M. Faulquier offre son solde de 10,000 fr.
» pour la construction de l'avant-corps ; cet avant-
» corps, Messieurs, est complètement inutile, et il
» vaudrait mieux que les 10,00 francs fussent offerts
» pour rembourser la Société que pour une construc-
» tion qui n'a aucune utilité.

» ... A l'extérieur se trouve une statue de saint
» Georges, placée sur la porte principale de la cha-
» pelle. Elle est là, à la place d'honneur qui lui est
» due ; le chevalier saint Georges, armé de sa lance,
» a été placé là pour symboliser la garde du sanc-
» tuaire...

» Cette statue de saint Georges, placée à l'entrée

» de la chapelle, n'est pas une vulgaire statuette,
» comme on s'est plu à le dire, et armée d'un morceau
» de bâton ; elle est plus grande que celle du bas-
» relief, elle a coûté très cher, et ce n'est pas un
» bâton qu'elle tient à la main, c'est une flamberge.

» Nous voulions bien placer votre superbe bas-
» relief à la place de cette statue ; mais vous avez
» refusé de le livrer, ainsi qu'il ressort de la corres-
» pondance entre M. Baussan et M. Prat... C'est une
» œuvre d'art merveilleuse que ce bas-relief, vous
» l'avez dit vous-même ; eh bien ! placez-le sur la
» façade ; quand il sera placé, qui verra la statue de
» saint Antoine ? Elle est trop haut pour qu'on la
» voie ; on ne verra que votre bas-relief, c'est un
» chef-d'œuvre, il absorbera toute l'attention des
» visiteurs et aucun doute ne sera possible sur le
» vocable de la chapelle.

» Il y a aussi la plaque de marbre qui rappelle votre
» don de 50,000 francs. Vous vous dites blessé par
» cette inscription qui, pourtant, est à votre louange.
» Tant il est vrai qu'il est difficile de contenter tout
» le monde. En plaçant cette plaque commémora-
» tive, nous avons voulu surtout rendre hommage à
» la famille Faulquier ; cela vous offense, dites-vous,
» et vous demandez de supprimer cette plaque, nous
» n'y mettons pas obstacle.

» La Société est habituée à vous faire des con-
» cessions, elle se gardera bien de vous refuser celle-
» là, puisqu'elle est allée jusqu'à payer de sa caisse,

» de cette pauvre caisse qui alimente les orphelins,
» pour satisfaire vos propres engagements »."

Peut-on concevoir rien de plus incohérent que toutes ces raisons, péniblement élevées les unes à côté des autres pour expliquer la suppresion de l'avant-corps, l'édification d'une niche et la pose d'une plaque, censée commémorative, qui m'insulte !

De ces diverses raisons, pas une n'est valable.

Que faut-il penser de celle qui place ces trois objets, statue, niche et plaque, au rang des ornements et adjonctions ? — Ornements d'un goût très discutable ; adjonctions frauduleuses. — Si on lui oppose, à cette pauvre raison, que ces soi-disant ornements venaient occuper la place destinée à un avant-corps, prévu par le plan ; qu'on les a posés là indûment, sans aucun droit, en allant à l'encontre des accords pris, que devient-elle ? Eh ! mon Dieu, elle va rejoindre à la hâte, là où nous l'avons déjà relégué, l'argument de même nature donné par la Société, pour la statue de saint Antoine.

On a placé la statue de saint Georges parce que j'ai refusé ce bas-relief, œuvre de Baussan ? J'ai refusé ce bas-relief, c'est vrai, mais parce qu'on voulait le mettre à un endroit qui ne convient pas du tout à ce motif. — Et pourquoi voulait-on le placer là ? Parce que l'avant-corps, au fronton duquel le bas-relief est destiné, n'était pas construit.

La belle raison, ma foi ; on n'avait qu'à le construire. Ah ! les conclusions ont beau dire que, si on ne l'a pas construit c'est à cause du manque d'argent, elles se heurtent lourdement contre mon offre de payer cette construction. Et quand elles objectent que cet avant-corps est encombrant et inutile ; que ce serait *blesser le bon sens* que d'employer à l'édifier un argent qui trouverait un emploi bien plus rationnel à d'autres travaux très urgents, de première nécessité ; que, d'ailleurs, cet argent devrait, avant tout, servir à rembourser à la Société les sommes qu'elle a payées à ma place, ces objections viennent se briser contre l'éloquence des faits. C'est d'abord le plan, dont l'avant-corps fait partie intégrante ; pourquoi trouver maintenant inutile et encombrante cette construction qui, d'après M. Babled lui-même, complète si heureusement la chapelle ? — Il suffit de considérer la situation de l'édifice pour voir tout de suite que le porche n'aurait rien d'encombrant ; mais je ne veux retenir que le grief d'inutilité. La chapelle peut très bien se passer de ce porche, c'est évident, comme elle pouvait se passer de clocher, et aussi de tous ces ornements extérieurs, clochetons, bobéchons, etc. On a édifié le clocher, pourquoi ? parce qu'il faisait partie du plan ; on a posé ces ornements, vilains ou non, pourquoi ? parce qu'ils étaient indiqués sur le plan. Alors pourquoi refuser de construire le porche ? Peut-on dire qu'il n'est pas sur le plan ? Et suffit-il d'objecter qu'il est inutile ?

Mais qu'y a-t-il de plus inutile, pour ne nous occuper que des travaux faits depuis la reprise, que la peinture du plafond et les simili-colonnes de la nef, en briques recouvertes de stuc ? Au lieu d'employer les fonds... prêtés à ce luxe, aussi coûteux que criard et sans raison, n'était-ce pas plus sage de s'occuper du ravalement, par exemple, ou du crépissage des murs ? — Il fait beau, vraiment, voir la Société me donner des leçons de sagesse quand elle a gaspillé *ses* fonds sur des travaux de fantaisie. — Je les paie, dira-t-elle. Très bien ! mais je paie, moi, les travaux de l'avant-corps, et ils ne sont pas de luxe, ceux-là, quoi qu'on en dise...

Quant aux payements faits par la Société, *à ma place*, c'est, de sa part, une subtilité maligne que de les invoquer. L'obligation pour elle de terminer la chapelle reste la même, que ces payements aient été faits par la Société ou par moi ; si je les avais effectués, mon solde d'environ 10,000 francs serait absorbé, voilà tout. L'essentiel, pour mes adversaires, est que je reconnaisse devoir ce solde ; je l'ai si bien reconnu, que j'ai proposé de l'employer à construire l'avant-corps et à verser ensuite les fonds que cette construction n'aurait pas absorbés.

Mais la Société a refusé ce solde. Au cours de l'entretien que M. Babled, chez M. Fabrège, eut avec mon mandataire, il lui dit formellement qu'il avait renoncé à mes 10,000 francs, qu'il n'en avait plus besoin ; et la plaque de marbre est là pour confirmer ce refus.

Quand M. Babled tint ce langage, il était incompréhensible, ce refus ; une fois la plaque mise sur la chapelle, il est devenu coupable. Et du moment que je demandais à ce que mes fonds fussent employés à l'avant-corps et qu'on s'est obstiné à ne pas le faire, c'est avouer qu'on ne voulait pas construire cet avant-corps, non pas pour l'avant-corps lui-même, qui était édifié avec des fonds sur lesquels la Société ne comptait plus, mais pour ne pas voir scellée à jamais sur le frontispice de la chapelle, une image trop éloquente !

— Oui, je sais bien que vous m'avez offert de placer cette image sur la porte de la chapelle ; et même votre avocat a su être séduisant dans sa plaidoirie en faisant valoir les beautés du bas-relief, *magnifique chef-d'œuvre qui aurait absorbé toute l'attention des visiteurs au point qu'on n'aurait plus vu la statue de saint Antoine*. — Mais je ne pouvais pas être dupe de cette combinaison, Messieurs mes adversaires, je l'avais trop comprise, et c'est pour cela que j'ai persisté à demander la construction de l'avant-corps.

Comme il fallait s'y attendre, la Société a protesté contre ma demande au Tribunal de confier à un autre architecte que M. Prat la construction de l'avant-corps : *Il ne saurait être sérieusement question de dépouiller le dévoué et distingué architecte de la chapelle de la mission qu'il a assumée.* — Eh bien ! si, il devait en être *sérieusement question*, car l'attitude prise par M. Prat, dans ce conflit, n'était pas du tout celle qu'il aurait dû garder. D'abord, il s'était tourné contre M. Fabrège, qui *osait* critiquer ses plans ; puis il s'était déclaré hostile à mes droits, parce que je ne lui avais pas compté les fonds qu'en se trompant il me réclamait à moi et non à la Société. Cette hostilité était trop marquée, trop partiale, trop violente pour que je pusse consentir, de gaieté de cœur, à utiliser ses services, sur lesquels, d'ailleurs, je savais que je n'avais pas à compter.

Relativement à la statue de saint Georges elle-même, je n'ai que peu de chose à en dire. La valeur a été discutée, j'en conviens, par mon assignation, par mon avocat, voire par le rapport de M. Carlier, architecte. Mais il suffit que la Société déclare qu'elle n'est pas une vulgaire statuette, qu'elle est en biscuit, qu'elle a coûté fort cher, pour que je fasse, ici, amende honorable ; ce qui, toutefois, ne m'empêche pas de protester contre la présence de cette statue à une place qui n'est pas la sienne. Cependant, la Société ne me paraît pas, elle-même, bien connaître sa statue ; car son avocat, en parlant d'elle, dit : *Le chevalier saint Georges, armé de sa lance, a été placé là pour garder le sanctuaire*; et puis : *Ce n'est pas un bâton qu'elle* (la statue) *tient à la main, c'est une flamberge* — Voyons, qu'est-ce, en réalité, une lance, un bâton, une épée ?

Pour justifier la pose de la plaque de marbre, la Société ne trouve rien de mieux à dire que ces deux énormités :

1° L'inscription est conforme à l'esprit de l'engagement pris par M. Babled à l'origine même de l'affaire, le 27 juin 1895 ;

2° La Société a voulu rappeler, avec la mémoire de Georges Faulquier, la générosité du père ; elle n'a eu qu'une pensée : rendre hommage à la famille.

Et l'avocat de renchérir sur cette deuxième raison, en disant : «Vous êtes blessé par cette inscription ? Et pourtant elle est à votre louange. Tant il est vrai qu'il est difficile de contenter tout le monde ».

Je prouve la première énormité en plaçant sous les yeux de mes lecteurs l'inscription proposée par M. Babled, le 27 juin 1895, à côté de l'inscription gravée sur le marbre :

Le 27 juin 1895, M. Babled proposait :	On a gravé sur la plaque de marbre :
A la mémoire et pour perpétuer sur terre à tout jamais le souvenir de Georges Faulquier, prématurément enlevé à son pays, à sa famille, à la religion, dont il était la force et la consolation, la famille Léon Faulquier a élevé ce sanctuaire.	*A la mémoire de M. Georges Faulquier, mort à la fleur de l'âge, le 17 juin 1895.* *M. Léon Faulquier a fait don, pour la construction de cette chapelle, d'une somme de 50.000 francs.*

La maxime : Nécessité n'a pas de loi, est ici bien appliquée. La Société a jugé nécessaire, pour sa défense, de dire que la plaque de marbre était conforme à l'engagement pris par son directeur à l'origine de l'affaire, et elle s'est affranchie de la loi que lui faisait la vérité de ne pas le dire...

La seconde énormité est aussi... énorme que la première. Je n'avais jamais autorisé M. Babled ou la Société à rappeler d'une manière quelconque *ma générosité*, encore moins sur une plaque de marbre affichée en public. — Quand, aux premières démarches, M. Babled essayait de tenter ma vanité par ses projets de publicité, je lui répondis ceci : *Tous les avantages que vous faites valoir ne peuvent pas être d'un grand poids dans ma détermination. Je ne suis pas homme à me laisser influencer par des considérations du genre de celles que vous m'exposez.* — Et, plus tard, après la signature du contrat du 10 mars, M. Fabrège ne m'écrivait-il pas : *Avec une modestie qui rehaussait votre mérite, vous avez essayé d'atténuer votre largesse...* Il savait donc, M. Babled, il savait donc, M. Fabrège, que j'étais opposé à toute publicité, et qu'en mettant mon bienfait au grand jour, sous une forme aussi brutale, aussi crue : *M. Léon Faulquier a fait don d'une somme de 50,000 francs,* au lieu de me rendre hommage, on me froissait...

Tant il est vrai, disent mes adversaires, par l'organe de leur avocat, *qu'il est difficile de contenter tout le monde !* Cette plaque ne pouvait contenter qu'eux-mêmes ; ils le savaient bien, puisque, dès le lendemain de sa pose, j'avais fait une tentative, auprès de M. Fabrège, pour la faire enlever, tentative dont, prudemment, ils évitent de parler dans leurs conclusions et dans leur plaidoirie. — Et c'est parce qu'ils le savaient qu'ils l'ont placée sans mon consentement ; qu'ils ont refusé de l'enlever quand je le leur ai demandé ; qu'ils ont mis à cet enlèvement des conditions impérieuses et inacceptables. — M. Babled l'a dit sans détours à mon représentant : *Cette plaque, c'est ma cuirasse ; elle va me protéger contre les attaques de M. Faulquier*...

Et quand, au procès, mes adversaires ont offert *généreusement* de la supprimer : *La Société est habituée à vous faire des concessions, elle se gardera bien de vous refuser celle-là,* ils ont montré la même générosité qu'un bourreau qui, après avoir poignardé sa victime, consentirait à retirer le poignard de la plaie !

XXI

LA BÉNÉDICTION DE LA CHAPELLE

> Souffrez qu'en vous indiquant les dehors de cette cérémonie, je vous en développe l'esprit.
>
> MASSILLON.

La reprise des travaux à la chapelle et l'activité fiévreuse avec laquelle M. l'abbé Babled les poussait, surtout à l'intérieur, et qui se maintenait, malgré la perspective du procès, m'indiquaient, très clairement, que mon adversaire cherchait à ouvrir la chapelle au culte le plus tôt possible.

Mais si, en reprenant les travaux à mon insu, en les faisant exécuter à sa guise, hâtivement et sans ordre, M. Babled se posait en maître absolu de la fondation ; si, dans l'érection de la statue de saint Antoine, dans la pose de la figurine de saint Georges et de la plaque appelée « commémorative », il avait méconnu mes droits et faussé le plan, au moins ne pourrait-il pas, pour inaugurer la chapelle, procéder avec la même autorité, la même indépendance, le même dédain des engagements contractés ; il allait se trouver arrêté par la volonté de Mgr l'Evêque, devant laquelle il devait s'incliner ; car, pour inaugurer la chapelle, il fallait la bénir ; pour la bénir, il fallait l'agrément de Sa Grandeur, et Mgr l'Evêque, connaissant mieux que personne mes droits directs sur cette fondation, ne ferait rien sans avoir mon consentement.

Ainsi pensais-je, en voyant que les assignations restaient sans aucun effet ; en voyant qu'on travaillait à la chapelle comme si rien ne s'était passé.

Mes lecteurs ont remarqué que, dans ma lettre à M. le chanoine Balp du 2 mars, je faisais allusion à la bénédiction de la chapelle, que je prévoyais déjà ; et je priais l'honorable Supérieur des Missionnaires de prévenir Monseigneur que je n'étais pas du tout consentant à cette bénédiction.

Et, en effet, dans l'état où se trouvait la chapelle, avec, surtout, une statue de saint Antoine de Padoue sur le clocher, une plaque de marbre sur la façade, dont l'inscription me blessait, je ne pouvais pas consentir à ce qu'elle fût bénite, c'est-à-dire livrée au culte ; cela, de ma part, aurait été une sorte d'acquiescement à ce qui avait été fait et, par suite, un énorme non-sens, une inexplicable contradiction avec le procès qui était engagé.

Je ne laissais pas, cependant, d'être dans la crainte, et cela avec quelque raison, car il me venait aux oreilles des bruits, encore imprécis, c'est vrai, mais qui n'étaient pas, me semblait-il, dénués de fondement : on disait que la chapelle serait bientôt ouverte, dans quelques jours, pour les fêtes de Pâques... Avec un homme tel que M. Babled, il fallait s'attendre à tout et prendre beaucoup de précautions pour ne pas être surpris ; j'en avais fait, maintes fois, la triste expérience.

Et un jour que je faisais part à mon avocat des bruits qui circulaient et des craintes qu'ils me faisaient concevoir, en l'instruisant de ce que j'avais écrit, au sujet de la bénédiction, à M. le chanoine Balp, le 2 mars, il me conseilla d'écrire de nouveau au dévoué intermédiaire de l'Evêché, afin de lui rappeler que je m'opposais à l'inauguration de la chapelle. Ce conseil était trop en concordance avec mes idées, pour que je ne le suivisse pas sur-le-champ. Du reste, j'avais à renseigner M. Balp sur ce qui s'était passé, depuis ma lettre du 2 mars, relativement au procès que cette lettre lui faisait pressentir ; je n'avais que trop tardé à le faire : nous étions au 26 mars.

Je lui écrivis donc en ces termes :

MONSIEUR LE CHANOINE,

J'ai l'honneur de vous confirmer ma lettre du 2 mars courant.

Je vous disais, dans cette lettre, que mon débat avec M. l'abbé Babled entrait dans une phase aiguë, car j'avais dû, en présence des dispositions prises pour la pose d'une statue au faîte du clocher, le sommer, par huissier, de ne pas ériger cette statue. Naturellement M. Babled ne tint pas compte de cette sommation, et la statue — représentant saint Antoine, bien entendu — fut placée, ce qui valut à M. Babled une nouvelle sommation pour la descendre tout de suite. Ces deux sommations, restées sans effet, ont été suivies de deux assignations devant le Tribunal de première instance.

Le procès est donc engagé ; il sera plaidé en son temps.

Dans ma dernière lettre je vous priais de prévenir Mgr l'Evêque, pour le cas où M. Babled lui demanderait la bénédiction de la chapelle, que je m'y opposais en l'état. Je ne sais, Monsieur le Chanoine, si vous avez fait part à Monseigneur de ma détermination ; mais j'entends dire de divers côtés que M. l'abbé Babled a l'intention de faire consacrer la chapelle bientôt, afin de pouvoir l'ouvrir au culte pour les fêtes de Pâques. — Ce fait m'amène à vous réitérer que je m'oppose formellement à cette inauguration, qui ne peut se faire sans mon consentement, puisque je suis le propriétaire de la chapelle. Et j'espère que si vous n'avez pas encore prévenu Mgr l'Evêque, vous voudrez bien l'avertir sans plus tarder. D'ailleurs, Sa Grandeur sera bien aise de connaître mes intentions et trouvera mon attitude pleinement justifiée par la situation actuelle du conflit.

Je tiendrais beaucoup à connaître, si c'est possible, la réponse de Monseigneur à votre communication ; je ne saurais douter un seul instant que toute satisfaction ne me soit donnée par Sa Grandeur.

Je vous prie, Monsieur le Chanoine, d'excuser une fois encore mon importunité, et vous présente mes salutations bien respectueuses.

L. Faulquier.

26 mars 1898.

M. le chanoine Balp s'empressa de me rendre le nouveau service que je sollicitais de son obligeance, et le 31 mars il m'écrivit ce qui suit :

Monsieur Léon Faulquier,

J'ai fait votre commission auprès de Monseigneur. Sa Grandeur m'a répondu qu'elle était toute disposée à respecter vos droits de propriétaire, qui l'empêchaient de permettre la bénédiction de la chapelle Saint-Georges, sans votre agrément.

Agréez, Monsieur Faulquier, l'hommage de mes sentiments respectueux.

Balp.

31 mars 1898.

Je fis immédiatement connaître cette réponse catégorique à mon avocat, qui la trouva parfaite.

Je n'avais donc plus rien à craindre : quand M. Babled jugerait le moment venu de faire bénir la chapelle — car je ne doutais pas qu'il ne poursuivît ses projets jusque-là — il se verrait contraint de s'amender en s'inclinant devant l'autorité de son évêque. Cela pourrait amener un revirement salutaire dans ses idées et dans ses actes ; en tous cas, il ne mépriserait pas mes droits jusqu'au bout, et, soit de bon gré, soit de force, il serait obligé de les respecter sur ce point extrême mais capital de la bénédiction.

C'est parfaitement convaincu qu'il en serait ainsi, que je répondis à M. le chanoine Balp pour le remercier et pour lui parler en même temps de la pose de la plaque commémorative, incident dont je ne l'avais pas entretenu. Cet incident me permettait de le bien pénétrer que M. Babled agissait réellement en maître, et que mes précautions concernant la bénédiction de la chapelle étaient plus que motivées.

Voici ma lettre à M. Balp :

Monsieur le Chanoine,

Ce matin, j'ai reçu votre lettre du 31 mars.

Je m'empresse de vous présenter mes remerciements pour la communication qu'elle me fait...J'étais certain que Mgr l'Evêque, connaissant mon désir au sujet de la bénédiction de la chapelle Saint-Georges, daignerait en tenir compte. Je lui en suis profondément reconnaissant.

Afin de mettre ma fondation à l'abri de toute éventualité, Mgr l'Evêque m'a imposé, en quelque sorte, la propriété de la chapelle ; Sa Grandeur m'a déclaré, pour me décider à accepter cette propriété dont je ne voulais pas, qu'il n'y avait que ce seul moyen pratique et sûr. J'ai donc accepté cette combinaison très sage. Mais M. Babled semble prendre à tâche de la détruire, non seulement en agissant comme s'il était le seul propriétaire de la fondation, mais par la pose récente, sur la porte extérieure de la chapelle, d'une plaque de marbre qui porte, gravée, l'inscription suivante :

A la mémoire de M. Georges Faulquier, mort à la fleur de l'âge, le 17 juin 1895.

M. Léon Faulquier a fait don, pour la construction de cette chapelle, d'une somme de 50.000 francs.

Cette inscription, dans sa seconde partie, me blesse profondément ; mes sentiments les plus intimes en sont atteints. La plaque étant posée lors des fêtes données ces jours-ci chez les Salésiens, un grand nombre de personnes l'ont lue et ont dû être peu édifiées de mon manque absolu de modestie. J'étais tellement peiné, froissé par cette inscription, que je suis allé jusqu'à faire faire, auprès de M. Babled, une démarche pour le prier d'enlever la plaque. Il s'y est refusé.

Mais l'inscription ne fait pas que me blesser ; elle a l'air de me dépouiller de mon titre de propriétaire de la chapelle, en proclamant au grand jour que j'en suis seulement le bienfaiteur pour 50,000 francs. C'est de l'audace, à moins que ce ne soit une complète aberration d'esprit...

A la première assignation demandant la descente de la statue de saint Antoine du clocher, j'en ai joint une autre demandant à ce que la plaque fût enlevée, car cette plaque ne fait pas du tout partie du plan. Les deux faits seront jugés ensemble.

Je livre tout cela, Monsieur le Chanoine, à votre appréciation. Mon conseil, qui agit dans cette affaire, ne peut comprendre l'attitude de mon adversaire ; il la trouve bizarre, inexplicable. Elle est pis que cela, n'est-ce pas, Monsieur Balp ?

En vous renouvelant mes remerciements, je vous prie d'agréer, Monsieur le Chanoine, l'assurance de ma bien respectueuse considération.

L. FAULQUIER.

1er avril 1898.

Ma quiétude, si je peux appeler ainsi le calme relatif qui résultait de ma confiance en la protection de l'Evêché, persistait malgré qu'on continuât à travailler dans la chapelle. Il n'était pas possible, me disais-je, que M. Babled, lui qui ne laissait rien au hasard, n'eût pas aperçu l'obstacle devant lequel il allait échouer ; ce n'était donc pas en vue de la prochaine bénédiction de la chapelle qu'il faisait travailler : il s'agissait sans doute d'une ornementation quelconque qui, étant entamée, devait être continuée jusqu'à la fin.

Aussi bien les fêtes de Pâques étaient tout proche, la chapelle ne pouvait plus être inaugurée avant qu'elles ne fussent célébrées.

Puis ces grandes fêtes passèrent ; rien de nouveau ne s'était produit.

Cependant, les bruits qui avaient couru déjà sur la bénédiction prochaine, reprirent de plus belle ; il ne n'agissait plus de Pâques, on parlait de l'ouverture pour la Saint-Antoine de Padoue, le 13 juin ; on indiquait aussi le 19 mai, jour de la fête de l'Ascension.

Enfin je ne savais rien de positif ; je sentais que tous ces bruits étaient plus ou moins sérieux ; mais ils me troublaient, m'agaçaient, précisément parce qu'ils n'apportaient aucune indication certaine.

Il vint même un moment où je me surpris à douter de l'efficacité de la protection derrière laquelle je m'étais mis. Alors, je voulus savoir à quoi m'en tenir sur la véritable situation de l'abbé Babled vis-à-vis de l'Evêché ; je questionnai des personnes compétentes et j'appris que M. Babled, prêtre régulier, appartenant de plus à un ordre religieux d'origine italienne, pouvait très bien jouir du droit d'exemption ; ce privilège, en l'enlevant à la juridiction épiscopale ordinaire, lui permettait de ne relever que du Pape seul.

Ce renseignement m'ôta toute illusion. Il devait certainement en être ainsi qu'on venait de me le dire, et M. Babled devait se proposer de bénir la chapelle sans en référer à Monseigneur l'Evêque, ce qui expliquait fort bien la continuation des travaux. Peut-être avait-il déjà obtenu l'autorisation nécessaire du Saint-Siège.

Mais en agissant ainsi, c'était encore piétiner les

conventions, car le contrat du 10 mars 1896 disait formellement dans son article 1ᵉʳ : que l'exercice du culte serait assuré dans la chapelle Saint-Georges, *sous la haute approbation de l'autorité diocésaine*. Si M. Babled ne demandait pas cette approbation, il violerait encore une fois le contrat.

Cette question fut étudiée avec mon conseil ; il résulta de cette étude, que le contrat empêchait bien réellement la bénédiction de la chapelle, sans l'autorisation formelle de Monseigneur l'Evèque. M. Babled avait beau jouir du privilège de l'exemption, ce n'était pas lui qui, régulièrement, devait décider, c'était la société civile du Pont-Juvénal, et elle ne pouvait pas se soustraire à l'autorité épiscopale en ce qui concernait ce cas spécial de la bénédiction. C'était donc à Monseigneur, par déférence d'abord, par les obligations contractées ensuite, que la Société devrait s'adresser et non à un prêtre régulier, malgré que ce prêtre fût son directeur. Mais il pouvait se faire que le conseil d'administration, dont M. Babled, suivant le propre aveu de M. Fabrège, absorbait toutes les attributions, ne fût pas au courant de toutes ces choses ; il importait donc de le saisir de la question.

En conséquence, nous décidâmes que j'écrirais à M. le chanoine Balp, à l'effet de le mettre en garde contre l'intention probable — sinon certaine — qu'avait M. Babled de bénir la chapelle, en passant par-dessus l'autorisation de l'Evèché. Monseigneur l'Evêque, une fois averti, pourrait peut-être agir auprès du conseil d'administration de la Société pour l'empêcher, sur ce fait de la bénédiction, de transgresser le contrat du 10 mars 1896.

Sans perdre de temps, j'envoyai la lettre suivante à M. Balp :

MONSIEUR LE CHANOINE,

J'ai l'honneur de vous confirmer ma lettre du 1er avril.

Après ce qui s'est passé entre Mgr l'Evêque et moi, après ce que vous m'avez écrit à la date du 31 mars dernier, il est constant que Sa Grandeur tient absolument à faire respecter mes droits de propriétaire, en n'autorisant pas la bénédiction de la chapelle Saint-Georges.

Mais M. l'abbé Babled a-t-il besoin de l'autorisation de Monseigneur pour bénir la chapelle ?... Il ne me serait point venu à la pensée de poser cette question, si je n'avais pas appris dernièrement, de divers côtés, que le directeur des Salésiens se proposait d'agir, sans rien demander à l'autorité diocésaine. S'abritant derrière son titre de prêtre régulier, il a l'intention de bénir la chapelle dès qu'elle sera suffisamment en état pour être livrée au culte.

Si les choses se passent ainsi, et l'intention de l'Abbé est formelle, m'assure-t-on, ne sera-ce point une surprise pour Sa Grandeur ? J'ai parlé de cette éventualité à mon conseil, qui s'en est ému, car il connaît assez la nature de mon contradicteur, pour comprendre que rien ne l'arrêtera dans ses mauvais procédés à mon égard. Cependant, après examen du contrat qui nous lie, la société du Clos-Boutonnet et moi, mon conseil estime que l'article 1er de ce contrat place la Société sous la dépendance absolue de Mgr l'Évêque en ce qui concerne l'exercice de la chapelle.

Cet article 1er est ainsi conçu :

« La société du Clos-Boutonnet autorise M. Faulquier à

» construire, sur son terrain du Clos-Saint-Antoine, une cha-
» pelle qui sera sous le vocable de saint Georges ; la société
» du Clos-Boutonnet assurera l'exercice du culte catholique
» dans cette chapelle par les prêtres salésiens, sous *la haute*
» *approbation de l'autorité diocésaine* ».

N'êtes-vous pas, Monsieur le Chanoine, de l'avis de mon conseil ? Cet article n'oblige-t-il pas la société du Clos-Boutonnet à s'assurer de l'autorisation de l'Évêque pour bénir la chapelle et l'ouvrir au culte ? S'il en est bien ainsi, M. l'abbé Babled, qui n'est que le directeur de la Société, relevant, par conséquent, du conseil d'administration, n'a pas le droit d'agir comme il prétend le faire ; son titre d'exempt ne lui sert de rien en l'espèce, si la Société l'empêche d'aller de l'avant dans ses projets... déloyaux.

Et comme Monseigneur ne veut pas que mes droits dans cette fondation soient méconnus, il ne manquera pas, une fois au courant des projets de M. Babled, d'agir auprès du conseil d'administration de la société du Clos-Boutonnet, de manière à les enrayer.

Sa Grandeur trouvera, dans ce Conseil, des hommes sérieux et honorables, soucieux des engagements pris et qui tiendront, avant tout, à les faire respecter.

Sans cela, je crois bien, Monsieur le Chanoine, que malgré Monseigneur l'Evêque lui-même, l'abbé Babled ne donne une fois de plus le triste spectacle de sa révolte contre le bon droit, de son dédain pour toute autorité.

Daignez recevoir, Monsieur le Chanoine, l'expression de mes sentiments respectueux.

LÉON FAULQUIER.

3 mai 1898.

Et le lendemain, ayant appris que la réunion annuelle du conseil d'administration de la société du Pont-Juvénal devait avoir lieu dans quelques jours, le 9 mai, je m'empressai d'en donner avis à M. Balp par la lettre qu'on va lire :

Monsieur le Chanoine,

Comme suite à ma lettre d'hier, je vous informe que le conseil d'administration de la société du Clos-Boutonnet doit avoir sa réunion annuelle lundi prochain, 9 mai courant.

J'apprends la chose aujourd'hui seulement et je me hâte de la porter à votre connaissance. Car si, comme je me plais à le croire, Monseigneur l'Evêque daigne faire une démarche auprès de ce Conseil, il serait utile qu'elle eût lieu bien avant cette réunion.

Je suis importun, je le crains bien, mais votre indulgence dépasse mon importunité ; je suis donc certain de vous voir agréer les très sincères excuses que je vous présente, en vous priant de croire à tout mon respect.

L. Faulquier.

4 mai 1898.

Cette réunion, comme on le voit, arrivait on ne peut plus à propos. Il serait ainsi plus aisé, pour Monseigneur l'Evêque, de faire connaître sa pensée au Conseil et d'en obtenir une satisfaction qui m'était bien due.

Il paraît que mon appréciation était erronée ; que j'avais mal vu le cas dans lequel j'allais placer l'Evêché ; c'est ce que m'apprit la lettre de M. le Chanoine Balp que je vais reproduire.

Monsieur Faulquier,

Je regrette de n'être pas tout à fait de votre avis. Que l'article Ier du contrat oblige la Société à demander l'autorisation de Monseigneur, je ne le conteste pas ; mais que Monseigneur aille au-devant de cette Société qui ne lui parle de rien, je crois que ce serait contraire à sa dignité, et je ne me charge pas de le lui demander. Si jamais la chapelle se bénit, Monseigneur aura qualité pour demander à l'abbé Babled qui l'a autorisé à faire cette bénédiction. Si on lui montre des pouvoirs du Pape, Sa Grandeur n'aura qu'à s'incliner ; mais il restera toujours, je pense, que la chapelle ne pourra pas être ouverte au public sans l'autorisation épiscopale.

Voilà, à mon avis, le seul point de vue sous lequel doit être considérée l'affaire. Il n'y a donc qu'à attendre les évènements.

Daignez agréer, etc.

BALP.

5 mai 1898.

M. le chanoine Balp était, sans doute, dans le vrai. — Placé comme je l'étais, je ne pouvais probablement pas apprécier les choses sainement ; trop absorbé par ma défense contre des manœuvres déloyales, je ne devais pas bien juger la portée des armes que je voulais employer ; souffrant beaucoup de me trouver dans une pareille situation, il me semblait que tout le monde devait m'apporter des soulagements ; aveuglé par l'évidence de mon bon droit, sans cesse discuté, sans cesse dédaigné, je ne voyais rien autre chose et j'aurais voulu que, comme les miens, tous les regards se portassent sur cette évidence ; mon esprit et mon cœur étant profondément atteints par cette pensée que ma fondation passait, malgré moi, en d'autres mains, je devenais exigeant sur la protection dont je sentais le besoin ; trop torturé, je ne m'apercevais pas que mes plaintes tournaient à l'obsession...

Aujourd'hui, en écrivant ces lignes d'excuses, je vois mieux mes erreurs, mes exigences, mes fautes, et je me demande comment j'ai pu me laisser abattre au point d'avoir perdu la simple notion du bon sens. C'est une faiblesse, je le reconnais, et je prie les personnes qui en ont ressenti les ennuis, de me la pardonner ; elles le feront facilement si elles daignent se rappeler combien moralement j'ai été éprouvé dans cette déplorable lutte.

Mais en voyant la conclusion de la lettre de M. le chanoine Balp, qui me disait d'attendre les évènements, je fus péniblement affecté. Attendre ne me paraissait pas une solution, et je pressentais bien que les évènements, en les attendant, ne m'apporteraient qu'une douleur de plus, car M. Balp lui-même ne considérait-il pas comme très possible, probable plutôt, la bénédiction de la chapelle en dehors de Mgr l'Evêque ? S'il n'en avait pas été ainsi, M. Balp se serait fait un devoir de me rassurer, et sa lettre était loin d'être rassurante.

J'attendis ; que pouvais-je faire, en vérité ? — Ma conviction était que la chapelle serait bénite d'un jour à l'autre, et je sentais que je ne pouvais pas empêcher cette bénédiction par moi seul, car si j'avais fait des démarches auprès du conseil d'administration de la Société, à quoi auraient-elles abouti ? A rien, certainement. Ces démarches, pour être prises en considération, devaient avoir un caractère que je ne pouvais pas leur donner, un caractère que j'appellerai *officiel ;* sans ce caractère elles perdaient toute leur valeur, tout leur poids : on ne les aurait vues qu'inspirées par le dépit, la colère, la haine peut-être, tandis qu'en réalité, elles ne l'étaient que par la justice, la loyauté, le respect d'un engagement solennel.

Il était incontestable que la bénédiction de la chapelle, par elle-même, en tant que bénédiction, ne pouvait pas motiver mon opposition; ce n'était que la manière dont il serait procédé à cette cérémonie, et il ne m'appartenait pas d'entrer, par moi-même, dans cette question canonique.

Malgré mon excitation et mon trouble, je compris tout cela en lisant la lettre de M. Balp qui, très clairement, me disait qu'il n'y avait pas d'autre parti à prendre que d'attendre. — Et, je le répète, j'attendis.

Mes pressentiments se trouvèrent réalisés plus tôt que je ne l'aurais cru. Le 21 mai, vers 8 heures du soir, je reçus de M. Babled la lettre que voici :

MONSIEUR,

Nous avons l'intention de profiter du passage, pour quelques heures, de Don Bologne, pour faire bénir la chapelle Saint-Georges. Le nombre des enfants du patronage qui sont venus s'adjoindre aux internes rend urgente l'ouverture de cette chapelle. Mgr de Cabrières en fera, plus tard, la consécration, quand tous les travaux seront terminés.

Il est de notre devoir de vous prévenir que la cérémonie aura lieu demain dimanche, 21 mai, à 7 heures du matin, afin que vous puissiez y assister, si vous le désirez, à la place qui vous est due.

Veuillez agréer, Monsieur, l'hommage de mes sentiments religieux.

BABLED,
délégué du Conseil d'Administration.

P. S.— On bénira également la statue de saint Georges, placée à l'intérieur de la chapelle.

21 mai 1898.

Cette lettre n'avait été écrite, on le sentait à chaque ligne, que pour donner satisfaction à ce que M. Babled, *délégué du Conseil d'administration,* appelait *notre devoir*. Il accomplissait ce devoir passivement, strictement, sans rien de plus. Et il ne craignait pas de m'inviter à une cérémonie qui devait avoir lieu à sept heures du matin, la veille au soir, à la dernière heure. Quel manque absolu de tact et de bienséance ! Quelle éloquente façon de me dire que l'on ne m'invitait que pour la forme et que je ferais bien de rester chez moi !...

Et j'y restai, mes lecteurs le pensent bien. Je ne pouvais pas assister à cette cérémonie de la bénédiction d'une chapelle élevée au nom de mon fils, quand on m'avait chassé de cette fondation, quand on l'avait dénaturée, quand on l'avait appropriée à des besoins spéculatifs, comme si la pensée pieuse, digne de tous les respects, qui l'avait édifiée, s'était dissipée sous le souffle impérieux de l'ambition de mon adversaire !

Je ne le pouvais pas non plus pour une considération d'une autre nature. Cette bénédiction était donnée en opposition avec la clause du contrat du 10 mars ; en y assistant, je devenais le complice d'une action blâmable, je m'associais au dédain que l'on montrait pour l'autorité épiscopale.

Je devais donc protester contre l'inauguration de la chapelle faite dans de pareilles conditions, mais je n'avais qu'un moyen de protester, c'était de ne pas assister à la cérémonie, malgré *la place qui m'était due,* comme disait la lettre de M. Babled.

— Ah! la place qui m'était due, Monsieur l'Abbé, ce n'est pas celle que vous me réserviez ce jour-là ; ce n'était pas une place d'honneur que je voulais dans cette chapelle, au sein de cette fondation ; c'était une place quelconque, dans un coin obscur, peu m'importait, pourvu que j'y eusse trouvé, dans le silence et le recueillement, le calme dont mon âme avait besoin. Tandis qu'à votre place d'honneur, qu'aurais-je trouvé, sinon le dégoût causé par le triste spectacle de vos machinations inavouables et la révolte que m'aurait inspirée votre attitude dominatrice ?

Quelle différence entre cette cérémonie de bénédiction et la cérémonie de la pose de la première pierre ! Autant celle-ci avait été bruyante, pompeuse, solennelle, autant celle-là était silencieuse, dissimulée, mesquine. La bénédiction de Mgr l'Évêque avait été sollicitée pour commencer l'édifice ; on s'en passait pour l'inaugurer. La grande parole du chef vénéré du diocèse était venue sanctifier les premiers travaux ; à peine quelques prières furtives essayaient de bénir les derniers. Le début avait été un sujet d'édification ; la fin indiquait une grave discorde. Ici, la joie pure que donne le bienfait, le doux espoir de le voir profitable : là, rien que l'amère déception en présence de ce bienfait avili, la brutale réalité d'une profanation !

Donc, le 22 mai 1898, au matin, la chapelle fut bénite par le Directeur de l'établissement des Salésiens à Marseille, don Bologne, assisté du Directeur de l'établissement de Montpellier, don Babled. Voici un extrait du procès-verbal de cette cérémonie, que les documents de mes adversaires ont publié, ce qui me permet de le placer dans ce livre :

Extrait du procès-verbal de la bénédiction de la chapelle Saint-Georges dans l'enclos de Saint-Antoine-de-Padoue.

Le 22 mai 1898, à 7 heures 1/2 du matin, dans l'enclos Saint-Antoine-de-Padoue, propriété de la société anonyme du Pont-Juvénal (anciennement du Clos-Boutonnet), il a été procédé à la bénédiction d'une chapelle dédiée à saint Georges, en souvenir du regretté M. Georges Faulquier, décédé le 17 juin 1895...

M. Léon Faulquier, insigne bienfaiteur de cette chapelle, et quelques autres grands bienfaiteurs avaient été convoqués à cette cérémonie, au nom du Conseil d'Administration.

Après la bénédiction des murs de la nouvelle chapelle, à l'extérieur et à l'intérieur, on bénit très solennellement une très belle statue de 1 m. 50 cent. de hauteur, représentant saint Georges, titulaire de la chapelle. . . . .

Fait à Montpellier, le 22 mai 1898.

Signé : Don Bologne et Don Babled.

Voilà donc M. l'abbé Babled véritablement possesseur de la chapelle. Elle était mal achevée, comme on s'en doute ; les murs extérieurs restaient à l'état brut ; à l'intérieur il y avait encore pas mal d'échafaudages, et le crépissage était loin d'être fini ; de sorte que la bénédiction avait porté autant sur des objets profanes que sur les véritables pierres du temple. — Mais tout cela n'était rien aux yeux de M. Babled : achevée ou non, il allait s'en servir ; il s'était, après mille péripéties, décerné le titre de propriétaire, ce n'était pas pour ne pas jouir de *sa* propriété.

Et tout de suite les offices divins furent célébrés dans la chapelle, et les fidèles y furent conviés. — Dans sa lettre du 5 mai M. Balp disait bien que si la chapelle était bénite en dehors de l'autorité épiscopale, elle ne pourrait pas être ouverte au public sans le consentement de cette autorité ; mais M. Babled ne s'arrêtait pas à si peu de chose. — Et le public a eu accès à la chapelle dès le premier jour ; l'entrée principale a l'air, il est vrai, de rester close ; on pénètre dans l'édifice par une porte de service, ce que M. Babled a dû expliquer, pour répondre à des personnes indiscrètes, — il y en a toujours — par un mensonge : il a dit que j'avais défendu l'usage de la grande porte de la chapelle !.. Haro sur le baudet !

Il n'en reste pas moins certain que, depuis la bénédiction, M. Babled jouit de la propriété de ma fondation avec une grande sérénité d'âme. — Que peut-on me reprocher, s'est-il dit, n'ai-je pas donné à M. Faulquier ce qui lui revenait ? — La statue de saint Georges ? elle est sur la porte de la chapelle ; il y en a une autre très belle à l'intérieur ; — l'argent versé ? mais j'en ai délivré un reçu, non pas écrit sur une vulgaire feuille de papier, mais gravé sur une plaque de marbre exposée à tous les regards ; — le vocable de la chapelle ? il est consacré par la bénédiction au nom de saint Georges, et proclamé par un procès-verbal... Que peut-on vouloir de plus ? J'ai acquitté suffisamment ma dette de reconnaissance, je ne dois plus rien ; qu'on me laisse donc tranquille et qu'il ne soit plus question des droits de propriétaire de M. Faulquier, dont je le dépouille pour le plus grand profit de mes projets...

On a bien dit que la statue de saint Antoine, sur le clocher, absorbait l'image de saint Georges, le vocable, le bienfait, absorbait tout ; mais cela ne peut pas m'émouvoir ; cette statue de saint Antoine est mon drapeau, à moi ; je le place sur *ma* chapelle, je m'en sers pour mon œuvre ; tant pis pour ceux qui ne seront pas contents, tant pis pour la mémoire que je voulais honorer : j'ai un but devant moi, je marche droit à lui sans regarder derrière moi ou par côté !...

Raisonnement positif, certes, trop positif même, car il doit fatalement se retourner, pour le confondre, contre le présomptueux qui le tient.

En attendant, les premières conséquences de ce raisonnement étaient un procès. Ma propriété, de par l'acte du 10 mars 1896, restait entière et indiscutable ; mais M. Babled, avec sa volonté absolue, s'en étant rendu maître, il avait bien fallu que j'eusse recours à la justice pour me protéger contre un envahissement aussi étrange qu'arbitraire, aussi déloyal que profanateur !

Mes lecteurs n'ont probablement pas oublié que la Société, parmi les divers arguments présentés au Tribunal pour légitimer la pose de la statue de saint Antoine sur le clocher, avait fait figurer celui de la bénédiction au vocable de saint Georges ; et je m'étais réservé de réfuter cet argument dans le présent chapitre.

Je vais le faire, si mes lecteurs veulent bien me prêter un peu leur attention.

Cherchons l'exposé de cet argument dans les « Conclusions » de mes adversaires :

Pages 25 et 26, je trouve :

« ... Attendu que la Société put procéder à l'inau-
» guration le 22 mai 1898 ;

» Que M. Léon Faulquier fut tout naturellement
» invité, au nom du Conseil d'administration, à
» assister à la bénédiction de cette chapelle, à la
» place qui lui était due, c'est-à-dire à l'une des pre-
» mières places d'honneur. — La lettre d'invitation
» énonçait que l'on bénirait, également, la statue de
» saint Georges, placée à l'intérieur de l'édifice ;

» Attendu qu'il résulte du procès-verbal officiel,
» qui a été dressé à l'issue de la cérémonie, que la
» chapelle a été dédiée à saint Georges, en souve-
» nir du regretté M. Georges Faulquier ;

» ... Que la chapelle a été livrée au culte, qui s'y
» trouvera quotidiennement célébré ;

» Attendu qu'il résulte de ces précisions que le
» sanctuaire en litige est irrévocablement dédié à
» saint Georges ;

» Qu'aucun autre vocable ne pourra, désormais,
» s'y adjoindre ;

» Qu'un hommage éclatant a été rendu à la mé-
» moire respectée du fils, comme aux sentiments
» respectables du père. »

Je trouve ensuite, aux pages 29 et 30 :

« Attendu qu'on ne saurait s'arrêter à cette suppo-
» sition, purement gratuite, que la Société veut, à
» tout prix, faire de la chapelle Saint-Georges la
» chapelle Saint-Antoine, et que, ne pouvant le faire
» directement, elle le tente indirectement en pla-
» çant, sur le haut du clocher, la statue du saint qui
» n'est pas le saint de la chapelle elle-même ;

» Attendu que les faits sont plus éloquents que les
» suppositions ; que la chapelle a été dédiée irrévo-
» cablement à saint Georges ; qu'elle ne cessera
» jamais de porter ce nom ; que les règles liturgi-
» ques sont formelles à cet égard ; que les craintes
» de M. Léon Faulquier sont donc purement ima-
» ginaires. »

Et enfin ceci, page 34 :

« ... Attendu qu'une satisfaction éclatante a été
» donnée à M. Faulquier par la dédicace de la cha-
» pelle à saint Georges seul. »

Voilà bien l'argument posé : La chapelle a été bénite au vocable de saint Georges seul ; elle portera cette dédicace à tout jamais ; c'est une satisfaction éclatante qui m'a été donnée ; mes craintes sont donc purement imaginaires sur l'absorption de ce vocable par la statue de saint Antoine sur le clocher.

Il nous reste à entendre la plaidoirie ; ce ne sera pas inutile :

« ... Vous nous avez accusés de vouloir, de saint
» Georges faire saint Antoine, indirectement. Pour-
» quoi cette accusation ? Qu'est-ce qui prouve que
» c'est notre pensée ? Tout prouve, au contraire, que
» nous avons fidèlement rempli l'exécution du con-
» trat ; la chapelle est dédiée à saint Georges, elle a
» été bénite et consacrée à saint Georges, le 22 mai,
» et nous avons eu le soin de vous convoquer en
» temps utile pour assister à la cérémonie d'inaugu-
» ration et y occuper la place d'honneur qui vous
» était due. — Voici, Messieurs, la lettre écrite
» à M. Faulquier à cette occasion :

(L'avocat donne lecture de cette lettre, que j'ai déjà reproduite.)

» M. Faulquier ne vint pas occuper la place
» d'honneur que la Société lui avait réservée. Voici,
» Messieurs, le procès-verbal qui a été rédigé à
» l'issue de la cérémonie :

(Lecture de ce procès-verbal, que mes lecteurs connaissent.)

» Vous le voyez, Messieurs, la chapelle a reçu le
» baptême au nom de saint Georges ; elle est donc
» dédiée à saint Georges à perpétuité, et, en même
» temps qu'elle était bénite à ce vocable, on bénis-
» sait une superbe statue de saint Georges, placée
» à l'intérieur.

» Mais, me direz-vous, qu'importe cela ? ce n'est
» point le vocable consigné sur un parchemin et
» enfoui au fond d'un tiroir qui nous intéresse ; ce
» qui nous intéresse, c'est le public, qui ne verra,
» dans notre fondation, que cette statue de saint
» Antoine, qui la domine et l'absorbe. Eh bien !
» j'estime qu'il ne faut pas s'arrêter à des considéra-
» tions de cette nature, car elles ne peuvent point
» impressionner le Tribunal. J'estime, également,
» que nous vous avons donné pleine satisfaction avec
» le vocable de saint Georges... »

Je relève d'abord l'expression de *satisfaction éclatante*. Mes adversaires prétendent m'avoir donné cette satisfaction en dédiant la chapelle — ma fondation — à saint Georges, à saint Georges *seul*. — Où voient-ils, ces messieurs, une *satisfaction éclatante* pour moi, dans ce vocable ? C'est la stricte observation des clauses du contrat, ce n'est rien de plus ; mais cette observation entraîne avec elle d'autres obligations ; elle entraîne, notamment, celle de placer au faîte de la flèche une croix, prévue par le plan, et non une statue de saint Antoine ; car cette statue de saint Antoine, non prévue, vient précisément neutraliser l'observation d'une clause qui, étant formelle, ne peut pas être appelée une *satisfaction éclatante* !

— Oh ! je sais, Messieurs de la Société, que je frappe juste en parlant ainsi. Vous ne m'avez donné cette *satisfaction éclatante* que parce que vos dispositions étaient prises pour que son éclat fût éteint, même avant son apparition. Si vous n'aviez pas eu comme *satisfaction éclatante*, pour vous-mêmes, la statue de saint Antoine sur le clocher, vous ne m'auriez pas si facilement *accordé* le vocable de saint Georges *seul*...

Mais nous avons entendu la plaidoirie dire que la chapelle avait reçu le baptême au nom de saint Georges ; elle ne peut donc s'appeler que Saint-Georges.

C'est une théorie, cela, tenue par M. Babled lui-même ; et cette phrase de la plaidoirie me l'a remise à la mémoire. Elle est curieuse, cette théorie, et je suis sûr que mes lecteurs ne seront pas fâchés de la connaître ; je la leur garantis absolument exacte. — M. Babled disait donc ceci : « La chapelle a nom
» Saint-Georges par le baptême ; elle ne peut, en
» conséquence, que s'appeler Saint-Georges, ce qui
» ne l'oblige pas à ne présenter que saint Georges
» sur ses murs, dehors et dedans ; elle peut être
» ornée de diverses manières. — Je m'appelle Paul ;
» ce nom m'a été donné au baptême, je ne puis pas
» m'appeler autrement ; mais, ce nom de Paul ne
» m'a pas empêché de revêtir le costume qui m'a
» convenu ; j'ai pris la soutane du prêtre, mais j'au-

» rais tout aussi bien pu endosser l'uniforme du sol-
» dat, la robe du magistrat ou la redingote de l'homme
» privé ; cela n'aurait en rien affecté mon nom de
» Paul. J'étais aussi bien Paul Babled en civil ou en
» militaire, que je le suis en prêtre salésien. D'où
» il résulte que la chapelle Saint-Georges reste bien
» sous ce vocable, malgré la statue de son clo-
» cher. »

N'est-ce pas qu'elle est curieuse, cette théorie ? mais elle est aussi spécieuse, et il n'est pas difficile de la réfuter : Si M. Babled a reçu, à sa naissance, le nom de Paul il doit, obligatoirement, se servir de ce nom et pas d'un autre. Ainsi, il ne peut pas signer *Antoine,* par exemple, il doit signer Paul, car c'est Paul qu'il s'appelle et non... Antoine. Eh bien ! la chapelle, qui a reçu à son baptême le nom de Saint-Georges, signe cependant Saint-Antoine ; elle signe d'un nom qui n'est pas le sien, par la statue qui surmonte son clocher ; ce clocher, c'est le point le plus en vue, c'est surtout par ce point qu'elle se manifeste, qu'elle *signe* sa présence !...

Mais le vocable de saint Georges était-il réellement suffisant pour une fondation comme la mienne ? Devais-je me contenter de cette cérémonie d'inauguration, clandestine en quelque sorte ; de ce procès-verbal *officiel* qui était déjà enfoui au fond d'un tiroir et que la poussière de l'oubli envahirait bientôt ? Était-ce là l'esprit du contrat, et la Société gardait-elle le droit de disposer de la chapelle, au dedans comme au dehors, de telle sorte que le véritable patron de la fondation devînt très difficile à trouver ?

La plaidoirie répond à ces objections ; elle dit : *J'estime qu'il ne faut pas s'arrêter à des considérations de cette nature, car elles ne peuvent point impressionner le Tribunal.*— J'estime, moi, au contraire, qu'il faut s'y arrêter à ces considérations, ne serait-ce que pour faire valoir qu'une fondation élevée à la mémoire de mon fils et dédiée à saint Georges, n'était pas complète avec le seul procès-verbal, bien vite oublié, qui prouvait sa dédicace. Il fallait consacrer cette dédicace par tout ce qui pouvait frapper les sens des fidèles et leur rappeler la pensée qui enveloppait tout l'édifice.

De l'orgueil ? de l'ostentation ? il ne saurait en être question ; mon but, en fondant la chapelle Saint-Georges, était loin, bien loin de ces vanités ; je ne voulais que rappeler la mémoire de mon fils ; j'avais besoin de le sentir revivre dans ce pieux sanctuaire ; j'étais jaloux des prières que les âmes fidèles et charitables auraient offertes à Dieu en pensant à la mort prématurée de Georges Faulquier. Je voulais cela, et ce sont ces consolations qu'on m'a ravies et qu'on voudrait compenser par un procès-verbal froid et sec comme le cœur qui l'a conçu !...

Mais ce procès-verbal ne dit-il pas qu'en bénissant la chapelle on a béni aussi une *fort belle* statue de saint Georges, de 1 mètre 50 de hauteur ? Le saint chevalier, protecteur de la fondation, est donc rappelé à l'intérieur... Et dans leurs conclusions comme dans leur plaidoirie, mes adversaires s'appuient sur cette statue pour dire que mes craintes de voir annihiler le vocable de saint Georges par la statue de saint Antoine du clocher, sont *purement imaginaires.* — « En même temps que la chapelle, a dit l'avocat, on bénissait une *superbe statue de saint Georges placée à l'intérieur.* »

— Vous appelez mes regards à l'intérieur de la la chapelle, Messieurs, pour me confondre en me montrant une statue de saint Georges, ayant 1^{m}50 de haut. Et vous me dites : « Vos réclamations, vos reproches sont injustes : voyez cette belle statue de saint Georges ; ne rappelle-t-elle pas le vocable de la chapelle ? Au lieu de nous accuser de vouloir absorber ce vocable, vous devriez nous remercier de le proclamer avec tant de soin ». — *Attendu,* disent, en effet, vos conclusions, *que les faits sont plus éloquents que les suppositions...* Puis votre plaidoirie : *Vous nous accusez de vouloir de Saint-Georges faire Saint-Antoine. Pourquoi cette accusation ? Qu'est-ce qui prouve que c'est notre pensée ? Tout prouve, au contraire, que nous avons fidèlement exécuté le contrat...* Et vous me montrez une statue de saint Georges placée à l'entrée du chœur. Je la vois, elle est belle, c'est vrai ; mais que vois-je en face ? Eh ! c'est une statue de saint Antoine de Padoue, aussi belle, aussi grande... Et un peu plus loin, c'est une statue de l'Ange gardien, puis une statue de la sainte Vierge ; de l'autre côté, je vois aussi une statue de saint Joseph ; au-dessus du maître-autel n'y a-t-il pas une statue du Sacré-Cœur de Jésus ? Et çà et là dans le chœur je remarque trois piédestaux vides, attendant certainement d'autres statues... Où est donc, dans cette foule d'images, celle du saint patron de la chapelle ? — Si on consulte le procès-verbal, on verra bien que c'est saint Georges, mais qui le consultera ? Tandis que si on considère l'aspect extérieur de l'édifice, la statue du clocher indique clairement que le véritable saint de la chapelle, c'est saint Antoine !

Mais que vois-je encore ? A gauche du chœur, ce vitrail ne représente-t-il pas saint Antoine ? — Je m'approche, et je lis la légende : *Saint Antoine prêche aux hérétiques...* Et je constate alors que tous les grands vitraux, du côté gauche de la nef, rappellent des épisodes de la vie du grand saint franciscain ; les deux baies de la façade ont également des vitraux consacrés à saint Antoine ; du côté droit, les grandes baies sont murées à l'exception d'une, près du chœur, qui est garnie d'un vitrail reproduisant la mort de saint Antoine. — Il n'y a plus à en douter maintenant, la chapelle est bien dédiée à saint Antoine, c'est saint Antoine qu'on voit partout : sur le clocher, à l'entrée du chœur, sur tous les grands vitraux... Recueillons-nous et adressons nos prières à saint Antoine !...

— N'allez pas vous risquer, Messieurs, pour défendre vos vitraux, à me dire que les devant à la générosité de divers bienfaiteurs, vous avez dû les accepter comme on les offrait, ces bienfaiteurs ayant tous tenu à ce que leurs dons fussent dédiés à saint Antoine. Cette raison qui, en effet, paraît sans réplique, ne tient pas debout. Tous vos grands vitraux forment une suite de scènes de la vie de saint Antoine. Ce n'est pas le hasard qui a fait cela ; il a bien fallu indiquer ces scènes pour qu'on les reproduise, il a donc fallu que vous les imposiez en quelque sorte à vos donateurs. Ne leur auriez-vous pas tout aussi facilement demandé de consentir à rappeler saint Georges ? Ils ne s'y seraient pas refusés, certainement, ne serait-ce que pour vous aider à respecter vos obligations. — Les donateurs qui ont offert les petits vitraux rappelant, d'un côté N.-D. de la Salette, de l'autre côté N.-D. de Lourdes, et dans le chœur, la sainte Vierge à droite et saint Joseph à gauche, ces donateurs ont bien accédé à vos désirs... Et je vais plus loin, Messieurs ; si on avait persisté à vouloir saint Antoine, votre devoir était de refuser. Mieux valait se priver d'un vitrail que de violer un contrat !

Mais que disais-je ? Etait-il besoin de représenter saint Georges sur les vitraux ? Non pas ; des grisailles, de simples grisailles auraient suffi, des grisailles comme celles que vous avez placées à la rosace. C'est ce genre que j'avais conseillé à votre directeur, M. Babled, quand il vint me consulter à ce sujet...

Et dire, Messieurs mes adversaires, que lorsque vous vous êtes présentés devant le Tribunal, avec vos conclusions et votre plaidoirie, traitant mes craintes d'imaginaires, parlant de la satisfaction éclatante que vous m'avez donnée, vantant la statue de saint Georges placée dans le sanctuaire, exaltant le vocable donné à la chapelle, tous les vitraux dont je viens de parler, sauf un peut-être, étaient placés ! Et malgré cela vous avez persisté dans votre système de défense; vous avez soutenu que vous m'aviez donné plus que ce qui me revenait; votre voix n'a pas tremblé quand, pour repousser mes conclusions où je vous accuse de vouloir détruire le vocable écrit de Saint-Georges par le vocable manifeste de Saint-Antoine, vous vous êtes écriés : *Pourquoi cette accusation? Qu'est-ce qui prouve que c'est là notre pensée?*

Pourquoi cette accusation ? Parce que vous la méritez, parce que je ne puis pas défendre mes droits sans vous accuser de les avoir attaqués.

Qu'est-ce qui prouve que c'est là votre pensée ? Tout le prouve, tout : vos paroles, vos actes, votre conduite à mon égard, vos combinaisons compliquées, vos projets équivoques. Tout le prouve, vous dis-je, non seulement la statue de saint Antoine sur le clocher, non seulement ces vitraux qui parlent aux yeux avec leurs vives couleurs, cette statue de saint Georges perdue au milieu de tant d'autres, mais encore ce vocable lui-même, consacré par une bénédiction trop dissimulée et trop hâtée pour être l'expression sincère de vos sentiments !

XXII

LE PROCÈS

> Qui jugera ce grand procès ?
> Sera-ce la raison ?   VOLTAIRE.

> Le Seigneur a dit : Quand mon heure sera venue, je jugerai dans ma justice.   LA HARPE.

À mesure que s'écoulait le temps, nous rapprochant ainsi du moment où le Tribunal aurait à s'occuper de notre litige, je me demandais de plus en plus avec quelles armes se défendrait M. Babled. Je ne lui en connaissais pas de sérieuses, et mon étonnement grandissait en voyant qu'il persistait à se raidir contre les obligations formelles, inéluctables, que le contrat imposait à sa Société. — Il avait bien parlé de sa cuirasse, qui consistait dans la plaque commémorative et la statue de saint Georges posées sur la façade de la chapelle, cuirasse qu'il avait renforcée, mes lecteurs viennent de le constater, par la bénédiction de la chapelle au vocable de Saint-Georges et par une autre statue de ce saint placée au sanctuaire. Mais cela suffirait-il pour expliquer, légitimer tous ses autres actes, et principalement l'érection sur le clocher d'une statue de saint Antoine à la place de la croix prévue ?

Car, je dois le rappeler, c'est sur ce fait principal que portait mon action ; j'y avais joint une demande visant la construction, à mes frais, de l'avant-corps et l'enlèvement de la plaque commémorative. J'ai démontré que cette demande était parfaitement fondée, étant donné le titre de propriétaire de la chapelle que me reconnaissait le contrat du 10 mars 1896 passé entre la société du Pont-Juvénal et moi.

J'étais convaincu, pour ma part, que M. Babled et sa société couraient à un échec certain ; et j'avoue que je m'attendais, d'un moment à l'autre, à les voir venir à résipiscence, car je me disais que M. Fabrège, seul en cause aux yeux de la loi par son titre de président, ne pouvait pas persister dans une attitude que la pénétration de son esprit, la sagacité de son jugement, devaient lui faire voir mauvaise. — Et je me sentais disposé à l'indulgence, car j'aurais été heureux si un arrangement était intervenu avant le procès, afin d'éviter de mettre à la publicité un conflit de cette nature, déjà déplorable et qui allait devenir scandaleux.

Evidemment mon indulgence ne serait pas allée jusqu'à la faiblesse, c'est-à-dire jusqu'à l'oubli de mes droits et de mes devoirs ; mais je me proposais d'aider mes adversaires à sortir de l'impasse où ils s'étaient engagés ; ils n'avaient qu'à faire preuve de bon vouloir, non pas de ce bon vouloir arrogant qui, à l'occasion de la suppression de la plaque de marbre que je demandais, décida M. Babled à faire un pas en avant à la condition expresse que j'en ferais cent, mais d'un bon vouloir sincère ; ils trouveraient alors de mon côté le plus vif désir de terminer un différend qui me déchirait le cœur en même temps qu'il portait atteinte à une œuvre de grand mérite, que j'admirais, à la prospérité de laquelle nous avions, mon fils et moi, voué toute notre sollicitude.

Cependant les jours succédaient aux jours sans apporter aucun changement à la situation qui, naturellement, se tendait davantage à mesure que la date du procès se faisait imminente.

Cette date, à la fin du mois de mai, n'était pas encore fixée. Ce qui n'empêcha pas mon avocat, qui avait fait imprimer ses conclusions ainsi que les documents qu'il entendait verser au procès, dans l'unique but de les remettre aux seuls membres du Tribunal et à mes adversaires, de faire parvenir ces imprimés à l'avocat et à l'avoué de la Société. — En échange de cette communication de haute convenance mon avocat pensait bien que la Société lui ferait tenir à son tour le libellé des conclusions de son avocat et la copie des documents dont elle se servirait.

Nous venions d'entrer dans le mois de juin. L'affaire, une des premières du tableau, devait être appelée incessamment ; ni mon avocat, ni mon avoué n'avait reçu encore le texte des conclusions de Mᵉ Vacquier, avocat de la Société, qui cependant connaissait celles de Mᵉ Bories depuis plus d'une semaine. Commettraient-ils la faute, mes adversaires, de ne pas répondre à notre politesse par une politesse semblable ? La chose paraissait peu probable ; mais alors quand comptaient-ils faire leur communication ? La veille du procès ? Ce n'était pas à croire, c'eût été de trop mauvais goût...

Mais lorsqu'on appela l'affaire, Mᵉ Vacquier en demanda le renvoi à huitaine, pour des raisons toutes privées.

La huitaine passa, une nouvelle demande de renvoi, à quinzaine cette fois, fut présentée. Ce que voyant Mᵉ Bories, mon avocat, pour en finir, proposa la fixation au 30 juin, ce que lui accorda le Tribunal.— Il n'avait pas encore connaissance des conclusions et des documents des adversaires.

Enfin le 28 juin, dans la matinée, ces imprimés lui parvinrent. Je puis dire, n'est-ce pas, qu'on avait attendu à la dernière heure pour les communiquer, le procès devant être plaidé le surlendemain, 30 juin.

Vu la longueur démesurée des conclusions de la Société, mon avocat eut à peine le temps de les lire. Il lui était matériellement impossible de se préparer pour plaider dans le sens très étendu donné au débat par ces conclusions, lesquelles embrassaient l'affaire dans ses moindres détails, tandis que M⁰ Bories l'avait cantonnée sur les seuls points que mes lecteurs connaissent : la statue du clocher à remplacer par la croix ; l'avant-corps à construire ; la plaque commémorative à enlever.

Il est constant que mes adversaires, s'ils n'avaient pas eu communication, *un mois* avant le procès, des conclusions et des documents de mon avocat, auraient été bien embarrassés pour soutenir la défense. Ce qui me permet de parler ainsi, c'est qu'ils n'ont préparé cette défense qu'une fois qu'ils ont connu les bases de l'argumentation contre laquelle ils auraient à répliquer. Connaissant ces bases, ils pouvaient préparer leurs répliques à coup sûr, puisqu'ils savaient les points sur lesquels ils seraient attaqués, puisqu'ils avaient la copie des documents qui soutenaient mon attaque. Ils en ont profité pour étendre leurs propres arguments sur des faits qui ne faisaient pas partie des conclusions de mon avocat, de telle sorte que ces arguments devenaient une accusation contre moi.

Et c'est afin de pouvoir bien préparer leur défense et leurs attaques qu'ils avaient fait retarder les plaidoiries tant qu'ils l'avaient pu. De même pour m'empêcher de me mettre en garde contre leurs accusations, ils n'avaient envoyé leurs imprimés qu'au dernier moment. — Cette tactique est peut-être adroite, je n'en disconviens pas ; mais je crois avoir le droit de dire qu'elle n'a que cette qualité ;

pour la trouver loyale, équitable ou seulement avouable, il faudrait y mettre pas mal de bonne volonté...

Malheureusement je n'étais pas à Montpellier au moment du procès, et je fus obligé de prolonger mon absence jusque vers le milieu de juillet. Par suite il m'était impossible de donner à mon avocat des indications pour détruire la portée des conclusions de nos adversaires, et il n'avait pas le temps de me les demander. Or moi seul pouvais renseigner mon avocat sur les mille détails relevés par la Société, moi seul pouvais mettre à sa disposition les pièces nécessaires pour élargir la défense sur ces détails. — Il fallut donc que M⁰ Bories abordât la barre avec les seuls arguments préparés, et qu'il se résignât à laisser son confrère s'égarer dans tous les incidents à côté de l'affaire pour laquelle l'instance était engagée ; ce qui, à son avis, ne pouvait guère compromettre ma cause. — Il avait raison, d'ailleurs.

Il est bon que mes lecteurs aient sous les yeux, pour pouvoir les comparer, les résumés des conclusions des deux avocats. Ils verront tout de suite que le résumé de la Société n'a pu être établi qu'après le mien, et ils constateront en même temps — puisqu'ils connaissent, sur tous les points du litige, les conclusions de la Société — la peine que mes adversaires se sont donnée pour réunir les arguments qui, à leur point de vue, devaient aussi me faire déclarer coupable envers eux.

Résumé des Conclusions de Mᵉ Bories

Dire et juger que, suivant une convention du 10 mars 1896, M. Léon Faulquier est propriétaire du gros œuvre d'une chapelle à élever sur le terrain appartenant à la société anonyme du Clos Boutonnet ;

Dire et juger que cette chapelle doit être dédiée à saint Georges, et que M. Léon Faulquier n'est obligé qu'à payer la somme de 60.000 francs ;

Dire et juger que cette chapelle doit être achevée sur les plans et devis de l'architecte Prat ;

Dire et juger que c'est contrairement à cette convention, qui fait la loi des parties, que la société anonyme du Clos-Boutonnet a substitué à la croix qui, d'après les plans et devis, doit surmonter le clocher, une statue de saint Antoine ; ordonner, en conséquence, l'enlèvement de cette statue et son remplacement par la croix ;

Dire et juger que c'est sans droit que ladite société anonyme du Clos-Boutonnet a placé sur la façade de la chapelle inachevée, au-dessus de la porte d'entrée, une niche, une statue de saint Georges et une inscription ; ordonner la suppression desdites niche, statue et inscription ;

Dire et juger que, conformément au plan et au devis de Prat, architecte, il sera construit sur la façade de la chapelle un portique, sur la façade duquel sera placé, suivant les conventions intervenues, le bas-relief de saint Georges, sculpté par Baussan, ledit bas-relief et sa pose devant être payés par Faulquier, en plus des 60.000 francs ;

Donner acte à Faulquier de ce qu'il est prêt à payer, pour l'achèvement du gros œuvre, la somme restant due par lui sur les 60.000 francs qu'il s'est obligé à payer ;

Dire et juger que, par les soins de tel architecte qu'il plaira au Tribunal désigner, les travaux de construction du gros œuvre de la chapelle seront terminés conformément au plan et au devis de Prat, et suivant les indications ci-dessus spécifiées, c'est-à-dire que la statue de saint Antoine, illégalement placée sur le clocher, sera remplacée par une croix, et que le portique ou avant-corps sera édifié, le bas-relief placé sur le frontispice de ce portique ;

Condamner la société du Clos-Boutonnet en tous les dépens.

Résumé des Conclusions de Me Vacquier

Dire et juger :

1° Que M. Léon Faulquier a méconnu et violé la convention du 10 mars 1896, en refusant de verser, en temps utile, un solde de 9.635 fr. 15, par lui dû sur la somme de 60.000 francs stipulée audit contrat ;

2° Que M. Faulquier est propriétaire du gros œuvre de la chapelle Saint-Georges, mais jusqu'à concurrence de 50.364 fr. 85 cent. seulement ;

3° Dire et juger que la Société est, en l'état actuel, propriétaire du gros œuvre à concurrence de 22.127 francs ;

4° Dire et juger que, la chapelle se trouvant à l'heure présente livrée au culte, M. Faulquier sera tenu de la céder gratuitement à la Société concluante, qui en exprime le désir ;

5° Par voie de suite, et dans ce dernier cas seulement, donner acte à la Société qu'elle fait remise à M. Léon Faulquier de la somme de 9.635 fr. 50, formant le solde des sommes qu'il s'était engagé à verser au fur et à mesure des constructions ;

6° Dire et juger que la Société s'est conformée à la convention du 10 mars 1896, en faisant bénir la chapelle sous le vocable de saint Georges ;

7° Dire et juger que la statue de saint Antoine, placée sur le clocher, ne fait point partie du gros œuvre, mais constitue une décoration ou une adjonction sur laquelle M. Léon Faulquier ne saurait avoir aucun droit ;

8° Dire et juger que la Société n'était pas tenue de placer une croix sur le clocher plutôt qu'un autre ornement ou objet d'art, mais seulement d'employer les sommes promises ou versées par M. Faulquier à la construction du gros œuvre, à concurrence de ces sommes ;

9° Dire qu'il n'y a pas lieu d'ordonner l'édification d'un péristyle ou avant-corps ;

10° Rejeter la prétention de confier à un architecte autre que M. Prat l'exécution de travaux d'une nature quelconque à la chapelle Saint-Georges ;

11° Donner acte à la Société qu'elle s'engage, à titre gracieux : 1° à modifier au gré de M. Léon Faulquier ou à supprimer la plaque commémorative qui figure sur la façade de l'édifice ; 2° à faire disparaître la statue extérieure de saint Georges et la niche rapportée ; 3° à faire prendre par l'architecte, M. Prat, aux frais de la Société, les dispositions nécessaires à la mise en place, au-dessus de la principale porte d'entrée du sanctuaire, du bas-relief de saint Georges, exécuté par Baussan et payé par M. Faulquier ;

Condamner M. Léon Faulquier en tous les dépens.

C'est donc le 30 juin 1898 que commencèrent les débats du procès. MM. Babled, Fabrège et Prat étaient présents. — La première audience fut consacrée à la plaidoirie de Mᵉ Bories, mon avocat, qui, s'appuyant sur le contrat du 10 mars 1896, par lequel les obligations réciproques des contractants étaient parfaitement déterminées, s'efforça de démontrer que la Société n'avait pas rempli les siennes et que non seulement elle ne les remplissait pas, mais encore qu'elle avait violé l'esprit du contrat en plaçant une statue de saint Antoine sur le sommet du clocher, une statue de saint Georges et une plaque soi-disant commémorative sur la façade de la chapelle, ce qui dénaturait et le vocable de la fondation et le plan adopté pour l'édifice.

Et mon avocat put aisément convaincre le Tribunal que c'était M. Babled qui avait sollicité la fondation à la mémoire de mon fils dans son établissement et formellement promis le vocable de Saint-Georges ; pour cela il n'eut qu'à lire les lettres que l'abbé m'avait écrites en juin et juillet 1895, que mes lecteurs ont trouvées dans le premier chapitre de ce livre. Et en faisant connaître la lettre de M. Fabrège président de la Société, en date du 11 mai 1898 (voir page 74), il prouva aisément aussi que la société du Pont-Juvénal avait accepté avec empressement et reconnaissance le contrat intervenu entre elle et moi. Il affirma que j'avais parfaitement rempli mes engagements ; que si je n'avais pas complété le versement des 60.000 francs c'était parce que les travaux avaient été arrêtés ; et il déclara que j'étais prêt à payer le solde, tout en demandant que le tribunal affectât ce solde à la construction de l'avant-corps, avec obligation pour moi, s'il y avait un reliquat une fois l'avant-corps terminé, de le verser à la Société.

C'était là, en effet, tout ce que j'avais à dire pour expliquer ma conduite et pour me défendre. Je ne demandais à la Société, en somme, que de respecter le contrat qui nous liait ; car c'était l'inobservation du contrat par elle qui était la seule cause du conflit ; qu'elle eût observé le contrat aussi exactement que je l'avais fait, et aucun différend ne se serait produit. Rien n'était plus patent.

L'audience du 1er juillet fut prise tout entière par

la plaidoirie de l'avocat de la Société, M⁰ Vacquier.

Mais la Société, après avoir ouï mon avocat, trouva probablement que les conclusions qu'elle avait rédigées étaient insuffisantes ; elle éprouva peut-être la crainte que le Tribunal, impressionné par mon bon droit manifeste, ne me donnât raison sur tous les points, car elle fit déposer des conclusions subsidiaires à l'effet de demander la nomination d'experts qui auraient à examiner les dépenses déjà faites et encore à faire sur la chapelle ; à se rendre compte de mon ingérence dans les travaux, de mon autorité sur l'architecte et des effets désastreux qu'elles avaient eus ; à établir ce qui constitue le gros œuvre de l'édifice et les ornementations. — Au reste, voici le texte complet de ces conclusions subsidiaires :

Subsidiairement, désigner un ou trois experts avec mission de rechercher :

1° S'il n'est vrai que les travaux de la chapelle Saint-Georges, au moment de l'arrêt des travaux en décembre 1896, atteignaient le chiffre de 61.629 fr. 12 pour le gros œuvre ;

2° S'il n'est vrai que la société civile du Clos-Boutonnet a dû payer aux ouvriers un solde de 10.924 francs, sur le refus de M. Faulquier de remplir ses engagements ;

3° S'il n'est vrai que la Société concluante a dépensé une nouvelle somme de 11.205 francs pour avancer le gros œuvre et permettre l'inauguration de la chapelle ;

4° S'il n'est vrai qu'une somme très considérable est encore nécessaire pour parfaire le gros œuvre, non compris celle de 8.000 francs, qui serait indispensable pour l'édification du péristyle ; s'il n'est vrai, notamment, que diverses parties importantes du gros œuvre, tels que l'escalier réservé au clocher, les ravalements, les enduits extérieurs et intérieurs, etc., etc., demeurent encore inexécutés ;

5° S'il n'est vrai que M. Faulquier, soit par lui-même, soit par les principaux employés de son usine, a pris la direction effective des travaux ; s'il n'exigeait pas, notamment, que l'architecte Prat vînt tous les jours prendre des instructions dans son bureau ; s'il n'a pas provoqué :

a) Le changement d'emplacement de la chapelle, alors que les travaux étaient déjà commencés ;

b) La substitution de pleines épaisseurs de mur aux simples revêtements en pierre froide ;

c) Le renforcement des contreforts extérieurs ;

d) Le remplacement des piliers intérieurs par des colonnes rondes ;

e) La construction d'un buffet d'orgue, d'une travée supplémentaire, d'un escalier d'accès, etc., etc.

f) Le remplacement des colonnes du tambour par d'énormes piliers carrés ;

g) Toutes autres modifications intéressant la construction de la chapelle Saint-Georges ; s'il n'est vrai qu'il a agi en maître, ne tenant nul compte des projets présentés par la Société et refusant son concours ;

Dire que les experts feront toutes constatations techniques de nature à établir une ligne de démarcation entre ce qui constitue le gros œuvre et ce qui présente le caractère de décorations, ornements, adjonctions ;

Dire que les experts s'entoureront de tous renseignements, entendront tous témoins utiles et rechercheront la vérité par tous les moyens légaux rentrant dans leurs attributions ; pour, sur leur rapport fait et déposé, être par les parties conclu et par le Tribunal statué sur ce qu'il appartiendra ; dépens en ce cas réservés.

La mission que devaient remplir le ou les experts réclamés par la Société était, on le constate, assez étendue et assez compliquée. On constate aussi que mes adversaires voulaient surtout, par cette expertise, empêcher la construction de l'avant-corps, car ils pensaient certainement que si le rapport déclarait que le chiffre total des dépenses pour l'édifice, dépassant de beaucoup mes 60.000 francs, était dû à mes exigences, à la direction autoritaire que j'avais prise des travaux, aux changements divers que ma fantaisie avait fait opérer, ils espéraient, dis-je, que ces choses-là prouvées, le Tribunal déciderait que le solde à verser sur les 60.000 francs serait employé à d'autres travaux qu'à la construction de l'avant-corps ; et peut-être, qui sait ? qu'en présence d'une conduite aussi déplorable que la mienne, le Tribunal me retirerait la propriété de la chapelle pour la laisser entière à la Société ; aussi bien l'article 4 du résumé de leurs conclusions principales ne demande-t-il pas cette propriété ?

Les personnes qui auront lu ce mémoire comprendront que les espérances de M. Babled et de ses amis, sur le résultat de l'expertise, étaient purement chimériques. Les experts, si le Tribunal consentait à en nommer, en faisant leur enquête, en entendant des témoins, en étudiant les pièces relatives à l'affaire trouveraient infailliblement la vérité ; et qui devait la craindre la vérité, sinon ceux qui n'étayaient leurs revendications ou leurs griefs que sur des mensonges ?

Je me propose d'ailleurs, avant la fin de ce chapitre, d'établir que ce sont mes adversaires qui redoutaient cette expertise. C'est pour ne pas anticiper sur les événements que je ne l'établis pas dès à présent.

Ses conclusions subsidiaires lues et déposées, l'avocat de mes adversaires se mit à plaider leur cause.

Je n'ai pas à faire l'analyse de cette plaidoirie. Ayant été sténographiée à l'audience, par mon ordre, j'ai pu la reproduire à peu près en entier dans les divers chapitres de ce livre et la discuter dans toutes ses parties ; de sorte que mes lecteurs ont eu la facilité de juger de la valeur des arguments qui en constituent le fond. Quant à la forme — dont il n'est guère besoin de s'occuper d'ailleurs — mes lecteurs ont trouvé peut-être qu'elle ne manquait pas d'élégance, ni de finesse, encore qu'elle se laisse aller à certaines insinuations trop risquées ou à des attaques trop violentes. Mais on sait que les plaidoiries ont parfois de ces écarts de langage, desquels il faut savoir ne pas tenir rigueur.

Le Tribunal mit l'affaire en délibéré. Nous n'avions qu'à attendre, mes adversaires et moi, tranquillement ou avec anxiété, selon le cas, le prononcé du jugement.

Etant absent, ainsi que mes lecteurs le savent, ce n'est qu'après le procès que j'eus connaissance des fameuses conclusions de mes adversaires et de leur plaidoirie ; et il me semble que ce travail serait incomplet si je n'exprimais pas l'impression que j'éprouvai en lisant ces documents. Cette lecture excita au plus haut point mon indignation et accrut encore la douleur que me faisait ressentir le procès par lui-même. A chaque ligne, à chaque mot, je me heurtais à un mensonge, à une exagération, à une insulte !

— Est-il possible, me disais-je, qu'on ait échafaudé tant de choses fausses et qu'on ait essayé de les soutenir devant des juges ? Est-il possible qu'on ait eu le courage — ou la bassesse — de recourir à de pareils moyens pour se défendre contre un bienfaiteur qui, en échange de son bienfait, ne réclamait pas même de la reconnaissance, seulement un peu de condescendance pour un désir de son cœur : le laisser prier en paix dans la chapelle que son amour paternel avait fait élever ?

Et plus je relisais ces conclusions, cette plaidoirie, plus je les trouvais mensongères, méchantes, haineuses ; plus je comprenais jusqu'à quel point elles souillaient ma fondation ; plus je sentais les efforts de mes adversaires pour m'en dépouiller ; plus j'éprouvais la torture que cause toujours la noire ingratitude en retour du bien qu'on a cherché à réaliser.

Mais ce qui m'affecta — ce qui m'affecte encore — bien plus que les calomnies et les insultes contenues dans les éléments de défense de mes adversaires, c'est l'évocation qu'ils ont eu la cruauté de faire des derniers moments de mon fils, pendant lesquels — d'après M. Babled — il m'aurait dicté ses volontés touchant la fondation de la chapelle.

J'ai déjà cité dans les premières pages de cet exposé une phrase des conclusions de la Société dans laquelle M. Babled prétend qu'il connaissait mes intentions au sujet de la chapelle que je voulais fonder : *Attendu que M. Babled, connaissant les intentions de M. Léon Faulquier, se fit simplement l'écho de sa pensée...* (page 4 des conclusions) ; et en me demandant comment M. Babled avait pu *connaître mes intentions*, je disais que son avocat l'avait expliqué dans sa plaidoirie. C'est cette explication que je vais placer sous les yeux de mes lecteurs :

« M. Georges Faulquier, dont la mort prématurée
» a été un deuil pour tous ceux qui l'avaient connu,
» était une des forces de l'Orphelinat ; il s'était pas-
» sionné pour cette œuvre à laquelle il s'intéressait
» beaucoup, et c'est lui un des premiers qui avait
» manifesté le désir de voir construire une chapelle
» dans la propriété des Salésiens. Et à son lit de
» mort, en présence de sa famille qui l'entourait, il
» indiqua clairement son intention de voir consacrer
» une certaine somme à l'œuvre des Salésiens !

» Donc, M. l'abbé Babled, en demandant à
» M. Léon Faulquier la construction d'une chapelle,
» n'était que l'écho de la pensée formelle de M. Geor-
» ges ; et si M. Babled fit sa demande peu de jours
» après la mort de M. Faulquier fils, c'est parce que
» les membres de la famille les plus proches lui dirent
» qu'il fallait écrire à M. Léon Faulquier au plus tôt
» pour lui rappeler le vœu du mort ».

N'est-ce pas, mes chers lecteurs, que cette évocation du plus douloureux moment de mon existence est cruelle? Aussi cruelle que perfide, puisque M. Babled ne s'en servait qu'à son profit. Car tout de suite on se demande de quel droit il a évoqué un souvenir aussi sacré, et dans quel but. — La fondation que j'avais promise, ne l'ai-je pas élevée ? Voulait-il m'enlever le mérite d'en avoir eu la pensée ? Ah! si c'était là le but qui lui a fait commettre cette faute grave, je ne lui reprocherais rien, car alors il reporterait ce mérite tout entier sur mon bien cher fils, et j'en serais heureux ; mais son but n'a pas été celui-là : il a cherché simplement à expliquer devant les juges ses démarches auprès de moi pour m'engager à fonder une chapelle dans son orphelinat ; il a cherché à se dégager de la responsabilité qui le gênait d'avoir excité ma générosité, et alors il n'a pas reculé devant la nécessité de rouvrir une tombe pour essayer d'en sortir un témoignage qui ne pouvait pas s'y trouver, il le savait bien.

Ah! si ce témoignage avait été réel, croyez qu'il s'en serait servi quand, au début de nos rapports en vue de fonder la chapelle, il m'écrivait, en juin 1895, pour solliciter cette fondation. A cette époque il se contentait d'invoquer une inspiration que le Ciel, assurait-il, lui avait envoyée : *J'ai prié*, me disait sa lettre, *pour savoir si elle venait du Ciel, elle a persévéré...* Mais devant le Tribunal, sentant que cette inspiration ne le soutiendrait peut-être pas suffisamment, il a préféré invoquer les dernières volontés d'un mourant, qu'il ne connaissait pas, mais qu'il arrangeait pour les approprier à ses besoins !

Je le lui donnerais bien volontiers, ce témoignage, s'il était vrai que mon enfant, à ses derniers moments, m'eût demandé d'élever à sa mémoire une chapelle chez les Salésiens. Il n'en est rien, je ne puis donc pas le dire. Et si M. Babled, l'homme de toutes les audaces, s'est introduit, par la pensée, dans la chambre de mon fils au moment où son âme pure s'envolait vers le Très-Haut, il a commis, tout prêtre qu'il est, une profanation, car sa pensée lui a suggéré un odieux mensonge !... Mon fils s'est éteint dans les bras de sa mère et dans les miens ; nous l'entourions tous deux, et nous étions seuls dans la chambre du malade qui, hélas ! allait devenir une chambre mortuaire. Nous pressions doucement les mains de notre enfant pour lui faire sentir que nous étions là ; nous cherchions à suivre sa pensée dans ses yeux si doux, dont nous voyions l'éclat se ternir ; nous écoutions son souffle, qui allait s'affaiblissant... — Nous seuls, par conséquent, sa mère et moi, connaissons ses dernières volontés, car nous seuls avons recueilli ses dernières paroles, car nous seuls avons connu sa suprême pensée. Et ces paroles, cette pensée ont été pour ses parents qu'il allait quitter et pour le Ciel où il aspirait d'entrer.

Qui donc aurait pu révéler à M. Babled les

volontés exprimées par mon fils à son heure suprême ? Qui donc aurait pu entendre le vœu du mort ? Personne, je l'affirme. — C'est pour se défendre, pour pouvoir rejeter sur moi toutes ses fautes, que M. Babled a imaginé cette scène où mon fils, mourant, m'a dicté des ordres en faveur de l'œuvre des Salésiens !...

Eh bien ! en présence de cette tombe que M. Babled a rouverte pour les besoins de sa détestable cause ; en présence de ce cercueil que j'ouvre, moi, pour donner plus de solennité à mes paroles ; en présence de l'âme de mon fils qui m'entend, je jure que M. Babled a menti, je ne crains pas de lui dire qu'il est un imposteur !

Le jugement a été prononcé le 13 août 1898. — Il condamne la société du Pont-Juvénal à remplacer la statue du clocher par une croix et à supprimer la plaque de marbre de la façade. Et avant de statuer sur les autres faits de la cause, il nomme trois experts avec mission d'élucider les divers points indiqués dans les conclusions subsidiaires de la Société.

Je vais transcrire ici ce jugement. D'ailleurs il intéressera certainement tous mes lecteurs, puisqu'il sert de dénouement à ce long récit. Dénouement prévu, sans doute, ce qui suffit à établir l'équité du jugement qui le constitue.

Attendu que le Tribunal a été saisi par Léon Faulquier de deux demandes : la première ayant pour objet de contraindre la société anonyme du Clos-Boutonnet à enlever, sans délai, du clocher d'une chapelle construite à Montpellier dans une propriété appartenant à ladite société, la statue de saint Antoine de Padoue et à remplacer cette statue par une croix, conformément au plan et au devis dressés par l'architecte Prat ; la deuxième ayant pour but de faire ordonner l'enlèvement d'une niche, d'une statue de saint Georges et de l'inscription gravée sur marbre et placée sur la façade de ladite chapelle, et la nomination d'un architecte chargé d'achever le gros œuvre de ladite chapelle conformément à la convention intervenue entre parties, notamment l'édification d'un avant-corps au frontispice duquel sera placé un bas-relief de Baussan représentant saint Georges, sous l'offre faite par Faulquier de payer en plus de la somme de 60,000 francs, qu'il s'était engagé à verser, le coût du bas-relief et de la pose de cette œuvre d'art ;

Attendu que ces deux demandes sont connexes, qu'elles se poursuivent entre les mêmes parties ; qu'il y a donc lieu de les joindre et de statuer sur l'une et sur l'autre par un seul et même jugement ;

Attendu qu'à la date du 27 juin 1895, dix jours après le décès de Georges Faulquier, Monsieur l'abbé Babled, supérieur de l'œuvre des Salésiens à Montpellier, écrivait à Monsieur Faulquier père :

(Voir cette lettre à la page 8.)

Attendu que le même jour, Léon Faulquier répondait à cette communication dans les termes suivants :

(Voir cette lettre à la page 10.)

Attendu que le 30 juillet 1895, Monsieur l'abbé Babled insistait auprès de Monsieur Léon Faulquier, lui faisait connaître que la nécessité d'une chapelle s'imposait tellement qu'un Comité s'était formé, qu'on allait recueillir partout des aumônes, mais qu'il avait rêvé une autre chapelle qui devait être un monument faisant vivre Georges Faulquier dans le souvenir de toute une ville ; qu'il fallait que tout le monde sût d'où venait et par qui était faite cette chapelle ;

Attendu que le sieur Léon Faulquier, surpris de cette insistance, répondit aussitôt qu'il n'avait pas besoin d'aucun stimulant... que dans les questions de cette nature, toujours fort délicates, il fallait laisser agir le cœur ; qu'il y avait des inspirations intimes qu'il convenait de laisser librement se produire ; qu'une suggestion, si autorisée fût-elle, ne pouvait qu'en atténuer les effets ;

Attendu qu'au mois de novembre 1895, Monsieur Faulquier prit la résolution de mettre à exécution le projet qu'il avait conçu ; que Monsieur Babled et l'architecte Prat lui présentèrent plusieurs plans et devis et en dernier lieu un devis, dont le double fut remis à M. Faulquier, s'élevant à 68.751 fr. ; mais qu'il fut convenu ensuite, ainsi que l'atteste le traité dont il va être parlé, que les engagements de ce dernier demeuraient fixés à 60,000 francs ; qu'il importe de préciser que si les parties ne sont pas d'accord sur le point de savoir si le devis de l'architecte Prat mentionnait une croix sur le clocher, il est certain du moins que le plan signé Prat indiquait une croix sur le clocher, un avant-corps ou porche placé sur la façade principale au-devant de la porte d'entrée ;

Attendu qu'à un moment donné, Monsieur l'abbé Babled ayant voulu substituer au vocable de saint Georges, le vocable de saint Antoine et de saint Georges, Léon Faulquier répondit qu'il ne passerait jamais outre à la condition qu'il imposait, c'est-à-dire le vocable de saint Georges seul ;

Attendu, enfin, que toutes les difficultés ayant été aplanies intervint le contrat suivant, qui devait être la loi commune des parties :

(Voir le contrat du 10 mars 1896, page 70.)

Attendu qu'il résulte déjà des faits qui ont précédé la conclusion de la convention ci-dessus, du plan dressé par l'architecte Prat, le 25 novembre 1895, dont la reproduction photographique indique qu'une croix surmonte le clocher de la chapelle de Saint-Georges, que la Société avait pris l'engagement de placer une croix au sommet du clocher en question ;

Attendu qu'il est établi et reconnu d'ailleurs qu'une statue de saint Antoine surmonte actuellement le clocher de la chapelle ; attendu que cette statue doit disparaître et être remplacée par une croix ;

Attendu, en effet, qu'il importe peu que l'on puisse considérer cette croix comme un ornement, une décoration *de l'édifice ; qu'il importe peu encore, qu'en cours de procès, la chapelle ait été placée sous le vocable de saint Georges, puisqu'il est certain, en fait, que la croix a fait l'objet d'accord entre les parties ;*

Attendu, en ce qui concerne les prétentions contenues dans la deuxième demande, que la société du Clos-Boutonnet a fait soutenir que Faulquier avait lui-même violé la convention du 10 mars 1896, soit en refusant de verser en temps utile un solde de 9.555 francs par lui dû sur la somme de 60,000 francs stipulée audit contrat, soit en s'immisçant dans les travaux de construction, exigeant des travaux qui ont modifié et surélevé le prix de la construction dans des proportions considérables, en donnant des ordres à cet effet, soit par lui-même, soit par ses préposés, et qu'elle demande une vérification par experts ; que rien ne s'oppose à ce qu'il soit procédé à cette expertise et, complétant le mandat sur divers points, sans rien préjuger, et tous droits, moyens et exceptions demeurant réservés, que rien ne s'oppose encore à ce qu'il soit sursis et statué sur les autres chefs de demande jusqu'après le parachèvement de cette expertise ;

Attendu, toutefois, que dès à présent, le Tribunal peut ordonner la suppression de l'inscription de marbre dans laquelle la Société annonce et publie que Léon Faulquier a fait don pour la construction de la chapelle d'une somme de cinquante mille francs, cette inscription étant blessante pour ce dernier et n'ayant jamais été autorisée ;

Par ces motifs,

Le Tribunal joint les deux instances;

Dit que, contrairement aux accords intervenus entre parties, la société anonyme du Clos-Boutonnet a substitué à la croix qui, d'après le plan, doit surmonter le clocher, une statue de saint Antoine; ordonne l'enlèvement de cette statue et son remplacement par la croix ;

Ordonne la suppression de l'inscription sur marbre portant les mentions ci-dessus indiquées ;

Et avant de statuer sur le surplus des prétentions respectives des parties, sans rien préjuger, tous droits, moyens et exceptions réservés,

Désigne comme experts les sieurs Glaise, Debens et Krüger, architectes à Montpellier, à défaut par les parties de convenir amiablement d'autres experts dans les trois jours de la signification du présent jugement, avec le mandat, serment préalablement prêté, devant le Président ou son dévolutaire, de dire et rapporter : s'il n'est vrai...

(Voir les conclusions subsidiaires de la Société, page 557).

Cette sentence me causa une vive satisfaction. Elle ne pouvait pas, évidemment, apporter un adoucissement quelconque à mes déceptions, à mes blessures, à mes douleurs ; elle ne pouvait pas ramener mes illusions disparues, rétablir ma confiance trompée ; elle ne pouvait pas rendre à ma fondation sa pureté, son caractère intime qu'on lui avait ravis ; mais elle me donnait raison, elle affirmait mon droit, elle attestait ma bonne foi. Si mon cœur n'en éprouvait pas du soulagement, mon amour-propre du moins en ressentait les effets. — Cette satisfaction est trop naturelle, trop humaine, pour que j'aie à la dissimuler.

Parmi les nombreuses félicitations qu'à la suite de ce jugement je reçus de mes parents, de mes amis, de personnes avec lesquelles je suis en relations, je dois signaler celles que M. le chanoine Balp m'adressa le 19 août. Ces félicitations me furent très sensibles, car, une fois de plus, elles me montraient combien M. Balp réprouvait les mauvais procédés dont j'avais été accablé.

En le remerciant, je ne pus pas résister au besoin de lui exprimer la douleur que m'avaient causée les mensonges accumulés par mes adversaires dans leurs conclusions. M. Balp, au courant de toutes choses, et qui certainement connaissait ces conclusions, dont la Société avait répandu partout des exemplaires, pouvait, mieux que personne, comprendre cette douleur.

Voici ma lettre :

MONSIEUR LE CHANOINE,

Ce matin m'est parvenu votre pli me portant vos félicitations.

Parmi toutes celles que j'ai reçues relativement à l'issue de mon procès, les vôtres sont celles qui ont su le mieux trouver le chemin de mon cœur.

Je vous remercie donc de me les avoir adressées.

Au milieu de tous les ennuis que j'ai éprouvés avec la société du Clos-Boutonnet, ou, pour mieux dire, avec M. l'abbé Babled, celui du procès a été le plus grand. Mieux que personne, Monsieur le Chanoine, vous savez que j'ai fait tout le possible pour éviter cet éclat, que mes adversaires ont voulu quand même. Je puis dire hautement que s'il a eu lieu, c'est à eux la faute.

C'est donc l'âme navrée que je suis allé devant le Tribunal. Mais au moment même du procès, cet état de mon âme a fait place à la plus grande indignation, quand j'ai vu que mes adversaires, pour se défendre, n'avaient eu recours qu'au mensonge. Il n'y a qu'à lire leurs conclusions pour en avoir la certitude. Et ces conclusions ont été répandues à foison dans le public, je le sais.

La justice m'a donné raison ; mais cette solennelle affirmation de mes droits peut-elle atténuer l'indignation que m'ont causée tous les mensonges débités dans cette malheureuse affaire ? Certainement non. Les mensonges blessent profondément, Monsieur le Chanoine, et la douleur cuisante qu'ils causent n'est pas facile à apaiser....

En vous réitérant tous mes remerciements, je vous prie de croire, Monsieur le Chanoine, à tout mon respect.

L. FAULQUIER.

19 août 1898.

Par suite de certaines formalités de procédure, à cause principalement des vacances judiciaires, qui s'ouvrirent le lendemain même du jour où le jugement fut prononcé, la signification ne put en être faite aux intéressés que le 26 octobre.

La Société avait deux mois, à partir de cette date, pour appeler de ce jugement, si bon lui semblait. Mais pourquoi ferait-elle appel ? Cette éventualité ne me paraissait pas à craindre, et cependant mon avoué m'assurait que telle était l'intention de mes adversaires.

— Ne le croyez pas, lui disais-je, c'est un faux bruit qui circule ; sur quoi pourraient-ils se baser pour interjeter appel ? Ils doivent bien sentir que ce serait aller au devant d'un nouvel échec ; ils doivent comprendre qu'ils ont tout intérêt à éviter un autre scandale. Non, non, ils ne commettront pas cette sottise ; ils sauront se contenter de l'expertise qu'on leur a accordée ; c'est bien assez qu'il faille rouvrir le débat à la suite du rapport des experts.

Et j'engageai mon avoué à faire le nécessaire pour que l'expertise eût lieu le plus vite possible. — J'ai déjà dit à mes lecteurs que je n'avais rien à redouter de l'enquête qui serait faite ; elle ne pouvait qu'éclaircir les points du procès qui étaient restés obscurs, et je ne redoutais pas la lumière, tant s'en faut.

Mon avoué s'occupa donc des formalités nécessaires pour la prestation de serment des trois experts, MM. Krüger, Glaise et Debens, qui avaient accepté la mission que leur confiait le Tribunal, ce dont je dois les remercier ici.

Le serment de ces Messieurs fut reçu par M. le président du Tribunal civil, le 2 novembre. La société du Pont-Juvénal n'y était pas représentée, malgré que son avoué eût été régulièrement averti.

La première opération de messieurs les experts fut fixée au mardi, 8 novembre. L'avoué de mes adversaires en reçut l'avis officiel.

Et la veille, c'est-à-dire le lundi, 7 novembre, M. Fabrège, au nom de la Société, me fit assigner devant la Cour d'appel !

Ainsi c'était vrai, mes adversaires faisaient appel du jugement qui les condamnait à respecter leurs engagements ! Ils trouvaient donc ce jugement injuste; ils voulaient donc, malgré tous leurs torts, toutes leurs fautes, malgré le contrat, insister encore et arriver à s'emparer de ma fondation ! C'était inouï !...

Et ce qui me confond bien davantage que leur inconcevable hardiesse, que leur résistance insensée, ce qui me contrarie plus vivement que les longueurs d'une nouvelle action en justice, c'est la suspension de l'expertise. Car cette expertise, sollicitée par la Société dans des conclusions subsidiaires, se trouve arrêtée par suite de l'assignation en appel, cette assignation visant tout le jugement.

C'est donc que mes adversaires ont redouté cette enquête minutieuse à laquelle les experts devaient se livrer ; ils l'ont tant et si bien redoutée qu'ils se sont empressés d'interjeter appel quand ils ont vu qu'à ma diligence les experts allaient commencer leurs opérations.

— Et pourquoi l'ont-ils redoutée ? Ils n'avaient alors qu'à ne pas la demander ?

— Oui, mais en la demandant ils avaient l'espoir que le jugement leur serait favorable ; ils comptaient en tous cas en modifier sur certains points le dispositif, ce qui est arrivé, du reste. Tandis que le jugement ne leur donnant satisfaction que sur cette expertise, en la laissant faire — ce qui ne les aurait pas empêchés d'appeler pour la partie qui les frappait — ils couraient le risque d'avoir contre eux, en arrivant devant la Cour, un rapport très important, qui aurait gravement compromis leur action. Il valait donc mieux ne pas s'exposer à ce danger.

Au contraire, moi je ne voyais dans cette bienheureuse expertise que l'affirmation de mon attitude toujours correcte, toujours loyale envers la Société. Mais j'en attendais encore autre chose : elle aurait pu expliquer, sans doute, le gros chiffre de dépenses auquel il faudra arriver pour la construction complète, bien finie, de la chapelle. — Quand on songe que l'église de Palavas — qui est à peu près terminée — a été construite dans le style roman, c'est-à-dire avec des voûtes à plein cintre ; qu'elle comporte trois nefs séparées par de belles colonnes en pierres froides ; que les frais de construction à Palavas sont bien plus élevés qu'ici, à cause de la main-d'œuvre plus coûteuse et du transport supplémentaire des matériaux ; quand on songe que cette église, suffisamment vaste, qui est un bijou d'architecture — n'en déplaise à M. Fabrège — ne coûtera pas même 60.000 francs, on se demande comment la chapelle Saint-Georges aura pu, avec sa seule nef, ses demi-colonnes intérieures en briques — vrais tuyaux de cheminée — absorber la somme énorme de 100 à 120.000 francs ! — L'expertise aurait, je l'espérais, expliqué ce mystère, et je crois fort que les explications n'auraient pas été du goût de messieurs mes adversaires.

Ils ont donc supprimé cette expertise en faisant appel du jugement. — Ils ne pourront plus, cette fois, comme pour la première instance, dire qu'ils ont tout fait pour éviter un débat pénible, pour empêcher un scandale, car c'est eux, eux seuls, qui prolongent le débat, qui élargissent le scandale. — S'ils avaient été sincères en déplorant le premier procès, ils n'auraient pas aggravé l'affaire en la portant devant la Cour ; et si l'œuvre sainte de Don Bosco leur tenait bien réellement au cœur ; s'ils aimaient leurs orphelins ; si la Charité les inspirait sérieusement ; si enfin ils avaient conscience de leur haute mission, ils se seraient inclinés devant la justice, puisqu'ils s'étaient mis dans le cas d'être traduits devant elle. Leur soumission à un jugement qu'ils devaient reconnaître sans appel, basé comme il l'est sur l'équité la plus stricte, sur la morale la plus pure, aurait été pour eux une sorte de rédemption !

Ai-je besoin de dire que j'irai devant la Cour avec cette parfaite tranquillité d'âme que donne toujours le bon droit ? Mes lecteurs comprennent qu'il ne me sera pas difficile de me défendre ; aussi je le ferai simplement, sans acrimonie, sans fiel ; mais je le ferai aussi avec la plus grande fermeté. C'est avec le même esprit qui m'a inspiré pour écrire ce livre, que je soutiendrai ma cause, qui est celle de la justice et de la vérité.

XXIII

A MONSIEUR L'ABBÉ BABLED

> Dire qu'on ne saurait haïr,
> N'est-ce pas dire qu'on pardonne ?
> MOLIÈRE.

> Élevez maintenant, ô mon Dieu, et
> mes pensées et ma voix ! BOSSUET.

Vous m'avez obligé, Monsieur l'Abbé, par votre conduite envers moi, remplie d'ingratitude et de méchanceté, à rédiger ce long mémoire.

Attaqué par vous, tout à la fois dans mon honneur et dans mes sentiments, j'ai dû me défendre en homme honnête dont la dignité se révolte, en père malheureux dont l'âme est accablée. Et si, bien des fois, les souvenirs que je réveillais en écrivant ces pages m'ont fait verser des larmes, je n'en pouvais pas être soulagé : il est de ces douleurs où les yeux ne soulagent point le cœur.

Quand, à la suite du deuil qui me frappait, j'eus l'inspiration, bien vraie, bien sincère, de fonder dans votre Orphelinat une chapelle à la mémoire de mon fils, je considérais l'accomplissement de ce pieux devoir, non seulement comme la chose du monde la plus facile, mais encore comme une grande consolation que le Ciel m'envoyait. Et ma famille, heureuse de cette inspiration, sentant, elle aussi, que cette fondation adoucirait sa peine, m'engageait à la réaliser au plus vite. Édifier une chapelle dans ce quartier de Villodève où Georges Faulquier était tant aimé, rien n'était plus digne de lui, rien ne pouvait mieux perpétuer son souvenir.

Comment avez-vous connu mon inspiration ? L'avez-vous même connue avant que je vous la révèle ? ce n'est pas probable. — Vous avez dit dans le principe que vous aviez été, vous aussi, inspiré par Dieu. Je l'ai cru fermement lorsque je me suis livré à vous : il me semblait que votre inspiration ne faisait que fortifier la mienne, quoique j'en fusse un peu jaloux et offusqué tout d'abord. — Puis, quand vous avez cessé d'être insinuant pour devenir autoritaire et exigeant, j'ai douté de la sincérité de votre inspiration ; plus tard, les difficultés augmentant, j'ai eu la conviction que vous n'aviez pas été inspiré du tout ; et, enfin, quand j'ai lu votre plaidoirie, quand je vous ai vu audacieusement pénétrer dans une intimité solennelle et sacrée pour en surprendre les secrets, j'ai compris que vous n'aviez agi que par manœuvre.

Votre Orphelinat avait besoin d'une chapelle ; depuis plusieurs années vos efforts étaient dirigés vers cet objectif ; mais ils restaient vains malgré vos tentatives, vos démarches, malgré la création de comités plus ou moins actifs et remuants, malgré le patronage de saint Antoine de Padoue, sous lequel vous aviez placé votre œuvre. Le grand saint, il faut bien le dire, semblait rester sourd aux prières, aux invocations : les ressources nécessaires pour entreprendre la construction d'une chapelle, surtout d'un édifice vaste comme vous le rêviez, n'arrivaient pas...

Un jour, cependant, ces ressources furent trouvées; la mort de mon fils vous apparut comme la solution tant cherchée du problème. Vous vîtes dans ce deuil cruel, dans cette douleur profonde d'un père pleurant la perte de son fils bien-aimé, une mine féconde à exploiter ; et comme vous êtes un homme d'action en même temps qu'un homme prudent, vous vous mîtes à l'œuvre tout de suite, mais en déguisant la hâte de votre requête sous les dehors mystiques d'une inspiration divine !

Et faisant, pour un temps, infidélité au patron de votre établissement, à saint Antoine, vous songeâtes à invoquer saint Georges, le patron de mon fils, pour mieux me séduire.

Cette séduction était inutile, vous l'avez vu. Dans ma pensée j'avais devancé votre désir ; la fondation que vous veniez me proposer était déjà le vœu le plus cher de mon âme. — Elle devait donc être réalisée.

Je vous avoue, Monsieur l'Abbé, que si, à ce

moment-là, on m'avait prédit que je rencontrerais des difficultés dans cette réalisation, j'aurais énergiquement refusé de croire à une semblable prédiction. Comment y aurais-je cru ? n'avais-je pas en vous la plus grande confiance ?

Cette trop grande confiance, — que je ne regrette pas d'ailleurs pour les raisons que j'ai eu l'occasion d'expliquer, — a dû vous inciter à tirer largement parti d'une circonstance que vous jugiez très favorable. Et vous avez eu l'habileté de ne commencer à imposer votre volonté, de ne donner libre cours à vos combinaisons qu'alors que vous étiez sûr de moi, que vous aviez ma parole, que vous connaissiez mes intentions.

Qu'elles ont été nombreuses et ardues les difficultés que vous avez soulevées, comme à plaisir, autour de mon œuvre ! Difficultés de toute nature, suscitées tantôt par votre orgueil, tantôt par votre mauvaise foi, tantôt par votre esprit dominateur, et toujours pour la réalisation de vos projets cachés. Pas une seule fois vous n'avez eu la pudeur de vous souvenir que vous aviez fait appel à mon cœur et que vous aviez un grand devoir à remplir envers ce cœur malade.

Lorsque notre différend, par votre faute, a été mis au grand jour, lorsque mon œuvre d'édification est devenue, parce que vous l'avez voulu ainsi, un sujet de scandale, ce n'est pas vous que le public a cru coupable, c'est moi ; on n'a pas accepté comme possibles, de votre part, venant d'un prêtre, les procédés étranges, odieux, dont vous vous êtes servi contre ma fondation ; et tous les regards se sont tournés de mon côté, paraissant me demander compte de ma conduite, pendant que vous, profitant de cette erreur, souriant et hautain sur le piédestal que vous élevait l'opinion publique, vous n'avez pas craint de me désigner d'un geste perfide comme l'auteur de tous vos maux : « Je suis un pauvre prêtre, disiez-vous à ceux, nombreux, qui s'apitoyaient sur votre sort ; je vis détaché des biens de ce monde, ne cherchant que la prospérité de mon établissement, me dévouant sans cesse pour mes malheureux orphelins ; aussi je souffre beaucoup des attaques injustes dont je suis l'objet. Cependant je dois me défendre contre ces attaques, tout en priant pour que Dieu éclaire l'âme du pécheur qui, en me frappant, atteint gravement l'œuvre sainte de Don Bosco ».

Je ne pouvais pas, Monsieur l'Abbé, si vives que soient mes convictions religieuses, rester sous le coup, trop douloureux, de votre accusation ; je ne pouvais pas assumer la lourde charge de vos fautes ; j'ai senti l'impérieux besoin de me disculper, et j'ai écrit ce livre.

Je l'ai écrit afin qu'on voie, dans nos premiers pourparlers, les moyens que vous avez employés pour me pousser en avant, pour arriver à vos fins ; — vos discussions, votre résistance pour accepter les termes du contrat du 10 mars ; votre répugnance à admettre la clause qui me laissait propriétaire de la chapelle, quand vous saviez qu'elle n'avait pour but que de protéger la fondation ; votre attitude déplorable devant la décision arbitrale de Mgr l'Evêque ; — les difficultés que vous avez soulevées pour le vocable de Saint-Georges, que vous vouliez, avec impudence, remplacer par le vocable de Saint-Antoine, oubliant trop tôt et trop complètement les bases de notre entente.

J'ai écrit ce livre afin d'expliquer vos combinaisons portant sur le devis de la chapelle agrandie en vue de vos espérances, et aussi vos promesses solennelles de prendre à votre charge toutes les dépenses dépassant mes 60.000 francs ; j'ai écrit ce livre afin de montrer que vous ne m'aviez fait ces promesses que pour m'entraîner dans la voie où vous vous engagiez, mais que vous étiez bien décidé, en les faisant, à ne point les tenir, comptant certainement que, le moment venu, je les tiendrais pour vous, que vous pourriez, au besoin, puiser à mains pleines dans ma caisse. J'ai voulu en même temps démontrer que c'est l'inexécution de ces promesses, souvent renouvelées, qui a causé le grave débat qui s'est élevé entre nous ; que si vous aviez su vous contenter de mes 60.000 francs, la fondation se serait achevée sans secousses, et que depuis longtemps vous et moi en ressentirions paisiblement les bienfaisants effets.

J'ai voulu ensuite raconter vos manœuvres pour changer l'emplacement de la chapelle, en vous appuyant sur des raisons sans valeur, mais en cachant avec soin le vrai motif qui vous faisait agir, motif que je n'ai pas pu connaître. — Le connaîtra-t-on jamais? — J'ai voulu vous présenter comme le seul directeur effectif des travaux, comme l'auteur responsable de divers agrandissements fort coûteux et non prévus ; — j'ai voulu exposer la démarche de M. Prat, votre architecte, pour m'informer que vous n'aviez point de fonds et que vous ne pouviez pas continuer les travaux ; l'erreur commise par lui, en me demandant des honoraires que je ne lui devais pas ; puis l'arrêt brusque des travaux, dont mon refus de payer M. Prat était la conséquence apparente, dont votre refus de tenir vos engagements était la conséquence réelle.

J'ai été amené, Monsieur Babled, en écrivant ce livre, à parler de votre façon de faire en présence de l'arrêt des travaux; j'ai dit qu'au lieu de venir me donner des explications franches sur ce qui vous empêchait de tenir vos promesses, au lieu de m'avouer votre embarras, au lieu d'essayer de vous entendre avec moi, vous aviez préféré disparaître et charger un de vos subordonnés de régler la situation s'il le pouvait ; or vous saviez qu'il ne le pourrait pas. — J'ai dit que vous aviez accueilli avec dédain mon offre de prêt, sans doute parce que vous espériez obtenir mieux en lassant ma patience.

J'ai parlé aussi de l'intervention inutile de M. Fabrège, qui n'obtint rien de votre part si ce n'est une proposition inacceptable d'achèvement provisoire.

J'ai parlé de l'intervention dévouée de M. le chanoine Balp, délégué de l'Évêché, qui n'obtint, celle-ci qui aurait dû tout obtenir, que votre offre détestable de remboursement, jetée par vous comme un défi, comme une insulte, comme une profanation, à la face de mon œuvre.

J'ai essayé de faire comprendre, dans ce livre, les considérations qui m'ont forcé à motiver l'acte de résiliation consacrant votre remboursement, considérations qui sont d'un ordre si élevé, qui sont si légitimes, qu'il en est résulté la destruction de celles que vous aviez mises en avant pour refuser cet acte, lesquelles, fatalement, sont tout le contraire des miennes. — J'ai envisagé et discuté les nouvelles combinaisons que vous aviez trouvées pour arriver à votre but : le changement de vocable ou la cession de ma propriété.

Puis je suis arrivé à la reprise des travaux, que vous avez faite sans daigner me prévenir ; j'ai fait constater, en racontant vos actes, que vous vous étiez arrogé le titre de propriétaire de la fondation, si bien qu'un jour on me mit, par votre ordre, à la porte du chantier.

J'ai été contraint, Monsieur l'Abbé, d'étaler au grand jour toutes les phases de l'érection de la statue de saint Antoine sur le clocher ; votre coupable dissimulation quand M. le chanoine Balp est allé vous demander des explications ; la hâte que vous aviez de prendre possession de la chapelle par la pose de la statue qui est comme le sceau de votre usurpation ; la suppression voulue de l'avant-corps pour dénaturer la façade de la chapelle, pour, surtout, ne pas placer à demeure le bas-relief de saint Georges ; votre mépris pour mes avis et pour mes assignations ; votre souci de vous garantir contre les suites de ces assignations par l'érection d'une statue de saint Georges et l'apposition d'une plaque commémorative qui, en salissant mon bienfait, me jette hors de ma fondation bien plus brutalement que ne le fit en réalité votre entrepreneur.

On voit encore que vous êtes allé au procès sans remords et sans honte, satisfait en quelque sorte d'y aller, espérant que, grâce à de nombreux mensonges, à d'adroits artifices présentés avec art, vous verriez triompher votre cause et finir ma domination. Car je me suis efforcé de les souligner, de les anéantir les uns après les autres, ces mensonges, ces artifices, en donnant chaque fois des preuves irrécusables de votre perfidie, et pour cela j'ai dû aller jusqu'à retracer l'agonie de mon fils, mettant à vif la plaie de mon cœur pour démasquer votre imposture.

Et enfin on constate que c'est vous qui voulez aggraver le scandale en prolongeant le débat, c'est-à-dire en faisant appel d'un jugement qui vous condamne parce qu'il émane, évident et sévère, de la raison et de la justice !

Mais on voit aussi, dans ce livre qui est ma justification, et sans que j'aie cherché à faire ressortir toutes ces choses, que, dans le principe, j'avais accédé tout franchement à votre requête, confiant en votre caractère, épris de votre sainte mission, ne vous cachant pas ma joie de me lier avec vous ; on voit que, dans mon désir de satisfaire vite mon vœu et de vous complaire, le chiffre de ma fondation, fixé d'abord par moi à 50.000 francs, avait été spontanément élevé à 60.000 francs ; que si j'avais accepté de rester, en apparence, le propriétaire de la chapelle, ce n'était que pour garantir la perpétuité de l'œuvre, mais que je m'étais empressé, en atténuation, en compensation de cette clause, de m'engager à en céder la propriété aux Salésiens dès que ce serait possible.

Dans ce livre on voit encore que, pendant les travaux, je me suis tenu fidèlement dans les limites du rôle passif que, bénévolement, j'avais accepté et que notre contrat m'assignait ; que durant votre maladie j'avais payé, à diverses reprises, des travaux d'agrandissement et d'ornementation qui étaient en dehors des conventions ; que mes payements aux entrepreneurs et aux fournisseurs ont été très réguliers jusqu'à la fermeture du chantier.

On voit que lorsque M. l'abbé Harmel vint auprès de moi remplir la difficile mission que, lâchement, vous lui aviez abandonnée, je fis tout mon possible pour arriver à un bon résultat ; j'allai même jusqu'à lui proposer un prêt d'argent qui devait vous sortir d'embarras ; on voit que, dans mon ardent désir d'obtenir une solution favorable au litige qui s'aggravait, je promis à M. le chanoine Balp d'élever à 70.000 francs le chiffre total de mes versements, espérant ainsi vous prouver, une fois encore, toute ma loyauté et, prêchant d'exemple, vous ramener dans le bon chemin.

Ma résignation dans l'offense grave du remboursement se montre entière à côté de la douleur profonde que cette offense m'a fait ressentir ; on comprend — malgré moi d'ailleurs — que ce remboursement que vous vouliez m'imposer, je ne le subissais que pour éviter de plus grandes complications, encouragé dans mon sacrifice par la pensée consolante que je pourrais élever ma fondation dans un autre établissement charitable, et qu'ainsi mon vœu se réaliserait quand même ; — on comprend que, moins fervent pour la mémoire de mon fils, moins respectueux et moins dévoué pour votre œuvre, j'aurais préféré rejeter votre offre avec toute l'horreur qu'elle m'inspirait, et rester plus ferme dans mes revendications comme plus exigeant, légalement, dans l'exécution des clauses du contrat.

On comprend aussi que la teneur de l'acte de résiliation était la plus modérée en même temps que la plus juste qu'on pût concevoir ; — que je ne pouvais pas demander moins pour sauvegarder ma dignité menacée ; on comprend que j'aie résisté à toutes vos tentatives pour me faire céder sur ce point capital ; on comprend que j'aie défendu jusqu'au bout le vocable de Saint-Georges, que par tous les moyens vous vouliez faire disparaître ; on comprend encore mon indignation quand vous avez voulu accaparer ma propriété, et on fait plus que comprendre, on souffre avec moi quand vous vous déclarez maître chez moi, au point de me faire expulser, au point d'afficher sur mon église que vous m'avez dépossédé !

Puis on s'indigne quand on voit comment vous vous y êtes pris pour ériger une statue qui dénature toute la fondation ; quand on voit tous vos vitraux rappelant la vie de saint Antoine de Padoue dans une chapelle consacrée à saint Georges ; quand on sait que vous avez fait procéder à la bénédiction de la chapelle contre mon gré, contre l'autorité de l'Evêché, contre les obligations du contrat.

Et on approuve le procès que j'ai dû vous faire, tout en compatissant à la peine amère que m'a fait éprouver cette dure nécessité à laquelle je devais céder, et que j'éprouve encore en vous voyant appeler du jugement auquel ne peut s'empêcher d'applaudir toute conscience droite !

Car, Monsieur l'Abbé, on voit et on comprend tout cela en lisant ce livre ; cette lutte de la charité contre le calcul, de la franchise contre l'astuce, de la droiture contre la duplicité, de la bonté contre l'ingratitude. D'un côté le cœur qui désire, de l'autre l'ambition qui commande ; ici une âme qui pleure, là un esprit qui combine. Et tout cela pourquoi ? Simplement pour l'édification d'une chapelle dont un père malheureux a voulu honorer la mémoire d'un fils regretté !...

N'essayez pas de dire, Monsieur l'Abbé, pour justifier votre conduite, que vous n'avez pas été l'instigateur de tous ces tristes évènements ; que vous n'avez agi que par ordre de la Société dont vous êtes le directeur. Ne dites pas cela ; personne aujourd'hui ne pourrait vous croire, et ce serait un nouveau mensonge ajouté à tant d'autres. On sait pertinemment, allez — le président de la Société l'a proclamé lui-même et par ses paroles et par ses actes — que vous agissez à votre gré, sans reconnaître aucune autorité ; on sait que vous avez habitué tout le monde autour de vous à s'incliner devant vos ordres, à se soumettre aveuglément à votre volonté. C'est donc vous qui avez tout fait, tout combiné, tout ordonné ; c'est donc vous, Monsieur Babled, vous seul, entendez-moi bien, qui devenez responsable envers moi, mais surtout envers votre œuvre, de toutes les conséquences de ce lamentable débat.

Vous avez cherché, vous chercherez peut-être encore, à me laisser cette lourde responsabilité ; mais je vous préviens que vous ne pouvez plus réussir : les yeux sont dessillés maintenant, votre nature se montre telle qu'elle est, malgré les voiles sous lesquels vous cherchez à la cacher. Ne relevez plus la tête ; baissez-la en signe de confusion et de repentir ; cette attitude sera comprise, tandis qu'on n'excuserait pas une révolte de votre part.

N'essayez pas, non plus, de vous représenter comme ma victime, de répéter que je vous ai humilié, outragé par des lettres trop sévères, que je vous ai souffleté moralement en abusant de la réserve à laquelle vous contraignait votre caractère de prêtre. Vos plaintes ne trouveraient pas d'écho, elles n'exciteraient plus la sensibilité, car on sait que vous m'avez bien plus gravement insulté que je n'aurais osé le faire ; on connaît les déboires, les souffrances dont vous m'avez accablé ; on vous a vu fouler aux pieds mes sentiments les plus purs, mes pensées les plus chères ; on vous a vu profaner mon inspiration et mon œuvre, vous jouer de souvenirs qui commandent le respect ; on vous a vu meurtrir mon cœur comme on vous a entendu m'accuser de spéculateur et de faussaire ! — Ah ! il ne vous appartient pas, Monsieur l'Abbé, de vous plaindre que je vous ai souffleté, quand, sans pitié, vous m'avez martyrisé et dans mon honneur que vous vouliez ternir et dans mon âme que vous avez brisée !

Et cependant je me sens la force de ne pas vous haïr. Depuis plus de trois ans que vous me torturez, j'en aurais bien le droit ; mais je repousse cette haine comme indigne de moi. Aussi bien je dois me souvenir que vous êtes prêtre et qu'à un moment je vous ai aimé comme un fils. Je m'en souviens, alors que vous avez oublié, vous, que vous m'appeliez votre père et que vous vouliez me consoler par votre affection.

J'irai même plus loin, Monsieur l'Abbé. — Vous me disiez, en un jour d'expansion, que le vénérable fondateur de votre œuvre, Don Bosco, frappé par votre piété, votre foi ardente, vous avait appelé vers lui et que, sondant votre âme et la trouvant pleine de zèle et d'énergie, il vous avait confié la noble et sainte mission de propager ses idées, d'agrandir les effets de sa charité, en vous prédisant que vous étiez destiné à de grandes choses.

Votre tâche est donc à peine commencée, et dès le début vous avez eu le malheur de vous écarter du chemin qui vous était tracé par un grand apôtre de la charité.— Hâtez-vous d'y rentrer, Monsieur l'Abbé ; hâtez-vous de poursuivre votre mission : il n'en est pas de plus belle, de plus sublime, mais il n'en est pas qui exige plus de dévouement et plus d'abnégation. Relevez-vous donc, reprenez courage, sachez regretter, réparer vos fautes, sachez comprendre votre devoir, Dieu ne vous abandonnera pas.

Et si j'ai mis l'âme de mon fils en présence de votre imposture, je veux la mettre aussi en présence de vos bonnes résolutions. — Tout le mal que vous m'avez fait est grave, très grave ; vous en êtes convaincu, et cette conviction pourrait peser sur votre repentir, entraver votre relèvement. Rassurez-vous ; ce mal est réparable, car le pardon répare tout, et c'est ce pardon que je vous donne au nom de mon fils bien-aimé !

TABLE DES CHAPITRES

Avant-propos 1
I. — Premières démarches. 5
II. — Choix du plan.— Somme affectée à la Fondation. Promesses de M. Babled. 23
III. — Difficultés en vue du contrat 41
IV. — Le contrat. 67
V. — Le devis 89
VI. — Emplacement de la chapelle 109
VII. — Les travaux 137
VIII. — L'argent manque. — Arrêt des travaux. . . . 171
IX. — Le bas-relief de saint Georges. 207
X. — M. Babled se dérobe. 219
XI. — Intervention de M. Fabrège. 237
XII. — Intervention de M. le chanoine Balp. 261
XIII. — Propriété de la chapelle. 279
XIV. — Offre de remboursement 301
XV. — Le reçu motivé est rejeté. 325
XVI. — Le contrat de résiliation. 341
XVII. — Nouvelles combinaisons 369
XVIII. — Reprise des travaux 401
XIX. — La statue de saint Antoine 421

XX. — La statue de saint Georges. — La plaque commémorative. 481

XXI. — La bénédiction de la chapelle 515

XXII. — Le procès 547

XXIII. — A Monsieur l'abbé Babled 577

MONTPELLIER. — IMPRIMERIE GUSTAVE FIRMIN ET MONTANE.

www.ingramcontent.com/pod-product-compliance
Lightning Source LLC
Chambersburg PA
CBHW060258230426
43663CB00009B/1511